金融学

［货币银行学］

主 编 郭 丽
副主编 刘 芳 邱 兰

中国财经出版传媒集团

经济科学出版社
Economic Science Press

图书在版编目（CIP）数据

金融学/郭丽主编 . —北京：经济科学出版社，2019. 6
ISBN 978 - 7 - 5218 - 0652 - 6

Ⅰ . ①金…　Ⅱ . ①郭…　Ⅲ . ①金融学　Ⅳ . ①F830

中国版本图书馆 CIP 数据核字（2019）第 124381 号

责任编辑：李晓杰
责任校对：靳玉环
责任印制：李　鹏

金 融 学

[货币银行学]

主 编　郭　丽

副主编　刘　芳　邱　兰

经济科学出版社出版、发行　新华书店经销
社址：北京市海淀区阜成路甲 28 号　邮编：100142
总编部电话：010 - 88191217　发行部电话：010 - 88191522
网址：www. esp. com. cn
电子邮件：esp@ esp. com. cn
天猫网店：经济科学出版社旗舰店
网址：http://jjkxcbs. tmall. com
北京密兴印刷有限公司印装
787×1092　16 开　22.5 印张　510000 字
2020 年 1 月第 1 版　2020 年 1 月第 1 次印刷
ISBN 978 - 7 - 5218 - 0652 - 6　定价：56.00 元
（图书出现印装问题，本社负责调换。电话：010 - 88191510）
（版权所有　侵权必究　打击盗版　举报热线：010 - 88191661
QQ：2242791300　营销中心电话：010 - 88191537
电子邮箱：dbts@ esp. com. cn）

金融是现代经济的核心，金融业是最具魅力的热门行业，有着种类丰富的金融产品，可以为投资者提供多样化的融资工具；有着发达的金融市场，可以提供取之不尽、用之不竭的金融资源；有着众多的风云人物：股神巴菲特、投资大师彼得·林奇、罗杰斯、金融大鳄乔治·索罗斯……当然，也有金融风险与金融危机，金融的神秘光环吸引着我们无穷的探索。

《金融学》作为金融专业的入门课程和财经类学科的基础课程，可以将我们带入神秘的金融学殿堂。作为新的探索者，我们将理解金融运行的规律和成功的经验。广义的金融学就是研究资金融通活动，包括微观金融和宏观金融、金融主体的个体行为和金融系统的整体行为及其相互关系和运行规律。

在市场经济不断深化、金融环境日益完善的背景下，在金融国际化进程中，不断学习和探索金融专业技能，是我国金融人才专业水平与国际接轨的重要任务，也是对高等院校金融专业人才培养的要求。鉴于此，我们编写了《金融学》这本教材。

本教材是金融学教学改革的研究成果，是教学团队在长期实践中获得的教学灵感与创新。在教学内容、教学模式及教学方法上进行了大胆的尝试与创新，课程体系逻辑结构严谨，紧密联系我国实际，力求达到全面培养具有较强社会适应能力和竞争力的金融高素质应用型人才的教学目标。

1. 教材内容分为金融的基本范畴篇、金融的微观运行篇、金融的宏观均衡篇和金融创新与金融监管篇四个模块。

2. 教学内容设计突出应用性，以综合性和现实问题的客观性相结合，借鉴国内外研究成果，以资料链接、案例分析及纪录片等多种形式作为问题导入、课堂讨论及课后思考的素材，加强学生基础知识的掌握和分析应用能力的提高。

3. 课程与思政教育同向同行，通过专业知识与育人元素的融合及课堂教学设计，实现"知识传授"和"价值引领"的有机统一，充分利用好课堂教学的主渠道，形成协同效应的教学效果。

本书是财经类专业金融学和货币银行学课程教学用书，也可作为金融入门知识的自学参考。

全书共分 16 章。由天津财经大学珠江学院郭丽主编，拟订编写大纲，由刘芳、邱兰等分工合作撰写。第一章由李明豪撰写，第二章由杨润泽撰写，第三、四、五章由邱兰撰写，第六、七、八章由郭丽撰写，第九章由刘亚迪撰写，第十章由季泽撰写，第十一章由薛芳撰写，第十二章由于梦璐撰写，第十三到第十六章由刘芳撰写。全书由郭丽总纂定稿，由肖文杰、高枫、李景鹏和陈洁进行资料搜集整理工作，谨对他们的辛勤工作表示诚挚的感谢！编写过程中参考和应用了一些书籍和文献资料，为我们提供了丰富的素材和创作的源泉，还得到了天津财经大学黄树清教授及学院领导的大力指导和支持，对此表示深深的谢意！

当然，由于水平有限，欠妥之处敬请各位专家学者和读者不吝赐教，以便我们对教材做进一步修订和完善。教材课件可通过邮箱 guolily28@163.com 索取。

教育教学之路漫漫其修远，作为教育工作者将不懈努力，积极探索！

郭丽

2019 年 6 月

目录 |
CONTENTS

第一篇　金融的基本范畴

第二篇 金融的微观运行

第三篇 金融的宏观均衡

第四篇　金融创新与金融监管

第一篇　金融的基本范畴

第一章

货　币

一地的居民有所依赖于别处居民的货物，人们于是从别处输入本地所缺的货物，而抵偿这些输入，他们也得输出自己多余的产品，于是"钱币"就应运而生了。

——亚里士多德（Aristotle）

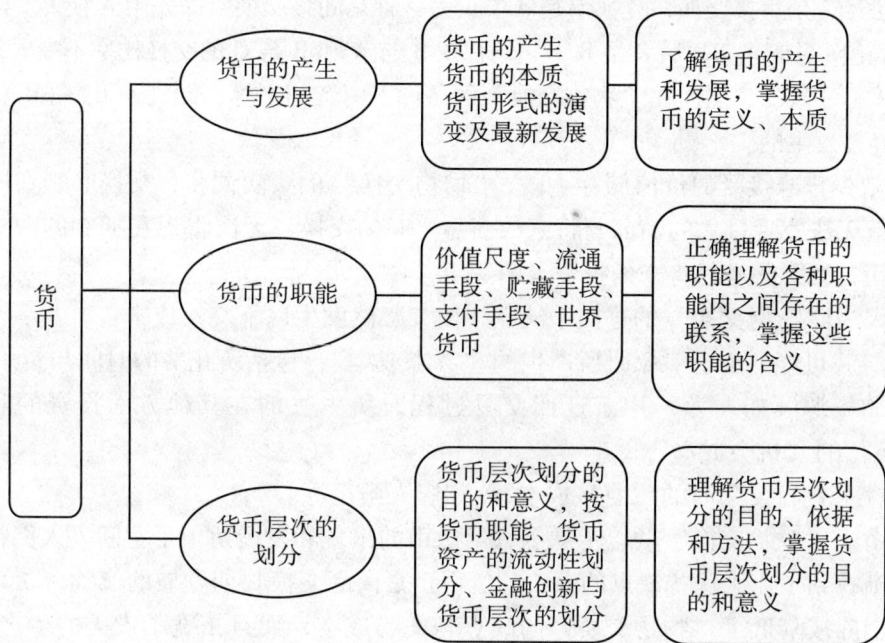

货币 ── 货币的产生与发展 ── 货币的产生、货币的本质、货币形式的演变及最新发展 ── 了解货币的产生和发展，掌握货币的定义、本质

货币 ── 货币的职能 ── 价值尺度、流通手段、贮藏手段、支付手段、世界货币 ── 正确理解货币的职能以及各种职能内之间存在的联系，掌握这些职能的含义

货币 ── 货币层次的划分 ── 货币层次划分的目的和意义，按货币职能、货币资产的流动性划分、金融创新与货币层次的划分 ── 理解货币层次划分的目的、依据和方法，掌握货币层次划分的目的和意义

第一节　货币的产生与发展

在现实经济生活中，人们无时无刻不在与货币打交道，同时也会接触到许许多多与货币有关的事物、现象和问题。从古到今，无数的经济学家、银行家和政治家倾注了大量的智慧、花费了极大的气力去研究它、探索它。如何透过纷繁的现象去把握货币的本质，这

3

也是摆在我们面前首先要解决的课题。

一、货币的产生

关于货币起源的学说有很多。英国经济学家亚当·斯密认为，货币是为了克服直接物物交换的困难而产生的。原始经济的交易方式是"物物交换"，这是至今在偏远地区和货币短缺的情况下仍然存在的交换方式，即人们用各自所拥有的货物去直接换取所想要的货物。这种交易方式至少存在以下四个缺点：

（1）需求上的双重巧合很难达成。如果交换双方或一方不需要对方所拥有的商品，交换就不能成功，他们就不得不去寻找拥有他们所需商品并且也需要他们所拥有商品的第三方、第四方……从而使得交换的系列不断延长，交换的难度也随之相应提高。

（2）商品的比价随着交换系列的延伸而增加。有 n 种商品参与交换就有 $C_n^2 = \dfrac{n!}{2!(n-2)!}$ 个价格比率，商品的比价越多，则交换的困难就越大。

（3）难以建立相互一致的"交叉兑换比率"。比如，有 A、B、C 三种商品，由 A 换 C 有两种方法：一是直接交换，兑换率是 A/C；另一种是间接交换，即先用 A 换 B，再用 B 换 C，则前者兑换率是 A/B，后者是 B/C。只有在 B 与 A 和 B 与 C 的交换比率不变时，两种方法的结果才是一致的，然而在"物物交换"的条件下两者的不等，即 （A/B）:（B/C）≠A/C 的情况是经常发生的。

（4）缺少普遍接受的价值储存手段。"物物交换"的买卖同步，交换必须在同一时间完成，这就无法实现过去的商品与将来的商品之间的交换，无法将现在拥有的购买力转移至将来使用，更无法进行将来的投资与消费。

正是因为"物物交换"的这四个缺点，使其必然发生以下交易成本：

（1）寻找可能的交易对象时所产生的"寻求成本"，包括所花费的时间与费用。

（2）将资源（如人力）用于迂回交易过程时所失去的在其他方面投资的收益，即"物物交换"的"机会成本"。

（3）实际进行交易时的"直接成本"，如雇人搬运等。

正是由于"物物交换"的以上缺点，给货币的出现和发展留下了空间，人们在交换的过程中逐渐找到了克服这些缺点的办法，货币正是商品交换长期发展的产物。货币出现以后，不仅消除或降低了"物物交换"的缺点与交易成本，而且拓宽了人类的生产、消费、贸易等活动，极大地提高了社会的福利。具体表现在：

（1）简化交换的方式，扩大交换的范围。以货币为媒介的交换把所有的商品交换都简化成卖和买，这就大大地节省了寻求成本、交易成本、直接成本和机会成本，从而使商品交换跨越时空。

（2）提高经济效率和挖掘生产潜力。因为简化交换方式所节省的资源、人力、物力和时间都可以用于扩大生产，这就极大地提高了生产力水平，这种生产力水平的提高在货币的"润滑"下还有不断加速的趋势。

（3）为整个经济结构的演变与经济范围的拓展奠定了基础。正是在货币的基础上才出现了金融中介等行业，才有金融创新和金融深化等现代金融活动的发展。

（4）促成商品跨时间的交换。在商品交换的早期，通过货币实现已经形成的商品的交换；而在商品交换的发达时期，更多的交换则是发生在已经形成的商品与尚未形成的商品之间，任何一种投资都具有这种交换的性质。没有货币，持有任何一种商品而等待另一种商品的形成，都是不经济的、低效率的，甚至是不可能的，所以，凯恩斯说，货币是连接过去和将来的纽带。

从货币的产生过程看，货币不是某个聪明人设计创造出来的工具，而是广大商品生产者自发的共同交往行为的结果，同时也是商品经济内在矛盾进一步发展的结果。它解决了物物交换的困难，但又使商品经济的内在矛盾进一步发展，使得商品价值和使用价值的对立表现为商品和货币的对立。

二、货币的本质

货币是商品，货币的根源在于商品本身，这是为价值形式发展的历史所证实了的结论。但货币不是普通的商品，而是固定地充当一般等价物的特殊商品，并体现一定的社会生产关系。这就是货币的本质规定。

首先，货币是一般等价物，从货币起源的分析中可以看出，货币首先是商品，具有商品的共性，即都是用于交换的劳动产品，都具有使用价值和价值。如果货币没有商品的共性，那么它就失去了与其他商品交换的基础，也就不可能在交换过程中被分离出来充当一般等价物。

然而，货币又是和普通商品不同的特殊商品，作为一般等价物，它具有两个基本特征：第一，货币是表现一切商品价值的材料。普通商品直接表现出其使用价值，但其价值必须在交换中由另一商品来体现。货币是以价值的体现物出现的，在商品交换中直接体现商品的价值。一种商品只要能交换到货币，就能使生产它的私人劳动转化为社会劳动，商品的价值就得到了体现。因而，货币就成为商品世界唯一的核算社会劳动的工具。第二，货币具有直接同所有商品交换的能力。普通商品只能以其特定的使用价值去满足人们的某种需要，因而不可能同其他一切商品直接交换。货币是人们普遍接受的一种商品，是财富的代表，拥有它就意味着能够去换取各种使用价值。因此，货币成为每个商品生产者所追求的对象，货币也就具有了直接同一切商品相交换的能力。

其次，货币体现一定的社会生产关系。货币作为一般等价物，无论是表现在金银上，还是表现在某种价值符号上，都只是一种表面现象。货币是商品交换的媒介和手段，这就是货币的本质。同时，货币还反映商品生产者之间的关系。马克思指出："货币代表着一种社会生产关系，却又采取了具有一定属性的自然物的形式。"商品交换是在特定的历史条件下，人们互相交换劳动的形式。社会分工要求生产者在社会生产过程中建立必要的联系，而这种联系在私有制社会中只有通过商品交换，通过货币这个一般等价物作为媒介来进行。因此，货币作为一般等价物反映了商品生产者之间的交换关系，体现着产品归不同所有者占有，并通过等价交换来实现他们之间的社会联系，即社会生产关系。

资料链接 1-1

价值形式的发展

在商品交换中，人们必须衡量商品的价值，而一种商品的价值又必须用另一种商品的价值来表现，这种商品价值形式的发展经历了四个阶段，即简单的（或偶然的）价值形式、扩大的价值形式、一般价值形式和货币形式，这也就是货币随着商品生产和商品交换的发展由萌芽到形成的全部历史过程。

1. 简单的（或偶然的）价值形式

在原始社会后期，随着生产力的发展，剩余产品开始出现。各部落生产的产品除了满足本身的消费需求外，还把多余的产品拿去交换。由于当时社会尚未出现大分工，这种交换只是个别的，带有偶然性质。在这种交换过程中，一种商品的价值，偶然地表现在另一种商品上，这种形式就是简单的或偶然的价值形式。由于这种偶然性，商品价值的表现是不完善、不成熟的，也是不充分的。随着社会生产力的进一步发展，剩余产品开始增多，商品交换也不再是偶然。这样，简单的价值形式便不能适应更多的商品交换的需要，于是出现了扩大的价值形式。

2. 扩大的价值形式

在扩大的价值形式中，一种商品的价值已经不是偶然地表现在某一商品上，而是经常地表现在一系列的商品上。在扩大的价值形式中，各种商品交换的比例关系和它们所包含的社会必要劳动时间的比例关系更加接近，商品价值的表现也比在简单的价值形式中的价值表现更完整、更充分。然而，扩大的价值形式也有其弱点。首先，一种商品的价值表现仍是不完整的，在交换关系中每增加一种商品，就会增加一种表现商品价值的等价物，这样，作为等价物的商品的链条可以无限延伸；其次，一种商品的价值表现也不统一，因为作为等价物的每一种商品都可表现处于相对价值形态地位的商品的价值；最后，作为等价物地位的不同商品之间是相互排斥的关系。这样，处于相对价值形态的商品价值要获得表现，其实际交换过程可能十分复杂，效率十分低。由于这些内在矛盾的存在，价值形式得以进一步发展。

3. 一般价值形式

在一般价值形式中，一切商品的价值都在某一种商品上得到表现，这种商品即是一般等价物。一般等价物具有完全的排他性，它拒绝任何其他商品与之并列。它拥有特殊的地位，任何一种商品只要与作为一般等价物的商品交换成功，该商品的使用价值便转化为价值；具体劳动便转化为抽象劳动；私人劳动也获得了社会的承认，成为社会劳动的一部分。作为一般等价物的商品实际上起着货币的作用，只是在一般价值形式中，担任一般等价物的商品可能不固定。

4. 货币形式

随着商品生产和商品交换的不断发展，从交替地充当一般等价物的众多商品中分离出一种经常起着一般等价物作用的商品。这种特殊商品就是货币，执行着货币的功能，成为表现、衡量和实现价值的工具。

资料来源：钱水土. 货币银行学 ［M］. 北京：机械工业出版社，2013.

三、货币形式的演变及最新发展

经济社会中人们进行商品和劳务交易的方法是不断演变的，观察这一演变过程，并了解与其相适应的货币形式的发展，对于更好地理解货币的职能是有益的。

（一）支付制度的演变

支付制度亦即经济社会中进行交易的方法。若干世纪以来，支付制度一直在发生变化。与此相对应，货币的形式也在变化着。黄金之类的贵金属曾一度作为主要的支付手段，而且是货币的主要形式。后来，诸如物票和支票之类的纸币开始在支付制度中使用并且被当作货币来看待。支付制度向什么方向发展，对于货币的未来定义关系极大。为了了解支付制度今后的发展，我们有必要了解其演变过程。

1. 以贵金属为基础的支付制度

一种物品要想充当货币，它就必须在商品和劳务的支付中被每个人接受。于是，人们自然地选择了黄金、白银之类的贵金属或者高价值的物品来充当货币，这类货币称为商品货币（commodity money）。从远古至数百年之前，除了原始社会外，贵金属在所有社会都充当过交易媒介。但是，仅仅以贵金属为基础的支付制度明显存在问题：这种形式的货币过于沉重，从一地运往另一地十分困难。如果说只能用硬币去购物的话，那么购买房屋之类的大笔交易就得用车辆来运送货币了。

2. 纸币的使用

支付制度接下来的发展就是纸币的使用。纸币是具有交易媒介功能的纸片。起初，使用纸币含有这样的许诺：它可以兑换为硬币或贵金属。后来，在大多数国家中纸币都发展成为不兑现纸币（fiat money），被政府宣布成为法定偿还货币（即在支付债务时，人们必须接受它）而不必转换为硬币或贵金属。纸币的优点是携带方便，比硬币和贵金属都轻得多。但是，只有纸币发行当局具有某种信誉，而且印刷技术发展到足以使伪造极其困难的高级阶段时，纸币才能被接受为交易媒介。由于纸币的发行成为一种法律安排，于是国家便可根据需要来改变纸币的发行量。

资料链接 1 - 2

最早的纸币

交子，是世界最早使用的纸币，最早出现于四川地区，发行于北宋前期（1023 年）

的成都。最初的交子实际上是一种存款凭证。北宋初年，四川成都出现了为不便携带巨款的商人经营现金保管业务的"交子铺户"。存款人把现金交付给铺户，铺户把存款数额填写在用楮纸制作的纸卷上，再交还存款人，并收取一定保管费。这种临时填写存款金额的楮纸券便谓之交子。

随着市场经济的发展，交子的使用也越来越广泛，许多商人联合成立专营发行和兑换交子的交子铺，并在各地设分铺。由于铺户恪守信用，随到随取，交子逐渐赢得了很高的信誉。商人之间的大额交易，为了避免铸币搬运的麻烦，也越来越多地直接用交子来支付货款。后来交子铺户在经营中发现，只动用部分存款，并不会危及交子信誉，于是他们便开始印刷有统一面额和格式的交子，作为一种新的流通手段向市场发行。正是这一步步的发展，使得"交子"逐渐具备了信用货币的特性，真正成为了纸币。

随着交子影响的逐步扩大，对其进行规范化管理的需求也日益突出。北宋景德年间（1004～1007 年），益州知州张泳对交子铺户进行整顿，剔除不法之徒，专由 16 户富商经营。至此"交子"的发行正式取得了政府认可。宋仁宗天圣元年（1023 年），政府设益州交子务，以本钱 36 万贯为准备金，首届发行"官交子"126 万贯，准备金率为 28%。

从商业信用凭证到官方法定货币，交子在短短数十年间就发生了脱胎换骨的变化，具备了现代纸币的各种基本要素，将还处在黑暗的中世纪的欧洲远远抛在后面。

据清《续通典·食货》交子三年一届，始于宋代之铜钱与铁钱溷用而不便于携；迄神宗时，交子正式由官方所承认，即熙宁初年将伪造交子等同于伪造官方文书。

3. 支票的使用

纸币和硬币的主要缺陷是：它们易被偷窃，而且当交易量很大时，其庞大的体积将使运费十分昂贵。为了解决这一问题，随着现代银行的发展，支付制度又前进了一步，支票出现了。

支票是一种见票即付的债据，它使人们无须携带大量通货便可从事交易。支票的使用是提高支付效率的一项重大创新。支付经常是有往来的，彼此可以抵销。有了支票，相互抵销的支付便可通过冲销支票来清算，根本无须运送通货了。这样，就减少了支付制度的交易成本，提高了经济效率。支票的另一个优点是，它可以在账户余额的范围内开出任何数量的金额，使得大额交易变得容易。在减少偷盗损失方面，支票也有其优越性。另外，支票也为购物提供了一种方便的收据。

但以支票为基础的支付制度也面临着两个问题：第一，运送支票需费时日，如果收款人需要迅速收款，那么支票支付就不能满足收款人的需要。另外，一张支票从存入银行到记入支票账户，需要好几个营业日，这样，在存款者对现金的需要十分迫切的情况下，支票支付的形式就会令人十分沮丧。第二，处理支票的纸上工作花钱很多。拿美国来说，美国每年处理全国签发的支票所需花费大大超过 50 亿美元。

4. 电子资金调拨系统

现代通信与计算机技术的发展，为支付制度指明了新的发展方向，人们以更先进的方式进行交易：所有的支付都通过电子通信方式进行，所有处理纸片的工作都会一扫而光。

这就是人们所说的"电子资金调拨系统"(electronic funds transfer system，EFTS)，即电子支付制度。让我们来看一看这一系统是如何运转的。

所有商店里都安装有一个计算机终端，通常是 POS（point-to-sale）系统或信用卡系统，它可使买方不用现金或支票就能购买商品。买方选择好商品，然后在电脑终端上插入银行卡并输入他的密码，货款便从他的银行账户转到商店的账户上。如果某人有一笔账单需要支付，他可以启动他家中的计算机，接通专门的电子网络，然后通过该网络将钱从他的账户转到他要付给的人或商家的账户上。这些交易瞬间即可完成，无须任何人来处理任何纸片。

EFTS 系统已经进入我们的生活，如我国投入使用的自动取款系统、银行间的支付清算系统、美国联邦储备体系的联储线路等。又比如，一些商家允许客户用银行卡进行购买，购货款会立即从客户的账户上转出；某些定期存款的债务，可自动地按月从人们的支票账户上支付；很多企事业单位直接通过电信网将职工工资付到职工的银行账户上。

虽然 EFTS 系统比以纸片为基础的支付系统要有效得多，但许多事情使得纸币支付系统不能完全消失，向无支票社会前进的步伐比人们预料的要慢得多。纸币有其长处，它提供了收据，也使欺诈比较困难。而电子支付系统就没有这样的优点，我们时常会看到或听到这样的新闻：某人未经许可便"进入"电子计算机数据库，并改变了储存的信息。这类事件意味着无耻之徒可以通过电子支付系统接近银行账户，并将资金从这些账户盗取到自己的账户上。防范此类活动绝非易事，提高电子计算机的安全性是一个正在发展的新领域。电子支付系统的另一个问题是，目前尚有很多棘手的法律问题没有得到解决。例如，某人掌握了某客户的密码而非法地从该客户的账户上转移资金，谁对此事负有责任？你能像使用支票那样在电子转账系统上停止支付吗？

以上讨论表明，我们的支付制度正在朝着一个无纸化的电子支付系统方向发展，但尚存许多诸如安全性方面的问题有待解决，这些问题影响着朝新方向前进的步伐，因而电子货币的发展只能是一个渐进的过程。

（二）货币形式的演变

随着支付制度的演变，发展起来各种不同类型的货币形式，按其形态，大致可以分为实物货币、金属货币、纸币和存款货币。

1. 实物货币

实物货币是指在金属货币出现以前曾经充当过交易媒介的那些特殊商品。例如，米、布、木材、贝壳、家畜、兽角、猎器等，都曾在不同时期充当过交易媒介的角色。这些特殊商品在充当货币时，基本上保持原来的自然形态。其缺点是：体积笨重，质量不一，不能分割为较小的单位，值小量大，携带不便，容易磨损，容易变质。因此，实物货币无法充当理想的交易媒介，不适于作为价值标准和贮藏手段，随着经济的发展和时代的变迁而被金属货币所替代。

2. 金属货币

金属货币是指以金属为币材的货币。初期的金属货币以条块形状出现，称为称量货币。近代的金属货币则将金属按一定的成色重量铸成一定的形状（比如圆形）使用，称为铸币。金、银、铜、铁等金属材料都作过币材，这些材料可以分割、加工，质量均匀，供给稳定，用它们制成的货币耐久、轻便、价值统一，能有效地发挥货币的交易媒介、价值标准和储藏职能，因此直至今日，金属货币仍然在流通中使用着。

资料链接 1 – 3

足值货币、不足值货币和表征货币

足值货币是货币发展的早期形态。此时，货币的额定价值同它作为特殊商品的内在价值是一致的。所以，又可称之为商品货币或实物货币。随着商品交换的发展与壮大，实物形态的商品货币就逐渐由内在价值稳定、质地均匀、便于携带的金属货币所替代。足值货币也只是在有足够信用的意义上，才是足值货币。从这一点上看，贵金属货币也可称之为足值货币。

非足值货币属于信用货币，是一种完全借助信用基础而流通起来的货币。相互加强的信任是非足值货币存在的基础。非足值货币包括不足值的铸币以及现在流行的货币、银行存款、电子货币等。

表征货币是足值货币的代表物，包括银行券、辅币等执行货币基本职能的货币形态，它是纸质的货币符号，特点是可自由兑换。

3. 纸币

纸币是以纸张为币材印制而成，具有一定形状、标明一定面额的货币。纸币可分为兑现纸币和不兑现纸币两种。兑现纸币（又称代用货币、表征货币）是持有人可随时向发行银行或政府兑换铸币或金银条块的纸币，其效力与金属货币完全相同，且具有携带便利避免磨损、节省金银等优点。兑现纸币的发行必须有足够的贵金属准备。如果代用货币的发行超过了商品流通所需要的金银货币量时，代用货币的面额所代表的金银货币量就会减少，从而引发货币贬值、物价上涨。在兑现纸币制度下，政府容易控制物价，经济中不易发生恶性通胀。不兑现纸币是不能兑换成金属或金银条块的纸币，它仅有货币价值而无币材价值。我国是世界上最早使用纸币的国家。早在宋朝初年，一种称为"交子"（意为交换凭证）的纸币就在市场上流通，它是用楮树皮纸制成的楮券，可以兑现。我国的纸币制度后来传到波斯、印度和日本，波斯于 1294 年使用过纸币，印度于 1330 ~ 1331 年使用过纸币，日本自 1332 年起仿效中国的办法印制发行过几次纸币。意大利威尼斯的旅行家马可·波罗于 13 世纪来到中国，看到中国人用纸币买卖东西，大为惊奇，当时纸币在中国的使用至少已有 300 年的历史。目前，世界各国流通的纸币大都是不兑现纸币。

4. 存款货币

存款货币指活期存款。西方国家的活期存款户可以随时开出支票在市场上转移或流通，充当交易媒介或支付工具。由于支票可以装订成书本形状，因此人们又把支票称为书本货币（book money）。又由于存款货币以在银行的活期存款为基础，并根据支票的授受，将银行账户上所记存户的债权加以转移，因此存款货币还称为银行货币（money）。存款货币在现代工商业发达的国家中占有重要地位，大部分交易都是以这种货币为交易媒介的。

（三）货币形式的最新发展——电子货币

所谓电子货币，在目前的情况下，一般是对通过电子信息的交换完成结算系统的总称。其名称多种多样，如电子货币、电子通货、数字现金等。

资料链接 1-4

电子货币的产生

英国一个名为斯温顿（Swindon）的城市，虽然人口有 17 万，但近年来却引起了世界各国的注意，其原因是它在全世界率先推行了"电子货币"试验。其后，欧美各国也竞相开了各种各样有关电子货币的试验，以至形成一股热潮，逐渐波及包括亚洲各国在内的世界各地。

在英国斯温顿市推行的电子货币试验，是由英国最大的零售银行之一米德兰银行（Midland Bank）和五大银行之一国民西敏寺银行（National Westminster Bank）共同出资开办名为"Mondex UK"的企业，并以该企业的名义进行的。参加该试验的市民约 4 万人（占该市人口的 25%）、商店约 1000 个（占全市商店数的 80%），对参加试验者免费发放一种名为"Mondex 卡"的 IC 卡。在这个 IC 卡内埋入了一个集成电路芯片（即 IC 芯片），其中存入的电子信息代表着一定金额的货币信息，该电子信息即相当于电子货币。Mondex 卡的持有者在参加试验的商店内，可以使用卡中存储的电子货币购物。当然，不仅在商店，在火车站售票处、机动车停车场、自动售货机等场所，也可使用 Mondex 卡购物和消费。对顾客提交的 Mondex 卡，商家使用为该卡专门设计的读卡终端机，首先插卡并输入商品的销售金额，然后只要一按确认键，即可完成支付。以 Mondex 卡代替现金支付，其处理过程是将相当于销售金额的电子信息（电子货币）从 IC 卡写入（移动）商家的终端机内。

当 Mondex 卡的余额不足或余额用完时，可使用自动柜员机（ATM）或是专用的电话机，以联机方式从自己的银行账户把电子货币移动（补充）到 Mondex 卡内。该过程相当于从自己的账户支出一部分存款，再将该存款作为电子货币储蓄到 Mondex 卡内。不过一枚 Mondex 卡存储的电子货币的金额设置有上限，现阶段设为 500 英镑。

Mondex 卡通过专用的便携式终端，还可从某一张个人卡往另一张个人卡移动电子货币，即与普通的现金一样可用于个人之间的支付。若使用专为 Mondex 卡开发的专用电话机，即使是远距离相隔的个人用户，也可在瞬间完成电子货币的移动。这种联网操作，不仅可以使用普通的电话网络，而且目前还正在研究和试验通过 Internet 移动电子货币。而作为一般的信用卡和储值卡是不具备上述功能的，正因为 Mondex 卡正在试验和实施一般信用卡和储值卡尚不具备的功能，所以引起人们对电子货币的格外关注。

除了 Mondex 卡之外，目前世界各国争先恐后开展着一系列花样繁多的关于电子货币的研究和试验项目，并逐渐走向实用化。

资料来源：英国进行电子货币流通实验 ［J］. 商业现代化，1995（7）：43.

目前，对于电子货币的定义尚无定论，而且，世界各国推行的有关电子货币的试验项目也形态各异，就目前情况而言，大多数电子货币的基本形态是一样的，即用一定金额的现金或存款从发行者处兑换并获得代表相同金额的数据，通过使用某些电子化方法将该数据直接转移给支付对象，从而能够清偿债务，该数据本身即可称作电子货币。

电子货币除了具备以上基本形态之外，不同类型的电子货币还有如下一些特征：

（1）技术方面的特征是电子货币使用了电子化方法并采用了安全对策。电子货币的发行、流通、回收的过程是用电子化的方法进行的。在进行过程中，为了防止对电子货币的伪造、复制、非正当使用等，运用通信、密码等技术构成高度安全的保密对策。

（2）结算方式的特征是电子货币可分为预付型、即付型、后付型。具有上述基本形态的电子货币，属于预付型结算，当 A 向 X 发行电子货币时，X 要向 A 提供资金作为交换站在 X 的立场看，用电子货币对 Y 支付之前，预先向 A 支付了资金，所以是预付型（或储值型）的结算，如目前使用的广义信用卡（debitcard，借记卡）其特征就是"先存款、后支用"。即付型结算是指购买商品时从银行账户即时自动转账支付，如目前使用 ATM（自动柜员机）或银行 POS（销售点终端）的现金卡。后付型结算，则是目前国际通行的信用卡（credit card，贷记卡，也是狭义信用卡）的结算方式，其特点是"先消费，后付款"，由发行者提供消费信用。

（3）流通规律的特征是电子货币中既有只允许一次换手（即只能用于一次支付就返回发行者处的流通形式）的形式，也有可多次换手即多次辗转流通的形式，但无论是属于第几次换手的电子货币持有者，均有权向发行者提出对资金的兑换请求。

（4）电子化方法的结算可以分为"支付手段的电子化"和"支付方法的电子化"。"支付手段的电子化"是对货币价值的电子化，电子货币即电磁记录本身是保有"价值"的，例如，以代替现金支付为目的开发的电子货币项目"Mondex"和"e 现金"等均属这类结算。"支付方法的电子化"是指支付过程中，使用电子化的方法将"等价物"转移的指令传递给结算服务提供者以完成结算，如 ATM 转账结算、银行 POS 的信用卡结算，以及通过 Internet 的银行转账、信用结算等均属这类结算。

就目前应用的现状而言，大多数电子货币是为了传递既有的货币而使用的新方法，并不是新形式的货币，也就是说，被称为电子货币的新事物的出现，对既有的商业银行业务或中央银行控制货币供应量的职能等并不会突然产生很大的影响。只是，现在试验或实施的电子货币项目中，某些项目蕴含着可以执行货币职能的可能性，未来的电子货币或许就可能成为与通货地位同等的支付手段。可以预言，当该情况出现的时候，必将给现有的银行业务以及金融政策等带来较大影响。

第二节 货币的职能

货币的职能是货币本质的具体表现，是商品交换所赋予的，也是人们运用货币的客观依据。

一、价值尺度

货币在表现和衡量商品价值时，执行价值尺度职能。执行价值尺度职能的货币本身必须有价值；本身没有价值，就不能用来表现、衡量其他商品的价值。货币是商品，具有价值，因此能够充当商品的价值尺度。

货币执行价值尺度职能时，人们用货币来衡量商品的价值，而并不需要现实货币的存在。商品价值的货币表现就是价格。由于各种商品的价值大小不同，用货币表现的价格也不同。为了便于比较，就需要规定一个货币计量单位，称为价格标准。价格标准最初是以金属重量单位的名称命名的，如中国的"两"，后来由于国家以较贱金属代替贵金属作币材，使货币单位的名称和金属重量单位名称脱离。

价值尺度与价格标准是两个完全不同的概念。首先，货币作为价值尺度是代表一定量的社会劳动来衡量各种不同商品的价值；而货币作为价格标准，是代表一定的金属量，用来衡量货币金属本身的量。其次，货币作为价值尺度是在商品交换中自发形成的，它不依赖于人的主观意志，是客观的；而价格标准是人为的，通常由国家法律加以规定。最后，货币作为价值尺度，它的价值随着劳动生产率的变动而变动；而价格标准是货币单位本身金属的含量，是不随劳动生产率的变动而变动的。

价值尺度与价格标准有着密切的联系，货币的价值尺度依靠价格标准来发挥作用，因此，价格标准是为价值尺度职能服务的。

二、流通手段

货币在商品交换过程中发挥媒介作用时，便执行流通手段职能。货币作为流通手段必须是现实的货币，即要求一手交钱、一手交货，这与货币作为价值尺度是不同的。另外，作为价值尺度的货币，由于其衡量的是商品的价值，所以必须是足值的货币，否则商品的价值就可能被错误地扩大或缩小。而货币发挥交换媒介作用只存在于买卖商品的瞬间，人们关心的是它的购买力，即能否买到等值的商品，并不关心货币本身有无价值，所以就产生了不足值的铸币以及仅是货币符号的纸币代替贵金属执行流通手段职能的可能性。

货币作为流通手段，改变了过去商品交换的运动公式。在货币出现前，商品交换采取物物交换的形式，即 W－W；货币出现后，商品交换分为"卖"和"买"两个环节，即 W－G 和 G－W，货币这个媒介的出现，使原来物物交换的许多局限性，如交换双方对使用价值的需求一致、交换的时间地点一致等都被冲破了，从而促进了商品交换的发展。但另一方面，货币发挥流通手段职能，也使商品生产者之间的社会联系和商品经济的内在矛盾更加复杂化了。因为这时商品交换分为卖和买两个环节，如果有些人卖了商品不马上买，则另一些人的商品可能就卖不出去，从而引起买卖脱节，使得社会分工形成的生产者相互依赖的链条有中断的可能，潜藏着经济危机。当然，经济危机的爆发只有在商品经济发展到一定水平、社会生产者的联系十分紧密的条件下，才能转化为现实。

货币流通是指货币作为购买手段，不断地离开起点，从一个商品所有者手里转到另一个商品所有者手里的运动。它是由商品流通所引起的，并为商品流通服务；商品流通是货币流通的基础；货币流通是商品流通的表现形式。同时，货币流通又有着不同于商品流通的特点。商品经过交换以后就进入消费领域，或作为生产性消费，或作为生活性消费，从而退出流通界。货币在充当一次交换的媒介后又去充当另一次交换的媒介，经常留在流通领域中不断地运动。流通中所需的货币量取决于三个因素：①待流通的商品数量；②商品价格；③货币流通速度。它们之间有如下的关系：

$$货币作为流通手段的必要量 = \frac{商品价格的总额}{货币流通速度} = \frac{商品价格 \times 待流通的商品数量}{货币流通速度}$$

流通中所需要的货币量取决于待流通的商品数量、商品价格和货币流通速度这一规律，是不以人的意志为转移的。凡是有货币交换的地方，这一规律就必然会起作用。

三、贮藏手段

货币退出流通，贮藏起来，就执行贮藏手段的职能。货币成为社会财富的一般代表，于是人们就有了贮藏货币的欲望。当然这种货币既不能是观念上的货币，也不能是不足值的货币或只是一种符号的纸币，它应是一种足值的金属货币或是作为货币材料的贵金属。

在交换的初期，产品主要是满足自身消费，所以当时货币执行贮藏职能的目的是用货币形式来保存剩余产品。在商品经济还不够发达的情况下，商品生产者并不一定能够在需要货币购买其他商品时顺利地卖掉自己的商品，所以为了避免市场的自发性导致的风险，生产者会有意识地积累货币，使再生产得以顺利进行。随着商品经济的发展，在私有制社会里，货币在社会上的影响增大，它代表着绝对的物质财富，从而人们在求金欲的驱使下贮藏货币。

在足值的金属货币流通的情况下，货币作为贮藏手段，具有自发调节货币流通的作用，当流通中的货币量大于商品流通所需要的货币量时，多余的货币会退出流通领域；当流通中所需要的货币量不足时，贮藏货币会重新加入流通。贮藏货币就像蓄水池一样自发地调节流通中的货币量，使它与商品流通相适应。因此，在足值的金属货币流通条件下，不会发生通货膨胀现象。货币的贮藏手段是以金属货币为前提的，即只有在金属货币流通的条件下，货币才能自发地进出流通领域，发挥蓄水池的作用。当今世界大多数国家已经废除了金属货币的流通，普遍采用了信用货币。如果通货膨胀水平较低，并且预期通货膨胀水平也很低，信用货币是可以被"贮藏"起来的，但这种暂歇在居民手中的货币不是贮藏货币，它仍是计算在市场流通量之中的。这样，信用货币也就不能自发地调节流通中的货币量，贮藏职能实际上也就不存在了。

四、支付手段

货币作为交换价值而独立存在，并非伴随着商品运动而作单方面的转移，就执行着支付手段职能。在货币执行流通职能时，商品交换要求一手交钱、一手交货；而作为支付手段，其特征是价值的单方面转移。支付手段的产生源于商业信用的产生。在较发达的商品经济条件下，在商品生产循环和周转中，某些商品生产者会产生资金周转的多余或不足，为使再生产得以顺利进行，商品赊销、延期付款等信用方式相应产生。此外，商品的供求状况也影响着商品的信用方式。当赊购者偿还欠款时，货币就执行支付手段职能。

货币执行支付手段职能、最初主要是为商品流通服务，用于商品生产者之间清偿债务。随着商品生产的发展，货币的支付手段职能已超出了商品流通领域，扩展到其他领域，如工资、佣金、房租等。

货币作为流通手段克服了物物交换的种种局限性，而其作为支付手段，又进一步克服了货币作为流通手段要求一手交钱、一手交货的局限性，极大地促进了商品交换。但同时，它也使商品经济的矛盾进一步复杂化。在商业信用盛行时，商品生产者之间的债权债务关系的普遍存在。一个商品生产者偿还债务的能力往往受到其他商品生产者能否按期偿还对他的债务的影响。在债权债务的链条中，如果有一部分生产者由于种种原因不能按期偿还债务，就有可能引起整个支付链条的崩断，以致给商品生产和流通带来严重的后果。

案例 1-1

现在我特别想要一个 iPad，我去商场一看，标价 3999 元，这是货币在执行价值尺度职能。

如果我狠狠心买了这个 iPad，而且是全额付款，此时执行的是货币的流通手段职能，因为是一手交钱、一手交货。

如果我打算买 iPad，但我选择的是分期付款，此时执行的却是支付手段职能，因为有一定的时间差，交易不是在瞬时间完成的。

如果我没有买这个 iPad，而是把 3999 元存起来了，这执行的是货币的贮藏手段职能。

如果我用美元买这个 iPad，则执行的就是世界货币职能。

五、世界货币

当货币超越国界，在世界市场上发挥一般等价物作用时便执行世界货币的职能。

世界货币只能是以重量直接计算的贵金属。而铸币和纸币是国家依靠法律强制发行只能在国内流通的货币，不能真实地反映货币具有的内在价值。

货币执行世界货币职能主要表现在三个方面：第一，作为国际一般的支付手段，用以平衡国际收支差额，这是世界货币的主要职能；第二，作为国际一般的购买手段，用以购买外国商品，作为购买手段的货币在此时当作货币商品与普通商品交换；第三，作为国际财富转移的一种手段，如战争赔款、输出货币资本等。

世界货币的职能也是以贵金属为条件的。理论上，信用货币由于没有内在价值或其价值可以忽略，是不能够执行世界货币职能的。但在当代，一些西方发达国家的信用货币，已经成为全球普遍接受的硬通货，实际上发挥着世界货币的职能。世界各国都把这些硬通货作为本国储备的一部分，并用来作为国际的支付手段和购买手段。这一方面是因为发行这些硬通货的国家经济发达、国力强大、国际政治经济地位较高，因此其货币也较坚挺、有保障；另一方面也是国际金融发展的结果。近几十年来，欧洲美元市场、离岸金融业务的发展，也促进了这些信用货币的全球化。

货币的五种职能并不是各自孤立的，而是具有内在联系的，每一个职能都是货币作为一般等价物本质的反映。其中，货币的价值尺度和流通手段职能是两个基本职能，其他职能是在这两个职能的基础上产生的。所有商品首先要借助于货币的价值尺度来表现其价格，然后才通过流通手段实现商品价值。正因为货币具有流通手段职能，随时可购买商品，货币能作为交换价值独立存在，可用于各种支付，所以人们才贮藏货币，货币才能执行贮藏手段的职能。支付手段职能是以贮藏手段职能的存在为前提的。世界货币职能则是其他各个职能在国际市场上的延伸和发展。从历史和逻辑上讲，货币的各个职能都是按顺序随着商品流通及其内在矛盾的发展而逐渐形成的，从而反映了商品生产和商品流通的历史发展进程。

第三节　货币层次的划分

20 世纪 50 年代以来，货币计量的口径在不断扩大。从 50 年代之前狭义的货币供给口径（$M = C + D$），到 50 年代后广义货币（M_2）的提出（弗里德曼和施瓦茨、托宾、格利和肖）。随后，拉德克里夫委员会提出以"一般流动性"作为界定货币的标准（1959）。进入 60 年代末 70 年代初，金融创新使货币口径不断加大。如何对货币层次进行划分，以便央行计量与控制，是各国中央银行非常重视的货币问题之一。

一、货币层次划分的目的和意义

不论是通过理论方法，还是使用经验方法来界定货币，都有不妥之处，要确切地明白货币的含义，还是要对货币供给量的构成及其层次进行划分。各国中央银行在划分货币层次时，一般都以流动性的大小为依据，也即以转变为现实交易媒介的方便程度作为标准。流动性程度较高，即在流通中周转较便利，相应地形成购买力的能力也较强；流动性较低即周转不方便，相应地形成购买力的能力也较弱。如现金和支票存款可以直接作为交易媒介，其直接引起市场商品供求的变化，因而货币性最强；储蓄存款和定期存款虽然是一种潜在的购买力，但其流动性较低，要变成现实购买力，必须首先转化为现金或活期存款，而且提前支取还要蒙受一定的损失，因而对市场商品供求的影响不那么直接；各种短期金融资产如商业票据、国库券等，要转化为现实购买力，必须在金融市场上转让、出售，在出售过程中要花费一定的交易时间和交易费用，并面临着市场行情变动的风险，因而其流动性更差，属于更广义的货币范围。

划分货币层次的目的是要考察各种流动性不同的货币对社会经济的影响，并选定一组与经济发展密切相关的货币，作为中央银行控制的重点，也便于中央银行进行宏观经济运行的监测和货币政策操作。在 20 世纪 70 年代中期开始出现货币供应量取代利率成为一些国家货币政策中间指标之后，货币层次的划分有了更明显的政策操作意义。比方说，中央银行在讨论控制货币供应指标时，既要明确到底控制哪一层次的货币以及这个层次的货币与其他层次的界限何在，同时还要回答实际可能控制到何等程度，否则就谈不上货币政策的制定，或者即使制定了也难以贯彻执行。

二、按货币的职能划分货币层次

目前，大多数经济学家都认为应该从货币基本职能的角度出发给货币下定义，主张货币供应量包括所有那些执行货币主要职能的工具。由于不同形式的货币在体现货币主要职能上有所区别，从而形成了货币层次的划分。各种形式的货币对经济的影响程度主要表现在它的流通速度和货币购买力的活跃程度上，流通速度越快，对经济的影响也越大。因此，西方国家的经济学家们一般都认为，货币应包括那些在商品和劳务买卖及债务支付中被作为交易媒介和支付手段而普遍接受之物。他们把货币定义为流通中的现金和活期存款（或支票存款），这便是狭义的货币供应量 M_1，即：

$$M_1 = 通货 + 所有金融机构的活期存款$$

显然，现金在流通中为人们所普遍接受，并直接充当交换媒介。但在发达国家，往往只有 20% 左右的交易用现金支付，大量的支付都是以支票的形式，即通过转移存款人在银行的活期存款债权给收款人的办法来实现的。而且活期存款能随时兑换到现金，在流动性和货币性上与现金几乎无异，所以，活期存款也是货币。

三、按货币资产的流动性划分货币层次

有些经济学家不满足于上述狭义的货币概念。他们认为，货币是一种资产，强调货币的价值尺度和贮藏手段职能，认为各种金融机构的定期存款、储蓄存款以及其他一些短期流动资产都是潜在的购买力，而且也很容易变为现金，具有不同程度的流动性，因而主张以流动性为标准，划分出更为广义的货币概念或层次，从而形成了广义的货币供应量指标 M_2、M_3、M_4 等。

流动性是货币的基本特征之一，流动性首先是指货币与商品的转换能力。在单一现金货币形式下，不存在转换能力程度差别的问题。当出现了各种形式的货币构成后，各种货币形式的流动能力出现了程度上的差别。这时，流动性的概念就不仅指货币转换为商品的能力，而且指货币之间相互转换的能力。测量一种金融资产流动性的最简捷的方法就是看

它向流动性最强的现金货币转换的能力。转换能力包括两方面的含义：一是能不能方便地自由转换；二是转换过程中损失的程度。转换自由并且损失小的货币才是严格意义上的流动性强的货币。金融资产流动性的强弱，一方面与一国的金融制度有关，另一方面与一国金融市场的发达程度有关。如各种有价证券的流动性主要取决于金融市场的发达程度，在金融市场发达的国家，有价证券可随时在证券市场上出售并转换成现金。由于各国金融市场和金融法规的差异，广义的货币供应量指标也不尽相同。综合各国情况来看，广义的货币供应量指标一般划分如下：

$M_1 = $ 通货 + 商业银行的活期存款

$M_2 = M_1 + $ 商业银行的定期存款和储蓄存款

$M_3 = M_2 + $ 其他金融机构的定期存款和储蓄存款

$M_4 = M_3 + $ 其他短期流动资产（如国库券、商业票据、银行承兑汇票、短期公司债券、人寿保单等）

根据各种金融工具的流动性来划分不同层次的货币供应量指标，已为大多数经济学家和各国货币管理当局所接受，各国货币当局普遍采用多层次或多口径的办法来计算和定期公布货币存量。如美联储公布的四个层次的货币供应量指标为：

$M_1 = $ 流通中的通货 + 所有存款机构的支票性存款

$M_2 = M_1 + $ 所有存款机构的小额（10万美元以下）定期存款 + 所有存款机构的储蓄存款 + 隔夜回购协议

$M_3 = M_2 + $ 所有存款机构的大额定期存款 + 定期回购协议

$L = M_3 + $ 其他短期流动资产（如美国储蓄债券、商业票据、银行承兑票据、短期政府债券等）

国际货币基金组织关于货币供应量的划分为：

$M_0 = $ 银行体系以外的现钞和铸币

$M_1 = M_0 + $ 商业银行的活期存款 + 其他活期存款

$M_2 = M_1 + $ 准货币（这里指定期存款和政府债券）

中国人民银行关于货币供应量的划分为：

$M_0 = $ 流通中的现金

M_1（货币）= 流通中的现金 + 银行的活期存款

M_2（货币 + 准货币）= $M_1 + $ 定期存款 + 储蓄存款 + 其他存款

各国公布的货币供应量指标虽各不相同，但有一点是各学派和各国都承认的，狭义货币（现金和活期存款）是为人们所普遍接受的交易媒介，算作标准的货币；而 M_1 以外的短期金融资产只能称准货币（quasimoney）或近似货币（nearmoney），它们不能充当直接的交易中介，但这些广义货币是潜在的购买力，在一定条件下可以转换为现实的货币，对现金货币的流通以及整个经济都有影响，因此有必要作为单独的货币层次加以考虑。

四、金融创新与货币层次的划分

随着金融创新的发展，具有良好流动性的新兴金融工具不断涌现，使按照流动性的序列来划分货币层次、定义货币供给的方法面临着严峻的挑战。在现代经济社会中，除了金融机构的各种存款外，还有不少金融或信用工具都具有相当程度的流动性或货币性，它包括政府和企业发行的短期债券、人寿保单、投资互助基金等。由于拥有发达的二级市场，它们在金融市场上变现极为方便，即均具有相当高的流动性。与狭义货币相比，它们之间只存在程度上而非本质上的区别。尤其是随着金融创新的发展，被定义在"货币"口径之内的金融资产的序列实际上是不断加长的，这是因为符合某一货币定义的金融工具不断被创造出来，许多金融工具的市场条件被逐渐开发，因而具有了较过去更大的流动性。由于众多的金融资产都具有一定的流动性，这就使更多的金融资产都具有一定程度的货币功能。

那么，货币的边界在哪里？M系列能否穷尽？如果找不到划分货币和非货币的边界，中央银行的货币控制就难以实施。这些客观存在的问题引起了不少经济学家的关注。一些经济学家在20世纪70年代末曾尝试计算一种"加权货币总量"，其基本根据是：每种货币资产都有不同程度的流动性，但它们的流动性又有区别。例如，现金可视为具有100%的货币性，而定期存款则只有（比如）40%的货币性。于是，以各种金融资产的流动性作为权数，然后求出一个加权总和来，便能得到一种称为"加权货币总量"的货币供给统计量来，以此作为中央银行货币控制的依据。另有一些经济学家则倾向于在通常的M系列之外，再加上一个统计范围更大的指标L，它包括诸如商业票据、储蓄债券、银行承兑票据、财政部证券等具有高度流动性的资产。然而，准确地讲，这里的L已非一个货币计量指标，而是一个具有高度流动性的资产的计量指标。

由此可见，金融创新的发展，需要有新的货币层次划分的理论和方法，以便能更准确地观察各层次的货币供应量的变动，进行有效的经济分析。

本 章 小 结

1. "物物交换"这种交易方式至少存在以下四个缺点：①需求上的双重巧合很难达成；②商品的比价随着交换系列的延伸而增加；③难以建立相互一致的"交叉兑换比率"；④缺少普遍接受的价值储存手段。

2. 货币是商品，货币的根源在于商品本身，这是被价值形式发展的历史所证实了的结论。但货币不是普通的商品，而是固定地充当一般等价物的特殊商品，并体现一定的社会生产关系。这就是货币的本质。

3. 在人类社会经济生活中，货币自身的形式是不断发展的，由足值的金属货币，如金币、银币到足值货币的代表，如纸币（它几乎没有内在价值，但可以兑换成足值货币），最后到不可兑现的信用货币。货币形式的发展过程是商品经济不断发展的客观要求，也是其必然产物。在这个过程中，货币是商品的这一要求逐渐被淡忘，与此同时，货币的主要功能得以继续发挥。

4. 货币在商品经济中执行着五种职能：价值尺度、流通手段、贮藏手段、支付手段和世界货币。货币的五种职能并不是各自孤立的，而是具有内在联系的，每一个职能都是货币作为一般等价物的本质的反映。其中，货币的价值尺度和流通手段职能是两个基本职能，其他职能是在这两个职能的基础上产生的。

5. 货币按其具体的形态，大致可以分为实物货币、金属货币、纸币和存款货币。按货币价值与币材价值的关系，可以把货币分为商品货币、代用货币和信用货币。在新时期，还出现了电子货币等新型货币形式。

6. 货币量的层次划分，是把流通中的货币量主要按照其流动性的大小进行相应排列，分成若干层次并用符号代表的一种方法。进行货币量层次划分，目的是把握流通中各类货币的特定性质、运动规律以及它们在整个货币体系中的地位，进而探索货币流通和商品流通在结构上的依存关系和适应程度，以便中央银行拟定有效的货币政策。各国对货币量层次的划分及每一个货币层次包含的内容都不尽相同，而且还随着时间的推移进行相应调整。概括而言，货币量按其流动性可分为 M_0、M_1、M_2、M_3。

重 要 概 念

物物交换　货币　价值尺度　支付手段　流通手段　实物货币　金属货币　存款　电子货币

思 考 题

1. 什么是货币，它与我们日常生活中所说的钱或收入有何区别？
2. 历史上曾出现过的货币形式有哪几种？
3. 相对于"物物交换"而言，货币交换具有哪些优越性？
4. 货币的职能有哪些？如何理解它们的相互关系？
5. 如何结合支付制度的演化理解货币形态的发展？
6. 货币层次划分的意义是什么？如何划分？金融创新对货币层次划分的影响有哪些？

第二章

货 币 制 度

在具备一定条件的区域内，各国放弃本国的货币，采取统一的区域货币，这样有利于安排汇率，以实现就业、稳定和国际收支平衡的宏观经济目标。

——罗伯特·蒙代尔（Robert Mundell）

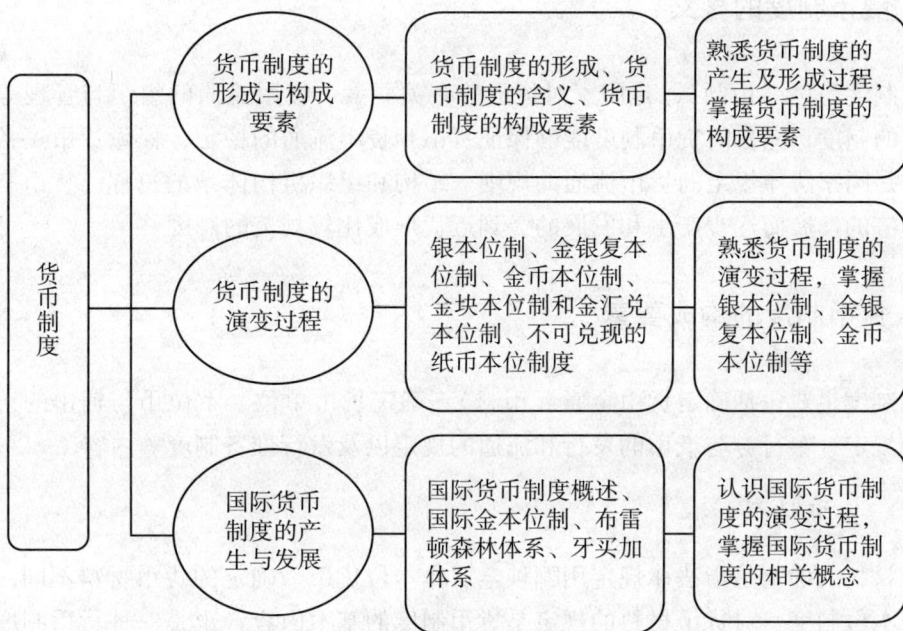

```
货币制度
├─ 货币制度的形成与构成要素 ── 货币制度的形成、货币制度的含义、货币制度的构成要素 ── 熟悉货币制度的产生及形成过程，掌握货币制度的构成要素
├─ 货币制度的演变过程 ── 银本位制、金银复本位制、金币本位制、金块本位制和金汇兑本位制、不可兑现的纸币本位制度 ── 熟悉货币制度的演变过程，掌握银本位制、金银复本位制、金币本位制等
└─ 国际货币制度的产生与发展 ── 国际货币制度概述、国际金本位制、布雷顿森林体系、牙买加体系 ── 认识国际货币制度的演变过程，掌握国际货币制度的相关概念
```

第一节　货币制度的形成与构成要素

一、货币制度的形成

由于各国经济、社会及各种习惯上的原因，一个社会究竟如何选择一种货币制度，以

实现货币的各种功能，在经济史上，往往存在着巨大差异性选择。但是，虽然不同国家的货币制度安排不同，其共同的趋势却有如下特征：

第一，不同的货币制度的安排都与相应的经济发展水平和阶段相适应。

第二，人类社会随着经济的发展，逐渐摆脱金属货币，特别是贵金属货币的束缚，而通过国家宏观制度来自发调节货币供应量，以满足经济发展的需要。

第三，货币制度的统一与商品市场统一相伴随，单一的货币制度的出现，需要更加广泛统一市场的形成，欧洲货币的出现是一个极好的例证。

货币制度由于范围不同，形成不同适应范围的货币制度。如在一国范围内，形成国家货币制度；如在国际范围内，形成国际货币制度，如布雷顿森林体系；也有区域性的货币制度，如欧洲货币体系。我们本书中重点讨论国家货币制度。国家货币制度是一国货币主权的一种体现，由本国政府或司法机构独立制定实施，其有效范围一般仅限于国内。国家货币制度始于国家统一铸造货币之后，自国家货币制度产生以来，各国政府在不同时期都曾用不同的法律形式对货币制度加以规范。

二、货币制度的含义

货币制度简称"币制"，是国家对货币的有关要素、货币流通的组织与管理等加以规定所形成的制度，完善的货币制度能够保证货币和货币流通的稳定，保障货币正常发挥各项职能；是国家法律规定的货币流通的规则、结构和组织机构体系的总称。货币制度是随着商品经济的发展而逐步产生和发展的，到近代形成比较规范的制度。

三、货币制度的构成要素

货币制度主要包括确定货币金属（币材）、确定货币单位、本位币与辅币的铸造和流通方面的规定、银行券与纸币的发行和流通的规定以及发行准备制度等内容。

（一）货币材料

货币材料的确定是指法律规定用哪种金属作本位货币，确定的货币材料不同，就有不同的货币本位制度。对货币材料的规定是货币制度的基本内容，也是一种货币制度区别于另一种货币制度的依据。例如，以白银作为货币材料即为银本位制度，以黄金作为货币材料即为金本位制度，以纸质作为货币材料即为纸币本位制度等。用什么金属作为货币材料就成为建立货币制度的首要步骤。世界上许多的国家曾经长期以金属作为货币材料，如铜、白银、黄金或其他。具体选择什么样的币材，取决于一个国家的资源禀赋及其经济发展水平。此外，成为货币材料必须具备四个条件：一是价值较高，这样可以以较少的媒介进行大量的交易；二是易于分割，分割之后不会减少它的价值，以便于同价值不同的商品交换；三是易于保存，即在保存过程中不易产生损失，无须支付费用等；四是便于携带，以利于在广大地域之间进行交易。

（二）货币单位

货币材料一经确定，就要规定货币单位，货币单位是货币本身的计量单位，规定货币单位包括两方面：一是规定货币单位的名称；二是规定货币单位的价格标准。在金属货币流通条件下，价格标准是铸造单位货币的法定含金量，即币值的确定就是依据单位货币所含的货币金属重量和成色。在纸币本位制度下，货币不再规定含金量，确定货币单位的价格标准表现为确定或维持本币的利率。

（三）本位币的铸造及流通程序

本位币，又称主币，它是按照国家规定的货币金属和货币单位铸造的货币，是一个国家的基本通货和法定的计价、结算工具。

金属本位币一般具有如下特征：第一，本位币是足值货币，其名义价值等于实际价值。这是金属本位币的基本特征。第二，本位币允许自由铸造、自由熔化。国家允许公民自由地将国家规定的货币金属或金属铸币送到国家铸币厂铸成本位币或熔化为原始条块，国家铸币厂不得拒收，并且只可收取少量的铸币费甚至是免费。国家之所以允许金属本位币自由铸造和熔化，就是因为金属本位币是足值货币，同时，它能够自发调节货币流通量，减少甚至是避免政府对货币流通的干预。因此，从长期来看，金属本位币下一般不会出现通货膨胀或通货紧缩现象。第三，本位币是具有无限法偿能力的货币。无限法偿即指国家法律规定本位币具有不受限制的支付能力，即无论每次支付的额度有多大，如果债务人或买者用本位币进行支付，那么债权人或卖方均不得拒绝接受。第四，本位币有磨损公差的规定。为了避免金属本位币的磨损，保证其名义价值和实际价值的一致，保障货币流通的稳定，各国对于金属本位币都规定了磨损公差，即金属本位币的法定重量与实际重量之间的差额。

（四）辅币的铸造及流通程序

辅币通常不是由金、银等贵金属铸成的，不是足值货币，其名义价值远远大于实际价值。这是辅币的基本特征。辅币不同于主币，其铸造权由国家垄断，不允许自由铸造和熔化。这主要是因为辅币的名义价值远远高于其实际价值，在这种情况下，如果允许辅币的铸造和熔化，可能会导致公民因追求铸造收益烂铸货币而导致货币流通的混乱。为此，各国政府都垄断了辅币的铸造权，从而也垄断了辅币铸造的铸造收益，理论上我们将这部分收益称为"铸币税"。在支付能力上，辅币与金属本位币的区别在于，辅币只具有有限法偿能力，即用辅币进行支付时，当超过一定限度时，债权人或卖方有权拒绝接受。

资料链接 2-1

英国以前的主、辅币比例关系

英国货币的主币是英镑，辅币原有先令和便士两种。这些货币起源很早，在盎格鲁撒克逊人移入英国之后，起初尚流通罗马式铜币，后来铸造自己的货币，并先后出现了便士、先令和英镑的货币单位的名称。英镑为金币，当时的金币除英镑外还曾有尤奈特（unite）和几尼（guinea），后两者早已成为历史陈迹，而英镑则一直使用到现在。先令始见于17世纪的苏格兰，后来亨利七世也发行，一直是一种银币，到1946年才改用铜镍合金铸造。便士最初也是一种银币，到18世纪后，除在教会濯足节时由王室作救济金分发一种特铸的便士银币外，已改用铜或青铜铸造。

英国这几种货币单位之间的比价，长期以来一直是1英镑=20先令，1先令=12便士，即1英镑=240便士。1971年2月15日，政府宣布了一项关于货币的重大改革，规定1英镑=100便士，几百年来沿用的先令这一货币单位就随着这次改革而不再使用了。

英国1971年的这次货币改革，是将原来的"三进制"改为"二进制"，实行国际通用的百位进制关系，取消了"先令"这一中间环节，简化了辅币的进位层次。

资料来源：陈梁. 论近代英国金本位制度的形成 [D]. 山东大学，2014.

（五）银行券和纸币的发行及流通程序

在金属本位制中，银行券是一种黄金凭证，是商业银行通过商业票据贴现程序投入市场的货币符号，规定了含金量，其发行必须有黄金保证和信用保证这样的双重保证。可兑换银行券的持有者可在任何时候向发行者或指定银行兑换足额黄金。19世纪中叶以后，可兑换黄金券变成了不可兑换黄金券，为防止通货膨胀，国家对不可兑换黄金券的发行管理极为严格。而纸币是由于战争、赤字或其他需要而由国家强制发行的既无任何保障也不规定含金量的价值符号，信用和国家机器是其存在的基础。

现代信用货币体系与黄金无直接联系，故传统货币制度中有关银行券和纸币的规定已无实际意义。现代货币制度中一般只规定实行信用货币本位制，货币由中央银行垄断发行，国家承担维护币值的任务，等等。

（六）发行准备制度

货币发行准备制度是为约束货币发行规模维护货币信用而制定的，要求货币发行者在发行货币时必须以某种金属或资产作为发行准备。

货币发行准备制度从演进轨迹上可分为三个阶段，第一是金银准备阶段，第二是保证准备阶段，第三是管理准备阶段。其中金银准备阶段是在金属货币制度下实行的，后两个阶段是在现代信用货币制度下实行的。

各国的货币发行准备制度因国情不同而内容各异，最核心的是设置发行准备金原则的区别。从历史上看，货币发行准备制度有过以下五种基本类型：（1）十足现金准备制，又称单纯准备制，即发行的兑换券、银行券要有十足的现金准备，发行的纸质货币面值要同金银等现金的价值相等。（2）部分准备制，又称部分信用发行制、发行额直接限定制、最高保证准备制，其要点是国家规定银行券信用的最高限额，超过部分须有等额现金准备。（3）发行额间接限制，主要包括证券存托制、伸缩限制制、比例准备制。（4）最高限额发行制，又称法定最高限额发行制，即以法律规定或调整银行券发行的最高限额，实际发行额和现金准备比率由中央银行决定。（5）商品足值保证制，即以计划价格投入流通的大量商品作为纸币发行的保证。

第二节 货币制度的演变过程

货币制度的发展顺序依次为：银本位制、金银复本位制、金币本位制、金块本位制和金汇兑本位制，最后是不兑现的纸币本位制度。

一、银本位制

在原始社会，金属已经出现，由于社会资源配置的效率低下所以还没有货币。随着人类的发展，货币是历史的必然产物，金和银这两种贵金属决定了它们必然会成为货币。银本位制是指以一定重量及成色的白银为本位货币的一种单本位制货币制度，其构成条件有五个：（1）以一定成色及重量的白银铸成一定形状的本位币；（2）银币可自由铸造；（3）银币为无限法偿；（4）纸币和其他铸币可以等值关系自由兑换银币；（5）白银及银币可以自由输出入。通货的基本单位由定量的银规定的货币本位制，有银两本位和银币本位两种类型。货币制度是国家用法律规定的货币流通的结构和组织形式。一开始资本主义国家使用的是银本位制，这种货币制度满足了当时商品经济并不很发达的社会的需要。但随着资本主义经济的发展、城乡商品的交易规模日益扩大，大宗商品交易不断增加。作为本位币的银币需求也随着增加，于是人们大量开采白银，导致白银价值不断下降。

二、金银复本位制

作为一种货币金属，只有当其价值保持相对稳定，才适合于作货币材料，以便保证货币价值的稳定性。

16～18世纪欧洲国家纷纷建立金银复本位制度。商品经济的持续发展使得商品交易对金银两种贵金属的需求增加，白银用于小额交易，黄金则用于大宗买卖。复本位成立的条件有五项：（1）以一定成色及重量的白银或黄金铸成一定形状的本位币；（2）按照两者所含纯金量与纯银量之比，规定铸币价值比率；（3）二者均为无限法偿货币，具有强制流通性，可依铸比相互兑换；（4）均可自由铸造与熔化；（5）均可自由输出入。

当银币价值下跌，使贸易发展及运送货物不变时，复本位的兴起带来以下优点：（1）金银同时流通，增加一国的货币存量，使流动性增加，可应付因交易量日增而对交易媒介产生的需求；（2）复本位能透过自然调节作用，即无风险套利，使金银比价维持稳定，并确保货币的充分。自然调节作用可用"格雷欣法则"加以说明。但是平行本位制，即金币和银币是按照它们所包含的金银实际价值进行流通。在金银复本位制下，商品具有金币和银币表示的双重价格。金银市场比价的波动引起的商品双重价格比例波动阻碍了商品交易的发展。于是出现了双本位制，国家以法律规定金币和银币之间的固定比价进行流通和交换。这种做法避免了金银实际价值波动对商品双重价格的影响，但违背了价值规律，出现"劣币驱逐良币"的现象，即实际价值高的货币被人们熔化、收藏或输出而退出流通，而实际价值低的货币充斥着市场。为了解决"劣币驱逐良币"现象，资本主义国家采用跛行本位制度，即金银币都是本位币，但国家固定金币能自由铸造，而银币不能自由铸造，并限制每次支付银币的额度。在这种制度中，银币已成为辅币。

资料链接 2 - 2

"格雷欣法则" 及其质疑

格雷欣（Sir Thomas Gresham, 1519 ~ 1571，为英国政府的财务顾问，负责整顿女王父亲的"大贬值"带来的混乱局面，他还是黄金交易所的奠基者。16 世纪中叶，格雷欣爵士上谏女王伊丽莎白一世的奏折中，指出当时铸币流通现象：同一种铸币，其重量或成色有高低不同，而按同一面值及同样的无限法偿资格同时流通，则重量和成色高者会被重量或成色低者所驱逐，前者或被销毁或输出国外。该现象被称之为"格雷欣法则"，又称"劣币逐驱良币"。

哈耶克晚年所著《货币的非国家化》一书第六节"关于格雷欣法则的错误认识"指出"格雷欣法则"是错误的。正如哈耶克所说，历史上，杰出的英国经济学家 W. S. 杰文斯就曾经赞同"格雷欣法则"，"在其他商品的市场中，每个人都受利己之心的驱使而选择质量好的东西而拒绝质量低劣的东西，但在货币市场上，结局却有可能是，每个人反常地保留劣币而放弃良币。"杰文斯据此得出结论："没有任何东西比货币更不适宜于交给企业进行竞争的了。"

然后哈耶克精辟地指出，杰文斯与很多经济学家一样，似乎忽视了下面一点或者认为这一点无足轻重：格雷欣法则只适用于由法律强制规定几种不同的货币之间维持一个固定的兑换率之时，如果法律强制要求两种货币在偿付债务时可以完全互相替换，并强迫债权人接受黄金含量较低的铸币而无法得到黄金含量较高的铸币，债务人当然乐意用前者偿付，而发现把后者留给自己更有利。

但如果兑换率是可变的，则质量低劣的货币就只能得到较低评估，尤其是它的价值如果还会继续下跌，则人们会立刻脱手它。这个淘汰过程会一直进行下去，最后会在不同机构发行的货币之间产生出一种最佳货币，这种货币会驱逐人们发现使用不便或没有价值的货币。

换一个角度，在严重的通货膨胀时期，人们将会看得最清楚，此时，尽管政府仍然强令人们使用本国政府发行的货币作为交易工具，然而，具有更稳定价值的所有东西，从土豆到雪茄，从白兰地到鸡蛋，还有美元之类的外国货币，都会被越来越多地作为货币使用。相反，不断贬值的所谓法定货币，则将被人们抛弃。而真正的良币，即土豆、雪茄、美元之类，将会成为市场交换的主要媒介。哈耶克曾经历过第一次世界大战后德国的严重通货膨胀，在这次通货膨胀结束后，人们看到，"格雷欣法则"错了，其实应该是相反。

由这个例子可以清晰地得出结论：假如政府所发行的法定货币是纸币，本身并无价值，则只要其出现严重贬值的前景，则人们会本能来用实物来充当货币，这种实物货币会逐渐驱逐低劣的纸币。民众的抢购，就是良币淘汰劣币的过程。而"格雷欣法则"要成立，则需要具备两个条件：第一，货币是实物，比如金、银，本身具有价值；第二，政府强制规定，不同种类的货币间的兑换比率维持固定不变。这时候，人们可能倾向于保留良币，从而在市场上劣币驱逐良币。但假如两种货币都是纸币，则即使政府强制规定两种货币间维持固定兑换率，自发的市场交易过程，仍然是一个良币驱逐劣币的过程。当年外汇券就是这样部分地驱逐了人民币。

资料来源：秋风. 劣币能驱逐良币吗？[N]. 证券时报，2004 – 04 – 18.

三、金币本位制

随着银币逐渐退出了历史的舞台，货币制度从金银复本位制过渡到金币本位制。金铸币可以自由铸造，而其他金属货币包括银币则限制铸造。金币可以自由流通。黄金在各国之间可以自由地输出输入。金币本位制是一种相对稳定的货币制度。表现在以下两个方面：（1）在实行金币本位制的国家内，货币数量适当；（2）在实行金币本位制的国家内，其货币的对外汇率相对稳定。

金币本位制使得资本主义经济获得迅速发展。首先，稳定的币值保证了商品流通顺利扩展，有利于生产的发展；其次，稳定的币值是债权债务的契约关系保持正常，促进了信用关系的发展；最后，相对稳定的汇率有利于发展国际贸易，也有利于资本输出，使国际经济关系相对稳定。

由于商品经济规模日益扩大，而全世界的黄金存量有限，价值符号无法兑现，金币本位制的制度被削弱。

四、金块本位制和金汇兑本位制

为了缓解对黄金的需求，使经济发展摆脱了黄金数量的限制，出现了金块本位制和金汇兑本位制。金块本位制（生金本位制）主要特征是：（1）金币不流通，由银行券代替金币流通，规定银行券的含金量；（2）银行券可兑换为金块，但一般兑换起点很高。金块本位制减少了对黄金的需求，但未根本解决黄金短缺与商品经济发展的矛盾。金汇兑本位制（虚金本位制），规定银行券不能直接兑换黄金，银行券只能与外汇兑换，然后再用外汇去兑换黄金。其内容主要包括：（1）规定纸币含金量，但不铸造金币，也不直接兑换黄金；（2）确定本国货币单位与另一国家的货币单位的固定比价，该国实行金币本位或金块本位制，且经济发达；（3）实行金汇兑制国家在所依附国的金融中心存储黄金和外汇，通过无限制买卖维持本国币值稳定。

金块本位制是没有金币流通的金本位制度，废除了金币可以自由铸造、自由流通的规定。由银行券代替金币流通，银行券可以兑换金币但是兑换的起点很高。金汇兑本位制规定银行券不能直接兑换黄金，银行券只能与外汇兑换，然后用外汇在外国兑换黄金，这种货币制度没有从根本上解决对黄金短缺与商品经济发展之间的矛盾。

五、不兑现的纸币本位制度

为了从根本上解决币材不足的问题，自 20 世纪 30 年代以来，各国普遍实行纸币制度。纸币制度是以不兑现的纸币为主币的货币制度。不兑现信用货币制度有如下特点：(1) 纸币发行权由国家垄断；(2) 中央银行发行的纸币是法定货币，在一国范围内具有无限法偿能力；(3) 纸币不能兑现；(4) 纸币制度下广泛实行非现金结算方法。

不兑现货币制度下的纸币制度是货币发展的一个高级阶段，它具有自身的优点和缺陷。

这一制度的优点在于，克服了金属本位制下货币的扩张受金属供给数量限制的缺点，使货币供给可以根据经济生活的客观需要而发行或回笼，灵活地调整货币供应量；在不兑现纸币制度下，外汇管理机构随时可以根据国家的国际收支状况，对汇率做出有利于国际收支平衡的调整；纸币本身造价低廉，且携带方便，可以节省流通费用，使金银等贵金属更多地使用于非货币用途，以利于工业的发展。

然而，由于纸币发行不受金、银准备的限制，容易造成信用和通货膨胀；由于人为调整汇率，难免受各国地方保护主义的影响，造成国际金融业的整体混乱；在不兑现纸币制度下通货的供给需要高度灵巧的机构加以操作、控制，中央银行如有操作不慎，对经济将产生重大的影响和打击。

资料链接 2 - 3

人民币制度

我国的人民币制度包括以下几个方面：

第一，人民币是我国唯一的合法通货，具有无限法偿能力。

第二，人民币实行垄断发行，发行权集中于中央。人民币的发行权集中于中央，实行高度统一的计划管理。人民币发行计划批准权属于国务院，中国人民银行在国务院批准额度内，在经济发行原则的指导下，组织年度的货币发行和货币回笼。

第三，有管理的浮动汇率制制度。我国一直在深化汇率制度改革，1994 年以前的人民币汇率由国家实行严格的管理和控制。1994 年 1 月 1 日，我国开始实行以市场供求为基础的、单一的、有管理的浮动汇率制。按照我国对外经济发展的实际情况，自 2005 年 7 月 21 日起，我国又开始实行以市场供求为基础的、参考一篮子货币进行调节的、有管理的汇率制度。未来的人民币汇率制度将能更好地反映国际收支变化和外汇市场变化，促进人民币汇率对关键货币稳定，加速人民币的境外使用和人民币的国际化进程。

第四，实行经常项目可自由兑换。在有管理的浮动汇率制度下，我国人民币已于 1996 年实现了在国际收支经常项目下的自由兑换，在国家统一规定下的国内外汇市场可自由买卖外汇。

第五，"一国多币"的货币制度。我国现行的货币制度是一种"一国多币"的特殊货币制度，即在香港、澳门、台湾、大陆实行不同的货币制度。表现为不同地区各有自己的法定货币，各种货币限于本地区流通，各种货币之间可以兑换，人民币与港元、澳门元之间按以市场供求为基础决定的汇价进行兑换，澳门元与港元直接挂钩，新台币主要与美元挂钩。

第六，人民币将不断国际化。人民币国际化已经具备了一定的基础。一方面，人民币有我国当前强大的经济实力以及稳定的政治格局的强力支撑；另一方面人民币本身币值稳定，具有良好的国际信誉。人民币已经开始在我国一些周边国家和地区被当作对外计价支付工具发挥作用。

附：中华人民共和国人民币管理条例（2018修正版）

中华人民共和国人民币管理条例（2018修正版）

【根据2014年7月29日《国务院关于修改部分行政法规的决定》（国务院令第653号）第一次修正；依据2018年3月19日《国务院关于修改和废止部分行政法规的决定》（国务院令第698号）第二次修订】

第一章 总 则

第一条 为了加强对人民币的管理，维护人民币的信誉，稳定金融秩序，根据《中华人民共和国中国人民银行法》，制定本条例。

第二条 本条例所称人民币，是指中国人民银行依法发行的货币，包括纸币和硬币。从事人民币的设计、印制、发行、流通和回收等活动，应当遵守本条例。

第三条 中华人民共和国的法定货币是人民币。以人民币支付中华人民共和国境内的一切公共的和私人的债务，任何单位和个人不得拒收。

第四条 人民币的单位为元，人民币辅币单位为角、分。1元等于10角，1角等于10分。人民币依其面额支付。

第五条 中国人民银行是国家管理人民币的主管机关，负责本条例的组织实施。

第六条 任何单位和个人都应当爱护人民币。禁止损害人民币和妨碍人民币流通。

第二章 设计和印制

第七条 新版人民币由中国人民银行组织设计，报国务院批准。

第八条 人民币由中国人民银行指定的专门企业印制。

第九条 印制人民币的企业应当按照中国人民银行制定的人民币质量标准和印制计划印制人民币。

第十条 印制人民币的企业应当将合格的人民币产品全部解缴中国人民银行人民币发行库，将不合格的人民币产品按照中国人民银行的规定全部销毁。

第十一条 印制人民币的原版、原模使用完毕后，由中国人民银行封存。

第十二条 印制人民币的特殊材料、技术、工艺、专用设备等重要事项属于国家秘密。印制人民币的企业和有关人员应当保守国家秘密；未经中国人民银行批准，任何单位和个人不得对外提供。

第十三条　除中国人民银行指定的印制人民币的企业外，任何单位和个人不得研制、仿制、引进、销售、购买和使用印制人民币所特有的防伪材料、防伪技术、防伪工艺和专用设备。有关管理办法由中国人民银行另行制定。

第十四条　人民币样币是检验人民币印制质量和鉴别人民币真伪的标准样本，由印制人民币的企业按照中国人民银行的规定印制。人民币样币上应当加印"样币"字样。

第三章　发行和回收

第十五条　人民币由中国人民银行统一发行。

第十六条　中国人民银行发行新版人民币，应当报国务院批准。中国人民银行应当将新版人民币的发行时间、面额、图案、式样、规格、主色调、主要特征等予以公告。中国人民银行不得在新版人民币发行公告发布前将新版人民币支付给金融机构。

第十七条　因防伪或者其他原因，需要改变人民币的印制材料、技术或者工艺的，由中国人民银行决定。中国人民银行应当将改版后的人民币的发行时间、面额、主要特征等予以公告。中国人民银行不得在改版人民币发行公告发布前将改版人民币支付给金融机构。

第十八条　中国人民银行可以根据需要发行纪念币。纪念币是具有特定主题的限量发行的人民币，包括普通纪念币和贵金属纪念币。

第十九条　纪念币的主题、面额、图案、材质、式样、规格、发行数量、发行时间等由中国人民银行确定；但是，纪念币的主题涉及重大政治、历史题材的，应当报国务院批准。中国人民银行应当将纪念币的主题、面额、图案、材质、式样、规格、发行数量、发行时间等予以公告。中国人民银行不得在纪念币发行公告发布前将纪念币支付给金融机构。

第二十条　中国人民银行设立人民币发行库，在其分支机构设立分支库，负责保管人民币发行基金。各级人民币发行库主任由同级中国人民银行行长担任。人民币发行基金是中国人民银行人民币发行库保存的未进入流通的人民币。人民币发行基金的调拨，应当按照中国人民银行的规定办理。任何单位和个人不得违反规定动用人民币发行基金，不得干扰、阻碍人民币发行基金的调拨。

第二十一条　特定版别的人民币的停止流通，应当报国务院批准，并由中国人民银行公告。办理人民币存取款业务的金融机构应当按照中国人民银行的规定，收兑停止流通的人民币，并将其交存当地中国人民银行。中国人民银行不得将停止流通的人民币支付给金融机构，金融机构不得将停止流通的人民币对外支付。

第二十二条　办理人民币存取款业务的金融机构应当按照中国人民银行的规定，无偿为公众兑换残缺、污损的人民币，挑剔残缺、污损的人民币，并将其交存当地中国人民银行。中国人民银行不得将残缺、污损的人民币支付给金融机构，金融机构不得将残缺、污损的人民币对外支付。

第二十三条　停止流通的人民币和残缺、污损的人民币，由中国人民银行负责回收、销毁。具体办法由中国人民银行制定。

第四章　流通和保护

第二十四条　办理人民币存取款业务的金融机构应当根据合理需要的原则，办理人民币券别调剂业务。

第二十五条 禁止非法买卖流通人民币。纪念币的买卖，应当遵守中国人民银行的有关规定。

第二十六条 禁止下列损害人民币的行为：（一）故意毁损人民币；（二）制作、仿制、买卖人民币图样；（三）未经中国人民银行批准，在宣传品、出版物或者其他商品上使用人民币图样；（四）中国人民银行规定的其他损害人民币的行为。前款人民币图样包括放大、缩小和同样大小的人民币图样。

第二十七条 人民币样币禁止流通。人民币样币的管理办法，由中国人民银行制定。

第二十八条 任何单位和个人不得印制、发售代币票券，以代替人民币在市场上流通。

第二十九条 中国公民出入境、外国人入出境携带人民币实行限额管理制度，具体限额由中国人民银行规定。

第三十条 禁止伪造、变造人民币。禁止出售、购买伪造、变造的人民币。禁止走私、运输、持有、使用伪造、变造的人民币。

第三十一条 单位和个人持有伪造、变造的人民币的，应当及时上交中国人民银行、公安机关或者办理人民币存取款业务的金融机构；发现他人持有伪造、变造的人民币的，应当立即向公安机关报告。

第三十二条 中国人民银行、公安机关发现伪造、变造的人民币，应当予以没收，加盖"假币"字样的戳记，并登记造册；持有人对公安机关没收的人民币的真伪有异议的，可以向中国人民银行申请鉴定。公安机关应当将没收的伪造、变造的人民币解缴当地中国人民银行。

第三十三条 办理人民币存取款业务的金融机构发现伪造、变造的人民币，数量较多、有新版的伪造人民币或者有其他制造贩卖伪造、变造的人民币线索的，应当立即报告公安机关；数量较少的，由该金融机构两名以上工作人员当面予以收缴，加盖"假币"字样的戳记，登记造册，向持有人出具中国人民银行统一印制的收缴凭证，并告知持有人可以向中国人民银行或者向中国人民银行授权的国有独资商业银行的业务机构申请鉴定。对伪造、变造的人民币收缴及鉴定的具体办法，由中国人民银行制定。办理人民币存取款业务的金融机构应当将收缴的伪造、变造的人民币解缴当地中国人民银行。

第三十四条 中国人民银行和中国人民银行授权的国有独资商业银行的业务机构应当无偿提供鉴定人民币真伪的服务。对盖有"假币"字样戳记的人民币，经鉴定为真币的，由中国人民银行或者中国人民银行授权的国有独资商业银行的业务机构按照面额予以兑换；经鉴定为假币的，由中国人民银行或者中国人民银行授权的国有独资商业银行的业务机构予以没收。中国人民银行授权的国有独资商业银行的业务机构应当将没收的伪造、变造的人民币解缴当地中国人民银行。

第三十五条 办理人民币存取款业务的金融机构应当采取有效措施，防止以伪造、变造的人民币对外支付。办理人民币存取款业务的金融机构应当在营业场所无偿提供鉴别人民币真伪的服务。

第三十六条 伪造、变造的人民币由中国人民银行统一销毁。

第三十七条　人民币反假鉴别仪应当按照国家规定标准生产。人民币反假鉴别仪国家标准，由中国人民银行会同有关部门制定，并协助组织实施。

第三十八条　人民币有下列情形之一的，不得流通：（一）不能兑换的残缺、污损的人民币；（二）停止流通的人民币。

第五章　罚　则

第三十九条　印制人民币的企业和有关人员有下列情形之一的，由中国人民银行给予警告，没收违法所得，并处违法所得1倍以上3倍以下的罚款，没有违法所得的，处1万元以上10万元以下的罚款；对直接负责的主管人员和其他直接责任人员，依法给予纪律处分：（一）未按照中国人民银行制定的人民币质量标准和印制计划印制人民币的；（二）未将合格的人民币产品全部解缴中国人民银行人民币发行库的；（三）未按照中国人民银行的规定将不合格的人民币产品全部销毁的；（四）未经中国人民银行批准，擅自对外提供印制人民币的特殊材料、技术、工艺或者专用设备等国家秘密的。

第四十条　违反本条例第十三条规定的，由工商行政管理机关和其他有关行政执法机关给予警告，没收违法所得和非法财物，并处违法所得1倍以上3倍以下的罚款；没有违法所得的，处2万元以上20万元以下的罚款。

第四十一条　办理人民币存取款业务的金融机构违反本条例第二十一条第二款、第三款和第二十二条规定的，由中国人民银行给予警告，并处1000元以上5000元以下的罚款；对直接负责的主管人员和其他直接责任人员，依法给予纪律处分。

第四十二条　故意毁损人民币的，由公安机关给予警告，并处1万元以下的罚款。

第四十三条　违反本条例第二十五条、第二十六条第一款第二项和第四项规定的，由工商行政管理机关和其他有关行政执法机关给予警告，没收违法所得和非法财物，并处违法所得1倍以上3倍以下的罚款；没有违法所得的，处1000元以上5万元以下的罚款。工商行政管理机关和其他有关行政执法机关应当销毁非法使用的人民币图样。

第四十四条　办理人民币存取款业务的金融机构、中国人民银行授权的国有独资商业银行的业务机构违反本条例第三十四条、第三十五条和第三十六条规定的，由中国人民银行给予警告，并处1000元以上5万元以下的罚款；对直接负责的主管人员和其他直接责任人员，依法给予纪律处分。

第四十五条　中国人民银行、公安机关、工商行政管理机关及其工作人员违反本条例有关规定的，对直接负责的主管人员和其他直接责任人员，依法给予行政处分。

第四十六条　违反本条例第二十条第三款、第二十七条第一款第三项、第二十九条和第三十一条规定的，依照《中华人民共和国中国人民银行法》的有关规定予以处罚；其中，违反本条例第三十一条规定，构成犯罪的，依法追究刑事责任。

第六章　附　则

第四十七条　本条例自2000年5月1日起施行。

六、国际货币制度与区域货币制度

国际货币制度与区域货币制度的形成与演进都与世界经济和区域经济发展的进程相伴

随，从某种意义上来说，二者的发展都是国家货币制度的自然延伸。

区域性货币制度是指由某个区域内的有关国家（地区）通过协调形成一个货币区，由联合组建的一家中央银行来发行与管理区域内的统一货币的制度。这一个概念最早由罗伯特·蒙代尔提出。它的发展可概括为两个阶段：（1）较低阶段：各成员国保持独立本国货币，各国间的汇率固定并可自由兑换；各国国际储备实行部分集中管理；各国国际收支和财政货币政策独立。（2）较高阶段：区域内实行单一的货币，联合设立一个中央银行为成员发行共同使用的货币和制定统一的货币金融政策，监督各成员的金融机构及金融市场；各成员之间不再保持独立的国际收支，实行资本市场的统一和货币政策的统一。目前，实行区域性货币制度的主要有西非货币联盟制度、东加勒比海货币制度和欧洲货币联盟制度。

国际货币制度，又称国际货币体系，是支配各国货币关系的规则以及国际间进行各种交易支付所依据的一套安排和惯例。国际货币制度一般包括三个方面的内容：（1）国际储备资产的确定。即使用何种货币作为国际间的支付货币；哪些资产可用作国家间清算国际收支逆差和维持汇率；一国政府应持有何种国际储备资产。（2）汇率制度的安排。即采用何种汇率制度，是固定汇率制还是浮动汇率制。（3）国际收支的调节方式，即出现国际收支不平衡时，各国政府应采取何种措施弥补，各国之间的政策措施如何协调。迄今为止，国际货币制度经历了从国际金本位制——布雷顿森林体系——牙买加体系的演变过程。

第三节　国际货币制度的产生与发展

一、国际货币制度概述

（一）国际货币制度的概念与内容

国际货币制度，又称国际货币体系，是指为了适应国际贸易和国际支付的需要，货币在国际范围内发挥世界货币的职能，各国政府都共同遵守的有关政策规定和制度安排。

国际货币制度的主要内容包括：（1）国际储备资产的确定；（2）汇率制度的确定；（3）国际收支的调节。

（二）国际货币制度的划分

国际货币制度可按不同的方式划分为不同的类型，以下将给出几种划分方式：

按汇率制度划分可分为：永久的固定汇率制、可调整的固定平价汇率制、宽幅波动汇率制、爬行钉住汇率制、管理浮动汇率制和完全自由浮动汇率制。

按国际储备资产的保有形式分可分为纯商品本位制和混合本位制。

按国际货币体系的历史演进过程分可分为：金本位制、金汇兑本位制、布雷顿森林体系以及管理浮动汇率体系。

二、国际金本位制

国际金本位制是在各国普遍实行金本位制的基础上自发形成的一种机制，其主要内容包括：用黄金来规定货币所代表的价值，每一货币都有法定的含金量，各国货币按其所含黄金的重量而有一定的比价；金币可以自由铸造，任何人都可按法定的含金量，自由地将金块交给国家造币厂铸造成金币，或以金币向造币厂换回相当的金块；金币与银行券之间可以无限制地自由兑换；金币是无限法偿的货币，具有无限制支付手段的权利；各国的货币储备是黄金，国际间结算也使用黄金，黄金可以自由输出或输入。

国际金本位制的主要特点与作用包括：（1）黄金充当了国际货币，是国际货币制度的基础。这一时期的国际金本位制度是建立在各主要资本主义国家国内都实行金铸币本位制的基础之上，其典型的特征是金币可以自由铸造、自由兑换，以及黄金自由进出口。由于金币可以自由铸造，金币的面值与黄金含量就能始终保持一致，金币的数量就能自发地满足流通中的需要；由于金币可以自由兑换，各种金属辅币和银行券就能够稳定地代表一定数量的黄金进行流通，从而保持币值的稳定；由于黄金可以自由进出口，就能够保持本币汇率的稳定。所以一般认为，金本位制是一种稳定的货币制度。

（2）各国货币之间的汇率由它们各自的含金量比例决定。因为金铸币本位条件下金币的自由交换、自由铸造和黄金的自由输出入将保证使外汇市场上汇率的波动维持在由金平价和黄金运输费用所决定的黄金输送点以内。实际上，英国、美国、法国、德国等主要国家货币的汇率平价自 1880～1914 年，35 年内一直没发生变动，从未升值或贬值。所以国际金本位是严格的固定汇率制，这是个重要的特点。

（3）国际金本位有自动调节国际收支的机制。即英国经济学家休谟于 1752 年最先提出的价格—铸币流动机制。为了让国际金本位发挥作用，特别是发挥自动调节的作用，各国必须遵守三项原则：一是要把本国货币与一定数量的黄金固定下来，并随时可以兑换黄金；二是黄金可以自由输出与输入，各国金融当局应随时按官方比价无限制地买卖黄金和外汇；三是中央银行或其他货币机构发行钞票必须有一定的黄金准备。这样国内货币供给将因黄金流入而增加，因黄金流出而减少。

国际金本位制主要有以下优点：各国货币对内和对外价值稳定；黄金自由发挥世界货币的职能，促进了各国商品生产的发展和国际贸易的扩展，促进了资本主义信用事业的发展，也促进了资本输出；自动调节国际收支。国际金本位制的主要缺点是：货币供应受到黄金数量的限制，不能适应经济增长的需要；当一国出现国际收支赤字时，往往可能由于黄金输出、货币紧缩，而引起生产停滞和工人失业。

三、布雷顿森林体系

布雷顿森林体系是指第二次世界大战后以美元为中心的国际货币体系协定。布雷顿森林体系是该协定对各国对货币的兑换、国际收支的调节、国际储备资产的构成等问题共同作出的安排所确定的规则、采取的措施及相应的组织机构形式的总和。

布雷顿森林体系的主要内容包括：（1）建立一个永久性的国际金融机构，即国际货币基金组织（IMF），国际货币基金组织是布雷顿森林体系赖以生存和得以正常运行的中心组织。该体系赋予基金组织监督、磋商和融通资金三项主要职能。即监督成员方货币的汇率，审批货币平价变更；协调各国重大金融问题，以促进国际金融合作；管理基金，为国际收支逆差成员国提供融资。（2）实行美元—黄金本位制下的固定汇率。布雷顿森林体系规定以黄金作为基础，并把美元当作关键国际储备货币。具体做法是：美元与黄金挂钩，确定 1 盎司黄金折合 35 美元的黄金官价。各国政府或是中央银行有权可以随时用美元向美国按官价兑换黄金。其他各国货币与美元挂钩，即各国确定本国货币对美元的金平价，有义务维持对美元的固定汇率。该平价一经确认便不得随意变更，其波动幅度要维持在货币平价的 ±1% 的范围之内。实际上，这种双挂钩制度下，各国货币通过美元与黄金建立起了联系，使得美元取得了等同黄金的世界货币地位。布雷顿森林体系下的货币制度实质上是一种以美元—黄金为基础的国际金汇兑本位制，其汇率制度则是钉住美元的固定汇率制度。（3）规定国际收支失衡的调节机制。国际货币基金组织要向国际收支逆差成员方提供短期资金融通，以协助其解决国际收支的困难，同时也规定了顺差国也有调节其国际收支的义务。（4）取消外汇管制。国际货币基金组织协定规定，成员方不得限制国际收支经常项目的支付或清算，不得采取歧视性的货币措施，对其他成员方在经常项目下结存的本国货币应保证兑换，并在自由兑换的基础上实行多边支付。（5）设立稀缺货币条款。规定当某一成员方的国际收支出现持续的大量顺差时，该顺差区域的货币可以被宣布为"稀缺货币（scarce currency）"，并按逆差区域的需要进行限额分配，逆差区域也有权对稀缺货币采取临时性的限制兑换措施。

布雷顿森林体系包括以下特点：（1）货币比价上的特点。第二次世界大战后的国际货币制度不是按各国的铸币平价来确定汇率，而是根据各国货币法定金平价的对比，普遍地与美元建立固定比例关系。（2）汇率调节机制不同。第二次世界大战前，黄金输送点是汇率波动的界限自动地调节汇率，第二次世界大战后，人为地规定汇率波动的幅度，汇率的波动是在基金组织的监督下，由各国干预外汇市场来调节。（3）货币兑换的程度不同。国际金本位制度下，各国货币自由兑换，对国际支付一般不采取限制措施。在布雷顿森林体系下，许多国家不能实现货币的自由兑换，对外支付受到一定的限制。当然，基金组织规定，一般不得对经常项目的支付进行限制，并规定在条件具备时，取消限制，实行货币自由兑换。（4）国际储备上的特点。金本位制度下，国际储备资产主要是黄金。第二次世界大战后的国际储备资产则是黄金、可兑换货币和特别提款权，其中黄金与美元并重。在外汇储备上，第二次世界大战前除英镑外，还有美元与法国法郎。而第二次世界大战后的国际货币制度几乎包括资本主义世界所有国家和地区的货币，而美元则是最主要的外汇储备。（5）国际结算原则上的差异。国际金本位制下，各国实行自由的多边结算。第二次世界大战后的国际货币制度，尚有不少国家实行外汇管制，采用贸易和支付的双边安排。（6）黄金流动与兑换上的差异。国际金本位下，黄金的流动是完全自由的；而布雷顿体系下，黄金的流动一般要受到一定的限制。

布雷顿森林体系的建立，促进了第二次世界大战后资本主义世界经济的恢复和发展，扩大了各国间的经济交往。尤其是在20世纪五六十年代的部分时间里，布雷顿森林体系运行良好，对稳定国际金融和发展世界经济确实起到巨大的作用：（1）促进了国际贸易和世界经济的发展。虽然该制度有助于美国扩大商品和资本的输出，有利于美国经济对外扩张；但由于实行固定汇率，有利于进出口成本和利润的核算，有利于国际资本的流动。保证了国际货币关系的相对稳定。（2）基金组织成员虽然有各自不同的利益，存在着不少分歧和矛盾，但是"协定"毕竟使第二次世界大战后资本主义世界货币体系得到正常运转，从而使资本主义世界商品、劳务和资本的流通得以正常进行。避免了经济严重恶化和货币体系崩溃的局面。（3）缓解了国际收支危机。基金组织和世界银行对逆差区域提供各种信贷支持，帮助成员方解决国际收支困难，克服国际收支失衡的困难，促进币值的稳定。（4）有助于生产和资本的国际化，由于汇率的相对稳定，避免了国际资本流动中引发的汇率风险，这有利于国际资本的输入与输出。同时也为国际间融资创造了良好环境，有助于金融业和国际金融市场发展，也为跨国公司的生产国际化创造了良好的条件。（5）促进各国国内经济的发展。在金本位制下，各国注重外部平衡，因而国内经济往往带有紧缩倾向。在布雷顿森林体系下，各国一般偏重内部平衡，所以国内经济比较稳定，危机和失业情形较之战前有所缓和。

由于资本主义发展的不平衡性，主要资本主义国家经济实力对比一再发生变化，以美元为中心的国际货币制度本身固有的矛盾和缺陷日益暴露。

第一，金汇兑制本身的缺陷。美元与黄金挂钩，享有特殊地位，加强了美国对世界经济的影响。其一，美国通过发行纸币而不动用黄金进行对外支付和资本输出，有利于美国的对外扩张和掠夺。其二，美国承担了维持金汇兑平价的责任。当人们对美元充分信任、美元相对短缺时，这种金汇兑平价可以维持；当人们对美元产生信任危机，美元拥有太多，要求兑换黄金时，美元与黄金的固定平价就难以维持。

第二，储备制度不稳定。这种制度无法提供一种数量充足、币值坚挺、可以为各国接受的储备货币，以使国际储备的增长能够适应国际贸易与世界经济发展的需要。布雷顿森林制度以一国货币作为主要国际储备货币，在黄金生产停滞的情况下，国际储备的供应完全取决于美国的国际收支状况：美国的国际收支保持顺差，国际储备资产不敷国际贸易发展的需要；美国的国际收支保持逆差，国际储备资产过剩，美元发生危机，危及国际货币制度。这种难以解决的内在矛盾，国际经济学界称之为"特里芬难题"，它决定了布雷顿森林体系的不稳定性。

第三，国际收支调节机制的缺陷。该制度规定汇率浮动幅度需保持在1%以内，汇率缺乏弹性，限制了汇率对国际收支的调节作用。这种制度着重于国内政策的单方面调节。

第四，内外平衡难统一。在固定汇率制度下，各国不能利用汇率杠杆来调节国际收支，只能采取有损于国内经济目标实现的经济政策或采取管制措施，以牺牲内部平衡来换取外部平衡。当美国国际收支逆差、美元汇率下跌时，根据固定汇率原则，其他国家应干预外汇市场，这一行为导致和加剧了这些国家的通货膨胀；若这些国家不加干预，就会遭受美元储备资产贬值的损失。

四、牙买加体系

布雷顿森林体系崩溃以后，国际金融秩序又复动荡，国际社会及各方人士也纷纷探析能否建立一种新的国际金融体系，提出了许多改革主张，如恢复金本位、恢复美元本位制、实行综合货币本位制及设立最适货币区等，但均未能取得实质性进展。直至 1976 年 1 月，国际货币基金组织（IMF）理事会"国际货币制度临时委员会"在牙买加首都金斯敦举行会议，讨论国际货币基金协定的条款，经过激烈的争论，签订达成了"牙买加协议"，同年 4 月，国际货币基金组织理事会通过了《IMF 协定第二修正案》，从而形成了新的国际货币体系。

牙买加体系的主要内容包括：（1）实行浮动汇率制度的改革。牙买加协议正式确认了浮动汇率制的合法化，承认固定汇率制与浮动汇率制并存的局面，成员方可自由选择汇率制度。同时 IMF 继续对各国货币汇率政策实行严格监督，并协调成员方的经济政策，促进金融稳定，缩小汇率波动范围。（2）推行黄金非货币化。协议作出了逐步使黄金退出国际货币的决定。并规定：废除黄金条款，取消黄金官价，成员方中央银行可按市价自由进行黄金交易；取消成员方相互之间以及成员方与 IMF 之间须用黄金清算债权债务的规定，IMF 逐步处理其持有的黄金。（3）增强特别提款权的作用。主要是提高特别提款权的国际储备地位，扩大其在 IMF 一般业务中的使用范围，并适时修订特别提款权的有关条款。（4）增加成员方基金份额。成员方的基金份额从原来的 292 亿特别提款权增加至 390 亿特别提款权，增幅达 33.6%。（5）扩大信贷额度，以增加对发展中国家的融资。

新建立的牙买加体系主要包括以下特征：（1）浮动汇率制度的广泛实行，这使各国政府有了解决国际收支不平衡的重要手段，即汇率变动手段；（2）各国采取不同的浮动形式，欧共体实质上是联合浮动，日元是单独浮动，还有众多的国家是盯住浮动，这使国际货币体系变得复杂而难以控制；（3）各国央行对汇率实行干预制度；（4）特别提款权作为国际储备资产和记账单位的作用大大加强；（5）美元仍然是重要的国际储备资产，而黄金作为储备资产的作用大大削减，各国货币价值也基本上与黄金脱钩。

牙买加体系的积极作用包括：（1）多元化的储备结构摆脱了布雷顿森林体系下各国货币间的僵硬关系，为国际经济提供了多种清偿货币，在较大程度上解决了储备货币供不应求的矛盾；（2）多样化的汇率安排适应了多样化的、不同发展水平的各国经济，为各国维持经济发展与稳定提供了灵活性与独立性，同时有助于保持国内经济政策的连续性与稳定性；（3）多种渠道并行，使国际收支的调节更为有效与及时。

与此同时，牙买加体系也有着很多缺陷亟待改善，例如：（1）在多元化国际储备格局下，储备货币发行国仍享有"铸币税"等多种好处，同时，在多元化国际储备下，缺乏统一的稳定的货币标准，这本身就可能造成国际金融的不稳定；（2）汇率大起大落，变动不定，汇率体系极不稳定。其消极影响之一是增大了外汇风险，从而在一定程度上抑制了国际贸易与国际投资活动，对发展中国家而言，这种负面影响尤为突出；（3）国际收支调节机制并不健全，各种现有的渠道都有各自的局限，牙买加体系并没有消除全球性的国际收支失衡问题。

资料链接 2 – 4

纳入 SDR 后的人民币

2015 年 11 月 30 日，国际货币基金组织执董会决定将人民币纳入 SDR 货币，这是国际社会对中国经济发展和改革开放成果的肯定。人民币是后布雷顿森林时代第一个真正新增的、第一个按可自由使用标准纳入的、第一个来自发展中国家的 SDR 篮子货币，这将极大地增强人民币的国际储备地位，是 2009 年正式启动的人民币国际化的重要里程，对塑造更加稳定、多元化的国际货币体系、促进全球经济金融健康稳定发展具有深远的影响。

长期以来，以美元为主导的国际货币体系始终存在着不稳定的弊端。美国充分利用经济优势和美元世界货币地位为其贸易顺差融资。第二次世界大战后各国黄金储备不足和美国贸易顺差导致美元荒，尽管随着美国贸易逆差和资本流出在一定程度上缓解了这一问题，但"美元—黄金"本位制的布雷顿森林体系不可避免地受到特里芬两难的困扰并最终崩塌。SDR 就是在布雷顿森林体系即将瓦解之时，为稳定国际货币体系并补充各国官方储备不足而创设的国际储备资产。不过，后布雷顿森林体系时期，美元的"过度特权"并未受到严重冲击，美元加息甚至与发展中国家货币危机存在很强的相关性。特别是全球金融危机后，美元在国际储备中的地位进一步巩固，作为美元竞争者的欧元和日元反而处于风雨飘摇中。纳入 SDR 后，人民币如何更好地在国际贸易和投资中发挥作用，进一步提升人民币国际化水平和国际储备货币地位，更好地促进国际货币体系改革和全球经济治理体系完善，将是今后中国面临的重大课题。

资料来源：陆磊，李宏瑾. 纳入 SDR 后的人民币国际化与国际货币体系改革：基于货币功能和储备货币供求的视角 [J]. 国际经济评论，2016（3）.

本 章 小 结

1. 货币制度简称"币制"，是国家对货币的有关要素、货币流通的组织与管理等加以规定所形成的制度，完善的货币制度能够保证货币和货币流通的稳定，保障货币正常发挥各项职能；是国家法律规定的货币流通的规则、结构和组织机构体系的总称。货币制度是随着商品经济的发展而逐步产生和发展的，到近代形成比较规范的制度。

2. 货币制度的基本内容包括：货币金属与货币单位；通货的铸造、发行与流通程序；发行准备金制度等。在货币制度的历史发展过程，经历过银本位制、金银复本位制、金本位制和不兑现的信用货币本位制四大类型。

3. 国际货币制度，又称国际货币体系，是指为了适应国际贸易和国际支付的需要，是货币在国际范围内发挥世界货币的职能，各国政府都共同遵守的有关政策规定和制度安排。国际货币制度经历过金本位制、布雷顿森林体系和牙买加体系。

重 要 概 念

货币制度　本位币　银本位制　金银复本位制　金币本位制　金块本位制　布雷顿森林体系　牙买加体系

思 考 题

1. 货币制度的含义是什么？
2. 货币制度构成的基本要素是什么？
3. 为什么说金银复本位制是一种不稳定的货币制度？
4. 如何理解"劣币驱逐良币"现象？
5. 金属货币制度有哪些类型？请详细说明。
6. 金币本位制是如何对一国的国际收支与外汇汇率发挥自动调节作用的？
7. 国际货币制度是如何划分的？国际货币体系的发展演变过程是如何通过《货币变局》的专题片体现出来的？

第三章

信用与信用工具

信用是必要的，也是有用的，信用量增加与货币量的增加有同样的效果，即它们同样能产生财富、兴盛商业。

——约翰·劳（John Law）

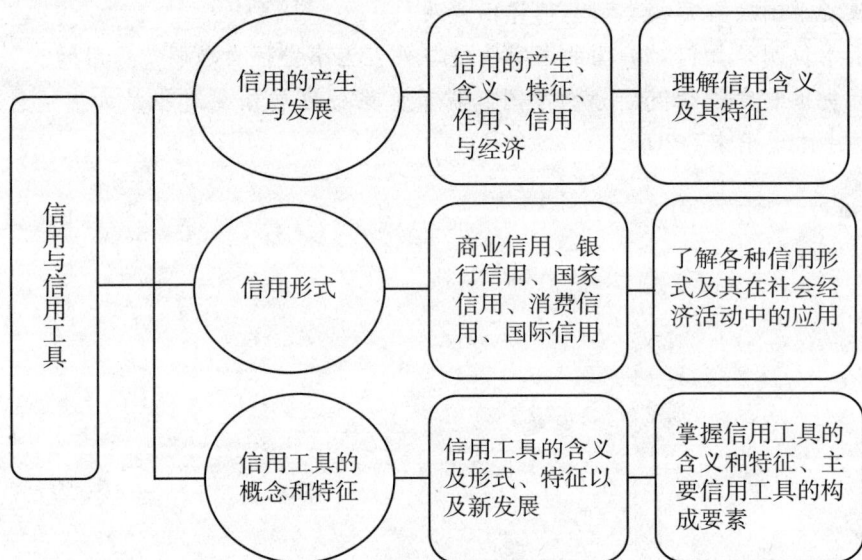

```
信                  ┌── 信用的产生 ─── 信用的产生、 ─── 理解信用含义
用                  │    与发展         含义、特征、      及其特征
与                  │                  作用、信用
信                  │                  与经济
用 ──────────────┤
工                  │
具                  ├── 信用形式 ────── 商业信用、银 ─── 了解各种信用形
                    │                  行信用、国家      式及其在社会经
                    │                  信用、消费信      济活动中的应用
                    │                  用、国际信用
                    │
                    └── 信用工具的 ─── 信用工具的含义 ─── 掌握信用工具的
                         概念和特征      及形式、特征以     含义和特征、主
                                        及新发展          要信用工具的构
                                                         成要素
```

第一节　信用的产生与发展

一、信用的产生

信用一词经常被人们在日常生活中提起，信用是商品货币经济发展到一定阶段的产物，它是在私有制和商品交换的基础上产生的。从逻辑上推论，其产生的基本前提是私有制条件下的社会分工和大量的剩余产品，即私有财产和私有权。信用是以还本付息为条件

的借贷行为，借贷双方是不同的财产利益所有者，因此，他们之间不得无偿占有或使用对方的财产，这是以私有制的存在为前提条件的。它的产生最早可追溯到原始社会末期。由于当时社会生产力的发展，社会产品逐渐有余，交换也随之发展，特别是第二次社会分工直接刺激了以交换为目的的商品生产。开始是部落内部的交换而后发展到部落之间的交换和海外贸易，这就为私有制的形成、原始社会的解体提供了经济基础。部落内部首领们利用特权侵占公有财富，使社会两极分化、产生贫富差别。贫困家庭遇到意外事件如疾病、死亡或生产不顺等都可能收不抵出，因此只能借贷以资弥补，这就是最初的信用。

如果说最初的信用大都运用于生活消费，那么当商品经济发展到一定阶段，信用则主要运用于生产活动。任何社会形态中的经济单位，永远不会实现长期的收支平衡。假若收支恰好相等，信用就没有存在的必要。事实上，经济单位在从事生产经营时仅依赖内部资金积累是难以保证及时扩大生产规模的；在从事商品销售活动时，若固守现金交易方式也会使再生产受阻。由此，产生了以负债方式借入资金弥补扩大再生产资金的不足和运用信用交易方式实现商品价值的转移。此外，由于生产周期或收入大于支出等原因，有些经济单位也会出现资金的盈余，这部分资金可直接用于投资和借贷。这就为信用的产生奠定了客观基础，即形成需要借入的债务方和可能贷出的债权方。随着社会经济的进一步发展和人们传统消费观念的转变，国家通过举债筹措资金发展经济，个人和家庭也为提前实现消费目的而负债，因而使信用得以迅速发展并成为现代经济的重要支柱。

资料链接 3 – 1

古老的信用形式：高利贷信用

高利贷信用是历史上最早的信用形式，是最古老的生息资本形式。它是一种通过发放货币或实物以收取高额利息为特征的借贷活动。马克思说，我们可以把古老形式的生息资本叫作高利贷资本。

最初，高利贷是以实物借贷形式出现的，如借贷粮食、牲畜等。以后，随着商品货币经济的发展，逐步转变为货币借贷，但在商品经济不发达、自然经济占优势的地方，实物借贷仍然存在。高利贷信用的主要特点是：第一，利息率高，剥削重；第二，非生产性。高利贷利率一般在四成以上，有的超过本金 1～2 倍。在我国历史上，高利贷年利一般相当于本金，故又称"驴打滚"，即利滚利。

高利贷信用的历史作用具有双重性。在漫长的自然经济社会中，一方面它是推动自然经济解体和促进商品货币经济发展的因素。由于高额的利息负担，借高利贷的小生产者往往不堪重负，从而使小农经济受到极大的破坏，加速了自然经济的解体。同时，因为高利贷信用主要是以货币借贷形式进行，债务人常常会努力发展商品生产，并通过出售商品换取货币，进而偿还债务，这样就促进了商品货币经济发展。特别是高利贷信用的贷款者通过高利盘剥，积累了大量的货币财富，有可能从高利贷资本转入产业资本，成为资本原始积累的来源之一，同时它又使广大的农民和手工业者破产，沦为无产阶级，从而促进了雇用劳动后备军的形成。所以，高利贷促进了社会化大生产方式前提条件的形成。另一方面高利贷信用的主要作用仍然是破坏和阻碍生产力的发展，对原有的生产方式即小生产和自耕农起着相当的保守作用。这种保守作用，必然阻碍高利贷资本向生产资本转化，而且它的高额利息使生产者无利可图，成为现代社会化大生产发展的巨大障碍。于是产业资本家采取各种斗争方式反对高利贷资本的高利率。结果，最终建立和发展起适合现代社会化大生产发展所需要的信用制度，即现代信用制度。

二、信用的含义

"信用"一词，源于拉丁文"credo"，原意为信任、相信、声誉等；英语为"credit"，也有"相信、信任"之意。两者都具有诚实守信、信守诺言的含义，注重"信"的本意。信用在经济学中则是信贷行为的总称，是以偿还和付息为条件的价值单方面的让渡或转移，注重的是"信"和"用"两者的有机结合，其本质为"债"。

具体而言，信用一词，包含三层含义。其一，信用作为一种基本道德准则，是指人们在日常交往中应当诚实无欺、遵守诺言的行为准则。"无信不立"是我国传统道德的核心，一个人失去信用就意味着与之交往的人将面临不可预测的道德风险。其二，信用作为经济活动的基本要求，是指一种建立在授信人对受信人偿付承诺的信任的基础上，使后者无须付现金即可获取商品、服务的能力。由于现代市场经济中的大部分交易都是以信用为中介的交易，因此，信用是现代市场交易的一个必须具备的要素。其三，信用作为一种法律制度（契约），即依法可以实现的利益期待，当事人违反诚信义务的，应当承担相应的法律责任。在现实生活中，合同债权、担保、保险、票据等均以信用为基础，同时，诚信为本也是民商事活动的基本原则。

三、信用的特征

信用的本质特征是指信用区别于其他经济行为所固有的属性。偿还性是信用的基本特征。信用是一种有条件的借贷行为，即以偿还本金和支付利息为先决条件。

信用的特征可以从以下几个方面来理解。

（一）信用以偿还本金和支付利息为条件

信用这种经济行为是以收回本金为条件的付出，或以偿还为义务的取得；是以取得利息为条件的贷出，或以支付利息为前提的借入。所以偿还和付息是信用最基本的特征，这一特征使它区别于财政分配。财政分配基本上是无偿的，财政收进来、支出去，都不需要偿还，没有直接的返还关系；而信用分配则是有偿的，具有直接的返还关系，存款人随时会提取存款，贷款人到期必须向借款者收回贷款，而且借者除归还本金外，还要按规定支付一定的利息，作为使用资金的代价。

（二）信用关系是债权债务关系

信用是商品货币经济中的一种借贷行为，在这种借贷活动中，体现了一定的生产关系。商品和货币的所有者由于让渡商品和货币的使用权而取得了债权人的地位，商品和货币的需要者是货款的预付而产生的，但随着融资行为和信用制度的广泛建立和发展，债权债务关系渗透到了经济生活的各个角落。无论是企业的生产经营活动，还是个人的消费行为或政府的社会和经济管理活动都依赖债权债务关系，所以，从本质上说，信用关系就是债权债务关系。

（三）信用是价值运动的特殊形式

价值运动的一般形式是通过商品的买卖关系来实现的。首先，在商品买卖过程中，交易过程首先是所有权的转移，卖者让渡商品的所有权和使用权，并取得货币的所有权和使用权；而买者则刚好相反。其次，交易过程是等价交换，商品货币交换时，卖者虽然放弃了商品的所有权，但未放弃商品的价值，从商品的价值形式变为货币形态，而买者放弃货币，取得与货币等价的商品。但在信用活动中，一定数量商品或货币从贷者手中转移到借者手中，并没有同等价值的对立运动，只是商品或货币的使用权让渡，没有改变所有权。所以，信用是价值单方面的转移是价值运动的特殊形式。

信用关系所引起的价值运动是通过一系列借贷、偿还、支付过程来实现的。货币或实物被贷出，其所有权并没有发生转移，只是使用权发生了变化。贷出者只是暂时让渡商品或货币的使用权，而所有权并没有发生变化。在信用关系中，等价交换的对象是商品或货币的使用权。

四、信用的作用

（一）积极作用

（1）信用促进了资金优化配置，提高了资金使用效率。通过借贷，资金可以流向投资收益更高的项目，可以使投资项目得到必要的资金，资金盈余单位又可以获得一定的收益；通过信用调剂，让资源及时转移到需要这些资源的地方，就可以使资源得到最大限度的运用。

（2）加速资金周转，节约流通费用。由于信用能使各种闲置资金集中起来投放出去，使大量原本处于相对静止状态的资金运动起来，这对于加速整个社会的资金周转无疑是有巨大作用的，并且利用各种信用形式，还能节约大量的流通费用，增加资金生产投资。

（3）信用加速了资本积聚和集中。信用是集中资金的有力杠杆。信用制度使社会闲散资金集中到了少数企业中，使企业规模扩大。

（4）信用有效地调整着国民经济。信用调节经济的职能主要表现在国家利用货币和信用制度来制定各项金融政策和金融法规，利用各种信用杠杆来改变信用规模及其运动趋势，从而调整国民经济。

（5）信用促进了国际贸易的发展和世界市场的形成与扩大。

（二）消极作用

（1）信用制度加剧了资本主义社会的基本矛盾。

（2）信用制度加剧了资本主义社会生产的无政府状态和生产部门之间发展的不平衡性。

（3）信用制度加剧了资本主义社会固有的生产和消费之间的矛盾，使资本主义危机更加深刻和频繁。

（4）信用还会引发货币信用危机。

（5）信用刺激投机行为。

五、信用与经济

现代信用是在社会化大生产的基础上建立起来的信用关系，滋生于现代经济；现代经济则是一种以现代信用为纽带的信用经济。在现代经济生活中，信用表现为各种债权债务关系，企业、个人、家庭，大到政府和社会，都离不开信用；而信用关系建立的基础也正是在这些经济主体之间。参与信用活动的主体已经包括社会经济的各个部门，具体有企业和公司、居民个人、政府及其所属机构、金融机构等，由于它们在社会经济活动中扮演的角色不同，在信用关系中所处的地位也是不同的。

1. 企业

企业在信用关系中是很重要的组成部分，因为企业是国民经济的细胞，社会再生产的发展离不开企业。企业既是货币资金的主要供给者，也是货币资金的主要需求者。企业既可以从事直接融资，也可以进行间接融资。如果把全社会所有的企业或公司作为一个整体来考察，由于社会生产力水平的迅速提高，生产发展和流通扩大导致企业融资需要的增加，在信用活动中，企业通常是资金的净需求者。

2. 居民个人

居民个人参与信用活动，既可能是收大于支，拥有结余，也可能是支大于收，需要借贷。就个人而言，其支出主要依靠收入，个人的支出主要是各种日常生活开支。一般来说，个人不可能把当期收入花光，通常都会有所结余；个人也会发生入不敷出的情况，由于种种原因支出突然增加，原有的结余不足以支付，就要借债。随着经济和信用制度的发展，人们的生活观念和消费观念也在变化，不同的观念就会产生不同的选择。有些人倾向于增加当前消费，他们就会扩大支出，减少储蓄或增加负债。有些人则相反，他们减少当前支出而增加储蓄。不同的人会采取不同的方式，而同一个人在不同的时期也会有不同的选择。但总的来说，作为一个整体，个人通常是结余单位。

3. 政府及其所属机构

政府在信用活动中的地位是由政府的收支状况决定的。随着世界各国政府职能的不断扩大，常常导致政府的财政入不敷出，表现为连年的财政赤字和日益增长的公共开支，所以为了弥补财政赤字，满足政府及其机构的资金需要，政府通过发行国债或其他信用工具向社会公开筹措资金，所以，政府一般是资金的净需求者。同时，为了提高资金的运作效率和调控宏观经济，政府也会在信用活动中扮演资金供给者的角色。

4. 金融机构

金融机构的主要功能就是充当信用媒介。信用可分为直接信用和间接信用。直接信用是指资金的供给者和需求者之间直接借贷形成的债权债务关系，间接信用是指资金的供给者和需求者之间通过信用中介机构来融通资金。金融机构作为信用中介一方面从社会各方面吸收和积聚资金；另一方面通过贷款等活动把这些资金运用出去。吸收资金形成金融机构的负债，运用资金形成金融机构的资产即债权。所以金融机构的日常经营活动本身也就是一种债权债务关系的信用活动。

现代信用与现代经济的关系还表现在现代信用对经济所具有的双重作用。它一方面促进了经济的迅速发展；另一方面也加深了社会生产方式所固有的矛盾。具体来看，其积极作用表现在：第一，实现了社会资本的转移，促进资本的再分配和利润率的平均化，进而自发调节各经济部门的发展比例，使得现代经济迅速发展；第二，节约流通费用，加速资本周转，提高全社会资本的利用效率；第三，加速资本的集中和积累，为扩大再生产提供了必要的前提条件。其消极作用则表现为：第一，生产的扩大化，加重生产过剩，使生产和消费之间的矛盾更加激化；第二，信用造成的虚假繁荣，可能导致经济危机爆发；第三，资本投向高额利润回报的生产部门，使这些部门生产规模扩大，而其他部门由于投资减少而萎缩，从而加剧了国民经济各部门之间发展的不平衡。总之，正确认识信用的作用，才能充分有效地发挥信用对经济的积极作用，进而推动社会经济的向前发展。

发达国家的经验显示：信用交易规模和人均 GDP 存在十分密切的关系，当人均 GDP 在 300～500 美元时，信用的作用还不十分明显；人均 GDP 在 500～1000 美元时，信用被大肆践踏；当人均 GDP 达到了 3000～5000 美元时，是整个社会信用的重整阶段；而当人均 GDP 在 5000 美元以上时，社会信用进入良性循环阶段。用中国一句古话来说，叫作"仓廪实而知礼节"。

第二节　信用形式

信用作为一种借贷行为要通过一定的形式表现出来。随着商品经济的发展和货币功能的延伸，信用的形式日趋多样化。根据信用主体的不同可分为商业信用、银行信用、国家信用、消费信用、国际信用等多种形式。

一、商业信用

商业信用是企业之间进行商品交易时以延期支付或预付的形式提供的信用。这种信用的具体表现方式有赊购赊销、分期付款、预付定金、分期预付、委托代销等。商业票据是以商业信用形式出售商品的债权人用以保证自己债权的一种书面凭证。商业票据根据出票人的不同分为期票和汇票。

商业信用具有如下特点：

第一，商业信用是商品生产经营者之间相互提供的信用。因而债权人和债务人都是生产经营企业。这种信用的前提是买方企业创造的债务要能为卖方企业所接受。这时商品价值的转移无须借助货币充当流通媒介。只有在商业信用前提难以成立的条件下银行信用才会介入。因此商业信用始终是社会再生产活动中的首选的信用方式。

第二，商业信用的对象是处在再生产过程中的商品资金，而不是从再生产过程中游离出来的货币资金。

第三，商业信用和社会生产动态相一致。社会生产发展，经济繁荣商品增多，商业信用随之扩大；社会生产下降，经济萧条，市场萎缩商业信用也会随之缩小。

商业信用的存在为社会再生产的顺利进行提供了保证。但是商业信用也存在一定的局限性：

第一，商业信用存在于工商企业之间，所以它的授信数额和规模受债权人拥有的资金量的限制，它的规模大小以产业资本的规模为度。

第二，商业信用的授信方向还要受商品流动方向的限制。它只适用于有商品交易往来的企业，一般来说，上游产品企业向下游产品企业提供信用，工业向商业提供信用，所以有些企业很难从这种形式取得必要的信用支持。

第三，商业信用有期限限制，一般用作企业短期性融资。

因此在高度发达的信用经济社会，商业信用并不是信用的主要方式。

此外，由于商业信用是买卖双方分散独立的决策行为，因此具有自发性、分散性和盲目性等缺点。商业信用以上的局限性，在一定程度上阻碍了商品生产和交换的发展，因此终究不能成为现代信用的主导形式。为适应商品经济进一步发展的需要，银行信用在此基础上应运而生，迅速发展起来，并成为主要的信用形式。同时，由于商业信用的票据化，通过银行信用的介入，比如票据承兑和贴现，通过法律制度的约束，可以在一定程度上克服商业信用的缺点，使商业信用在经济中仍然发挥着基础作用。

二、银行信用

广义的银行信用是指以各种金融机构为中心形成的货币信用，包括授信和受信两方面。狭义的银行信用单指银行通过存款和贷款等业务活动形成的信用。银行信用是在商业信用已经发展到一定阶段的基础上产生和发展起来的更高层次的信用形式。随着商品经济的发展，在社会再生产资金循环过程中，由于种种原因，一方面，会游离出大量暂时闲置的货币资本，聚集起来是一笔巨额的借贷资金；另一方面，又可能会发生经营资金衔接不上的情况，需要及时借入货币资本，以供周转使用。这样，客观上资金余缺的双方之间就有必要和可能通过有借有还的信用形式进行货币资本的调剂。同时，也由于商业信用的种种局限性，无法满足社会化大生产过程中出现的对借贷资本的需要，于是，银行信用便由此产生并发展至今，它的产生标志着一个国家信用制度的发展与完善。尤其是 20 世纪以来，随着资本的集中和积聚，银行规模越来越大，银行的业务活动范围也在扩大，银行提供的服务也日趋多元化，银行信用已成为现代信用制度中最重要的信用形式之一。与商业信用相比它具有如下特点：

第一，银行信用是中介信用。银行信用以金融机构作为媒介，其最主要的方式是存款和贷款，无论是存款的吸收还是贷款的发放，银行都以信用中介身份出现，充当债权人和债务人的融资中介。

第二，银行信用借贷的对象是处于货币形态的资本。由于银行借贷的不是处于社会再生产过程中的"商品资金"，而是从再生产活动中游离出来的货币资金以及社会各阶层的闲置货币，这就使银行信用能最大限度地集聚资金，形成巨额的借贷资金来源，投向任何产业部门，从而克服商业信用数量上、方向上和期限上的局限性。

第三，银行信用具有创造扩张性。一般经济单位从事货币借贷必须预先获得货币，然后才能提供信用。唯独银行能够创造和扩张信用。如为满足生产对货币的需求，银行可以发行银行券、支票等信用工具创造信用；可以通过转账结算贷记企业账户增加货币投放扩张信用。由于银行创造、扩张信用成本低廉，使其在竞争中处于有利地位，又由于银行信用活动直接影响市场货币流通量，使其成为国家调控经济的有效工具。

银行信用与商业信用是既区别又联系的。

（1）银行信用区别于商业信用。银行信用克服了商业信用的局限性，无论在规模、范围上，还是在期限上都大大超过了商业信用，成为现代经济中占主导地位的信用形式。但是，尽管如此，银行信用并不能完全取代商业信用，商业信用仍然是整个信用制度的基础。这主要出于以下两个原因。第一，从信用发展的历史来看，商业信用是先于银行信用而存在的。现代银行信用体系正是在商业信用广泛发展的基础上才产生和发展起来的。第二，商业信用与商品的生产和流通相关联，直接服务于企业的生产和交换，因此，企业在购销过程中，彼此之间如果能够通过商业信用直接融通资金时，就不会去求助于银行信用。同时由于商品经济迅速发展其自身就强烈要求有多层次、多规格、多形式的信用与之相适应，因此，只有以银行信用为主体、多种信用形式并存的融资网络格局，才能在更大的范围内更合理地动员和分配社会闲置资金。

（2）银行信用与商业信用有密切的联系。银行信用是在商业信用的基础上产生和发展起来的，而银行信用的出现又使商业信用得到进一步的完善。因为商业信用工具都具有一定的期限，当商业票据未到期而持票人急需现金时，持票人可到银行办理票据贴现及时取得急需的资金，商业信用就转化为银行信用。由于银行办理的以商业票据为依据的贷款业务如商业票据贴现、票据抵押贷款等，保证了商业票据的及时兑现，通过把商业信用纳入银行信用的轨道一定程度上克服了商业信用的缺点，从而使商业信用得到进一步的完善和发展。可见，两者之间既相联系又相区别，相辅相成。

三、国家信用

国家信用，通常是指政府的信用，是一种古老的信用形式，它或许伴随着国家机器的形成而产生。国家信用有多种形式如发行各种政府债券、向银行借款、向国外借款以及在国际金融市场上发行债券等。国家信用的典型形式是发行公债券和国库券。与其他信用形式相比国家信用具有以下特点：

第一，国家信用的债权人是持有国家债券的单位和个人，债务人是国家或地方政府。第二，国家信用和银行信用之间关系密切。表现在：①国家信用依赖于银行信用的支持，国家信用一般由金融机构代理发行债券，并且金融机构的部分资金直接或间接投资于国家债券；②国家信用与银行信用在量上此消彼长，在国民收入既定条件下，国家信用的增长要求银行信用相应收缩，否则会引起社会信用总量的膨胀。第三，国家信用主要用于财政开支，而不直接与商品生产和商品流通的发展相联系。

国家信用的作用如下：

（1）调节财政收支的短期不平衡。国家财政收支出现短期不平衡是经常的，即使从整个财政年度看，财政收支是平衡的，但由于财政收入与支出发生时间不一致，也会出现收支矛盾，例如，在上半年需要支出的预算，可能下半年才能收上来。为了解决这种年度内的暂时性不平衡，政府往往通过发行国库券来解决。

（2）弥补财政赤字。当今世界上许多国家由于种种原因，在不同程度上出现了财政赤字，弥补财政赤字的方法主要有三种：一是增加税收；二是增发通货；三是发行国债。增加税收不仅在客观上受经济发展状况的制约，而且立法程序繁杂，容易引起公众的不满。通过中央银行增发通货则会导致流通中货币供应量增加，引发通货膨胀。相比之下，以发行国库券的方式弥补财政赤字，只是社会资金使用权的暂时转移，既不会招致纳税人的不满，又不会无端增加流通中的货币总量，还可迅速取得所需的资金，因此，许多国家都把发行国库券作为弥补财政赤字的主要手段。

（3）调节货币流通和稳定经济发展。第二次世界大战后，许多西方国家实行凯恩斯主义政策，利用财政赤字，扩大需求，刺激经济增长，结果财政赤字不断增加，国债发行规模不断扩大。近些年来，许多国家中央银行调控货币供给数量的主要手段是在公开市场上买卖国债，而公开市场操作的有效性是以一定规模的国债及其不同期限国债合理搭配为前提条件。因此，国家信用成为中央银行调节货币供给，影响金融市场资金供求关系，进而调节宏观经济的重要手段。

资料链接 3 - 2

世界经济体系演化趋势

1. 经济全球化逐步让位于经济区域化

随着 2008 年全球金融危机的爆发，以美国为代表的资本主义国家深受产业空心化之苦，在保护本土实体经济发展的经济与政治压力下，将逐步抛弃由其勾勒的经济全球化理念。经济区域化主要体现在国际区域经济化，这种区域经济化以国家间资本结构的互补性和产业水平的趋同性为特征。

2. 国际经济主体形态将进行自我调适

国际经济主体的产权形态为股份制公司，其表现形态以跨国企业为主体。随着信息技术广泛应用于实体经济之中，世界主要资本主义国家广泛挖掘全球资源的比较优势，使国际经济主体的形态进行自我调适。这种自我调适主要体现在经济主体的组织架构和分工形态上，即在组织架构方面将各职能部门进行全球布局，但将核心部门保留于本土；在分工形态上融合传统的纵向等级分工和现代的平行网络化分工。

3. 全球资本将大量处于生产职能环节

2008 年之前，以美国为代表的资本主义国家利用美元近似于国际货币的优势，在国内构建起了庞大的金融产业。但随着全球金融危机的爆发，世界主要资本主义国家逐步将实体经济作为发展重点，并以回迁海外实体产业为主要手段。这就意味着在国际资本循环中，全球资本将大量处于生产职能环节。这里存在一个值得注意的问题，即资本集中在生产环节必然造成产能过剩的局面，而受资本主义主要矛盾的影响，这种局面又将通过国际贸易战的方式来得到消极解决。

4. 市场信用体系逐渐过渡为国家信用

马克思所处的时代，资本主义正处于自由竞争阶段。因此，市场信用体系能够在市场机制下得到运行。随着 2008 年全球金融危机的爆发，重商主义在资本主义世界有重新点燃之势。在国家干预下，市场信用体系将逐步过渡为国家信用。国家信用在当前的实现途径是以国家间的贷款来输出资本，并为维护经济区域化发展提供资金支持。

5. 帝国主义特征在经济中将表现明显

列宁所构建的帝国主义理论并未过时，且其特征在世界经济中将表现明显。拉美国家的经济现状便可以用帝国主义理论来解释。世界银行、国际货币基金组织扮演了传统银行的角色，其向拉美国家输出资本并以附加政治条款替代入股国民经济，对拉美国家的经济发展施加影响。与此同时，部分非洲国家、中东国家的经济发展也深受帝国主义经济特征的影响。

资料来源：

[1] 张宇. 马克思主义经济学视野中的当前国际金融危机——金融垄断资本及其在新阶段的特点 [J]. 中国人民大学学报，2009（4）.

[2] 顾海良. 推动经济社会持续健康发展实现全面建成小康社会奋斗目标——新发展理念与当代中国马克思主义经济学的意蕴 [J]. 中国高校社会科学，2016（1）.

四、消费信用

消费信用是指企业、银行和其他金融机构向消费者个人提供的用于生活消费目的的信用。这是一种暂不付款、凭信用获得商品或货币的信用形式。常见的有商品赊销、分期付款和消费贷款。

（一）商品赊销

商品赊销多用于日常零星的购买，属短期信用。通常采用信用卡凭卡先购后付。

信用卡是由银行或专门机构发给私人使用的一种证明卡，其持有人凭卡可以先购买而在将来再付款，它也是一种消费信用。信用卡的持有人可以凭卡在指定的商店、旅馆、交通机构等单位购买商品，支付劳务费用，当时不必支付现金，只要在发票或其他有关单据上签字。这些与发卡单位签有合约，接受信用卡使用的单位凭持卡人签字的发票或单据向发卡单位收款（扣除一定的手续费，这是发卡单位的一项收入来源）。发卡单位按期向持卡人结算，持卡人应在规定期限内付款，逾期未付清就须对欠款支付利息，直到付清为止。有的信用卡还可以在约定的银行或兑付点支取一定的现金。

信用卡就其使用范围和地区而言，可分为两种，一种在指定地区内使用，另一种是国际通用。信用卡使用的范围越广，对持卡人就越方便，也就越易于推广，所以，许多经营信用卡业务的单位，包括不同国家的单位，采取联合经营的做法，以提高竞争力。近年来信用卡在我国也得到推广。一般个人申领信用卡必须在发卡机构开立存款账户，银行按照规定的活期存款利率支付利息。持卡人应在存款账户中保持足够的余额以备支付，如有急需可以善意透支由银行提供信贷服务，透支金额必须在一个月内偿还。

资料链接 3 – 3

信用卡的起源

信用卡 1915 年起源于美国。最早发行信用卡的机构并不是银行，而是一些百货商店、餐饮娱乐业和汽油公司。为招徕顾客，推销商品，这些店有选择地发给一些顾客一种类似金属徽章的筹码作为消费凭证，顾客可以在这些发行筹码的商店及其分店赊购商品，约期付款。这就是信用卡的雏形。

不过，信用卡的发明还要归功于纽约商人弗兰克·麦克纳马拉。一天，他在饭店招待客户用餐，付账时发现钱包忘带了，于是提议店方收下他写的一个卡片，卡片上注明在某某期限内偿还欠款。这一经历使麦克纳马拉产生了创建付款卡即信用卡的想法。

1950 年，他与好友施奈德合资在纽约创立了"大莱俱乐部"，即大莱信用卡公司的前身。该俱乐部向会员提供一种能够证明身份和支付能力的卡片，会员凭此卡可以记账消费。但这种无须银行办理的信用卡仍属于商业信用卡而非银行信用卡。

1952 年，加利福尼亚州的富兰克林国民银行作为金融机构首先发行了银行信用卡。当时，卡片是用硬纸板做的。1959 年，美国运通公司制作出塑料信用卡。此后，许多银行加入了发行信用卡的行列。

（二）分期付款

分期付款是运用较为广泛的消费信用方式，多用于耐用消费品的购买，属于中期信用。消费者在购买时先付一定比例的现款，然后签订分期付款合同，按合同约定在远期偿还贷款并支付利息。在贷款未付清前，商品所有权属于卖者。1993 年 11 月，上海银信服务公司成立，它是我国首家办理个人消费品分期付款业务的消费信用服务公司。近年来，分期付款主要用于购买汽车。

（三）消费贷款

消费贷款是银行和其他金融机构以货币形式直接对消费者提供的以消费为目的的贷款，用于购买耐用消费品、住房以及支付旅游费用等。个人住房贷款就是消费贷款的一种形式，它是银行向借款人发放的用于购买自用普通住房的贷款。贷款对象为具有完全民事行为的自然人，贷款期限最长不超过 30 年。

消费信用在一定条件下可以促进消费品的生产与销售，促进经济的增长。据估计，若不采取分期付款这一方式，西方国家汽车的销售量会减少 1/3。消费信用对于促进新技术的应用、新产品的推销及产品的更新换代，具有不可低估的作用。消费信用可以提高消费者当前的物质文化生活水平。一些使用周期长、价格昂贵的耐用消费品及住房等，很难获得中低收入者的消费支持。利用消费信贷，就可以大大提高这部分社会阶层的消费水平，提高其生活质量。不过对中国的消费者来说，节俭是一种美德，向银行或其他人借债过上好日子，似乎是一种"败家子"的行为。人们还编了"中国老太太与外国老太太的故事"来说明这两种不同的消费观念。中国老太太一生省吃俭用，在临死的时候有一笔数目比较可观的存款，但是她的一生当中，没有去各地旅游，没去高级饭店品尝美味佳肴，没有穿华丽漂亮的衣服。而外国老太太年轻的时候向银行贷款进行高消费，在中年时期逐渐还清银行贷款，并且有一定的储蓄来贴补老年时的费用，临终的时候，将她一生的储蓄全部花完。她不仅到过世界各地旅游，还住上宽敞的住宅。哪一种消费观念所对应的生活水平更高一些？很明显，应该是外国老太太的生活方式更好一些。当然，这种"今天花明天的钱"的消费方式也应该量力而行，有心理专家说，目前由于一些"提前消费"，使一些中年人的还款压力太大从而承受着巨大的心理压力，有些人甚至患了"按揭（分期付款）综合症"。

资料链接 3－4

贝壳找房 CEO 彭永东：打造消费信用体系，提升居住服务品质

2019 年 3 月 12 日，由中国消费者协会指导，中国消费者报社、中国消费者网主办的 2019 纪念"3.15"国际消费者权益日座谈会在北京召开。中国消费者报社社长兼总编胡国强、中国消费者协会副会长兼秘书长朱剑桥、国家市场监管总局执法稽查局局长杨红灿、国家市场监管总局网监司副司长白京华、国家市场监管总局食品生产司副司长顾绍平、贝壳找房 CEO 彭永东以及众多政府领导、专家学者、企业领袖出席会议，围绕"放心消费　信用护航"的主题展开座谈。

会上，中国消费者报社社长兼总编胡国强对座谈会的主题"放心消费　信用护航"进行了具体解读，中国消费者协会副会长兼秘书长朱剑桥围绕中消协年主题"信用让消费更放心"提出了完善信用制度的意见，国家市场监管总局执法稽查局局长杨红灿介绍了总局打击假冒伪劣行为的部署，国家市场监管总局网监司副司长白京华介绍了消费投诉热线"五合一"的有关情况，国家市场监管总局食品生产司副司长顾绍平介绍了食品安全管理

工作的重点目标，贝壳找房 CEO 彭永东发表了题为"打造消费信用体系　提升居住服务品质"的主题演讲。

"数据＋技术"推动产业升级，为消费者提供品质服务

贝壳找房 CEO 彭永东指出，"房改 30 年，我国的居住消费市场发生了巨大的变化和深刻的变革，消费者对居住的需求也发生了巨大的变化。从住得下、住得宽敞发展为住得好、住得方便，对高品质居住服务的需求越来越强。"但是居住服务的特点是低频高值，需要繁杂的流程和涉及法律、金融等诸多领域的专业知识，这使消费者更为迫切地想要获得真实信息、透明流程以及规范化的服务。随着"互联网＋居住"使居住服务行业产生了新的变革，很多困扰行业多年的问题，现在可以通过互联网技术来解决。彭永东表示，为了解决如何将房屋信息数字化的行业痛点、难点，十多年来贝壳利用信息技术和大数据，将服务标准进一步升级为"真信息、真价格、真体验、真服务"，打造了涵盖 1.85 亿套房源的房屋基础数据库"楼盘字典"，覆盖中国 325 个城市的 45 万个小区，惠及 90% 以上的中国城市人口，其中囊括了房间门牌号、标准户型图、配套设施信息、历史交易价格、目前居住情况等真实、透明大数据。为给消费者提供真实信息和"全、真、新"的居住服务打下了基础。除此之外，贝壳找房还通过自主研发智能扫描设备及 VR 场景构建算法，创造性地将图像、模型、视频、音频、动效以及结构化信息完美组合，解决了消费者为了看房疲于奔命的困扰，为消费者提供了全新的舒适便捷的消费体验。同时，消费者还可以通过 App 查看交易前、交易中和交易后的全方位信息，使整个交易流程全程在线可视化，费用透明化。

打造信用评价体系，推动居住服务行业正循环

彭永东表示，除了服务体验不断提升之外，改善消费环境、建立诚信的服务体系也一直是消费者更为普遍关心的，中消协把 2019 年的消费维权主题定为"信用让消费更放心"也正体现了这一点。他强调，"消费者对服务者的诚信给予肯定，帮助服务者不断提升自身价值，进而获得更多消费者的信赖，实现整个行业的正循环。"

基于居住消费本身具有的低频高值且不易积累评价的特点，贝壳找房首创以"贝壳分"为代表的信用评价体系，将消费者的评价沉淀下来，成为服务者的信用背书。这也更好地诠释了贝壳找房一直坚持"对用户好"为核心价值观，持续为用户提供高品质且值得信赖的服务体验。

与此同时，贝壳还针对经纪行业一直存在的虚假信息、恶意欺诈、乱收费等顽疾建立了 ACN 经纪人合作网络、八大安心服务承诺、楼盘字典循环验真等一系列保障措施，将复杂的购房、租房流程拆解成各个专业的环节，通过信息化手段实现各个环节专业服务者的协作配合，使互相协作的经纪人之间也纳入诚信评价体系，使经纪人之间从竞争走向竞优，最终实现品质联盟，共同造福消费者。

最后，贝壳找房 CEO 彭永东也明确表态，"贝壳找房将始终践行企业责任，尊重消费者，敬畏并遵守和捍卫规则，聚合和赋能全行业的优质服务者共同为改善消费环境、提升

消费者满意度贡献力量。"

资料来源：贾斯曼.2019贝壳找房新居住大会发布三大举措　贝壳商业全景首现.央广网，2019-04-23.

五、国际信用

（一）国际信用的概念

国际信用是在国际经济交往中，国与国之间相互提供的信用。在国际信用中，授信国往往通过借贷资本的输出来推动商品输出，从而实现利润；而受信国则希望利用外资，购买所需商品来促进本国经济的发展。

（二）国际信用的主要形式

随着世界各国对外开放的加强，国家之间的经济往来活动日益频繁，国际信用形式也多种多样。总的来看主要有出口信贷、银行信贷、政府信贷、国际金融机构信贷等。

1. 出口信贷

出口信贷是指出口国银行对出口贸易所提供的信贷，以促进本国商品的出口，可分为卖方信贷和买方信贷。卖方信贷由出口国银行向出口厂商提供贷款，出口商用来向进口商提供分期付款。买方信贷是出口方银行直接向进口商或进口方银行提供的信用。进口商获得该贷款后用来向出口商付清货款，然后按规定的还款期限偿还出口方银行的贷款本息。

2. 银行信贷

银行信贷是进口商为从国外引进先进技术设备而从外国银行（或银团）取得的贷款。银行信贷要签订协议，贷款可以自由运用，不一定同特定的进口项目相联系。实务中，进口企业往往通过进口方银行出面取得贷款。

3. 政府信贷

政府信贷是国际间一个主权国家政府对另一个主权国家政府提供的信用。这种信用一般是非生产性的，如用于解决财政赤字或国际收支逆差，必要时还用来应付货币信用危机等。

4. 国际金融机构信贷

国际金融机构信贷主要指联合国的国际货币基金组织、国际开发协会、世界银行、国际金融公司等国际金融机构所提供的信用。这种信用一般有特定的用途，贷款期限较长，并且贷款条件优惠。

国际信用是随着国际贸易的发展而产生和发展的。随着一国商品和货币的流通范围日渐扩大，信用也扩展到世界范围，成为各国开展经济交流、促进世界经济发展的重要手段。因此，从形式上看，国际信用是适应商品经济发展和国际贸易扩大而产生并发展起来的一种借贷关系。从本质上看，国际信用则是资本输出输入的一种形式。

除了上述五种信用形式之外，另外还有民间信用、保险信用、租赁信用等。

资料链接 3 - 5

信用形式的分类

信用形式是信用关系的类型。按行为主体划分，信用有商业信用、银行信用、国家信用等形式；按行为的时间跨度划分，信用有短期信用、中期信用和长期信用三种形式；按行为目的或功能划分，信用有生产信用、流通信用、消费信用等形式；还有其他的划分标准和相应的信用形式。现代信用主要有如下形式：①商业信用，即工商企业相互之间借助商业票据进行的借贷行为；②银行信用，即以银行为中介的货币资金的借贷，主体部分是各种存贷款，是现代信用的主要形式；③国家信用，即国家（政府）与民间（企业和个人）之间借助国家债券（国库券和公债）等工具进行的借贷行为；④消费信用，即对消费者个人提供的，用以满足其消费方面的货币需求的信用，如分期付款赊销、住房贷款、信用卡购物等；⑤股份信用，即股份公司向社会发行股票以筹集资本。

案例 3 - 1

近年来，我国中小企业发展迅速，并已形成相当规模，在国民经济中发挥着重要作用。随着市场经济体制的不断完善和世界经济一体化的趋势，为我国中小企业的发展提供了巨大的商机。但是，中小企业发展过程中的各种矛盾也不断暴露，其中资金紧张、融资困难是制约中小企业发展的主要因素。目前银行贷款仍是中小企业融资的主渠道，因此可以说，中小企业融资难在一定程度上主要表现为贷款难。其原因可以从企业和银行两方面来分析。从企业方面看，中小企业经营风险大，发展前景不明，贷款抵押担保难。基层银行授权有限，贷款程序复杂烦琐。中小企业申请贷款，手续烦琐，且银行考察评估时间长，即使费尽周折贷款到手，商机可能早错过。从银行方面看，国有商业银行经营战略上重点转移，使中小企业难以获得贷款支持。信贷管理上重约束、轻激励的理念，使基层行、社存在"惧贷、慎贷"心理。中小企业贷款风险大，银行、信用社维护金融债权也比较难。另外，中小企业的直接融资渠道窄。由于证券市场门槛高，创业投资体制不健全，中小企业难以通过资本公开市场筹集资金。调查显示，我国中小企业融资供应的98.7%来自银行贷款，直接融资仅占1.3%；而美国中小企业的资金来源中股权融资占到18%。

试从我国中小企业融资难的角度论述信用形式多样化的重要性。

第三节　信用工具的概念和特征

一、信用工具的含义及种类

信用工具也叫金融工具，就是以书面形式发行和流通借以保证债权债务双方权利和义务具有法律效力的凭证。

信用工具种类繁多，按不同标准进行分类，主要有以下几种。

（1）以信用工具的偿还期限为标准，可分为短期信用工具和长期信用工具，这是一种常用的分类方法。短期信用工具是指偿还期限在1年以内的信用凭证，在金融市场上又称为货币市场工具。长期信用工具是指偿还期限在1年以上的信用凭证，在金融市场上又称为资本市场工具。

（2）以信用工具发行者的性质为标准，可分为直接信用工具和间接信用工具。前者是指非金融机构，如工商企业、政府或个人为筹集资金直接在市场上发行的信用凭证，后者是指金融机构所发行或签发的信用凭证。

（3）以信用工具的付款方式为标准，可分为即期信用工具和远期信用工具。前者是指见票即付的信用凭证，后者是指规定一定期限付款的信用凭证。

（4）以信用工具运用目的为标准，可分为消费信用工具和投资信用工具。前者是指直接用于以消费为目的的信用凭证，后者是指直接用于以生产经营为目的的信用凭证。

随着金融创新不断发展，区别于传统的信用工具，但又依托于传统信用工具而形成的衍生信用工具得以快速发展。

二、信用工具的特征

（一）偿还性

这是指金融工具按照其不同的偿还期偿还的要求。金融工具上一般都标有期限，如3年期国债其偿还期为3年。某些特殊金融工具是一种极端的情形，如股票和永久债券没有偿还期，而活期存款的偿还期为零。

（二）流动性

这是指金融工具迅速变现而不遭受损失的能力。不同信用工具的变现能力各不相同，能随时变现且不受损失的金融工具其流动性大；不易随时变现或变现中蒙受价格损失的金融工具流动性小。因此，政府发行的国库券具有较强的流动性，而其他金融工具或者在短期内不易脱手，或者在变现时受市场波动影响要蒙受损失，或者在交易过程中要耗费相当多的交易成本。总的来说流动性与偿还期成反比（即偿还期越长，流动性越小），而与债务人信誉成正比（即债务人信誉越高，流动性越大）。

（三）安全性

这是指信用工具的持有者收回本金及其预期收益的保障程度，或者说避免风险的程度。任何信用工具都存在程度不同的风险，主要有违约风险、市场风险、购买力风险及流动性风险等。违约风险又称信用风险，是指发行公司不按合同履约，或是公司破产等因素造成债券持有人蒙受本息方面损失的风险。市场风险是指由于市场利率变动，造成证券价格下跌的风险。购买力风险是指债券本金和利息收入所表示的实际购买力水平由于通货膨胀等因素造成下降的风险。流动性风险是指在市场上，债券不能以接近市场价值的价格迅速转让，而造成其流动性下降的风险。

（四）收益性

这是指金融工具能为其持有人带来一定的收入。收益的大小用收益率来衡量。收益率是净收益对本金的比率。

一般有这样几种收益率：（1）名义收益率，即金融工具的票面利率等于票面收益与票面金额的比率，例如，2年期的A债券票面利息为4元，票面金额为100元，那么名义收益率为4%；（2）当期收益率，是金融工具票面收益与购买价格的比率，A债券的市场价格为98元，那么其当期收益率为 $\frac{4}{98} = 4.08\%$ 。当期收益率比名义收益率较为有意义，但这两种比率仍未能充分衡量偿还期间的实际收益率；（3）实际收益率，即将当期收益和本金损益都计算在内的收益率，也称为持有期收益率，某人以98元的价格买入A债券并持有到期，那么，他每年除了得到利息收入4元之外，还获得资本盈利1元（2/2），实际收益率为 $\dfrac{4 + \dfrac{100-98}{2}}{98} = 5.10\%$ 。

以上四个特征中，偿还性是最基本的特征，是信用工具的本质要求。要实现信用工具的偿还性，就要正确处理好另外三个特征之间的关系。其中，流动性与收益性成反比，与安全性成正比。如短期国债，流动性较强，安全性也较高，但收益性较低。而信用工具的收益性与安全性往往成反比，如股票，收益性高，但安全性较低，是高风险高收益证券。因此，投资者选择购买什么样的信用工具，应根据自己的偏好权衡利弊，灵活选择。

三、信用工具的新发展

金融工具创新主要指金融机构为规避管制和风险而推出的各类新型的金融工具（如金融衍生工具，会在本书第五章第六节具体讲述）；金融服务创新主要指金融机构为增强市场竞争力，满足客户需要而推出的各类新的服务方式和服务手段；金融技术创新是指各类新型技术在金融领域中的实际应用。银行传统业务有三大类：资产、负债、中间业务。此外，在电子技术应用于金融领域之后，支付和清算系统发生了质的变化。所以具体地说，业务创新主要有负债业务创新、资产业务创新、中间业务创新和清算系统创新。

银行的负债业务主要包括储蓄存款、活期存款、定期存款。银行负债业务的创新主要是在政府严格的金融管制条件下，通过创新型的负债类金融工具，增强其吸收资金来源的竞争力。具有代表性的银行负债业务创新有大额可转让定期存单、可转让支付命令账户、自动转账服务、货币市场存款账户、协定账户、清扫账户、股金汇票账户等。银行资产业务创新虽然没有银行负债业务创新活跃，但是也在不断的完善过程中，形成了以消费信用、住宅放款、银团贷款为代表的业务创新。消费信用，以偿还期为标志，分为一次偿还的消费信用、分期偿还的消费信用、消费信用卡；住宅放款业务创新的内容很多，具有代表性的有三类，即固定利率抵押放款、浮动利率抵押放款、可调整的抵押放款。银行作为中间人为客户提供服务的业务，称为银行的中间业务。银行的中间业务创新主要体现在信托业务和租赁业务。信托业务方面主要有证券投资信托、动产和不动产信托、公益信托；租赁业务方面主要有金融性租赁、经营性租赁、杠杆性租赁、双重租赁。

银行的清算业务是其中间业务的有机组成部分，银行通过利用自己的资产和负债的便利条件为客户提供支付和结算业务，可以加速自己的资金周转，增加收益，并促进资产和负债业务的发展。传统的银行清算系统主要采取非现金结算方式，即以支票、转账结算、信用卡等工具，运用现金、票据、联行往来等方式实现支付和清算。支票系统的创新，主要有信用卡种类和功能的创新，即有零售信用卡、银行系统信用卡、借方信用卡、存储信用卡；转账系统的创新，主要以电子转账系统完成并取代邮政转账系统功能为标志，主要有国内转账结算清算系统、与国外银行有联系的结算清算系统、完全用于国际间的资金调拨系统。

资料链接 3 – 6

可转让支付命令书账户（NOW）：规避金融管制的创新

20 世纪 60 年代末期市场利率上升，诱使美国的金融机构为规避存款利率限制，创造新型的支票存款品种。由于"Q 条例"规定活期存款不准付息，定期存款的利息有上限，这就使储蓄贷款协会和互助储蓄银行在 20 世纪 60 年代末期利率上升之时遭受了重大的损失，因为它们的大量资金被能支付较高利率的金融工具吸引走了。1970 年，马萨诸塞州的一家互助储蓄银行发现禁止对支票存款支付利息的法规的漏洞，他们把支票存款账户来了个改头换面，叫可转让支付命令书账户（NOW）。客户签发这种支付命令书后，银行就可以代为付款，这种支付命令书还具有背书转让的功能，这就成了没有支票名义的支票，但是在法律上又不作为支票账户，因此互助储蓄银行可以不受有关支票账户法规的限制，继续支付利息。客户因此可以在拥有支票便利的同时，享有利息的优惠。NOW 就此将大量存款吸引回储蓄银行。经过两年的讼争之后，马萨诸塞州的互助储蓄银行于 1972 年 5 月获准发行支付利息的 NOW。同年 9 月，新罕布什尔州的法院确认了 NOW 在该州的合法性。

本 章 小 结

1. 信用是一个历史的经济范畴，是商品货币经济发展到一定阶段的产物。信用既有道德伦理的内涵，也有经济的内涵，还有法律的内涵。偿还性是信用的本质特征。信用是现代经济的基石，现代经济是信用经济。信用对经济具有双重作用。

2. 现代信用形式多种多样，主要有商业信用、银行信用、国家信用、消费信用和国际信用等，不同的信用形式，其作用不同，商业信用是基础，银行信用是主导，各种信用形式在实际经济活动中彼此之间相辅相成共同发挥着重要的作用。

3. 信用工具是信用活动发挥其作用的有效载体，偿还性、流动性、安全性和盈利性是其主要特征。随着金融活动的深入开展，信用工具结合先进的技术手段取得更大的创新，其种类日益多样化。信用工具可以按照不同的标准进行分类，按照信用工具的偿还期限不同，最常见的分类可分为短期信用工具和长期信用工具。

重要概念

信用　商业信用　银行信用　国家信用　消费信用　信用工具　本票　汇票　支票

思　考　题

1. 什么是信用？它是怎样产生和发展的？
2. 我们平时提到的"信用缺失""消费信用"，所指的"信用"含义是否相同？若不同，如何理解这些含义之间的关系？
3. 如何认识信用与货币的关系？
4. 信用有哪些主要形式？各自的特点是什么？
5. 为什么商业信用是银行信用的基础？
6. 如果整个社会没有信用活动，能否做到在 3 个小时之内从大连赶到广州？
7. 信用工具的特征有哪些？并简单描述一下常见的信用工具。
8. 为什么一个优良的信用工具必须具有较高的流动性？
9. 如何理解现代市场经济是信用经济？
10. 信用在现代经济中有何作用？

第四章

利息与利率

切记，时间就是金钱；切记，信用就是金钱；切记，金钱具有繁衍性，金钱可以生金钱。

——本杰明·富兰克林（Benjamin Franklin）

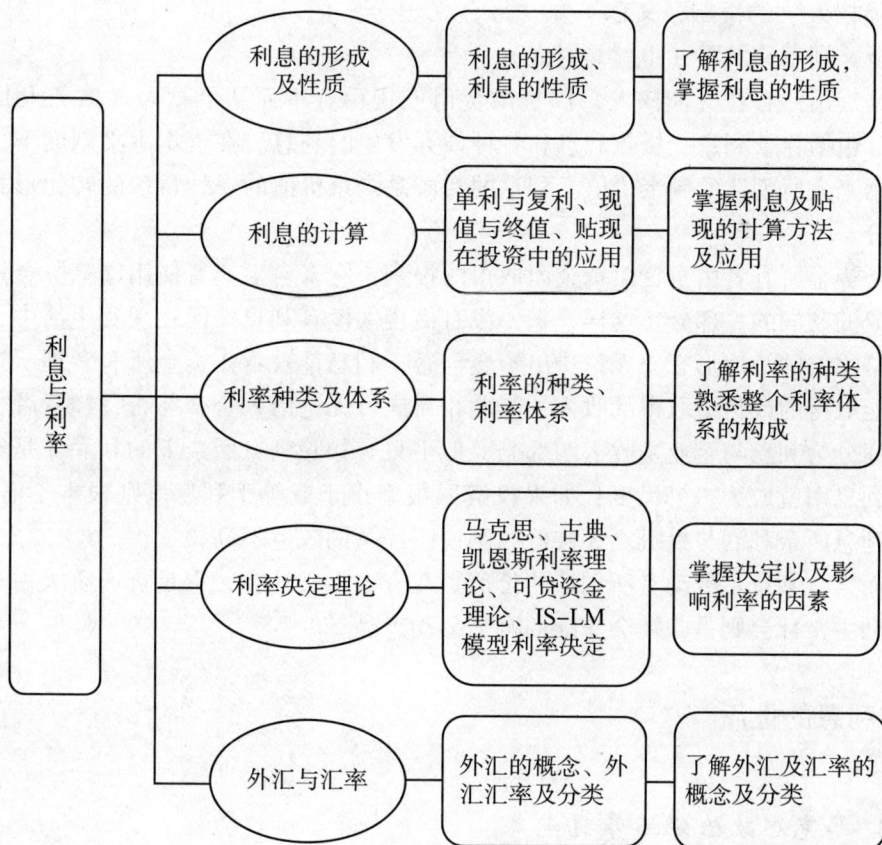

```
                  ┌─ 利息的形成    利息的形成、      了解利息的形成，
                  │  及性质        利息的性质        掌握利息的性质
                  │
                  │                单利与复利、现     掌握利息及贴
                  │  利息的计算     值与终值、贴现     现的计算方法
                  │                在投资中的应用     及应用
                  │
  利                              利率的种类、      了解利率的种类
  息   ─── 利率种类及体系          利率体系          熟悉整个利率体
  与                                                系的构成
  利
  率                              马克思、古典、
                  │                凯恩斯利率理       掌握决定以及影
                  │  利率决定理论   论、可贷资金       响利率的因素
                  │                理论、IS–LM
                  │                模型利率决定
                  │
                  │                外汇的概念、外     了解外汇及汇率的
                  └─ 外汇与汇率     汇汇率及分类       概念及分类
```

第一节　利息的形成及性质

一、利息的形成

利息，从其形态上看，是货币所有者因为发出货币资金而从借款者手中获得的报酬；从另一方面看，它是借贷者使用货币资金必须支付的代价。利息实质上是利润的一部分，是利润的特殊转化形式。

对利息的理解要注意两点：

（1）利息是因存款、放款而得到的本金以外的钱（区别于"本金"）。

（2）利息（interest）抽象点说就是指货币资金在向实体经济部门注入并回流时所带来的增值额。利息具体来说，一般是指借款人（债务人）因使用借入货币或资本而支付给贷款人（债权人）的报酬，又称子金（母金（本金）的对应称谓）。利息的计算公式为：利息＝本金×利率×期限（也就是时间）。

利息是货币持有者（债权人）因贷出货币或货币资本而从借款人（债务人）手中获得的报酬，包括存款利息、贷款利息和各种债券发生的利息。在资本主义制度下，利息的源泉是雇用工人所创造的剩余价值。利息的实质是剩余价值的一种特殊的转化形式，是利润的一部分。

利息是资金所有者由于贷出资金而取得的报酬，它来自生产者使用该笔资金发挥营运职能而形成的利润的一部分。这样看来，没有借贷便没有利息。但在现实生活中，利息已经被看作是收益的一般形态：无论贷出资金与否，利息都被看作资金所有者理所当然的收入——可能取得的或将会取得的收入；与此相对应，无论借入资金与否，经营者也总是把自己的利润分为利息与企业主收入两部分，似乎只有扣除利息所余下的利润才是经营的所得。于是利息率就成为一个尺度：如果投资回报率小于或等于利息率则根本不需要投资；如果扣除利息所余利润与投资之比甚低，则说明经营的效益不高。

总体而言，利息是劳动者所创造的价值。在资本主义社会，它是资产阶级占有剩余价值；在社会主义社会则是归社会支配的剩余劳动产品。

二、利息的性质

（一）马克思政治经济学观点

马克思主义认为利息实质是利润的一部分，是剩余价值的转化形式。货币本身并不能创造货币，不会自行增值，只有当职能资本家用货币购买到生产资料和劳动力，才能在生产过程中通过雇用工人的劳动，创造出剩余价值。而货币资本家凭借对资本的所有权，与职能资本家共同瓜分剩余价值。因此，资本所有权与资本使用权的分离是利息产生的内在前提。而由于再生产过程的特点，导致资金盈余者和资金短缺者共同存在，是利息产生的外在条件。当货币被资本家占有，用来充当剥削雇用工人的剩余价值的手段时，它就成为资本。货币执行资本的职能，获得一种追加的使用价值，即生产平均利润的能力。所有资本家追求剩余价值的利益驱使，利润又转化为平均利润。平均利润分割成利息和企业主收入，分别归不同的资本家所占有。因此，利息在本质上与利润一样，是剩余价值的转化形式，反映了借贷资本家和职能资本家共同剥削工人的关系。

（二）西方经济学观点

西方经济学家认为，利息是借款者付给资金出借者的报酬，用于补偿出借者由于不能在一定期限内使用这笔资金而蒙受的某种损失。借款者支付的利息来自生产者使用这笔资金发挥营运职能而形成的利润一部分。从理论上讲，资金与利息可以不一定是同类的东西。

现代社会中，贷出资金收取利息是一种普遍现象，但历史上，人们曾对贷放资金收取利息持否定态度。如古希腊哲学家亚里士多德认为，利息是违反自然的，因为货币是作为便于商品交换、降低交易成本的交易媒介而产生的，其本身不应该是盈利的源泉，出借货币收取利息却使货币生出更多的货币，这是违反自然的；13世纪的意大利神学家托马斯·阿奎那也对利息持否定态度，他认为把所有权和使用权不能分开的物品出借取息，和重复出卖同一件东西没有差别，出借货币收取利息是违反正义的。然而，随着商品货币经济的发展，人们开始正视利息的存在。如17世纪英国古典政治经济学创始人威廉·配第指出，利息是同地租一样公道、合理、符合自然要求的东西。他说："假如一个人在不论自己如何需要，在到期以前却不得要求偿还的条件下，出借自己的货币，则他对自己受到的不方便可以索取补偿，这是不成问题的。这种补偿，我们通常叫作利息。"

沿袭这样的思路演进，现代西方经济学的基本观点是将利息理解为资金出借者为让渡资金使用权而索要的补偿。这种补偿由两个部分所组成：对机会成本的补偿和对风险的补偿。机会成本是指由于出借方将资金的使用权让渡给借款者而失去的潜在收入；风险则是指将资金使用权让渡给借款者后出借方将来收益的不确定性。

资料链接 4 - 1

利息是银行向存贷双方提供双向服务的价值

现代社会的商业银行是一种非常重要的经济组织，它的经营客体是货币，服务对象是存款和贷款两方面的客户，包括个人、企业和其他组织。商业银行为存款方和贷款方提供服务，称为双向服务。

经济资源极不均匀地分散于各类主体，为个人、企业、社团和国家机关所掌握。有的主体拥有的货币量多于所需要使用的货币量，形成资金剩余；有的主体拥有的货币量少于所需要使用的货币量，形成资金缺口。商业银行以吸收存款方式将前者的剩余资金收集起来，在一定的条件下贷给后者，不仅调节了社会资金余缺，而且成为配置资源的重要方式。城乡居民和法人实体把资金存入银行既有委托保管的考虑，也有获取利息的目的。银行得到存款后并不是单纯把它保管起来，而是以获取一定的利息为条件贷给工商企业。后者为了得到贷款，愿意向银行支付贷款利息。银行为了吸收更多的存款，愿意并有能力向储户支付存款利息。这时，城乡居民以获取利息为目的而自觉储蓄成为一种间接投资行为。因为储户不直接将资金投入工商企业，而是以银行为代理者投向可以带来回报的工商企业，银行起着投资中介作用，所以称为间接投资。为此，银行必须充分了解市场信息和企业生产经营情况，选择能保证资金安全、可带来收益的项目发放贷款，并对贷款的使用和效益实行必要的监督考核，承担相应的风险。这既是向贷款方提供的一种服务，也是银行作为投资代理人向存款方提供的一种服务。把储蓄看作一种间接投资，就可以把利息解释为投资收益和银行向存贷双方提供双向服务的价值。

第二节 利息的计算

一、单利与复利

单利是指仅根据本金金额和期限计算的利息，利息不再计入本金重新计算利息。计算公式是：

$$I = P \times i \times N$$

$$A = P \times (1 + N \times i)$$

其中：A 为本利和，I 代表利息，P 代表本金，i 代表利率，N 代表期限。

单利计算法计算简单、方便，通常适用于短期借贷。如 A 公司向建设银行贷款 1000 元，讲好贷款期限为 1 年，利息为 8%，1 年后 A 公司要连本带息还给建设银行 1080 元。

复利是指计算利息时按一定期限（如 1 年）将所生利息加入本金逐期核算利息。计算公式为：

$$A = P \times (1 + i)^N$$

$$I = A - P$$

其中：A 为本利和，P 为本金，i 代表利率，N 代表期限，I 为利息。

复利可以正确地反映资金的时间价值（现值和终值）。长期借贷应以复利方法计算利息。如小王向银行借了 1000 元的定期贷款 3 年，年利率为 10%。合同签好后贷方立即贷给小王 1000 元，到期小王应该向银行还款本息为 1331 元。

二、现值与终值

大家知道现在的 1 元钱和 2 年后的 1 元钱在现在看来其价值是不同的，二者的差别在于货币的时间价值。那么我们如何度量 2 年后 1 元钱的价值呢？这就要引出现值的概念。现值是指未来某一时刻的终值在现在的价值。其计算公式是：

$$PV = \frac{FV}{(1+i)^N}$$

其中：PV 代表现值，FV 代表终值，i 表示利率，N 表示期限。

我们把求现值的过程叫作贴现。如果我们把未来一段时间的价值都折算成现在的价值，公式应为：

$$PV = \frac{C_1}{1+i} + \frac{C_2}{(1+i)^2} + \cdots + \frac{C_t}{(1+i)^t} + \frac{FV}{(1+i)^N}$$

其中：C_t 表示第 t 个时刻的现金流，FV 是终值。

大多数金融资产都是分多次支付回报。如期限为 10 年的 B 债券的面值 1000 元，票面利率为 8%，每年末支付利息，市场利率为 5%，那么该债券的内在价值是多少呢？我们应用贴现公式对 10 年中的现金流贴现就可以得到债券的价值：

$$PV = \frac{80}{1.05} + \frac{80}{1.05^2} + \cdots + \frac{1080}{1.05^{10}} = 1232 \text{（元）}$$

接上例，我们假设市场利率为 8%，那么债券的内在价值为：

$$\frac{80}{1.08} + \frac{80}{1.08^2} + \cdots + \frac{1080}{1.08^{10}} = 1000 \text{（元）}$$

同理，如果市场利率是 10%，那么债券的内在价值为：

$$\frac{80}{1.10} + \frac{80}{1.10^2} + \cdots + \frac{1080}{1.10^{10}} = 877 \text{（元）}$$

从上面的计算中可以得出两个基本结论：

（1）债券的价格与市场利率负相关。市场利率升高债券价格下降；反之市场利率下降债券价格上升。

（2）当债券的票面利率高于市场利率，债券的市场价格高于它的面值；当债券的票面利率等于市场利率，其市场价格与票面价值相等；当债券的票面利率低于市场利率，其市场价格低于面值。

三、贴现在投资中的应用

（一）净现值的应用

复利贴现的计算在评价投资项目时有着广泛的应用。我们将项目在每一时点的现金流（现金流入和现金流出）都折现到现在，如果净现值 >0 那么这个项目就值得投资；反之则不应投资。这就是我们经常提到的 NPV（净现值）方法。

例 4 - 1： 假设有个项目的现金流如表 4 - 1 所示。

表 4 - 1 该项目的现金流

项目（t）	第 0 年	第 1 年	第 2 年	第 3 年	第 4 年	第 5 年
现金流（C_t）	-5	1	1	1	1	1

如果我们不考虑货币的时间价值，由于 $-5+1+1+1+1+1=0$，这个项目看似是盈亏平衡的。但是，我们应该考虑到在 1 时刻的 1 元钱的价值要小于 0 时刻的 1 元钱，因为如果你在 0 时刻将 1 元钱按照 10% 的利率存入银行，那么在 1 时刻这 1 元钱会变成 1.1 元钱，也就是说在 1 时刻的 1.1 元钱的价值是和 0 时刻的 1 元钱的价值相等的。这样一来，我们就应该将这个项目在每一时刻产生的现金流折现到 0 时刻，看它们在 0 时刻究竟值多少钱：

$$\frac{1}{1+i}+\frac{1}{(1+i)^2}+\frac{1}{(1+i)^3}+\frac{1}{(1+i)^4}+\frac{1}{(1+i)^5}$$

只要 $i>0$，那么，上式就小于 5，即 NPV 是小于零的，应该放弃这个项目。

从这个例子可以看出来，是否考虑货币的时间价值给我们带来两种完全相反的决策。

例 4 - 2：有 A、B、C、D 四个项目，各自产生的现金流见表 4 - 2。

表 4 - 2 四个项目的现金流

年限（t）	A	B	C	D
0	-1000	-1000	-1000	-1000
1	100	0	100	200
2	900	0	200	300
3	100	300	300	500
4	-100	700	400	500
5	-400	1300	1250	600

下面我们可以分别计算出四个项目的净现值，见表 4 - 3。

表 4 - 3 项目 A 的净现值（NPV）

年限（t）	现金流（C_t）	$\frac{1}{(1+i)^t}$	现金流 $\times \frac{1}{(1+i)^t}$ = 现值
0	-1000	1	-1000
1	100	0.909	90.90
2	900	0.826	743.40

续表

年限（t）	现金流（C_t）	$\dfrac{1}{(1+i)^t}$	现金流 $\times \dfrac{1}{(1+i)^t} =$ 现值
3	100	0.751	75.10
4	−100	0.683	−68.30
5	−400	0.621	−248.40
净现值 NPV = −407.30			

以同样的方法计算可以得出四个项目的净现值：

项目 A，NPV = −407.30；

项目 B，NPV = 510.70；

项目 C，NPV = 530.75；

项目 D，NPV = 519.20。

由于项目 B、C、D 的净现值都大于零，因此都是可行的。如果要选一个最优的，就应该选项目 C，因为它的净现值是最大的。

（二）到期收益率的应用

计算到期收益率有以下几个假设：（1）持有债券直至到期日；（2）全部的现金流量（利息和本金）都按债券的规定实现（发行者如期如数履行）；（3）在债券到期日到来之前，发行者不能回购其债券；（4）利息所得将用于再投资，收益率等于到期收益率。

到期收益率计算的基本原理和计算现值的原理基本相同。我们重新看一下现值的计算公式：

$$PV = \frac{C_1}{1+i} + \frac{C_2}{(1+i)^2} + \cdots + \frac{C_t}{(1+i)^t} + \frac{FV}{(1+i)^N}$$

如果我们已知现值 PV、每一时刻的现金流 C_t 和终值 FV 就可以求出 i，这个 i 就是到期收益率。

理解到期收益率计算的关键，在于将债务工具今天的价值等于它未来所有支付款项的现值。学习这一原理的最好方法，是将这一原理应用到信用市场 4 种类型融资方式的具体例子中去，在每种情况下看你是否能够列出等式，并求出到期收益率。

1. 单利贴现

运用我们前面讲到的现值的概念很容易得到简单贷款的到期收益率。

如 A 公司向建设银行贷款 1000 元，贷款期限为 1 年，1 年后 A 公司要连本带息还给建设银行 1080 元。基于未来偿付额的现值必须等于贷款今日的价值这一认识，我们就可以求出到期收益率 i：

$$1000 = \frac{1080}{1+i}$$

求得 i＝8％。因此对简单贷款来说，到期收益率等于单利率。

2. 复利贴现

如小王向银行借了1000元的定期贷款25年，定期定额还贷，每年还贷126元，则

$$1000 = \frac{126}{1+i} + \frac{126}{(1+i)^2} + \cdots + \frac{126}{(1+i)^{25}}$$

公式右边是未来25年还款的现值，按照我们所讲的原则，这25年还款的现值应该等于你今天所拿到的1000元。用财务计算器很容易求得 i＝12％。12％对银行来讲是收益率，对小王来讲是付给银行的利率。

3. 息票债券的收益率

我们使用与计算定期定额清偿贷款相同的方法来计算息票债券的收益率是债券今日的价值等于其现值。由于息票债券也涉及不只一次的支付款，所以债券的现值等于所有息票利息支付额的现值加上最后偿还的债券面值的现值。

例4－3： 一张面值为1000美元的10年期债券，每年支付100美元的利息（票面利率为10％），市值为900美元，其到期收益率可计算如下：

$$900 = \frac{100}{1+i} + \frac{100}{(1+i)^2} + \cdots + \frac{100+1000}{(1+i)^{10}}$$

解得 i＝11.75％。

如果该债券的市价为1000美元，解得的 i 为10％。表4－4列出了与债券的几种不同的价格相对应的到期收益率。

表4－4　　票面利率10％，期限为10年的债券的到期收益率（面值为1000美元）

债券价格（美元）	到期收益率（％）
1200	7.13
1100	8.48
1000	10.00
900	11.75
800	13.81

表4－4说明了我们在前面所提及的一个事实：①如果息票债券的买入价格与面值相等，到期收益率等于息票利率；②债券的价格与到期收益率负相关，即到期收益率上升则债券价格下降；如果到期收益率下降则债券价格上升；③当债券价格低于面值时，到期收益率大于息票利率。

对任何息票债券而言这三个事实都客观存在。如果琢磨一下到期收益率计算的原理就会很容易理解。假如你将1000美元存入银行，账户利率为10％，则每年你可以获得100美元的利息收入，10年后你获得1000美元的本金。这与购买票面利息为10％面值为1000美元的债券相似，每年都付100美元的利息到第10年末归还1000美元。如果债券按1000美元的面值购买则它的到期收益率必定是等于10％的利率而利率也就等于10％的息票利

率。这种推理适应于任何息票债券，它表明如果息票债券按面值购买则其到期收益率与息票利率必定相等。

显而易见，债券价格与到期收益率负相关。因而由到期收益率计量的利率上升意味着债券价格必然下降。解释为何利率上升时债券价格下降的另一种方法是：将未来得到的本息折算成现值，则利率越高，现值越低，因而债券的价格必定更低。

4. 贴现债券的收益率

例 4 - 4：Tom 今天买了一张面值为 1000 美元的债券，售价 970 美元，1 年以后到期时政府将付给 Tom1000 美元。贴现债券收益率的计算方法与贷款很相似，还是用我们前面讲的原则列一个等式，等式的左边是今天 Tom 付出的钱即 970 美元，等式的右边是 Tom1 年后得到钱的现值：

$$970 = \frac{1000}{1 + i}$$

即 $i = \frac{1000 - 970}{970} = 3.093\%$

观察上面的公式我们会发现一个重要特征：就贴现发行债券而言，它表明到期收益率与债券价格负相关。这与我们在息票债券中得到的结论一致。例如上述公式表明债券价格从 970 美元上升到 980 美元到期收益率会从 3.093% 降低到 2.04%。与此类似到期收益率下降表示贴现发行债券的价格上升。

那么，假如贴现发行债券的期限不足 1 年，比如说 90 天，我们应该怎样计算它的到期收益率呢？

例 4 - 5：接例 4 - 4，仅将期限改为 90 天

$$970 = \frac{1000}{1 + i \times \frac{90}{365}}$$

即 $\frac{1000 - 970}{970} \times \frac{365}{90} = 12.54\%$

虽然计算收益率的方法不同，但道理都一样：都是从一个方程式中解出到期收益率。如果你是贷款者或买债券的人只要让今天所付的钱等于将来所得到的钱的现值，解出来的利率就是到期收益率。如果你是借款人只要让今天借到的钱数等于你将来还款现值的总数，解出来的利率即贷给你钱的人的收益率。收益率和利率是什么关系呢？利率是个包含很广的概念有存款利率、贷款利率、债券利率、简单利率、复利利率、抵押贷款利率等（下一节会具体介绍利率种类）。在发达的市场经济中有成百上千种不同的利率。在不同的情况下计算利率的方法也不同，我们介绍的到期收益率是最常用也是最重要的一种计算利率的方法。在下一节我们还将简要地介绍其他几种收益率。请同学们在日常生活中留心观察，看你能发现多少种其他计算利率的方法，并将各种方法加以比较，找出利弊。

5. 计算收益率的其他指标

虽然到期收益率是最精确的利率指标但是它的计算比较复杂，因此在债券市场上通常使用其他精确度略差但计算比较简单的收益率指标。在财经报道中我们经常听到当期收益

率、贴现收益率和持有期收益率这几个指标。我们这一部分将分别介绍这几种收益率。对同学们来说，理解它们的含义、与到期收益率的区别以及各自的优缺点很重要。

（1）当期收益率。当期收益率是息票债券到期收益率的近似值，它的计算公式是息票利息除以债券价格。由于计算相对比较容易，故经常被采用。

$$i_c = \frac{C}{P}$$

其中：i_c 代表当期收益率，C 代表年息票利息，P 代表息票债券的价格。

随着债券期限的延长当期收益率与到期收益率的近似程度愈来愈高。

我们还知道债券价格等于债券面值时，到期收益率就等于息票利率（利息额除以债券面值）。因为当期收益率等于利息额除以债券价格，所以如果债券价格等于其面值，当期收益率就等于息票利率。根据这一逻辑可以得出：当债券价格等于其面值时，当期收益率就等于到期收益率。这就是说债券价格越接近债券面值当期收益率就越近似到期收益率。

当期收益率与债券价格呈反向相关。假定息票利率为 10% 的债券当其价格从 1000 美元升至 1100 美元时当期收益率从 10%（100/1000）降至 9.09%（100/1100）。到期收益率也与债券价格呈反向相关：价格从 1000 美元升至 1100 美元时到期收益率从 10% 降至 8.48%。由此我们看到一个重要事实：当期收益率总是与到期收益率一起运动，当期收益率上升总是标志着到期收益率也上升了。

当期收益率的一般特征可以归纳如下：债券价格越接近债券面值，债券期限越长，则当期收益率就越近似于到期收益率。债券价格离债券面值越远，债券期限越短，则当期收益率越不能近似于到期收益率。无论当期收益率与到期收益率近似程度如何，当期收益率的变化总是标志到期收益率有相同方向的变化。

由于当期收益率衡量的是从债券中获得的当期收入占债券价格的比率，因此对那些靠当期获得的收入维持生计的人（如退休的人）来说，计算这个比率很重要。但对总收益感兴趣的大多数投资者来说，这个比率用处不大，因为它没有考虑资本损益的情况。

（2）贴现收益率。美国国库券的报价由于历史的原因一直采用贴现收益率，贴现收益率的定义公式如下：

$$i_d = \frac{F - P}{F} \times \frac{360}{n}$$

其中：i_d 代表贴现收益率，F 代表债券的面值，P 代表债券的市场价值，n 代表距到期日的天数。这种计算利率的方法具有两个特点：第一，它不是采用计算到期收益率时所用的债券购买价的百分比增额 $\frac{F - P}{P}$，而是用债券面值的百分比增额 $\frac{F - P}{F}$ 来计算债券的利率；第二，它按 1 年 360 天而不是 365 天来计算年度收益率。

由于这两个特点贴现收益率低于以到期收益率计量的债券利率。如果 1 年期国库券的售价为 970 美元，面值为 1000 美元那么其贴现基础上的收益率便是：

$$i_d = \frac{1000 - 970}{1000} \times \frac{360}{365} = 2.96\%$$

而我们在前面计算过这一国库券的到期收益率为 3.093%。贴现收益率比到期收益率低大约 4%。上述低估的数字中有一方面是因为年度长度的低估（将 1 年视作 360 天而非 365 天）。但低估的更重要原因是，由于没有使用债券购买价格的百分比收益率而是用了面值的百分比收益率。根据定义贴现债券的购买价格总是低于面值，因此面值的百分比收益率必然就小于购买价的百分比收益率。贴现债券购买价与面值的差异越大，贴现收益率就越低于到期收益率。由于期限越长，购买价与面值的差异也越大，我们对折价基础上的收益率与到期收益率的关系可以得出以下结论：折价基础上的收益率总是低于到期收益率，贴现债券期限越长，二者之间的差额就越大。

贴现债券的另一个重要特征：与到期收益率一样，它与债券价格也呈负相关。例如国库券价格从 970 美元升至 980 美元，贴现收益率从 2.96% 降至 1.97% $\left(i_d = \dfrac{1000 - 980}{1000} \times \dfrac{360}{365} = 1.97\% \right)$。同时到期收益率从 3.09% 降至 2.04%。这样我们看见在折价基础上的收益率与到期收益率之间的关系中还有另一个重要方面：它们总是一起运动也就是说贴现收益率上升总是意味着到期收益率的上升，贴现收益率的下降意味着到期收益率的下降。

贴现收益率的特征可以归纳如下：与更精确的利率指标到期收益率相比，贴现收益率较低，贴现债券的期限越长相差就越大。但是尽管贴现收益率不能准确反映利率，但是贴现收益率的变动总是与到期收益率同方向变动。

（3）持有期收益率。投资者通常关心的是在某一特定持有期内的债券收益率，即持有期收益率（HPR）。

例如，在一个月内买卖同一种债券，HPR 是反映这种投资策略的合适的收益率指标。

对于附息债券，HPR 的计算如下：

$$P_{t+1} + I_{t+1} = P_t(1 + HPR_t)$$

$$HPR_t = \frac{I_{t+1} + (P_{t+1} - P_t)}{P_t}$$

其中，HPR_t 代表债券持有时间为 $(t, t+1)$ 的持有期收益率，I_{t+1} 代表票面利息，P_{t+1} 代表 t+1 时该债券的价格，P_t 代表 t 时刻该债券的价格。

这个公式可以分解为两个独立项。第一项是当期收益率 i_c。

$$\frac{I_{t+1}}{P_t} = i_c$$

第二项是资本利得率即相对于初始购买价格来说债券价格的变动：

$$\frac{P_{t+1} - P_t}{P_t} = g$$

其中，g 为资本利得率，HPR 公式可以重写为：

$$HPR = i_c + g$$

那么，假如一张面值 1000 美元票面利率为 10%，期限为 3 年，Tom 以 1000 美元买入，持有 1 年后以 1200 美元的价格卖出。通过前面的学习我们知道 Tom 如果持有 3 年，那么他的到期收益率是 10%。但是如果仅仅持有 1 年，对 Tom 来说他的收益率是多少呢？

我们用这个公式计算刚才所举的例题 Tom 持有 1 年的收益率为：

$$\frac{100 + (1200 - 1000)}{1000} = 30\%$$

你可能对这个结果感到十分惊奇，它远远高于10%的到期收益率。这表明债券的持有期收益率不一定必然等于该债券的利率。对于某种债券来说，即使当期收益率 i_c 能准确反映其到期收益率，但其持有期收益率也可能与此相差很大。特别是当债券价格大幅波动从而引起显著的资本利得或资本损失时这种差别更为显著。

为了对此有进一步的了解下面我们观察一下当利率上升时不同期限债券持有期收益率的变动。表 4 - 5 计算了几种都按面值购买的票面利率为10%的债券，当利率从10%升至20%时一年期的回报率：

表 4 - 5　　利率上升时票面利率为 10%、到期日不同的债券的一年期持有期收益率

(1) 购买债券 时距到期 日的年数 （年）	(2) 最初的到 期收益率 （%）	(3) 原始价格 （美元）	(4) 第二年的 到期收益率 （%）	(5) 下一年的 价格 （美元）	(6) 最初的当 期收益率 （%）	(7) 资本利 得率 （%）	(8) 持有期收 益率 (6)+(7) （%）
30	10	1000	20	503	10	-49.7	-39.7
20	10	1000	20	516	10	-48.4	-38.4
10	10	1000	20	597	10	-40.3	-30.3
5	10	1000	20	741	10	-25.9	-15.9
2	10	1000	20	917	10	-8.3	+1.7
1	10	1000	20	1000	10	0.0	+10.0

从该表得出的几个重要发现适用于所有的债券：

①只有持有期与到期日一致的债券的持有期收益率才与最初的到期收益率相等（请看表 4 - 5 中的最后一种债券）；

②利率的上升与债券价格下跌相联系，因此对期限比持有期长的债券来说将导致资本损失，如表 4 - 5 中 (7) 所示；

③债券到期日越远，与利率波动相联系的价格波动幅度越大，如表 4 - 5 中 (5) 所示；

④债券到期日越远，则当利率上升时持有期收益率就越低；

⑤利率上升时即使债券的初始利率很高，其持有期收益率也可能变为负值。

利率上升反而表明债券的持有期收益率下降这点常常使同学们感到难以理解。理解的诀窍在于：对于债券来说利率上升表明债券价格已经下降。因而利率上升表明发生了资本损失而且当损失非常大时，该债券可能不具有投资价值。

例 4 - 6：假设某人于 1 月 1 日购买了一种债券，价格为 800 美元，面值为 1000 美元，票面利率为 12%，每半年支付一次利息，分别是 1 月 1 日和 7 月 1 日，这人于当年 7 月 1

日将这一债券售出，出售价格是 850 美元，HPR 为：

$$HPR_t = \cfrac{850 - 800 + \cfrac{0.12 \times 1000}{2}}{800}$$

$$= \frac{50}{800} + \frac{60}{800}$$

$$= 0.0625 + 0.075$$

$$= 13.75\%$$

这里，价格的上升为购买者提供的收益为 $6.25\% \left(\dfrac{850-800}{800}\right)$。而利息支付给购买者提供的收益率为 $7.5\% \left(\dfrac{1000 \times 12\%}{2}\Big/800\right)$。同时，由于持有期的长度为 6 个月，所以 HPR 是半年的收益率，可以用复利或单利的方法将其转化为年收益率。复利转化的方法是 $(1 + 0.1375)^2 - 1 = 29.39\%$，单利的转化方法是 $2 \times 13.75\% = 27.5\%$，显然，复利方法的收益率高于单利方法。如果上例的持有期为 5 个月，那么年度的 HPR 将是 $(1 + 0.1375)^{\frac{12}{5}} - 1 = 36.23\%$。

如果持有期较长或现金流量的形式与上面不同，那么也要做相应的调整。例如，假设上例的债券是于 1 月 1 日以 800 美元的价格购买，于第 2 年的 1 月 1 日以 850 美元的价格卖出。持有时间为 1 年整，但是由于债券每半年支付一次利息，HPR 应按下述方法计算。

$$P_{t+1} + I_{t+\frac{1}{2}} \cdot (1 + HPR)^{\frac{1}{2}} + I_{t+1} = P_t (1 + HPR)$$

$$P_t = \frac{I_{t+\frac{1}{2}}}{(1 + HPR)^{\frac{1}{2}}} + \frac{I_{t+1}}{(1 + IIPR)^1} + \frac{P_{t+1}}{(1 + HPR)^1}$$

$$800 = \frac{60}{(1 + HPR)^{\frac{1}{2}}} + \frac{60}{(1 + HPR)^1} + \frac{850}{(1 + HPR)^1}$$

通过试错法，可以得到 HPR = 22.04%。

第三节 利率种类及利率体系

一、利率的种类

利率是指一定时期内利息额同本金额的比率，即利率 = 利息/本金。

（一）按照计算日期的不同，可以分为年利率、月利率、日利率

年利率用百分数表示，例如，存款年利率为 2.25%，表示存入 100 元，每年可获利息 2.25 元。月利率用千分数表示，例如，存款月利率为 2‰，表示存入 100 元，每月可获利

息0.2元。日利率采用万分数表示，例如，存款日利率为万分之1.8，表示存入100元，每日可获利息0.018元。年利率、月利率和日利率之间可以互相换算：

$$年利率 = 月利率 \times 12 = 日利率 \times 360$$

（二）按计算方法的不同，可以分为单利和复利

单利是指仅根据本金金额和期限计算的利息，利息不再计入本金重新计算利息。单利计算法计算简单、方便，通常适用于短期借贷。

复利是指计算利息时按一定期限（如1年）将所生利息加入本金逐期核算利息。复利可以正确地反映资金的时间价值（现值和终值）。长期借贷应以复利方法计算利息。

（三）按照性质的不同，分为名义利率和实际利率

名义利率是指以名义货币表示的利率。实际利率是剔除通货膨胀因素的利率。

$$实际利率 = 名义利率 - 通货膨胀率$$

判断利率水平的高低，不能只看名义利率，还需考虑物价因素。根据名义利率与实际利率的比较，实际利率呈现三种情况：实际利率为正利率；实际利率为零；实际利率为负利率。在不同的实际利率状况下，借贷双方和企业会有不同的经济行为。一般而言只有正利率才符合经济规律。从宏观经济角度考虑，负利率有许多弊端：（1）在生产领域，负利率扩大了资金供求缺口，加剧了总需求膨胀；（2）在流通领域，负利率助长了企业囤积风，人为地加剧了物资供给短缺；（3）负利率保护了落后的低效企业，抑制了高效企业的发展；（4）负利率使债权人得不到任何实际收益，却大大减轻了债务人的负担，使债权债务关系更加扭曲。

资料链接4-2

负利率的危害

在2004年，我们就经历了负利率。从2004年初开始，我国的CPI（消费者物价指数）持续上升，到7月份的时候甚至超过了5%。当时，我们一年期储蓄存款利率是1.98%，那么，当时的实际利率至少为1.98% - 5% = -3.02%，这实际上意味着即使把利息考虑在内，存款人的存款在一年内就贬值了3.02%。实际利率为负通过两种途径破坏中国的经济：

第一，它使投资需求恶性膨胀。固定资产投资的过快增长是一个暗示，同时资本流入以进一步资助其增长的方式承认了过度投资增长的存在。特别指出的是，房地产行业的发展和需求的增长都超过了中国经济可以承受的程度。如果这种情况再不制止的话，当过量供应导致价格下降并引发新一轮呆坏账的时候，银行系统所遭受的金融损失将进一步上升。

第二，过度投资会促使通货膨胀加速。当前的这次通货膨胀来自快速的投资增长所创造的种种供应的瓶颈。由于劳动力过剩，工资增长缓慢，绝大多数人都在忍受着购买力的不断恶化。同时，整个社会正在重新分配收入，这种重新分配发生在占社会大多数的工人

阶层和占少数的那些借贷的人之间。这种不均衡通过日益严重的收入上的不平等恶化不同阶层之间的关系。

（四）按照管理方式不同，分为固定利率和浮动利率

固定利率指利率在整个融资期限内固定不变。其主要优点是容易计算借款成本，简便易行。比较适宜于短期借款或市场利率变化不大的情况。

浮动利率指在融资期间内每隔一段时间（一般是 3 个月或 6 个月）根据市场利率的变化重新确定的利率。调整期限和调整时作为基础的市场利率的选择，由借贷双方在借款时议定。例如，欧洲货币市场上的浮动利率，调整期限一般为 3~6 个月，调整时作为基础的市场利率大多采用伦敦市场银行间同业拆借市场的同期利率。实行浮动利率的双方共同承担利率波动的风险。

（五）按照形成方式的不同，分为市场利率和官定利率

市场利率是在金融市场上由借贷资金供求关系直接决定，并由借贷双方自由议定的利率。伦敦银行同业拆放利率（LIBOR）是国际金融市场上影响力比较大的市场利率。伦敦银行同业拆放利率是伦敦金融市场上银行之间相互拆放英镑、欧洲美元及其他欧洲货币资金时计息用的一种利率。目前许多国家和地区的金融市场及海外金融中心均以此利率为基础确定自己的利率。

官定利率是央行或政府所确定的利率。利率是政府或央行进行宏观调控的一个杠杆，通过确定一部分利率水平来体现其政策意图。

（六）存款利率与贷款利率

存款利率是指客户在银行或其他金融机构存款所取得的利息与存款本金的比率。贷款利率是指银行和其他金融机构发放贷款所收取的利息与贷款本金的比率。

贷款利率一般高于存款利率，贷款利率与存款利率的差额即为存贷利差。存贷利差是银行利润的主要来源，它直接决定着银行的经济效益。由于存款利率的高低直接影响银行集中社会资金的规模，进而影响借贷资金的供求状况和贷款利率，贷款利率的高低直接影响贷款的规模。因此保持合理的存款和贷款利率对实现信贷资金供求平衡有着重要作用。

二、利率体系

利率体系是指一个经济运行体系中存在的各种利率由各种内在因素联结成的有机体。主要包括利率结构和各种利率间的传导机制。一般来说利率体系主要包括以下几方面的内容。

（一）中央银行利率和商业银行利率

中央银行利率包括央行对商业银行的再贷款利率、再贴现利率以及商业银行和其他金

融机构在央行的存款利率。其中尤以再贴现（再贷款）利率最为重要，它是央行重要的货币政策工具，在整个利率体系中起主导作用。

商业银行利率主要有商业银行存款和贷款利率、发行金融债券利率以及商业银行之间相互拆借资金的同业拆借利率。它在利率体系中发挥基础性作用，一方面反映货币市场的资金供求状况；另一方面对资金的融通和流向起导向作用。

（二）拆借利率和国债利率

拆借利率是商业银行及其他金融机构间的短期资金借贷利率，通常是隔夜拆借，主要是弥补临时性的头寸不足。它能比较灵敏地反映资金供求变化的情况，是短期金融市场中比较具有代表性的利率。

国债利率是指 1 年期以上的政府债券利率。它是长期金融市场中具有代表性的利率，由于国债的流动性强、安全性高，因此，其利率水平通常较低，成为长期金融市场中的基准利率，其他利率参考它来确定。

（三）一级市场利率和二级市场利率

一级市场利率是指债券发行时的收益率或利率，它是衡量债券收益的基础，同时也是计算债券发行价格的基础。

二级市场利率是指债券流通转让时的收益率。一般来说二级市场收益率高会使债券需求增加从而使发行利率降低；反之亦然。

利率的确定不是任意的，必须遵循客观规律的要求，综合考虑决定和影响利率水平的各种因素，并根据经济发展战略和资金供求情况灵活调整。决定和影响利率的因素非常复杂，制定和调整利率水平时主要应该考虑的因素有社会平均利润率、资金供求情况、国家经济政策、银行成本、物价水平以及国际利率水平等。

资料链接 4 - 3

利率的分类

各种利率是按不同的划分法和角度来分类的，以此更清楚地表明不同种类利率的特征：

按计算利率的期限单位可划分为：年利率、月利率与日利率；按利率的决定方式可划分为：官方利率、公定利率与市场利率；按借贷期内利率是否浮动可划分为：固定利率与浮动利率；按利率的地位可划分为：基准利率与一般利率；按信用行为的期限长短可划分为：长期利率和短期利率；按利率的真实水平可划分为：名义利率与实际利率。

利率体系是一个国家在一定时期内各类利率互相联系所构成的整体。它强调利率体系内部按不同的标准和适应不同的信用行为而划分为不同的种类。各类利率相互影响，对各种信用和经济发挥各自的调节作用。利率体系的分类方法主要有如下五类：①按利率的管理方法划分，有法定利率、限制利率和自由利率；②按信贷主体划分，有银行利率、非银行金融机构利率、有价证券利率和市场利率；③按利率的作用划分，有基准利率、优惠利率和普通利率；④按性质划分，有货币市场利率和资本市场利率；⑤按借贷期限划分，有短期利率和长期利率等。

第四节 利率决定理论

一、马克思的利率决定论

马克思的利率决定理论是以剩余价值在不同资本家之间的分割作为起点的。马克思指出，利息是贷出资本家从借入资本的资本家那里分割来的一部分剩余价值。剩余价值表现为利润，因此，利息量的多少取决于利润总额。利息率取决于平均利润率。利润率决定利息率，从而使利息率具有以下特点：（1）随着技术发展和资本有机构成的提高，平均利润率有下降趋势，因而也影响平均利息率有同方向变化的趋势。由于还存在某些其他影响利息率的因素，如社会财富及收入相对于社会资金需求的增长程度、信用制度的发达程度等，它们可能会加速这种变化趋势或者抵消该趋势。（2）平均利润率虽有下降趋势，但这是一个非常缓慢的过程。而就一个阶段来考察，每个国家的平均利润率则是一个相当稳定的量。相应地，平均利息率也具有相对的稳定性。（3）由于利息率的高低取决于两类资本家对利润分割的结果，因而使利息率的决定具有很大的偶然性，平均利息率无法由任何规律决定；相反，传统习惯、法律规定、竞争等因素，在利率的确定上都可直接起作用。

二、古典利率决定理论

在凯恩斯主义出现前传统经济学中的利率理论被称为古典利率决定理论。

19 世纪八九十年代，奥地利经济学家庞巴维克、英国经济学家马歇尔、瑞典经济学家维克塞尔和美国经济学家费雪等人对支配和影响资本供给与需求的因素进行了深入的探讨，终于提出资本的供给来自储蓄，资本的需求来自投资，从而建立了储蓄与投资决定利率的理论。由于这些理论严格遵循着古典经济学重视实物因素的传统，强调非货币的实际因素在利率决定中的作用，因此被西方经济学者称为古典利率理论，也被后人称为实际利率理论。古典的利率理论认为，利率决定于储蓄与投资的均衡点。投资是利率的递减函数，即利率提高，投资额下降；利率降低，投资额上升；储蓄是利率的递增函数，即储蓄额与利率呈正相关关系。

图 4-1 中，I 曲线为投资曲线、S 曲线为储蓄曲线，投资曲线向下倾斜，表明投资量随利率的提高而减少；储蓄曲线向上倾斜，表明储蓄量随利率的提高而增加。在 I 曲线与 S 曲线的交点处 E_0，投资量与储蓄量达到均衡，决定均衡利率 i_0；如果一些因素的影响使边际投资倾向增加，投资曲线向右平移到 I_1，则投资量与储蓄量的新的均衡点 E_1 决定新

的均衡利率 i_1；如果由于某些因素的影响使边际储蓄倾向提高，储蓄曲线向右平移到 S_1，则投资量与储蓄量的新的均衡点 E_2 决定新的均衡利率 i_2。在其他条件不变时，投资意愿的提高使均衡利率上升，储蓄意愿的提高使均衡利率下降。

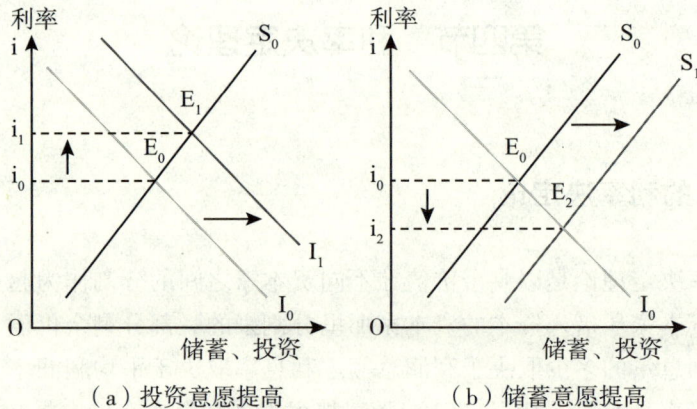

（a）投资意愿提高　　　　　　（b）储蓄意愿提高

图 4 - 1　古典利率决定理论中的均衡利率决定

古典利率决定理论认为，只要利率是灵活变动的，它就和商品价格一样，具有自动调节功能，使储蓄量和投资量趋于一致。因为当投资量大于储蓄量时，利率会上升，使储蓄量增加、投资量下降，两者最终趋于一致；反之亦然。因此经济不会出现长期的供求失衡，它将自动趋于充分就业水平。

三、凯恩斯的利率决定理论

20 世纪 30 年代资本主义经济大危机后，英国经济学家凯恩斯针对古典经济理论的缺陷，提出了一整套宏观经济理论。

和传统的利率理论相反，凯恩斯学派的流动性偏好理论认为利率不是决定于储蓄和投资的相互作用，而是由货币量的供求关系决定的。凯恩斯学派的利率理论是一种货币理论。流动性偏好理论认为，利率决定于货币数量和一般人的流动性偏好两个因素。凯恩斯认为，货币的供应量由中央银行直接控制，货币的需求量起因于三种动机。即交易动机、预防动机和投机动机。前两种动机的货币需求是收入的递增函数，记为 $L_1 = L_1(Y)$。投机动机的货币需求是利率的递减函数，记为 $L_2 = L_2(r)$。货币总需求 $L = L_1(Y) + L_2(r)$。

图 4 - 2 中，M 为货币供给曲线，由中央银行决定；货币需求曲线 L 是一条向下倾斜的曲线，表明对货币的需求量 L 将随利率的下降而增加；货币供求状况决定了均衡利率 i_1。如果中央银行增加货币供应，使货币供给曲线从 M_1 平移到 M_2，均衡利率就下降到 i_2。从图 4 - 2 可以看到，当货币需求曲线向右延伸时，逐渐与横轴平行，此时无论货币供给曲线 M 如何向右移动，即无论怎样增加货币供应量，均衡利率都会保持不变，这就是凯恩斯利率理论中著名的"流动性陷阱"假说。

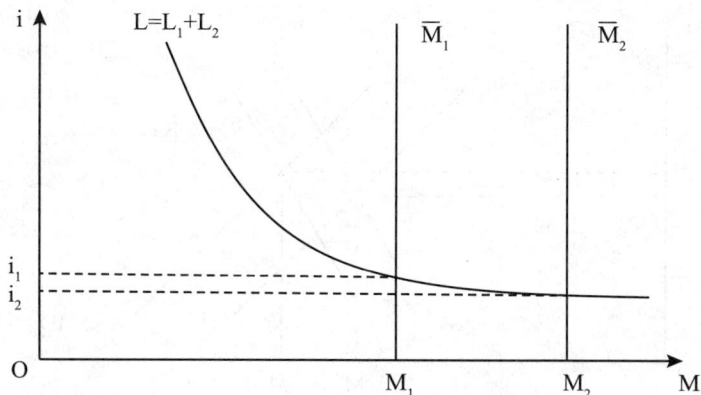

图 4 - 2　流动性偏好理论中均衡利率的决定

四、可贷资金理论

可贷资金理论由英国的罗伯逊和瑞典的俄林倡导。他们一方面反对传统经济学对货币因素的忽视而将利率的决定仅限于实际因素；另一方面又批评凯恩斯只强调货币供求而否定实际因素在利率决定中的作用。按照可贷资金理论，借贷资金的需求与供给均包括两个方面：借贷资金需求来自某期间的投资流量和该期间人们希望保有的货币余额；借贷资金供给则来自同一期间的储蓄流量和该期间货币供给量的变动。用公式表示：

$$DL = I + \Delta MD$$
$$SL = S + \Delta MS$$

其中，DL 为借贷资金的需求；SL 为借贷资金的供给；ΔMD 为该时期内货币需求的改变量；ΔMS 为该时期内货币供应的改变量。显然，作为借贷资金供给一项内容的货币供给与利率呈正相关关系；而作为借贷资金需求一项内容的货币需求与利率则呈负相关关系。就总体来说，均衡条件为：$I + \Delta MD = S + \Delta MS$。

这样，利率的决定便建立在可贷资金供求均衡的基础之上。如果投资与储蓄这一对实际因素的力量对比不变，按照这一理论，则货币供需力量对比的变化即足以改变利率，因此，利率在一定程度上是货币现象，如图 4 - 3 所示，图中的 M_0 是尚未增加 ΔMS 的货币供给量，M_1 是增加了 ΔMS 之后的货币供给量。可贷资金利率理论从流量的角度研究借贷资金的供求和利率的决定，可以直接用于金融市场的利率分析。特别是资金流量分析方法和资金流量统计建立之后，用可贷资金理论对利率决定作实证研究有实用价值。

可贷资金理论认为，借贷资金的总供给与借贷资金的总需求决定均衡利率，如果投资量与储蓄量这一对实物因素的力量对比不变，则货币供求力量的对比足以改变利率。如在图 4 - 3 中，M_0 为货币需求量和货币供给量没有发生改变，且达到供求均衡时的可贷资金量，对应的均衡利率为 i_0，当货币供应量改变了 ΔMS、货币需求量改变了 ΔMD，后，均衡利率变为 i_1。因此，利率在一定程度上是货币现象。

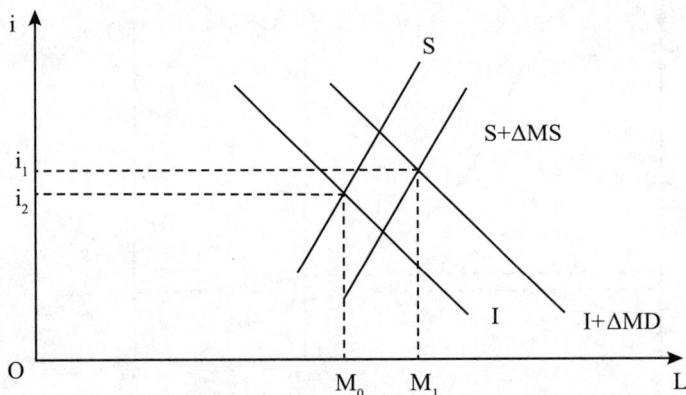

图 4-3　可贷资金理论中均衡利率的决定

五、IS—LM 模型的利率决定

前面介绍了三种利率决定理论，三种理论分别从不同视角出发，给出了均衡利率形成过程和变动过程的描述。然而，这三个理论均存在缺陷：古典利率决定理论只考虑实物市场的均衡；凯恩斯的流动性偏好理论只考虑货币市场的均衡；可贷资金利率理论批判地继承了前人的研究成果，使利率决定理论研究取得了较大的发展。可贷资金理论尽管兼顾了实物市场和货币市场，但可贷资金市场的均衡，并不能保证实物市场和货币市场各自达到均衡。为了弥补可贷资金理论忽视实物市场、货币市场各自均衡的缺陷，英国经济学家希克斯和美国经济学家汉森对其进行了改造，提出了著名的 IS—LM 模型，也称为"希克斯—汉森模型"。希克斯和汉森认为，决定利率的主要影响因素有生产率、节约、灵活偏好、收入水平和货币供给量，因而必须从整个经济体系来研究利率，只有当货币市场与实物市场同时达到均衡时，才能形成真正的均衡利率。

IS—LM 模型充分考虑了收入在利率决定中的作用，从而促进了利率决定理论的发展。IS—LM 分析模型，是从整个市场全面均衡来讨论利率的决定机制的。该模型的理论基础有以下几点：

（1）整个社会经济活动可分为两个领域：产品领域和货币领域。在产品领域中要研究的主要对象是投资 I 和储蓄 S，在货币领域中要研究的主要对象是货币需求 L 和货币供给 M。

（2）产品领域均衡的条件是投资 I = 储蓄 S，货币领域均衡的条件是货币需求 L = 货币供给 M，整个社会经济均衡必须在实际领域和货币领域同时达到均衡时才能实现。

（3）投资是利率 r 的反函数，即 I(r)；储蓄是收入 Y 的增函数，即 S(Y)。货币需求可按不同的需求动机分为两个组成部分 L_1 和 L_2，其中，L_1 是满足交易与预防动机的货币需求，又是收入的增函数，即 $L_1(Y)$；而 L_2 是满足投机动机的货币需求，它是利率的反函数，即 $L_2(i)$。即货币需求 L = L_1 + L_2；货币供给 M 在一定时期由货币当局确定，因而是经济的外生变量。

根据以上条件，必须在产品领域找出 I 和 S 相等的均衡点的轨迹，即 IS 曲线；在货币领域找到 L 和 M 相等的均衡点的轨迹，即 LM 曲线。然后由这两条曲线所代表的两个领域同时达到均衡的点来决定利率和收入水平，此即 IS—LM 模型。如图 4-4 所示，其中，IS 曲线是产品市场均衡时利率与收入组合点的轨迹，S = I 是产品市场均衡的条件。IS 曲线向右下方倾斜，从 IS 曲线反映的收入与利率的关系来看，利率较低，则投资较大，从而收入增加，储蓄也将增大。LM 曲线是在货币市场均衡时反映利率与收入的组合点的轨迹。从 IS—LM 模型我们可得以下结论：均衡利率的大小取决于投资需求函数、储蓄函数、流动偏好即货币需求函数、货币供给量。当资本投资的边际效率提高，IS 曲线将向右上方移动，利率将上升；当边际储蓄倾向提高，IS 曲线将向左下方移动，利率将下降；当交易与谨慎的货币需求增强，即流动偏好增强时，LM 曲线将向上移动，因此利率将提高；当货币供给增加时，LM 曲线将向下移动，利率将降低。IS—LM 模型是揭示利率决定的比较系统的理论，该模型成为分析利率变动趋势一个较好的工具。

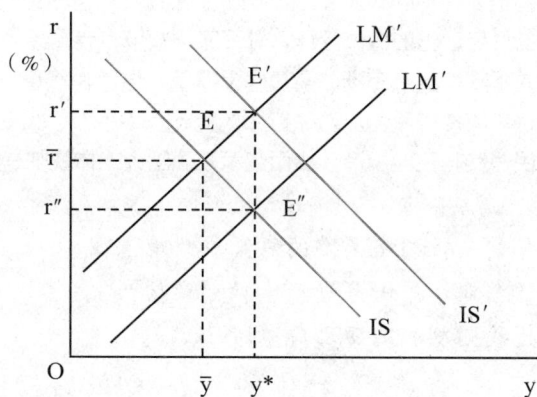

图 4-4 IS—LM 模型的均衡利率决定

资料链接 4-4

利率决定理论的主要内容

利率决定理论包括利率产生于债券市场，利率与债券的价格是负相关变动，利率决定理论与债券的收益率保持趋同的变化。如果证券市场的供求保持均衡状态，无论是价格还是利率都不会发生变化。债券的当期收益率与持有期收益率不同，持有期的收益率可看作投资回报率。债券的回报率是向持有者支付的利息，加上以买卖价格表示的价格变动率。它包含了债券的当期收益率和资本利得，当债券的买入价与票面额一致时，收益率才等于票面利率。

利率决定理论在供求关系变化的市场上，存在着市场利率的风险与期限结构的风险，短期利率与长期利率之间并不是完全分离的，存在着收益率的变动联系，由于有流动性溢价补偿，导致资金在两个市场之间流动。

利率决定的理论主要有古典经济学派的理论，阐述了储蓄等于投资决定均衡利率，强调了商品市场的均衡。凯恩斯流动性偏好理论，阐述了货币市场的供求平衡决定均衡利率，强调了货币市场的均衡。可贷资金理论阐述了既考虑商品市场又顾及货币市场，将两者结合起来达到一个借入者与贷出者均衡的完全统一的可贷资金市场，这个市场保持了总体均衡的利率。IS—LM 曲线模型理论阐述了在商品市场与货币市场保持均衡的同时，这两个市场各自保持了均衡的利率水平。

案例 4 −1

利率调整情况：从 1996 年 5 月 1 日到 1999 年 6 月 10 日，我国连续七次调低利率；与 1996 年 5 月 1 日相比，我国利率水平已有了极大幅度的降低，以 1 年期存款利率考察，名义利率已由 1996 年 5 月 1 日前的 10.98% 下降到 1999 年 6 月 10 日的名义利率水平 2.25%，下降幅度为 80% 左右；以 1 年期贷款利率考察，名义利率已由 1996 年 5 月 1 日前的 12.06% 下降到 1999 年 6 月 10 日后的 5.85%，下降幅度为 50%。

经济背景：在 1996 年底我国成功地控制了通货膨胀，实现了经济的软着陆，国民经济呈现"高增长、低通胀"的良好态势，但进入 1997 年以来，受亚洲金融危机和世界经济增长趋缓的影响，我国外贸出口和利用外资面临严峻的形势，出口增长缓慢，外资流入减少，我国经济发展的外部环境大大恶化；同时国内面临着企业投资需求下降、买方市场、重复建设严重、居民消费增长缓慢等因素的制约，使得我国近几年的经济增长呈现逐年放慢的趋势。为了扩大内需，启动经济，需要实施适度宽松的货币政策和积极的财政政策，刺激居民消费和企业投资。货币政策方面的突出体现则是利率的连续七次降低。

思考题：

1. 试根据以上经济背景分析利率调整的意义或政策意图。
2. 利率调整对政府、企业、居民分别产生什么影响？
3. 结合现实情况分析我国利率的变动趋势。

第五节　外汇与汇率

世界上绝大多数国家都有自己的货币，这些货币一旦跨越国界便失去了自由流通的特性。由于每个国家使用的货币不同，从事国际经济交易活动就会涉及本国货币与外国货币的兑换，因此便产生了汇率这一概念。在开放经济条件下，汇率已经成为经济运行中的重要变量，现实经济中宏观变量和微观基础都会影响到汇率，同时汇率也会影响到一国经济运行中的许多方面。本节将介绍有关外汇和汇率的基础知识。

一、外汇的概念

在国际金融领域，外汇是一个最基本的概念，因为它已成为各国从事国际经济活动及其他事务不可缺少的媒介和工具。"外汇"是在"外国货币"一词的基础上演变而来的。

外汇是指外币和以外币表示的可以用于对国际债权与债务进行结算与清算的手段与资产。

按照《中华人民共和国外汇管理条例》的规定，外汇是指以外币表示的可以用于国际清偿的支付手段和资产，具体包括：（1）外币现钞，包括纸币、铸币；（2）外币支付凭证或者支付工具，包括票据、银行存款凭证、银行卡等；（3）外币有价证券，包括债券、股票等；（4）特别提款权；（5）其他外汇资产。

二、外汇汇率及分类

当一国居民向他国居民购买商品、劳务、投资或资金转移时，往往要把本国货币换成对方国家的货币或第三国货币。国际经济活动使得各国间的支付需要兑换不同种类的货币。在国际经济交往中，需要对外国进行支付和对外负有债务关系的企业、个人和政府往往需要购买外汇进行支付，而在国际经济交往中取得外汇收入的企业、个人和政府往往也需要出售外币，换取本币，这样就产生了各种货币之间兑换的供给与需求。而这种货币之间的兑换同其他商品或资产在买卖时有价格一样，货币兑换也会形成自己的价格，即汇率。

（一）汇率的概念

目前，大家普遍接受的汇率概念是以市场交换为基础的，即把汇率看成是货币在金融市场上买卖的价格。因此，汇率可以定义为两种货币兑换的比率，或者用一种货币表示的另外一种货币的价格。

汇率是两种货币交换的比价，因此汇率在国际经济活动中具有重要的作用。汇率的第一个作用是充当价格尺度，即衡量不同种类货币的价格，并使不同种类之间的货币兑换可以进行，从而完成国际债权与债务的支付。汇率是国际贸易核算的标准。由于国际贸易中的商品买卖价格是用两种货币表示的，进行一宗国际贸易是否有利，需要将外币价格折算为本币价格才能进行核算并做出判断。汇率的意义不仅在于为两国货币兑换提供折算标准，而且也能够进行国际上商品及服务价格的比较，优化资源在国家间的配置。在当代，汇率的另外一个十分重要的作用就是充当各国政府的宏观政策调控工具，为各国政府实现内外均衡服务。

（二）汇率的标价方法

由于货币本身就有价值尺度的作用，因此外汇的价格同一般商品的价格有所不同。外汇买卖的双方都是货币，都具有表示商品或对方货币价格的功能，即本币或外币都可以用来表示对方货币的价格，具有价值尺度的功能。由于两种货币都可以作为计算对方货币价格的标准，因此，"基准"货币不同产生了两种不同的汇率标价法：直接标价法和间接标价法。

直接标价法。在直接标价法中，外币是基准货币，被当作商品来看待；而本币则被当作计价货币，充当价值尺度，来反映外币的价值。直接标价法的特点是，外币的数量是固定的（一般是以1或者100为单位，个别的有用10000或者100000为单位的），而本国货币兑换外币的数量随着本国货币或者（和）外国货币币值的变化而变化。

间接标价法。同直接标价法相反，在间接标价法下，本币是基准货币，被当作商品来看待，而外币则被当作计价货币，充当价值尺度。在间接标价法下，本币的数量是固定不变的（同样，一般是以1或者100为单位，个别的有用10000或者100000为单位的），而外国货币兑换本币的数量随着外国货币或者（和）本国货币币值的变化而变化。

（三）汇率的种类

外汇汇率的种类极其繁多，按照不同的标准，汇率可以区分为不同的类型。可以根据外汇交易对象、交割期、交易时间、汇兑方式、外汇管制宽严、计算方法和外汇资金性质不同等进行划分。

1. 买入汇率和卖出汇率

按照银行交易报价的性质来划分，可以分为买入汇率和卖出汇率。

买入汇率也称银行的外汇买入价，是指报价银行从客户手中买入外汇时所使用的汇率。卖出汇率也称银行的外汇卖出价，是指报价银行向客户卖出外汇时所使用的汇率。

买入价和卖出价都是从银行的角度出发的，所以客户到银行用本币兑换外汇时，适用的是银行的卖出价；而用外币兑换本币时，适用的是买入价。外汇银行等金融机构买卖外汇的目的是盈利，其卖出价与买入价的差价构成其经营外汇的成本和收益，因此银行的外汇卖出价必然高于其买入价。

2. 固定汇率与浮动汇率

按照国际货币体系或者各国政府对汇率管制的程度划分，可以分为固定汇率和浮动汇率。它可以指不同的国际货币体系，也可以指一个国家所采取的汇率制度。

固定汇率是指一国货币同他国货币的兑换比率基本固定不变或者仅仅在规定的幅度内波动的汇率。如果泛指国际货币体系，它表现为，在这种制度下，世界各国之间的汇率均保持固定不变，或者仅仅允许在很小的范围内上下波动。例如，在从第二次世界大战结束以后到20世纪70年代初的布雷顿森林体系时期，国际货币体系就是固定汇率制，当时的世界各国都普遍实行固定汇率制。如果是指一个国家所采取的汇率制度，则表现为，采取这种制度的国家公开宣布该国货币与某一外国参照货币或一揽子货币保持一个固定的比率，并由该国货币当局运用经济、行政或者法律手段来进行维持。

浮动汇率是指一国货币同他国货币的兑换比率没有上下限波动幅度限制，政府货币当局也不对其运行进行干预，而由外汇市场的供求关系自行决定的汇率。它同样可以泛指国际货币体系和单指一个国家所采取的汇率制度。目前，国际货币体系处于浮动汇率制下。在这种大背景下，世界上大多数国家实行浮动汇率制度。但是，在现实中完全的自由浮动和完全的固定汇率制几乎是不存在的。在固定汇率和浮动汇率这两种汇率制度之间还存在着一些其他性质的汇率制度。

3. 市场汇率与官方汇率

按照各国对外汇管理的程度来划分，可以分为市场汇率与官方汇率。

官方汇率又称法定汇率，它是指由一国货币当局（如中央银行、财政部或国家外汇管理部门）所规定和公布的汇率。在外汇管制比较严格的国家，禁止外汇的自由交易和外汇市场，因此不存在市场汇率，官定汇率就是该国的现实汇率。

市场汇率是指在自由外汇市场上买卖外汇而自发形成的汇率。这种汇率基本上是由各种货币所具有的购买力和供求关系来决定的。在外汇管制较松的国家，市场汇率往往就是外汇交易的现实汇率。

4. 即期汇率与远期汇率

按照外汇交易的交割期限标准来划分，可以分为即期汇率与远期汇率。

即期汇率是指外汇买卖在成交后，买卖双方在两个营业日以内办理交割的外汇交易所使用的汇率。在外汇市场上挂牌的汇率，除特别标明远期汇率以外，一般指即期汇率。

所谓交割，是指交易双方履行交易契约，进行钱货两清的授受行为。外汇买卖的交割是指交易双方支付给对方交易合约约定的币种与数量并收受对方付给的另外一种货币的行为。

远期汇率是以即期汇率为基础的，即用即期汇率的"升水""贴水""平价"来表示。所谓远期外汇交易，是指外汇买卖双方在成交后并不立即交割，而是约定在未来某特定日期再进行交割的外汇交易。这种交易在交割时，双方按原来合同约定的汇率、币种和数量进行交割，不受市场现汇汇率的影响。

一般情况下，远期汇率的标价方法是仅标出远期的升水数或贴水数。在直接标价法的情况下，远期汇率如果是升水，就在即期汇率的基础上加上升水数，即为远期汇率；如果是贴水，就在即期汇率的基础上减去贴水数，即为远期汇率。在间接标价法的情况下，正好相反，远期汇率如果是升水，就要在即期汇率的基础上减去升水数，即为远期汇率；如果是贴水，就要在即期汇率的基础上加上贴水数，即为远期汇率。

资料链接 4 – 5

索罗斯狙击泰铢

1996 年，外国短期资本大量流入泰国房地产、股票市场，导致其楼市、股市出现了明显的泡沫，泰国资产被严重高估，国际金融大鳄们预测泰铢会贬值，开始在金融市场上寻找错误的汇率定价中的获利机会。

1997 年 2 月初，以索罗斯为主的国际投资机构向泰国银行借入高达 150 亿美元的数月期限的远期泰铢合约，而后于现汇市场大规模抛售。当时泰铢实行与美元挂钩的固定汇率制，索罗斯的狙击导致泰铢迅速贬值，多次突破泰国中央银行规定的汇率浮动限制，引起市场恐慌。泰国央行为维护泰铢币值稳定，买入泰铢，但只有区区 300 亿美元外汇储备的泰国中央银行历经短暂的战斗，便宣告"弹尽粮绝"，最后只得放弃已坚持 14 年的泰铢钉住美元的汇率政策，实行有管理的浮动汇率制。

泰铢大幅贬值后，国际投资机构再以美元低价购回泰铢，用来归还泰铢借款和利息。索罗斯估空使得他狂赚数十亿美元。泰铢贬值引发了金融危机，沉重地打击了泰国经济发展，成为亚洲金融危机的导火索。

资料来源：三大外汇市场经典案例回顾［N］. 期货日报，2014 – 07 – 23.

本 章 小 结

1. 利率是指一定时期内利息额同本金额的比率。利息及贴现的计算被广泛应用在投资实践中。

2. 利率按照不同的标准可以分为：年利率、月利率和日利率；单利和复利；名义利率和实际利率；固定利率和浮动利率；市场利率和官定利率；存款利率和贷款利率。

3. 利率体系主要包括中央银行利率和商业银行利率；拆借利率和国债利率；一级市场利率和二级市场利率。

4. 决定和影响利率的因素非常复杂，制定和调整利率水平时主要应该考虑的因素有：社会平均利润率、资金供求情况、国家经济政策、银行成本、物价水平以及国际利率水平等。

5. 外汇是指能用来清算国际收支差额的外国货币或以外币表示的资产。一种外币资产能成为外汇需要具有自由兑换性、普遍接受性和可偿性。

6. 汇率是指以一种货币表示的另一种货币的相对价格。汇率的表示方法有直接标价法和间接标价法两种。从不同的角度，汇率可以分为固定汇率与浮动汇率、官方汇率与市场汇率、即期汇率与远期汇率等多种类型。

重 要 概 念

利率　单利　复利　名义利率　实际利率　浮动利率　拆借利率　汇率　外汇　远期汇率　即期汇率　买入汇率　卖出汇率

思 考 题

1. 什么是利率？利率有哪些主要分类？

2. 负利率有哪些不利影响？

3. 什么是利率体系？利率体系由哪些内容构成？

4. 决定和影响利率的因素有哪些？

5. 比较外汇与本币的异同。一国居民持有的外汇在本国境内是否具有货币的各项职能？为什么？

6. 了解我国的外汇管理制度。为什么说人民币还是不完全可兑换的货币？

7. 浮动汇率制与固定汇率制各自的利弊是什么？汇率市场化是否意味着实现完全的浮动汇率？

8. 我国对现行汇率制度的标准是怎么表述的？你是否知道当前国内外围绕中国汇率制度的不同见解，有何评价？

第二篇　金融的微观运行

第五章

金 融 市 场

就短期而言，股市是个情绪化的投票机器，但就长期而言，它却是个准确无
比的天平。

——本杰明·格雷厄姆（Benjamin Graham）

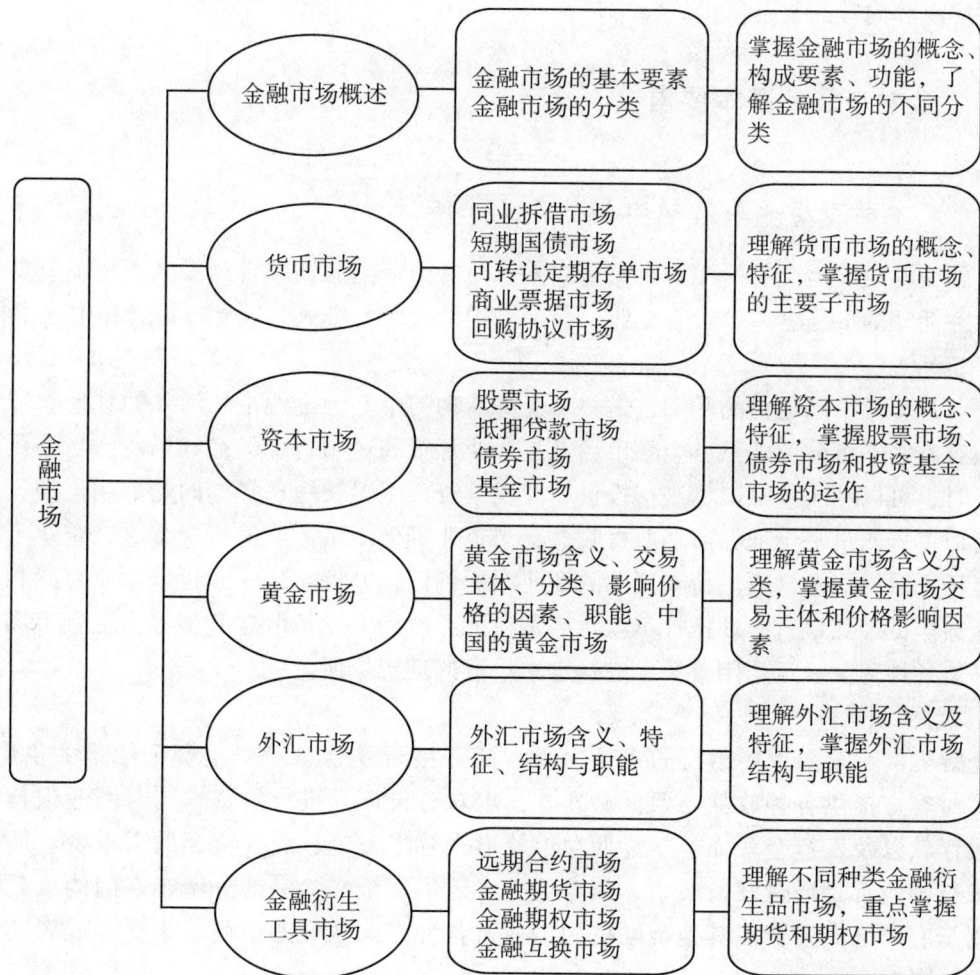

金融市场	金融市场概述	金融市场的基本要素 金融市场的分类	掌握金融市场的概念、构成要素、功能，了解金融市场的不同分类
	货币市场	同业拆借市场 短期国债市场 可转让定期存单市场 商业票据市场 回购协议市场	理解货币市场的概念、特征，掌握货币市场的主要子市场
	资本市场	股票市场 抵押贷款市场 债券市场 基金市场	理解资本市场的概念、特征，掌握股票市场、债券市场和投资基金市场的运作
	黄金市场	黄金市场含义、交易主体、分类、影响价格的因素、职能、中国的黄金市场	理解黄金市场含义分类，掌握黄金市场交易主体和价格影响因素
	外汇市场	外汇市场含义、特征、结构与职能	理解外汇市场含义及特征，掌握外汇市场结构与职能
	金融衍生工具市场	远期合约市场 金融期货市场 金融期权市场 金融互换市场	理解不同种类金融衍生品市场，重点掌握期货和期权市场

第一节　金融市场概述

金融市场是指货币资金融通和金融工具交易的场所与行为的总和。金融市场中的资金就是所谓的商品资金，借贷的利率则成为资金这种特殊商品的价格。金融工具就是资金借贷的书面载体，是一种契约或称金融商品。金融商品具体来说包括各种票据、有价证券如商业汇票、国库券、企业债券、股票等。金融商品随着金融市场的发展其品种不断开拓和创新。金融商品交易是金融市场上对各种金融商品的自由买卖和借贷行为。它是在债权人与债务人或买者与卖者之间对金融商品通过买卖或借贷把资金的供给者与需求者联系起来达到相互融通资金的目的。在市场交易中金融商品被标准化，以利于对其进行质量评价。金融商品的价格及其他交易条件一般通过不特定的为数众多的交易者之间的自由竞争来决定。金融交易中的供需双方包括金融机构与企业或个人之间，也有金融机构之间、政府部门与企业或个人之间，企业之间或个人之间的各种融资活动。因此金融市场是一个包含许多不同层次和内容的复合体。

一、金融市场的基本要素

（一）金融市场业务活动的参与者（主体）

金融交易同其他交易一样要有交易双方，即货币资金的供应者和需求者，也就是金融市场业务活动的参与者，一般有企业、金融机构、政府、个人、国外投资者和中央银行。

1. 企业

企业是金融市场运行的基础也是整个经济活动的中心。金融市场活动的其他参加者都与企业有着密不可分的联系，金融市场又是企业筹集和运用资金的最好场所。当企业资金有盈余时，可以利用金融市场进行投资，并视其资金闲置长短选择不同的信用工具，或投资于货币市场或投资于证券市场取得收益；当企业资金不足需要筹措资金时，企业可以从金融市场上取得资金，或是持未到期的商业票据到银行办理贴现，或是以企业财产和各种有价证券作抵押到银行办理抵押贷款，或是在证券市场上发行股票和债券。金融市场成为企业筹集各种资金，运用闲置资金进行金融投资的理想场所。

2. 金融机构

金融机构是金融市场运行的主导力量。商业银行是金融市场上资金的最大供应者，它除了对客户提供各种放款与票据贴现外，也对有价证券进行投资。同时商业银行也通过吸收存款以及发行金融债券、定期存单等形式筹集资金，成为资金的需求者。而各类专业银行则通常是通过发行股票、债券的方式筹集资金，除一部分用于专门的放款外大部分用于有价证券投资。其他金融机构也通过各种方式从金融市场筹集资金或者向金融市场供给资金。

3. 政府

政府在金融市场上首先是资金的需求者。政府为了弥补财政赤字或刺激经济增长，利用国家信用工具来筹措资金，它在短期金融市场上发行短期政府债券——国库券，在长期金融市场上发行公债券等。由于政府债券的大量发行，每个银行、企业及个人都或多或少的拥有国债，因此政府部门对金融市场影响很大并在金融市场上占有重要的地位。

政府也是资金的供给者。它通过向地方财政、国有企业等公共部门向民间特定的领域和政策性金融机构提供稳定资金，来调整经济结构或影响整个经济活动的规模。尽管财政资金的投放有时不通过金融市场进行，但财政资金的供应可以改变金融市场上的资金供求关系，因此政府仍然可以认为是金融市场的资金供给者之一。

4. 个人

个人主要是金融市场的资金供给者。个人的货币收入大于支出的部分可以在金融市场上用于各种投资。他们可以根据投资目的不同而选择不同的金融资产。如有的人投资以安全性为第一选择，就购买国债或信誉卓著的公司股票和债券。这些证券风险小但利率也较低；有的人投资目的是为了获取高额利息或红利收入，他就可以选择股票或一些低级债券，相应地承担的风险也大；有些人的资金闲置时间很短，可以投资于短期的国库券、存单或活期存款这些资产，利率低但变现性很强。

个人也是金融市场上的资金需求者。当个人收入或储蓄不足在购买汽车、住房发生资金困难时，也可以从金融市场上通过消费贷款而取得资金，以实现自己的消费行为。

5. 国外投资者

随着金融市场向着国际化方向发展，国外投资者在各国金融市场进行筹资和投资的需求越来越大，这部分资金的流出或流入对金融市场产生重大影响。

6. 中央银行

它是商业银行最后贷款人要通过再贷款与再贴现的方式解决商业银行放款来源的不足；同时它还通过公开市场操作在金融市场上购入和出售有价证券扮演资金供应者与需求者的双重角色。当然在这些活动中，中央银行更重要的是以资金供求的调节者和金融市场的管理者身份出现。

（二）金融市场的交易对象（客体）

如果说参与者是金融市场主体的话，那么交易对象就是金融市场的客体。金融市场的交易对象是货币资金，货币资金是一种特殊的商品，作为特殊商品的货币资金是以金融工具的形式出现的。无论是银行的存贷款，还是证券市场上的证券买卖，最终都要实现货币资金的转移，但这种转移在多数情况下只是货币资金使用权的转移，而不是所有权的转移。这与商品市场上作为交易对象的商品的转移不同，在商品的交易中，不仅商品的使用权要发生转移，而且所有权也要从卖者手中转移到买者手中，使用权的转移要以所有权的转移为前提。一个健全完善的金融市场，能够向参与者提供众多的可供选择的金融资产和金融工具，从短期的票据到国库券再到长期的公债、公司债券和股票等一应俱全，以满足参加者各种不同的需求。

二、金融市场的分类

金融市场按照不同的标准可划分为许多不同的种类。

按照资金融通期限分类，金融市场可分为短期金融市场和长期金融市场。前者又叫货币市场，后者又叫资本市场。长短期的界限为 1 年。

按照金融交易的程序分类，金融市场可分为发行市场和流通市场。发行市场亦称一级市场或初级市场，是票据和证券等金融工具最初发行的场所，是筹资者和初始投资者之间进行金融交易的场所。流通市场亦称二级市场或次级市场，是已发行的票据和证券等金融工具转让买卖的场所，是投资者之间进行金融交易的场所。

按照金融交易的场地和空间分类，金融市场可分为有形市场和无形市场。有形市场指有固定的交易场地，在组织严密的特定交易场所中进行的金融交易活动。例如股票的买卖对股民来说是在证券公司的营业大厅中进行的，而股票的交易是在证券交易所或股票交易所完成的。在银行、证券公司、保险公司等各类金融机构的营业厅中也可以进行多种金融工具的买卖。无形市场是指没有固定的交易场地，通过电话、电报、电传、电脑网络等进行的金融交易活动，如资金拆借、外汇交易等。随着电信、电子计算机事业的日益发达，越来越多的金融交易利用现代化的信息传递手段联成一个庞大无比的市场，实现快速、安全的金融交易。有形市场和无形市场不能截然划分，两者能够相互衔接相互转化。

按照成交后是否立即交割分类，金融市场可分为现货市场和期货市场。现货市场是指交易双方成交后，当天或在 3 天以内进行交割。期货市场是交易双方达成协议或成交后不立即交割，而在一定时间内如 1 个月、2 个月或者 3 个月后交割。

按照金融交易的地理范围分类，金融市场可分为地方性金融市场、全国性金融市场和国际金融市场。地方性金融市场是指在国内的一个城市或者一个经济区内进行金融交易的市场；全国性金融市场是指不超越国界在全国范围内进行金融交易的市场；国际金融市场则是超越国界在国际间进行资金融通的市场，外资借贷、外汇买卖、黄金交易构成了国际金融市场融资活动的主要内容。

资料链接 5 – 1

中国的金融体系

新中国成立以来我国金融市场演变历史：1990 年 11 月，第一家证券交易所——上海证券交易所成立，1990 年 12 月，深圳证券交易所成立，1992 年 10 月，中国证券监督管理委员会成立，1998 年 11 月，中国保险监督管理委员会成立，1999 年 5 月，上海期货交易所成立，2003 年 3 月，中国银行业监督管理委员会成立，2018 年，中国银行保险监督管理委员会成立。

我国金融市场机构：中央银行（中国人民银行 1948 年 12 月成立）＋金融监管机构（银保监会、证监会）＋国家外汇管理局＋国有重点金融机构监事会＋政策性金融机构

（国家开发银行、中国进出口银行、中国农业发展银行）＋商业性金融机构（银行业金融机构、证券机构、保险机构）。

影响我国金融市场运行的主要原因：股指期货、国际资本流动、欧元区的形成、人民币汇率改革。

货币市场工具的特点：（1）均是债务契约；（2）期限在1年以内（含1年）；（3）流动性高；（4）大宗交易，主要由机构投资者参与，个人投资者很少有机会参与买卖；（5）本金安全性高，风险较低。

第二节 货币市场

货币市场是融资期限在1年以内的短期资金交易市场。在这个市场上用于交易的工具和交易的内容十分广泛。相对于资本市场来说，货币市场有以下几个突出特点：

首先，它是短期的，而且是高流动性和低风险性的市场。在货币市场上交易的金融工具具有高度的流动性。倘若你急需一笔现金，被迫要处理长期证券那你就会遭受损失，但如果你有短期债券，那么你可以乘机卖掉它们，而不致遭受太大的损失。短期债券到期很快，如果你脱手一段时间，当它们到期时你可以按票面价值买回这些债券。此外还有一个简单的事实隐藏在债券收益和价格的数学关系中。对长期证券来说利率的轻微变动会导致价格的较大变化；而对短期债券来说即使利率大幅度变化也只会引起价格较小的波动。

例5-1：面值为10000美元、期限为30年的债券，票面利率为10%，当期收益率从10%上升到12%时，就会导致价格从10000美元降低到8348美元。但3个月到期的债券收益率也上升同样的幅度，却只会使价格从10000美元降低到9770美元。

其次，货币市场是一种批发市场。由于交易额极大，周转速度快，一般投资者难以涉足，所以货币市场的主要参与者大多数是机构投资者，他们深谙投资技巧，业务精通，因而能在巨额交易和瞬变的行情中获取利润。

最后，货币市场又是一个不断创新的市场。由于货币市场上的管制历来比其他市场要宽松，所以任何一种新的交易方式和方法，只要可行就可能被采用和发展。

货币市场主要有以下几大子市场：

一、同业拆借市场

同业拆借是指银行等金融机构之间短期资金借贷的一种形式。同业拆借市场又叫同业拆放市场，是指银行与银行之间、银行与其他金融机构之间进行短期（1年以内）、临时性资金拆出拆入的市场。

同业拆借市场主要解决银行一定时间的资金头寸平衡问题，调节其资金余缺的需要。银行间的同业拆借交易一般没有固定场所，主要通过电信手段完成交易。我国1996年1月成立了全国银行间同业拆借中心。目前，全国银行间同业拆借中心与中国外汇交易中心合用一个交易系统，并包括全国银行间拆借和债券（包括现券买卖、回购交易）两个交易子系统。表 5 – 1 为 2005～2018 年我国银行间同业拆借情况。

表 5 – 1　　　　　　　　　**2005～2018 年我国银行间同业拆借情况**　　　　单位：万亿元

年份	同业拆借成交额
2005	1. 28
2006	2. 15
2007	10. 70
2008	15. 05
2009	19. 35
2010	27. 87
2011	33. 44
2012	46. 70
2013	35. 50
2014	37. 70
2015	64. 20
2016	95. 90
2017	79. 00
2018	139. 30

资料来源：根据历年中国人民银行《第四季度中国货币政策执行报告》整理。

为推进利率市场化改革，健全市场化利率形成和传导机制，培育货币市场基准利率，中国人民银行于 2007 年正式推出了上海银行间同业拆借利率（SHIBOR）。目前，SHIBOR 已经成长为我国认可度较高、应用较广泛的货币市场基准利率之一。

二、短期国债市场

短期国债是由中央政府发行的，期限在 1 年以内的政府债券。期限通常为 3 个月、6 个月或 12 个月。最早发行短期国债的国家是英国。现在西方各国都普遍发行大量短期国债，把它作为弥补财政赤字的重要手段，同时一定规模的短期国债也是中央银行开展公开市场业务、调节货币供给的物质基础。1990 年底美国发行在外的短期国债达 5270 亿美元，是该国规模最大的货币市场金融工具之一。我国自 1981 年恢复国债发行以来所发国债期限多在两年以上，1994 年首次发行了期限为半年的短期国债，丰富了我国的国债品种。

短期国债的最大特点是安全性。由于它是凭中央政府的信用发行的，所以几乎不存在违约风险；它在二级市场上的交易也极为活跃，变现非常方便。此外与其他货币市场工具相比，短期国债的起购点比较低，面额种类齐全，适合一般投资者购买。短期国债的这些特点使它成为一种普及率很高的货币市场工具。

资料链接 5 – 2

关于国债期限利差与宏观经济变量关系的研究

国内外学者关于国债期限利差与宏观经济变量关系的研究主要集中在以下方面：一是国债期限利差与经济增长的关系研究。Bernanke，B. 、Beveridge，S. 和 Nelson，C. R. 、Estrella，A. 等通过实证研究证明，期限利差的波动与经济水平有较强相关性。陈震在研究中指出中国国债的收益率曲线实际上也是期限利差结构中经济态势的重要表现之一；袁志辉则认为国债期限利差是利用实时数据对经济增长与衰退关系作出准确预测的重要经济指标。二是国债期限利差与通货膨胀的关系研究。Blinder，A. 和 Bernanke，B. 指出，美国国债期限利差波动与通货膨胀之间具有正向相关性。朱世武在研究中运用 GARCH 模型研究利差期限结构的斜率与通胀影响关系以及预测效力等问题，并检验了美国与中国国债的长短期利差对通货膨胀曲线的联动效应。傅强和蒋安玲在研究中指出中国的通货膨胀变化很难由长短期利差来准确预测，但在较好的样本外预测中，二者之间体现出来的是正相关关系。三是国债期限利差与货币政策的关系研究。Taylor、Clarida 和 Samo 等提出，国债期限利差波动性产生的原因在于货币政策的运用，宽松的货币政策倾向于使期限利差的范围扩大，而紧缩的货币政策倾向于使期限利差的范围缩小。刘明和谌亦雄在研究中发现：不同的货币政策引起利差期限结构的变化情况也存在不同。四是国债期限利差与汇率的关系研究。Henri Bernard 在研究中也将汇率作为经济解释变量引入 VAR 模型中，分析汇率与利差期限结构的影响关系，研究发现，汇率与利差期限结构存在着正相关影响；纪飞峰认为国债期限利差含有一定的汇率变化信息，汇率变动是国债期限利差波动的原因之一。

资料来源：朱鸿涛. 长短期国债期限利差宏观经济影响因素的实证分析. 苏州大学硕士学位论文，2017.

三、可转让定期存单市场

可转让定期存单是由银行向存款人发行的一种大面额存款凭证。它与一般存款的不同之处在于可以在二级市场进行流通，从而解决了定期存款缺乏流动性的问题，所以很受投资者的欢迎。其面额一般比较大（美国的可转让定期存单最小面额为 10 万美元），期限则多在 1 年以内。它最早是由美国花旗银行于 1961 年推出的，并且很快被别的银行所效仿。目前已成为商业银行的重要资金来源。在美国其规模甚至超过了短期国债。我国于 1986 年下半年开始发行大额可转让定期存单，最初只有交通银行和中国银行发行，1989 年起其他银行也陆续开办了此项业务。在我国面向个人发行的存单面额一般为 500 元、1000 元和 5000 元，面向单位发行的存单面额则一般为 5 万元和 10 万元。

四、商业票据市场

商业票据是由一些大银行、财务公司或企业发行的一种无担保的短期本票。所谓本票是由债务人向债权人发出的支付承诺书，承诺在约定期限内支付一定款项给债权人。商业票据是一种传统的融资工具，但是它的迅速发展却是从 20 世纪 60 年代后期开始的。由于 Q 条例规定了存款利率的上限，美国的商业银行开始寻求新的获取资金的渠道。其中之一便是通过银行控股公司（持有数家银行股份的公司）发行商业票据。与此同时，越来越多的大企业也开始更多地依赖于发行商业票据来获得流动资金。到 90 年代商业票据已经成为美国数额最大的货币市场金融工具。见表 5-2。

表 5-2 　　　　　　　　　　各国商业票据市场　　　　　　　　　单位：亿美元

国家	市场产生时间	国内市场	欧元市场	在债券余额中的比重（%）
美国	20 世纪 60 年代中期	5449	653	12.8
日本	1987 年底	981	4	11.5
法国	1985 年底	313	3	12.9
西班牙	1982 年	293	—	66.8
加拿大	20 世纪 60 年代前	245	1	13
瑞典	1983 年	166	—	16.7
澳大利亚	20 世纪 70 年代中期	138	42	17.9
德国	1991 年初	102	36	5.4
英国	1986 年	69	17	26.1
芬兰	1986 年年中	38	—	23.0
挪威	1984 年年中	22	—	10.9
荷兰	1986 年	26	4	17.3
比利时	1990 年	13	—	0.3
其他国家	—	27	—	
总计		7882	760	

资料来源：Alworth, J. S., and C. E. Borio. "Commercial Paper Markets: A Survey", BIS Economic Paper, No. 37, April, 1993, pp. 12, 15, 17。

五、回购协议市场

回购协议是产生于 20 世纪 60 年代末的短期资金融通方式。它实际上是一种以证券为抵押的短期贷款。其操作过程如下：借款者向贷款者暂时出售一笔证券，同时约定在一定时间内以稍高的价格重新购回；或者借款者以原价购回原先所出售的证券，但是向证券购买者支付一笔利息。这样证券出售者暂时获得了一笔可支配的资金，证券的购买者则从证券的买卖差价或利息支付中获得一笔收入。回购协议中的出售方大多为银行或证券商，购买方则主要是一些大企业，后者往往以这种方式来使自己在银行账户上出现的暂时闲置余额得到有效的利用。

回购协议的期限大多很短，很多只有一个营业日，但是由于数额巨大，购买者的收入也很可观。债券回购交易一般在证券交易所进行，目前我国不仅在上海、深圳两个交易所开展了回购交易，全国银行间同业拆借市场也开展了该项业务。我国已经推出的债券回购交易品种包括 1 天、7 天、14 天、21 天、1 个月、2 个月、3 个月、4 个月、6 个月、9 个月和 1 年债券共 11 种回购交易，如表 5 – 3 所示。

表 5 – 3　　　　　　　　　　　　　　回购交易

交易品种	最新价	涨跌	成交额（百万元）	开盘价	最高价	最低价	加权价	昨收盘	昨加权价
R001	1.96	0.004	7828.6	1.956	1.96	1.94	1.9418	1.95	1.9557
R007	1.94	− 0.02	16456.7	1.96	1.98	1.92	1.9438	1.96	1.9491
R014	1.975	0.0	2261.5	1.975	1.98	1.95	1.9621	1.975	1.9731
R021	1.97	− 0.01	693.9	1.98	1.98	1.97	1.9781	1.98	1.98
R1M	2.12	− 0.04	1147.5	2.16	2.1999	2.1174	2.1433	2.117	2.1174
R1Y	2.91	0.0	200.0	2.91	2.91	2.91	2.91	0.0	0.0
R2M	0.0	0.0	0.0	0.0	0.0	0.0	0.0	0.0	0.0
R3M	2.25	− 0.03	960.0	2.28	2.29	2.2399	2.2641	2.27	2.27
R4M	2.22	− 0.11	425.0	2.33	2.33	2.22	2.2704	0.0	0.0
R6M	2.5	0.0	444.0	2.5	2.5	2.45	2.4886	2.4699	2.4699
R9M	0.0	0.0	0.0	0.0	0.0	0.0	0.0	0.0	0.0

资料链接 5 – 3

"买断式回购"将推出　国债市场更趋理性

2004 年 9 月 8 日起，上交所将在全国范围内进行"国债买断式回购"推介会。据悉，上交所国债买断式回购的全部方案设计工作已经完成，相关的技术开发也基本结束，上证所将选择时间向市场推出这一创新品种。

所谓国债买断式回购，是指国债持有人将国债卖给买方的同时，交易双方约定在未来某一日期，卖方再以约定的价格从买方买回相等数量同种国债的交易行为。国债买断式回购实质上是一种"实券过户"的回购交易，具有融资和融券双重功能，其中融券功能是证券市场首次出现，为实现国债"卖空"机制提供了市场环境。

在没有买断式回购的情况下，只有市场上涨，投资者才能获利。这种单边盈利的模式往往使国债价格被人为扭曲。买断式回购的推出客观上提供了做空的可能，市场价格发现机制得以完善，进而推进国债价格体系的合理性，使债券收益率曲线期限结构更趋合理。

资料来源：《中国经济时报》，2004 年 9 月 8 日，星期三，C7.

第三节　资本市场

资本市场是融资期限在 1 年以上的长期资金交易市场。具体来说资本市场包括股票、债券、基金及抵押贷款市场。

一、股票市场

迄今为止，资本市场的最大组成部分是股票市场。如表 5 - 4 所示，中国股票市场 20 世纪末发展迅速，上市公司家数由 311 家增加到 1213 家。

表 5 - 4　　　　　　　　　**1995 ~ 2002 年中国股票市场概况**

年份	境内上市公司（家）	境内上市外资股	发行 A 股数（百万股）	市价总值（百万元）	流通市值（百万元）
1995	311	34	76563	347427	93821
1996	514	43	111036	984239	286704
1997	720	51	177123	1752923	520442
1998	825	54	234535	1952181	574538
1999	922	108	290885	2647118	821396
2000	1060	114	361339	4809094	1608752
2001	1140	112	483836	4352220	1446317
2002	1213	111	528365	3752656	1171875

股票市场的参与者大概有三种：投资者，即单独的买进股票并长期持有以获取股利的人；短期投资者，即根据股票行情做短线，以求在短期股价涨落中获利；长期投机者，是在数月或数年期间内进行投机的人。

股票的发行市场又叫一级市场，它是指股份公司向社会增发新股的交易场所，包括公司初创期发行的股票和增资扩股所发行的股票。一级市场的整个运作过程通常由咨询与管理、认购与销售两个阶段构成。咨询与管理是股票发行的前期准备阶段，发行人（公司）须听取投资银行的咨询意见并对一些主要问题作出决策，主要包括发行方式的选择、选定作为承销商的投资银行、准备招股说明书、确定发行价格四个方面。发行公司着手完成准备工作之后，即可按照预定的方案发售股票。对于承销商来说，就是执行承销合同批发认购股票，然后售给投资者，具体方式通常有包销和代销两种。

股票的交易市场称为二级市场，这一市场为股票创造流动性，使其能够迅速脱手以换取现款。二级市场通常又可分为证券交易所和场外交易市场。证券交易所市场是由证券管理部门批准的、为证券的集中交易提供固定场所和有关设施并制定各项规则以形成公正合理的价格和有条不紊的秩序的正式组织。场外交易是相对于证券交易所而言的，凡是在证券交易所之外的股票交易活动都可称作场外交易。它与证交所相比，没有固定的集中的场所，而是分散于各地，规模大小不一，由于无法实行公开竞价，其价格是通过商议达成的。

资料链接 5 – 4

中国股票市场效率的变迁及对市场波动性的影响

法玛提出了效率市场假说的三种形式：弱式、半强式及强式。吕继宏、赵振全研究了涨跌停板制度对市场波动的影响，发现该制度短期会加剧市场的波动，长期有利于降低市场的波动，表明股票市场不呈弱式有效性。李金林、金钰琦运用单位根检验法研究沪深两市的 A 股指数的日收盘价，结果表明中国 A 股市场为弱式有效。董志勇、韩旭运用一般化资本资产定价模型研究沪深两市股票市场，结果显示市场存在羊群效应，市场无效率。因此，现有文献对于中国股票市场是否有效并无定论，并且相关研究主要以某一段时间为研究对象，仅就某一段时间内作出了市场是否有效的判断。然而，中国的股票市场历经将近 30 年，市场每天的情况都在变动，市场的效率也随之在不断变化。从这个角度上看，前述的文献并没有回答这样一个问题：市场效率随着时间是如何变迁的，其趋势如何。

张亦春、郑振龙、林海认为，证券收益率由两部分组成，一部分是可预测的，另一部分是不可预测的。可预测的部分由无风险利率、风险大小和投资者的风险厌恶程度决定，并且随着经济周期的波动而变动。由此，笔者认为：当市场有效时，市场投资者能够对可预测部分的预期收益率作出即时、一致的预期，投资者交易所引起的证券价格变动迅速地、准确地反映市场一致预期的收益率。进一步可推论，当市场无效时，投资者对证券的预期收益率存在分歧，导致证券价格变动无法准确地、迅速地体现证券内在价值的变动，由此所引发的市场博弈增强了市场的波动性，即市场效率越低，市场波动越大。

资料链接 5 – 5

普通股票的估价

债券估价是建立在未来偿付利息和本金的有保证的承诺上；同样，股票价格的计价基础和债券价格一样，一张股票的价值取决于现在或未来的股东希望获得的支付金额的现值：

$$V_j = \frac{D_1}{(1+K)} + \frac{D_2}{(1+K)^2} + \frac{D_3}{(1+K)^3} + \cdots + \frac{D_\infty}{(1+K)^\infty} = \sum_{t=1}^{n} \frac{D_t}{(1+k)^t}$$

其中：V_j 表示 j 股票的价值；D_t 表示第 t 期的股利；K：表示股票 j 的必要收益率。

为了简便起见，我们假设股利每年固定以 g 的速度增长，并且持有期无限。那么：

$$V_j = \frac{D_0(1+g)}{(1+K)} + \frac{D_0(1+g)^2}{(1+K)^2} + \frac{D_0(1+g)^3}{(1+K)^3} + \cdots + \frac{D_0(1+g)^\infty}{(1+K)^\infty} = \frac{D_1}{K-g}$$

例如：有一只股票的当期股利为 1 美元，股利增长率为 9%，要求的必要收益率为 13%。根据公式，股票的价值为：

$$V = \frac{1 \times (1+0.09)}{0.13 - 0.09} = 27.25 \ （美元）$$

二、抵押贷款市场

抵押贷款是为个人或企业购买住房、土地或其他不动产而发放的贷款，那些不动产或土地充当贷款的抵押品。在美国抵押市场是最大的债务市场，其中住房抵押贷款的未清偿余额是商业和农业抵押贷款余额的 4 倍以上。储蓄贷款协会和互助储蓄银行一向是住房抵押市场的主要贷款者。近来商业银行也在积极地进入这一市场。商业和农业抵押贷款大多数由商业银行和人寿保险公司发放。联邦政府通过三家政府机构——联邦全国抵押贷款协会、政府全国抵押贷款协会以及联邦住房抵押贷款协会——在抵押贷款市场上发挥积极的作用，这些政府机构通过出售证券并利用发债资金购买抵押贷款合约来向抵押贷款市场提供资金。

资料链接 5-6

抵押贷款证券

近年来在住房抵押贷款市场上发生的一项主要变化，是形成了一个活跃的抵押贷款二级市场。抵押贷款期限和利率各异，因而，若在二级市场上作为证券进行交易，其流动性不高。为促进抵押贷款发展，1970 年，政府国民抵押贷款协会（Ginnie Mae）想出了一种能够起转换作用的以抵押贷款为依据的证券，把一批标准化的抵押贷款捆在一起，担保其本息的支付。按照这样的办法，诸如储蓄贷款协会和商业银行等私人金融机构就可以把一批经 Ginnie Mae 担保的抵押贷款合成比如说 100 万美元的"组"，作为一项证券出售给第三方，通常是像养老基金那样的大型机构投资者。当个人将这种由 Ginnie Mae 担保的抵押贷款向金融机构清偿付款时，后者就将款项转给这种证券的所有者，即按全部付款总额送交一纸支票。由于 Ginnie Mae 担保付款，这种转换性证券的违约风险很小，因而颇受欢迎。其未清偿余额超过 4000 亿美元。

不仅政府机构发行上述以抵押贷款为基础的证券，私人金融机构也这样做。这种证券的确很成功，已经完全改变了住房抵押市场的面貌。20 世纪的整个 70 年代，80% 以上的住房抵押贷款直接归储蓄贷款协会、互助储蓄银行和商业银行所有。如今，只有 1/3 为上述机构直接持有该证券，其余的 2/3 则以抵押贷款证券的形式为政府持有。

三、债券市场

投资银行专门经营长期公司债券、市政债券、外国债券以及普通股票的发行。如果一家公司计划出售证券，可以和投资银行协商，由其包销。投资银行将按照商定的价格购买应发行的全部债券。然后，它再把这些证券逐渐转售给其他投资者。如果发行的证券数目较大，投资财务公司可以组成一个称为辛迪加的特别集团，与其他投资银行及证券经纪商共同分担风险；这种辛迪加试图使销售价格略高于承购价格。如果它们对市场预测正确，就会很快售完发行的债券并获得利润；如果它们对市场判断失误，则可能不得不亏本出售部分债券。

为了保护投资者，证券交易委员会（SEC）要求公司在销售大批债券时，必须提供充足的资料。提供这些资料以及遵循规定的各种政府法规的花费是昂贵的。有些公司则把计划要发行的全部债券按商议的价格直接出售给保险公司或养老金基金，这种销售方式称为私募。采用这种办法，销售者可以避免支付包销者的利润和证券交易委员会规定公开发行要支付的注册费用。

（一）公司债券市场

公司债券是由信誉卓越的公司所发行的长期债券。典型的公司债券每年向持有者支付两次利息。在公司债券市场上人寿保险公司是主要贷款者（它们持有公司债券的 1/3 还多），其次是养老和退休基金以及个人。

公司债券的发行市场分为两个部分：公募和私募。公募一般通过证券包销人，销售给最终投资者，而私募则是直接销售给特定的机构投资者。公司债券的二级市场主要市场外交易。

由于公司债券较之其他债券具有较大的风险。因此，公司债券在发行时都接受评级机构的信用评级。根据评级标准，公司债分为投资级债券和垃圾债券。前者的违约风险较低，后者的违约风险较大。公司债券的收益率常常根据它们风险的大小而确定。

（二）政府债券市场

人们购买州和地方政府债券（市政债券）主要是由于这些债券免税，其利息免交联邦所得税。商业银行拥有该项未清偿债务的一半，另一半被富裕的个人以及财产和灾害保险公司所拥有。市政债券的发行是以招标的方式进行的，发行者提前公布发行条件，竞争者进行投标购买。

资料链接 5 – 7

提高税率对债券利率的影响

作为克林顿政府 1993 年赤字削减计划的一部分，所得税最高一级税率从 31% 升至

40%，公司所得税税率从34%升至35%。提高所得税税率对市政债券市场的利率相对于国债利率的影响是什么呢？

对富人和公司提高所得税税率，则同国债相比，市政债券的免税待遇提高了其税后预期回报率，因为此时对国债的利息收入征收的税率提高。由于市政债券此时更受欢迎，故需求增加，需求曲线右移，从而价格提高，利率降低。相反，较高的所得税税率使得国债不如市政债券那样受欢迎，故其需求曲线左移，价格降低，利率提高。

这样，我们的分析表明，克林顿的增税措施降低了市政债券相对于国债的利率。

美国政府证券一般有相当广泛的购买者，包括联邦储备银行、商业银行、个人和外国人。各种政府部门诸如联邦住宅贷款银行、联邦国民抵押协会和联邦土地银行的证券也由这些人购买。这些证券的大多数正式或非正式地是以联邦政府的优良信誉作担保的。政府债券有短期证券和中长期债券，全部债券都可以自由流通转让。短期债券一般以贴现方式出售，中长期债券附有息票。一般来讲，联邦政府的发债机构都有自己的财务代理人来承担发行、利息支付和本金偿付等工作。

四、基金市场

投资基金，是通过发行基金股份（或收益凭证），将投资者分散的资金集中起来，由专业管理人员分散投资于股票、债券或其他金融资产，并将投资收益分配给基金持有者的一种金融中介机构。投资基金的具体内容可以从其一级（发行）市场和二级（流通）市场分成两阶段来讨论。

（一）基金的发行市场

基金的发行市场主要从事基金的发行和认购，二者是同时进行的。无论是封闭型基金还是开放型基金，初次发行总额都要分成若干等额份数（即股份化），每份就是一个基金单位（或称1股）。如果某投资基金初次发行总额为1亿元，分为1亿份，那么每个基金单位（或每股）面值就为1元。不过其价格不一定是1元，发行价往往是面值加2%左右的手续费，以后价格依赖其每份净资产或市场供求状况变化。在基金的发行市场上，从投资者角度上来说就是认购基金券，①认购开放型基金。开放型基金虽然总额变动，但初次发行时也要设定基金发行总额和发行期限，只有在3个月以后才可能允许赎回和续售。②认购封闭型基金。对于封闭型基金，除规定了发行价、发行对象、申请认购方法、认购手续费、最低认购额外，还规定了基金的发行总额和发行期限。只要发行总额一经售完，不管是否到期，基金都要进行封闭，不再接受认购申请。

（二）基金的流通市场

基金的流通原则上与股票流通相似，但开放型基金的二级市场与股市有较大区别。在基金初次发行完毕后，持有基金券的投资者希望卖出基金变现，持有现金的投资者希望买进基金投资，这些都要在证券二级市场实现。但是，对开放型基金而言，基金券的流通乃是基金经理公司赎回或再次发行的行为。它的二级市场就在一级市场——基金经理公司柜台之中，广大投资者关于基金券的交易对象往往是经理公司而非其他投资者。对封闭型基金而言，基金成立3个月后基金经理公司就会申请基金上市（在证交所上市或地区证交中心上市），此后基金券的买卖都像股票买卖一样在二级市场委托证券公司代理，其价格由市场供求决定，大家竞价买卖。

第四节　黄　金　市　场

一、黄金市场的含义

黄金市场是指集中进行黄金买卖和金币兑换的交易市场，分为国内黄金市场与国际黄金市场两种类型。前者只允许本国居民参加，不允许非居民参加并禁止黄金的输出输入。后者只允许非居民参加或居民与非居民均可参加，对黄金的输出输入不加限制或只有某种程度的限制，是国际金融市场的重要组成部分。黄金市场上的黄金交易具有两种性质：一是黄金作为商品而买卖，即国际贸易性质；二是黄金作为世界货币而买卖，用于国际支付结算，即国际金融性质。

二、黄金市场的交易主体

（一）金融机构

参与黄金市场的重要金融机构有两类：一类是中央银行。世界黄金存量的一半掌握在各国中央银行及各种官方机构中。其目的是通过持有黄金储备并通过买卖黄金来安排国际储备资产和调节国际收支，持有量一般较为稳定。另一类是商业银行。商业银行虽然不生产和消费黄金，但其市场重要程度甚至超过了黄金生产商和黄金首饰加工商。因为商业银行是一个居市场中枢地位的多重功能的角色。

（二）金商和经纪人

专门经营黄金买卖的各国金商和经纪人是黄金期货市场上的大主顾。金商的黄金流动成本包括利息、储存与保险费用。如果其固定成本高于其流动成本，则他们就会买进黄金现货，而卖出期货合同。这样，他们既能有效地储备黄金，同时又能贷款给市场。反过来，如果其固定成本低于其流动成本，他们就会卖出黄金现货，买进期货，在有效地出让黄金的同时向市场借款。

（三）其他主体

除金融机构、金商和经纪人以外，黄金生产商、黄金首饰加工商、居民个人等也是黄金市场的重要参与者。

三、黄金市场的分类

（一）基本分类

黄金市场的基本分类方法是将黄金市场分成三大类：

1. 黄金现货市场

它又称实物黄金市场，是指黄金买卖成交后即期交割的市场。所买卖的实物黄金有金条、金块、金币、金丝、金叶和各种黄金首饰等。

2. 黄金期货市场

它是指成交后在未来规定日期交割的市场。目前世界主要黄金期货交易所黄金期货交易的单位都是 100 盎司的精炼黄金，其成色不得低于 99.5%。黄金期货合约的月份从 1 个月到 12 个月不等。

3. 黄金期权市场

它包括买权和卖权。所谓买权就是买方支付一定的权利金，获得在一定时间内以一定的价格买入某种商品的权利，买方无义务行使这种买权。所谓卖权就是卖方支付一定的权利金，获得在一定时间内以一定的价格卖出某种商品的权利。同样，卖方无义务行使这种卖权。

（二）其他分类

除了上述基本的分类方法以外，目前国际上还有两种较为流行的分类方法：

按交易的场所，将黄金市场分为开放式市场和交易中心式市场。前者无固定交易地点，主要用电信工具联系成交，如伦敦、苏黎世等欧洲型的黄金市场；后者主要是集中在交易所面对面的成交，如纽约、芝加哥、香港等美国型的黄金市场。

按政府对黄金交易管制的程度，将黄金市场分为三类：对黄金输出、输入加以限制，只允许非居民参与的黄金市场；对黄金输出、输入不加限制，无论是居民还是非居民均可参与的黄金市场；禁止黄金输出、输入，但允许居民参与的黄金市场。

四、影响黄金市场价格的因素

（一）黄金的货币属性

黄金的货币属性是对黄金价格影响最深刻的因素。从布雷顿森林体系解体开始的黄金非货币化革命被认为是导致 20 世纪 80 年代以来黄金价格下跌的最关键的背景因素。而

1978 年国际货币基金组织第二次修正案中关于黄金的相关决定进一步削弱了黄金在货币体系中的地位。

（二）黄金的一般商品属性

黄金作为一般商品，其价格变动必然受制于成本。如 2007 年全球黄金生产平均成本为 374 美元/盎司，而 2008 年和 2011 年分别上升到了 480 美元/盎司和 700 美元/盎司，这无疑对 2008 年和 2011 年全球金价的上涨起到了重要的牵引作用。

（三）黄金的存量和储量

黄金的特殊性还在于它的不可消费性。它并不因被购买和使用而消失，而只是换一种形式存在。这意味着，任何需求方一旦获得黄金即成为潜在的供给方。因此，黄金每年产量越大，存量就越大，而存量越大对金价的长期压力就越大。黄金价格的长期走势还受到资源储量的影响，探明储量越多，黄金的稀缺性就越弱，对价格下跌的潜在压力就越大。

（四）黄金的供求状况

黄金供不应求，金价必然上涨；供过于求，金价必然下跌。而影响供求的具体因素有很多，单从供应来看，金价要受制于矿产金的供应量、再生金的供应量、央行抛售数量、套期预售数量以及投资与逆投资量的大小；单从需求分析，金价要受制于制造业需求、投资需求、净套期需求等因素。

除了上述直接因素以外，还有一些间接因素，如汇率水平、国民经济景气程度、证券市场状况、通货膨胀程度、国际政治局势、战争、突发事件等，也会或多或少地影响金价的变动。

五、黄金市场的职能

黄金市场的发展不但为广大投资者增加了一种投资渠道，而且还为中央银行提供了一个新的货币政策操作的工具。

（一）黄金市场的保值增值功能

因为黄金具有很好的保值、增值功能，这样黄金就可以作为一种规避风险的工具，这和贮藏货币的功能有些类似。黄金市场的发展使得广大投资者增加了一种投资渠道，从而可以在很大程度上分散了投资风险。

（二）黄金市场的货币政策功能

黄金市场为中央银行提供了一个新的货币政策操作的工具，也就是说，央行可以通过在黄金市场上买卖黄金来调节国际储备构成以及数量，从而控制货币供给。虽然黄金市场的这个作用是有限的，但是由于其对利率和汇率的敏感性不同于其他手段，从而可以作为货币政策操作的一种对冲工具。随着黄金市场开放程度的逐步加深，它的这个功能也将慢慢显现出来。可以说，通过开放黄金市场来深化金融改革是中国的金融市场与国际接轨的一个客观要求。

六、中国的黄金市场

（一）中国黄金市场的开放历程

自中华人民共和国成立到 20 世纪 80 年代末期，中国实行的是"统购统配"的黄金管理体制，不存在真正意义上的黄金市场。从 20 世纪 90 年代初开始，中国围绕黄金的定价机制、供应制度、金饰品零售审批制度等方面进行了一系列改革。1993 年，将黄金固定定价制度改为浮动定价制度。2001 年 11 月，将黄金制品零售管理审批制改为核准制。2001 年 10 月，国务院批准成立上海黄金交易所，同年 11 月 28 日，上海黄金交易所开始模拟运行。2002 年 10 月 30 日，上海黄金交易所正式开业运行。上海黄金交易所的开业，既标志着 50 多年"统购统配"黄金管理体制的终结，也标志着中国真正意义上的黄金市场的形成。

（二）中国的黄金交易所概况

（1）中国黄金交易所实行的是会员制。截至 2015 年底有会员 181 家，其中，金融类会员 26 家，外资类会员 9 家，综合类会员 130 家，自营类会员 2 家，特别会员 15 家。会员遍布全国。会员产金占 80%，用金占 90%，冶炼占 90%。

（2）中国黄金交易所实行标准化撮合交易方式。交易时间为每周一至周五（节假日除外）上午 9：00 ~ 11：30，下午 13：30 ~ 15：30，晚上 21：00 ~ 2：30。

（3）中国黄金交易所目前交易的品种主要有黄金、白银和铂金。

（4）中国黄金实物交割实行"一户一码制"的交割原则，在全国 37 个城市设立 55 家指定仓库，金锭和金条由交易所统一调运配送。

（5）中国黄金现货交易渠道不断拓宽。2012 年 12 月 3 日，经中国人民银行备案同意，上海黄金交易所银行间黄金询价业务上线试运行。银行间黄金询价业务上线后，将进一步拓展黄金现货交易渠道，与现有的黄金竞价市场形成优势互补，为广大机构投资者提供更多管理风险的渠道与工具。

从总体上看，中国黄金交易所目前虽然规模较小、主体不多、方式比较单一，但这并不妨碍中国黄金交易所有一个美好的未来。因为中国黄金市场的潜力十分巨大，随着个人参与黄金市场交易政策的逐渐放宽和黄金用途的增加，将会使长期压抑的黄金投资和黄金消费潜力得以释放。

第五节 外汇市场

一、外汇市场的含义与特征

外汇市场（foreign exchange market）是由各类外汇供给者和需求者组成的，进行外汇买卖、外汇资金调拨、外汇资金清算等活动的场所或网络。

国际上因贸易、投资、旅游等经济往来，总不免产生货币收支关系。但各国货币制度不同，要想在国外支付，必须先以本国货币购买外币；另一方面，从国外收到外币支付凭证也必须兑换成本国货币才能在国内流通。这样就发生了本国货币与外国货币的兑换问题。两国货币的比价称汇价或汇率，我国的中央银行为执行外汇政策、影响外汇汇率、经常买卖外汇的机构。所有买卖外汇的商业银行、专营外汇业务的银行、外汇经纪人、进出口商，以及其外汇市场供求者都经营各种现汇交易及期汇交易。这一切外汇业务组成一国的外汇市场。

在外汇市场上，外汇买卖有两种类型：一类是本币与外币之间的买卖，即需要外汇者用本币购买外汇，或持有外汇者卖出外汇换取本币；另一类是不同币种的外汇之间的买卖。例如，在纽约外汇市场上，美元与各种外汇之间的交易属于前一类型，欧元与日元的兑换属于后一类型。

外汇市场与其他市场相比，交易额是最大的，据国际清算银行（BS）在 2014 年公布的调查显示，全球外汇市场交易量呈现显著快速增长态势。日均交易量从 2007 年的 3.3 万亿美元，上升至 2010 年的 4.0 万亿美元，2013 年达到了 5.3 万亿美元的历史新高。美元仍是全球交易最为活跃的货币，其成交量占据 87%，其次欧元作为第二种最常交易的货币，其交易份额由 2010 年的 39% 下降至 33%，降幅最大；日元比重快速上升，英镑比重持续 10 年下滑。CLS 集团 2014 年 7 月公布的当年 6 月外汇交易量数据显示，全球外汇市场 6 月日均交易量较 5 月增加，为 5.46 万亿美元，环比增长 13.3%，同比下降 2.2%。

同时，外汇市场又是一个全球一体化市场，体现在三方面：首先，外汇市场分布呈全球化格局，以全球最主要的外汇市场为例，美洲有纽约、多伦多，欧洲有伦敦、巴黎、法兰克福、苏黎世、米兰、布鲁塞尔、阿姆斯特丹，亚洲有东京、香港、新加坡等。其次，外汇市场交易机制高度一体化，全球市场连成一体，各市场在交易规则、方式上趋同，具有较大的同质性。各市场在交易价格上相互影响，如西欧外汇市场每日的开盘价格都参照香港和新加坡外汇市场的价格来确定，一个市场发生动荡，往往会影响到其他市场，引起连锁反应。最后，从全球范围看，外汇市场是一个 24 小时运行的昼夜市场。每天的交易由澳大利亚的惠灵顿、悉尼最先开盘，接着是亚洲的东京、香港、新加坡，然后是欧洲的法兰克福、苏黎世、巴黎和伦敦，到欧洲时间下午 2 点，美洲大陆的纽约开盘，当纽约收市时，惠灵顿又开始了新一天的交易。在欧洲时间的下午，此时伦敦和纽约两大市场均在营业，是大额交易的最佳时间，大的外汇交易商及各国的中央银行一般都选择这一时段进行交易。

二、外汇市场的种类

（一）根据有无固定场所，分为有形市场（visible market）与无形市场（invisible market）

有形市场指有具体交易场所的市场。外汇市场的出现与证券市场相关。外汇市场产生之初，多在证券交易所交易大厅的一角设立外汇交易场所，称外汇交易所。外汇买卖各方在每个营业日的约定时间集中在此从事外汇交易。早期的外汇市场以有形市场为主，因该类市场最早出现在欧洲大陆，故又称"大陆式市场"。

无形市场指没有固定交易场所，所有外汇买卖均通过连接于市场参与者之间的电话、电传、电报及其他通信工具进行的抽象交易网络。目前，无形市场是外汇市场的主要组织形式，因其最早产生于英国、美国，故又称"英美式市场"。与有形市场相比，无形市场具有以下优势：（1）市场运作成本低。有形市场的建立与运作，依赖于相应的投入与费用支出如交易场地的购置费（租金）、设备的购置费、员工的薪金等；无形市场则无须此类投入。（2）市场交易效率高。无形市场中的交易双方不必直接见面，仅凭交易网络便可达成交易，从而使外汇买卖的时效性大大增强。（3）有利于市场一体化。在无形市场，外汇交易不受空间限制，通过网络将各区域的外汇买卖连成一体，有助于市场的统一。

（二）根据外汇交易主体的不同，分为银行间市场（inner-bank market）和客户市场（customer market）

银行间市场，亦称"同业市场"，是由外汇银行之间相互买卖外汇而形成的市场。银行间市场是现今外汇市场的主体，其交易量占整个外汇市场交易量的90%以上，又称"外汇批发市场"。客户市场，指外汇银行与一般顾客（进出口商、个人等）进行交易的市场。客户市场的交易量占外汇市场交易总量的比重不足10%，又称"外汇零售市场"。

此外，外汇市场还有广义与狭义之分。广义外汇市场包括银行间市场与客户市场，狭义外汇市场则仅指银行间市场。

三、外汇市场的结构

（一）外汇市场的参与者

外汇市场的参与者，包括外汇银行、外汇经纪人、中央银行和顾客四部分。

外汇银行亦称外汇指定银行（appointed or authorized bank），是由中央银行指定或授权经营外汇业务的银行。它包括专营外汇业务的本国专业银行，兼营外汇业务的本国商业银行和其他金融机构，以及外国银行设在本国的分支机构或其他金融机构。作为国际外汇市场的主要参与者，外汇银行一方面代顾客买卖外汇和安排外汇交易，以满足客户保值或套利的需要，并从中收取服务费或手续费；另一方面以自己的账户直接进行外汇交易，通过头寸调度保值或获利。

外汇经纪人（foreign exchange broker），即中介于外汇银行之间，或外汇银行与顾客之间，为买卖双方接洽业务并收取佣金的汇兑商。他们利用各种通信工具与各外汇银行、进出口商、跨国公司保持联系，掌握外汇市场的供求信息，媒介外汇买卖双方成交。因此，外汇经纪人对外汇市场的主要贡献是起联络作用。最初，外汇经纪人并不为自己的账户做交易，而只为客户提供代理买卖。国际贸易和金融的快速发展促使外汇业务迅速扩张，也为外汇经纪人扩大业务范围和规模提供了机会。目前，部分信用较高、资金较雄厚的外汇经纪人除了代客买卖外汇外，也从事自营外汇交易。经纪人要处理当事人提出的合理要求，提供快捷和可靠的服务，必须拥有先进的设备和熟练的技术人员。

中央银行作为管理一国货币流通和监控一国金融体系的官方机构，在外汇市场上除了充当市场监管者的角色外，还必须经常介入外汇交易市场，维持本币的稳定，保证国内货币政策的妥善实施。无论是外汇银行，还是一般客户，出于实际需求或趋利行为，不可避免地造成一国货币汇率的波动，中央银行有责任缓和本币汇率的波动程度，以免对进出口贸易和国际收支乃至整个经济发展造成不利影响。从20世纪30年代开始，美、英等金融市场发达的国家就设立了"外汇平准账户"，此后各国纷纷效仿设立类似的外汇账户来干预市场。随着国际经济和金融合作的加强，一国中央银行在外汇市场的职责已不仅限于维持本币的稳定性，有时还要参与某一地区或某一经济联合体内的市场干预，称为联合干预。当然，随着各国金融市场的不断开放，中央银行将承担更大的压力。事实上，不论一国的外汇储备如何雄厚，也难以抵挡国际投机资本的冲击。所以很多国家特别是发展中国家维持本币汇率稳定，更多的是借助监管，而直接参与市场交易的方式只能作为辅助手段。例如，日本中央银行要求外汇经纪人向其报告已完成的每一笔交易的情况，对外汇活动实行严格的监督。

外汇市场的顾客包括进出口商、国际投资者、旅游者、保值性的外汇买卖者和投机性的外汇买卖者。这类参与主体进行交易的主要目的是：（1）满足进出口收付款项的需要；（2）清算对外投资产生的外币债权债务；（3）证券买卖及红利和股息的收回；（4）避免汇率风险或其他风险；（5）利用各金融中心的价格不平衡获取利润；（6）捐赠。从交易目的不难发现，顾客是外汇市场的最初供应者和最终需求者，他们参与市场的内容和项目几乎涵盖了国际收支经常账户和资本金融账户的全部。

（二）外汇交易的层次

一般地，外汇交易可以分为三个层次，即外汇银行与顾客之间的交易、外汇银行之间的交易和外汇银行与中央银行之间的交易。

银行与顾客之间的外汇交易往往是出于国际结算中收付货款的需要，故主要是本币与外币之间的兑换。在与顾客的外汇交易中，银行一方面从顾客手中买入外汇，另一方面又将外汇卖给顾客，实际上是在外汇的最初供给者与最终需求者之间起中介作用，赚取外汇的买卖差价。

银行间外汇交易往往源于银行在为顾客提供外汇买卖中介服务时，经常出现营业日内外汇买入额与卖出额不平衡的情况。如果某一币种的购入额多于售出额，则银行该币种外汇头寸出现多头（long position）或超买（overbought）；如果某一币种购入额低于出售额，则银行该币种外汇头寸出现空头（short position）或超卖（oversold）。多头和空头统称"敞口头寸"（open position）。为了规避汇率变动的风险，银行必须遵循买卖平衡的原则，主动参与银行间市场的交易以轧平各币种的头寸，将多头抛出，空头补进。这种头寸抛补业务又称外汇头寸调整交易。银行进行外汇交易，也可出于投机获利的目的。银行同业间交易汇集了外汇市场的供求流量，由此决定着汇率的高低。在外汇市场上，实力雄厚的大银行凭借其先进的电信设备、高素质的外汇交易员及广泛的代理行关系处于"造市者"地位。这些银行对某种货币的买卖报价可以直接影响该种货币的汇率。

外汇银行与中央银行之间的交易源于中央银行对外汇市场的干预。当某种外币汇率上涨高于期望值时，中央银行就会向外汇银行出售该种货币，促使汇率下跌；反之，当某种外币汇率下跌低于期望值时，中央银行就会从外汇银行处购入该种外币，使其汇率上升。

四、外汇市场的作用

（一）国际清算

因为外汇就是作为国际间经济往来的支付手段和清算手段的，所以清算是外汇市场的最基本作用。

（二）兑换功能

在外汇市场买卖货币，把一种货币兑换成另一种货币作为支付手段，实现了不同货币在购买力方面的有效转换。国际外汇市场的主要功能就是通过完备的通信设备、先进的经营手段提供货币转换机制，将一国的购买力转移到另一国交付给特定的交易对象，实现国与国之间货币购买力或资金的转移。

（三）授信

由于银行经营外汇业务，它就有可能利用外汇收支的时间差为进出口商提供贷款。

（四）套期保值

即保值性的期货买卖。这与投机性期货买卖的目的不同，它不是为了从价格变动中牟利，而是为了使外汇收入不会因日后汇率的变动而遭受损失，这对进出口商来说非常重要。如果当出口商有一笔远期外汇收入，为了避开因汇率变化而可能导致的风险，可以将此笔外汇当作期货卖出；反之，进口商也可以在外汇市场上购入外汇期货，以应付将来支付的需要。

（五）投机

即预期价格变动而买卖外汇。在外汇期货市场上，投机者可以利用汇价的变动谋利，产生"多头"和"空头"，对未来市场行情下赌注。"多头"是预计某种外汇的汇价将上涨，即按当时价格买进，而待远期交割时，该种外币汇价上涨，按"即期"价格立即出售，就可谋取汇价变动的差额。相反，"空头"是预计某种外币汇价将下跌，即按当时价格售出远期交割的外币，到期后，价格下降，按"即期"价买进补上。这种投机活动，是利用不同时间外汇行市的波动进行的。在同一市场上，也可以在同一时间内利用不同市场上汇价的差别进行套汇活动。

五、外汇市场的市场职能

外汇市场的功能主要表现在三个方面，一是实现购买力的国际转移，二是提供资金融通，三是提供外汇保值和投机的市场机制。

（一）实现购买力的国际转移

国际贸易和国际资金融通至少涉及两种货币，而不同的货币对不同的国家形成购买力，这就要求将该国货币兑换成外币来清理债权债务关系，使购买行为得以实现。而这种兑换就是在外汇市场上进行的。外汇市场所提供的就是这种购买力转移交易得以顺利进行的经济机制，它的存在使各种潜在的外汇售出者和外汇购买者的意愿能联系起来。当外汇市场汇率变动使外汇供应量正好等于外汇需求量时，所有潜在的出售和购买愿望都得到了满足，外汇市场处于平衡状态之中。这样，外汇市场提供了一种购买力国际转移机制。同时，由于发达的通信工具已将外汇市场在世界范围内联成一个整体，使得货币兑换和资金汇付能够在极短时间内完成，购买力的这种转移变得迅速和方便。

（二）提供资金融通

外汇市场向国际间的交易者提供了资金融通的便利。外汇的存贷款业务集中了各国的社会闲置资金，从而能够调剂余缺，加快资本周转。外汇市场为国际贸易的顺利进行提供了保证，当进口商没有足够的现款提货时，出口商可以向进口商开出汇票，允许延期付款，同时以贴现票据的方式将汇票出售，拿回货款。外汇市场便利的资金融通功能也促进了国际借贷和国际投资活动的顺利进行。美国发行的国库券和政府债券中很大部分是由外国官方机构和企业购买并持有的，这种证券投资在脱离外汇市场的情况下是不可想象的。

（三）提供外汇保值和投机的机制

在以外汇计价成交的国际经济交易中，交易双方都面临着外汇风险。由于市场参与者对外汇风险的判断和偏好的不同，有的参与者宁可花费一定的成本来转移风险，而有的参与者则愿意承担风险以实现预期利润。由此产生了外汇保值和外汇投机两种不同的行为。

在金本位和固定汇率制下，外汇汇率基本上是平稳的，因而就不会形成外汇保值和投机的需要及可能。而浮动汇率下，外汇市场的功能得到了进一步的发展，外汇市场的存在既为套期保值者提供了规避外汇风险的场所，又为投机者提供了承担风险、获取利润的机会。

资料链接 5 - 8

没有硝烟的 2014 货币战

2014 年全球货币市场可谓"几家欢喜几家愁"，美元涨势依旧，牛市开端才启；欧元、日元则陷入量化宽松之痛；最惨烈的是卢布，下跌趋势仍难停止；而走过升值周期的人民币又忙着四处突击。2015 年全球市场被埋下众多变数。2014 年，伴随着乌克兰冲突的持续发酵、大宗商品繁荣期退潮、国际油价的大幅下跌等事件，外汇市场一扫前几年的低迷，开始蠢蠢欲动。但几家欢喜几家愁，当美元走出十年一遇的牛市行情时，日元和欧元却因为通缩魔咒而"跌跌不休"。年末，卢布更是上演了惊险的跳水行情，为新兴市场货币 2014 年的颓势写下了最深刻的注解。当世界主要货币都在波动之时，人民币的国际化之路却走得顺风顺水。2014 年，中国人民银行"连下八城"分别"攻克"新西兰、瑞士、俄罗斯等国家，与对方达成货币互换协议，为建设覆盖全球的人民币离岸中心铺平了道路。而离岸人民币债券市场的火热以及英国发行人民币国债的里程碑事件，都显示人民币国际化正迈入新的起点。

历史总是惊人的相似，美元的表现曾让分析师惊叹重回 20 世纪 90 年代的好时光，卢布的雪崩也让俄罗斯人民重新体会了 1998 年金融危机的寒意。金融市场的变动总是见之于微末，2014 年全球货币市场，或许正在扇动那只蝴蝶的翅膀。

资料来源：唐逸如. 没有硝烟的 2014 货币战（2014 回眸·前瞻 2015）［N］. 国际金融报，2014 - 12 - 29.

第六节　金融衍生工具市场

一、金融衍生产品市场概述

金融衍生产品（derivative financial products,）是指在基础金融产品（工具）或原生金融产品（工具），如股票、债券、存单和货币等基础上派生出来的一类金融资产（产品或工具），如金融远期合约、金融期货、金融期权和金融互换等。金融衍生产品的价值取决于其赖以存在的基础金融资产的价格及其变化。

金融衍生产品市场是指以金融衍生产品作为交易对象的金融市场。其主要参与者包括商业银行、证券公司、投资银行、投资基金、工商企业和个人等。主要交易方式有交易所内交易、场外交易和电子自动配对系统交易三种形式。与其他金融市场相比，金融衍生产品市场具有以下特点。

（1）交易对象的虚拟性。金融衍生产品市场的交易对象是合约，而非合约所载明的标的物，它独立于现实资本的运动之外，却能给交易者带来一定的收入。

（2）具有高财务杠杆性。交易者只需交付一定比率的保证金就可以将手中的资金放大数十倍以上进行投资。

（3）定价的复杂性。由于金融衍生产品是由基础金融产品的未来价值衍生而来，而未来价值是难以预测的，因此，需要基于对历史数据的分析，运用复杂的数学模型来对未来的价格进行预测。此外，为了提高交易的灵活性和规避风险的需要，交易者往往将一般的金融衍生产品进行改造或组合而形成新的衍生产品，这也增加了定价的难度。

（4）交易风险大。金融衍生产品产生的初衷是为了转移风险，然而由于其具有高财务杠杆特性，所以它不但没有消除风险，反而在一定程度上放大了风险。在金融衍生产品交易中，交易者不仅要面临较大的市场（价格）风险，而且还要面临着信用风险、流动性风险、操作风险、结算风险和法律风险等。因此，金融衍生产品市场是一个风险市场。

（5）交易成本低。金融衍生产品市场的交易效率高、费用低，交易者可以用较少的资金达到保值或投机的目的，因此交易成本较低。

（6）全球化程度高。金融衍生产品市场的开放性较强，特别是随着电子化交易的兴起，交易者可以迅速地、低成本地进入任何一个市场进行交易，因此它已经形成了一个世界范围的市场。

从合约类型看，衍生金融产品主要可以分为远期（forwards）、期货（futures）、期权（options）和互换（swaps）等类型，其他任何复杂的合约都是以此为基础演化而来的。下面来分别进行介绍。

资料链接 5－9

我国金融衍生品市场的发展历程

以 1990 年 10 月 12 日郑州粮食批发市场的开业为标志，我国衍生品市场已经走过了二十多年的发展历程。商品期货市场建立后不久，我国就推出了早期的金融期货，包括外汇期货、国债期货、股票指数期货、认股权证等金融衍生品。根据市场形势和发展状况，可以把我国金融衍生品市场发展进程划分为 1992 年 6 月 ~1995 年 5 月的初步尝试阶段、1996 年 6 月 ~2004 年的停滞阶段和 2005 年 6 月以来的恢复发展阶段。

1992 年 6 月 1 日，上海外汇调剂中心率先推出外汇期货，进行人民币与美元、日元、德国马克的汇率期货交易，但当时的汇率期货交易并不活跃，并且存在许多违法经营活动，1993 年，上海外汇调剂中心停止人民币汇率期货交易。后来成立的中国外汇交易中心于 1995 年试行人民币远期交易，也没有取得成功。海南证券交易中心于 1993 年 3 月推出 8 个品种的股票指数期货交易，标的物为深圳综合指数和深圳 A 股指数，仅仅运营半年时间就由于严重投机全部平仓停止交易。1992 年 12 月，上交所首先向证券公司推出了国债期货交易，并于 1993 年 12 月正式推出了我国第一张国债期货合约，进一步向全社会公众开放。而后北京交易所、广州商品交易所、武汉证券交易所等地共计 13 家证券交易所或证券交易中心相继开办了国债期货交易。到 1995 年，各地挂牌的国债期货合约已达 60 多个品种，但是由于投机气氛浓厚，出现了"327 国债事件"等严重违规操作现象，造成价格异常波动，市场极度混乱。1995 年 5 月，中国证监会发布《关于暂停国债期货交易试点的紧急通知》，我国金融衍生品市场的初步尝试以失败而告终。

2005 年 5 月 16 日，中国人民银行发布《全国银行间债券市场债券远期交易管理规定》，6 月 15 日，工商银行和兴业银行做成首笔银行间市场债券远期交易。这是我国银行间市场首只真正的衍生产品，也标志着我国金融衍生品市场恢复发展的开始。同年 8 月，中国人民银行发布了《关于扩大外汇指定银行对客户远期结售汇和开办人民币与外币掉期业务有关问题的通知》，建立银行间人民币远期市场，并正式引入人民币远期询价交易，初步形成有代表性的国内人民币远期汇率。债券远期交易和远期外汇的推出，标志着场外金融衍生品市场的大幕拉开。此后，人民币结构性理财产品（2005 年 8 月）、人民币利率互换（2006 年 1 月）、人民币外汇掉期（2006 年 4 月）陆续推出。2005 年，我国证券市场的首只统一指数——沪深 300 指数发布，次年 4 月，沪深 300 指数被定为首个股指期货标的。2006 年 9 月 8 日，国内以金融期货交易为目标的中国金融期货交易所在上海挂牌成立。2006 年 10 月 30 日，股指期货仿真交易启动，2010 年 1 月 8 日，国务院原则上同意推出股指期货和开展融资融券试点，2010 年 4 月，正式推出股指期货交易。2013 年 8 月 6 日，上海证券交易所通知券商将正式组织开展个股期权全真模拟交易。2013 年 9 月 6 日，国债期货正式在中国金融期货交易所上市交易。2013 年 9 月，郑州商品交易所开展白糖期货期权全真模拟交易。2015 年又推出 10 年期国债期货交易。并开启上证 50ETF 期权交易，为经济转型升级提供方向性和波动性风险管理工具。

资料来源：刘伟琳，赵文荣. 我国衍生品市场发展的历程回顾、现状分析与前景展望. 理论界，2010（9）.

二、远期合约市场

远期合约是交易双方按约定的价格在将来某一日期买卖某项约定数量资产的协议。它是最简单的一种衍生金融产品和工具。远期合约的实物交割虽然在未来某个约定的期限进行，但是交割价格和数量在合约签订时就已经确定。在远期合约到期时，交易双方必须进行实物交割。一般情况下，卖方并不一定拥有某项约定的资产，他可以在合约到期时从现货市场上购入来履行合约。因此，一个有效率的远期合约市场，必须有一个流动性很强的现货市场作为基础。

远期合约是为了适应规避现货交易风险的需要而产生的，它是一种非标准化的合约交易，不在规范的交易所内进行，一般不可以转让。远期合约的最大优点是交易的灵活性大，交易合约可以通过交易双方协商达成。但是，远期合约市场也存在着诸多缺点：（1）由于远期合约的非标准化和交易场所的不固定，使得远期合约市场难以形成统一的市场价格，市场效率低；（2）由于每份合约千差万别，导致远期合约的流通转让不方便，流动性较差；（3）远期合约的履行没有保证，违约风险较高。

金融远期合约主要有远期利率协议和远期外汇合约和远期股票合约。

三、金融期货市场

金融期货合约（financial futures）是交易双方在期货交易所以公开竞价的方式达成某项金融资产的交易，并按约定的交易价格在将来某一日期进行交割的标准化协议。因此，金融期货交易的实质是一种标准化了的远期交易。金融期货交易是在金融远期交易的基础上发展起来的，两者均采取先成交、后交割的方式进行交易。但是，两者又有很大的区别：

（1）合约内容不同。金融期货合约是标准化的，对交易金额、币种和交割日期等内容都有固定的格式和标准；而金融远期合约是由交易双方自行商定达成的，没有固定的格式和标准。

（2）交易方式不同。金融期货合约的交易必须在有组织的交易所内，通过公开竞价的方式进行；而金融远期交易则为场外交易，可以通过电话、电传等方式进行，因而不受时间和空间的限制。

（3）现金流动的时间模式不同。金融远期交易通常不需要缴纳保证金（margin），合约到期后一次性结算；而金融期货交易则不同，必须在交易前按合约金额的一定比例缴纳保证金，并由清算公司逐日进行结算，如有损失且账面保证金低于规定的数额时，必须及时补足。因此，金融期货交易的违约风险远低于金融远期交易。

金融期货主要有利率期货、股票（价格）指数期货和外汇期货等。

（一）利率期货

利率期货是指买卖双方同意在约定的将来某个日期按约定的条件买卖一定数量的某种长期信用工具（如固定收益证券或定期存款）的合约。因为债券的价格同其利率负相关，这些期货合约的价格都受利率波动的影响，所以它们被称为利率期货。利率期货可以用来防范利率风险。举例来说，假定某人预计在3个月后能有一笔收入，他准备用来购买短期政府债券。但是他又担心3个月后政府债券利率下降（这也就意味着政府债券的价格上升）使他蒙受损失。这时他就可以先买入一定数量的政府债券期货。假定3个月后利率真的下降，他在现货市场上就会有损失，因为政府债券的价格上升后他能够购买的债券数量减少了；但是这种损失可以在期货市场上得到弥补，因为此时债券期货的价格也必将随着现货价格的上升而上升，从而为他带来一定的价差收入。

案例5-1

1996年7月中旬，第一银行的决策者需要对该行未来的一笔投资做出抉择。该行在未来2个月内将有一笔100万美元的现金收入，拟定用来投资3个月期限的欧洲美元定期存款，目前的市场利率是8.80%。决策者担心市场利率会下降，于是决定在期货市场上购买欧洲美元期货合约，以保证此笔资金再投资时的收益率不下降（见表5-5）。

表 5-5　　　　　　　　　　该行利率期货交易的操作过程

日　期	现货市场	期货市场
7 月 20 日	市场利率：8.80%	银行买进一张 12 月份到期的 3 个月期的欧洲美元期货合约（面值为 100 万美元），利率 9.10%，价格 90.90 万美元
9 月 22 日	银行投资 100 万美元购买 3 个月期的欧洲美元定期存款，利率为 8.55%	银行卖出一张 12 月份到期的 3 个月期的欧洲美元期货合约，利率 8.82%，价格 91.18 万美元

第一银行为避免未来一笔投资因市场利率可能下降而导致的收益率下降，而在期货市场上买入了欧洲美元利率期货合约，如果不计期货交易的手续费，其投资损益情况计算如下：

现货市场损失：$1000000 \times (8.80\% - 8.55\%) \times \dfrac{90}{360} = 625$（美元）

期货市场收益：$1000000 \times (9.10\% - 8.82\%) \times \dfrac{90}{360} = 700$（美元）

总收入：$1000000 \times 8.55\% \times \dfrac{90}{360} + 700 = 22075$（美元）

投资收益率：$\dfrac{22075}{1000000} \times \dfrac{360}{90} = 8.83\%$

从上面的计算中可以看出，由于市场利率下降，该银行虽然在现货市场上损失了 625 美元，但在期货交易中获得了 700 美元的利润，从而将利率下降的风险转嫁给了期货市场上的投机者。该银行此笔投资的收益率甚至超过了当初的市场利率（8.83% > 8.80%）。期货交易减少或消除了因利率变动而产生的收益不确定性，从而能"锁定"银行的收益率。

（二）股票指数期货

股票指数期货是指买卖双方同意在将来某个日期按约定的价格买卖股票指数的合约。最早出现的股票指数期货是 1982 年 2 月由美国的堪萨斯交易委员会引入的价值线股票指数期货。紧随其后的是芝加哥商品交易所的指数和期权市场分部推出的标准普尔 500 股票指数期货。该股票指数期货一经推出便受到许多机构投资者的欢迎，交易量迅速上升成为最重要的股票指数期货。后来陆续推出的股票指数期货还有纽约期货交易所的纽约证券交易所综合指数期货和芝加哥交易委员会的主要市场指数期货等。

案例 5-2

股票指数期货交易是一种典型的"数字游戏"。因为它买卖的不是任何一种具体的商品或者金融资产，而是根本无法实际交割的"数字"。以标准普尔 500 指数期货为例，它的面值为某一指数乘以 500 美元。它有 3 月、6 月、9 月和 12 月 4 个到期月份。假定在 4 月的某一天，6 月份到期的指数期货为 420.80 点，那么该期货合约的面值就为 $420.80 \times 500 = 210400$（美元）。它的最小变动幅度为 0.05 点，也就是 $0.05 \times 500 = 25$（美元）。假如你断定在未来一段时间内，标准普尔指数将上涨，你就可以在现在买进一份 6 月份到期的股票指数期货。如果一个月后现货市场上的标准普尔指数真的上涨了，那么它必然带动 6 月份到期的指数期货的上涨。假定该指数期货也跟着上涨到 435.80 点，此时你将先前买入的那份指数期货抛出便可获利 $(435.80 - 420.80) \times 500 = 7500$（美元）。

（三）外汇期货

外汇期货是指买卖双方同意在将来某个日期按约定的汇率买卖一定数量某种外币的合约。例如假定在 5 月 1 日某公司有 100 万暂时闲置的美元可以进行 3 个月的短期投资。当时英镑的存款利率高于美元，所以该公司打算把美元换成英镑存款，但是它又担心 3 个月后英镑贬值反而得不偿失，则这时候就可以利用期货市场来套期保值。该公司可以在现货市场上买进价值 100 万美元的英镑并把它变成 3 个月的存款，同时在期货市场上卖出金额大致相当的 9 月份英镑期货。这样一旦 3 个月后英镑真的贬值，那么它的期货价格也将下降，该公司就可以在现汇市场卖出英镑的同时，在期货市场上买进与先前卖出数量相同的 9 月份英镑期货，从而消除其英镑期货的多头地位，并获得差价以此来弥补它在现货市场上的损失。

资料链接 5 – 10

中国金融期货市场的尝试及教训

我国金融期货市场尚处于试点起步阶段。曾开设和即将开设的主要品种有人民币外汇期货、国债期货、股票指数期货等，这些有益的试点工作开创了新中国成立以后金融期货的先例。为我国金融期货市场积累了许多宝贵的经验和教训。

1. 外汇期货市场

历史上，中国曾经对外汇期货有过短暂的尝试，1992 年 6 月 1 日，中国开始在上海外汇调剂中心试办外汇期货交易，首次成交 620 万美元。此次外汇期货交易试点的外汇品种有美元、英镑、德国马克、日元和港元，交易时间为周一、二、四、五下午 2：30 ~ 3：30。具体的交易规则参照了国外外汇期货交易的普遍做法，并结合中国的实际情况设计了外汇期货标准合约。

但是，由于当时的市场需求小，交易量也很小，经过半年的运转，到 1992 年年底上海外汇期货市场共成交标准合约 10813 份，金额 21626 万美元。与此形成鲜明对比的是，当时上海外汇现汇交易额每天为 3000 多万美元。鉴于此种情况，1993 年 2 月 1 日，国家外汇管理局发布了《关于适当放开金融机构代客户办理外汇买卖业务的通知》，规定经国家外汇管理局及其分局批准，企事业单位自有的外汇现汇，可委托有权经营外汇买卖业务的金融机构办理即期或者远期外汇买卖，希望以此扩大外汇期货的需求，促进外汇期货市场的发展。

但是在当时，中国对外汇交易的监管更注重事前审批，而对交易中和交易后的监管没有相应的措施，因而出现了诸多违规甚至违法的交易活动。例如，未经批准而从事外汇衍生品交易的机构大量存在，其中部分与境外机构勾结，打着期货咨询和培训的名号非法经营外汇期货；有的期货经营机构以误导下单和私下对冲等欺诈手段骗取客户资金；有的机构进行大量的逃汇套汇活动。这些非法交易不仅扰乱了金融管理秩序，造成外汇管理混乱，还给企业和个人造成了相当大的损失，致使经济纠纷事件不断增加。

由于中国外汇期货市场仍然相当混乱，1994年12月14日，中国证监会、国家外汇管理局、国家工商行政管理局、公安部发布并贯彻执行《关于严厉查处非法外汇期货和外汇按金交易活动的通知》，通知中指出：外汇期货交易具有很强的投机性和风险性，目前在中国开展这项交易有很大弊端，已造成相当大的损失，在今后相当长的时间内，我国不进行这方面的试点。1995年3月29日，中国人民银行又发布了《关于禁止金融机构随意开展外汇衍生金融工具交易业务的通知》，规定国内金融机构一律不得开展投机性外汇衍生工具业务，国内金融机构可根据需要适当进行保值性外汇衍生工具交易。随着这一系列法规的出台，中国证监会在国家外汇管理局、工商和公安部门的配合下对外汇期货市场进行了实质性的整顿，停止了各期货经纪公司、非银行金融机构和各类咨询公司开展的外汇期货交易，对期货经纪业务实行许可制度。自此中国外汇期货市场的发展已基本陷入停滞，究其原因，总的说来主要有以下几个：

第一，外汇期货经纪商的质量参差不齐。由于外汇期货业务在中国仍是新生事物，监管部门和社会大众对其的认识普遍不足，因此在外汇期货市场运行中，部分经纪商屡屡违法违规。

第二，当时的金融体制制约了外汇期货市场的发展。首先，当时的信贷计划指标使得需要追加外汇期货保证金的企业难以获得资金，所以只能被迫强行平仓而造成不菲的损失；其次，当时企业用汇需凭进口合同和境外金融机构的支付通知，个人用汇的获得仍有诸多限制，而外汇期货需要用美元结算，这样实际上就限制了外汇期货市场的参与者和需求量。

第三，社会的外汇风险意识和市场参与意识还不够。由于对外汇期货市场知识的缺乏，外汇持有者往往将外汇存入银行而不进行保值。加上当时企业制度不完善，特别是国有企业的激励机制和风险机制缺乏，使得很多企业并没有进行外汇保值的动力。从中国期货市场制度来看，一直都是坚决反对投机行为的，这无疑降低了外汇期货市场的活跃性和交易量，也使得外汇期货市场更难普及。

中国上海外汇调剂中心1992年试办人民币外汇期货交易给我们的启示是，不能脱离金融衍生市场生存和发展的基础来随意地塑造市场。一个成功的外汇期货市场的诞生和发展必须要有一系列基础条件，包括充分的市场需求、完善发达的基础市场、市场化的汇率和利率形成机制、作为完整经纪人的交易者、成熟的法律框架和完整的制度体系。

资料来源：孟繁超．中国发展外汇期货市场的路径选择［J］．中国市场，2014（42）：58-59.

2. 国债期货市场

国债期货是利率市场化的产物，随着利率市场化改革的推进而发展。利率限制的逐步取消会扩大利率的波动幅度，并使利率波动更加频繁。而期货合约的交易是通过公开竞价持续进行的，期货交易的参与者可以得到更多的价格信息并将其传递给现货市场的交易者；并且国债期货跨市场的套期保值交易可以使利率风险在不同的投资者之间进行转移和再分配。这就是国债期货的两大核心市场功能——价格发现功能和利率风险规避功能，它能帮助投资者有效地参与交易、避免损失。

2015 年 10 月 24 日起，我国取消存款利率上限，我国的利率市场化改革迈出最后关键一步，可以说利率市场化改革基本完成。当然，我国的利率市场化还需进一步完善，包括要继续完善统一的市场收益率曲线等。国债收益率曲线是金融市场中长期资金的基准利率，是市场化利率体系中的重要组成部分，国债期货对于促进利率市场化的后续发展要继续发挥重要作用，因此对利率市场化改革基本完成后的国债期货两大核心市场功能进行深入研究十分必要。

据此，提出以下建议：

第一，继续大力发展期货市场，丰富国债期货产品体系。目前我国期货市场上的产品品种较少，不能有效吸引投资者参与其中。可适当加快推出短期和长期国债期货品种，扩大国债期货市场规模，促进国债收益率曲线长短两端的市场发展，使国债期货在利率传导体系中发挥更大效用。

第二，健全国债期货的市场机制，保持套期保值者参与比例。随着市场要求的套期保值率的提高，完善的市场机制可以为套期保值者提供良好的交易环境，鼓励投资者进行套期保值，从而避免国债期货市场价格的剧烈波动，促进国债期货市场功能的实现。

第三，培养国债期货领域的专业人才，加强国债期货研究。在人才培养方面，既要加强对现有相关从业人员的培训，也要注重从国外引进本领域的高层次人才。

此外，国债期货市场的发展及其功能的完善也离不开深入的国债期货研究，因此要加大对期货产品及其市场运行的科研投入，并注重相关研究成果的转化和应用。

资料来源：谢太峰，刘格华. 我国国债期货的市场功能研究——基于利率市场化改革基本完成前后的实证对比分析 [J]. 金融理论与实践，2018 (1)：14-19.

四、金融期权市场

金融期权（financial option）是赋予其持有者在约定的期限内，按照约定的价格买进或卖出一定数量的相关金融资产，或者放弃买卖相关金融资产的一种权利。为了取得这种权利，期权的买方需向卖方支付一定的费用，这一费用被称为保险费（premiun）、期权费或期权价格。期权合约中约定的买入或卖出相关金融资产的价格，称为约定价格、交割价格或执行价格（strike price or exercise price）。

在期权交易中，买卖双方在权利和义务上有着明显的不对称性。对期权的买方来说，金融期权是一种权利而非义务，即买方不负有买进或卖出的义务，在合约有效期内，他可以行使或放弃权利的执行；而对期权的卖方来说，由于收取了一定的费用，他承担了在合约期内根据买方要求履行合约的义务和责任。

金融期权交易是在金融期货交易基础上发展起来的，而且两者的交易对象都是标准化合约。但是，两者仍然存在一定的差别：

（1）买卖双方的权利与义务不同。在期货交易中，买卖双方都被赋予了同等的权利和义务；而在期权交易中，买方拥有执行与不执行合约的选择权，但卖方却只有满足买方履约的义务。

（2）履约保证金的规定不同。在期货交易中，买卖双方都要缴纳一定数量的保证金；而在期权交易中，买方只需缴纳期权费，仅卖方尤其是无担保期权的出售者才需缴纳保证金。

（3）价格风险不同。在期货交易中，市场风险取决于价格变动幅度，买卖双方的风险都是无限的；而在期权交易中，买方的风险是有限的，最大限度为期权费，但期权卖方的风险却是无限的。

根据购买方的权利，金融期权有看涨期权和看跌期权两种类型。看涨期权（call options）又称为买进期权（buying options）或多头期权（long position options），指买方预计某种金融产品将会涨价，而向卖方支付一定的期权费，在合约有效期内买方有权在某确定的时间按事先约定的价格购买相关金融资产的权利。看跌期权（put options）又称为空头期权（short position options）或卖出期权（selling options），指买方预计某种金融产品将会跌价，而向卖方支付一定的期权费，在合约有效期内，买方有权在某一确定的时间按事先约定的价格出售相关金融资产的权利。

根据履约时间的不同，金融期权有美式期权和欧式期权两种类型。美式期权（American style option）的执行较为灵活，它可以在合约到期前的任何时间向对方宣布决定执行或不执行期权合约。欧式期权（European style option）只能在合约到期日向对方宣布决定执行或不执行期权合约。

金融期权交易主要有外汇期权、利率期权、股票期权和股票（价格）指数期权等几种形式。无论是哪种期权交易，期权的定价都最为关键。但是，期权的定价十分复杂，布莱克－斯科尔斯期权定价模型（Black-Scholes option pricing mode）的提出，奠定了期权定价的理论基础。

期权价格是期权的买方为取得期权合约而支付给卖方的费用，即期权费。理论上说，期权的价格由两部分组成：一是内在价值（intrinsic value）；二是时间价值（time value），期权的内在价值是指期权买方在立即执行期权时可以获得的收益，而期权的时间价值则是指在期权有效期内基础资产市场价格变动为期权持有者带来获利潜力的价值。一般来说，期权合约越接近到期日，其时间价值越小，在到期日时间价值为0。由于期权的时间价值不易直接计算，通常运用期权的总价值减去内在价值求得。

由于期权价格由内在价值和时间价值两部分构成，因此凡是影响内在价值和时间价值的因素，都会影响期权价格。其中，主要的影响因素有以下几个方面：

（1）期权合约的到期时间。一方面，通常期权合约的期限越长，期权价格越高。因为期限越长，未来基础资产价格上升的机会越大，这对期权买方来说获利的可能性就越高，而对期权的卖方来说则承担的风险也越大，期权价格作为期权买方对卖方所承担的风险补偿也应该相应地向上调整。另一方面，在其他条件不变的情况下，期限越长，期权持有人在未来需要支付的执行价格的现值越小，因而期权的价值也会相应地增加。这两个方面的原因共同决定了期权价格与期权合约期限长短成正相关关系。

（2）基础资产的市场价格与期权执行价格。基础资产的市场价格与期权执行价格是影响期权价格最主要的因素。因为这两个价格及其相互关系，不仅决定着期权的内在价值，而且还进一步影响期权的时间价值。对于看涨期权，其收益等于基础资产的市场价格与期权执行价格的差额，因此基础资产的市场价格越高、期权执行价格越低，看涨期权的价格就越高。对于看跌期权，其收益等于期权执行价格与基础资产的市场价格的差额，因此基础资产的市场价格越低、期权执行价格越高，看跌期权的价格就越高。

（3）基础资产价格的波动性。基础资产价格的波动性（volatility）是影响期权价格的最重要因素之一。因为波动性越大，基础资产价格上升得很高或下降得很低的机会增加了，由于期权持有者拥有在有利情况下选择执行期权合约的权利，这意味着期权持有者获得较高收益的机会也增加了，相应地期权出卖者的风险也增加了。因此，在其他条件不变的情况下，基础资产价格的波动性越大，期权的价格也越高。衡量基础资产价格波动性的指标通常是该资产收益率的方差或标准差。

（4）利率或无风险收益率。影响期权价格的另一重要因素是普通的无风险利率。利率或无风险收益率对期权价格的影响是比较复杂的。因为，一方面利率变化会影响基础金融资产的价格，进而影响期权的内在价值；另一方面，利率的变化会影响期权的持有成本（或收益），进而影响期权市场的供求关系和期权价格。具体的影响取决于两者的综合作用结果。一般地说，无风险利率上升，看涨期权的价格上升，看跌期权的价格下降。

案例 5 - 3

法国兴业银行巨亏案

案例简介：

法国兴业银行，作为法国第三大银行、世界上最大衍生交易市场的领导者，已在次贷危机中亏损20.5亿欧元。其中包括11亿欧元与美国次贷市场相关的资产、5.5亿欧元与美国债券保险商相关的资产，以及4亿欧元的其他损失。截至2008年，法国共有银行类金融机构632家，39700家分支机构，40万名雇员，ATM 51700台，共管理7200万个账户，银行业总资产77万亿欧元，其中农业信贷银行、巴黎银行、兴业银行、里昂信贷等八大银行的资产占全国银行总资产的93%。

这一年，美国次贷危机导致法国银行股成为股市重灾区，各大银行股票市值大幅缩水。

2008年1月24日，法国兴业银行负责对冲欧洲股市的股指期货交易员热罗姆·凯维耶尔利用银行漏洞，通过侵入数据信息系统、滥用信用、伪造及使用虚假文书等多种欺诈手段，擅自投资欧洲股指期货，造成该行税前损失49亿欧元（约560亿元人民币）。该行股票当天下跌4.1%。这次案件触发了法国乃至整个欧洲的金融震荡，并波及全球股市，引发暴跌。

早在2005年6月，他就利用自己高超的电脑技术，绕过兴业银行的五道安全限制，开始了违规的欧洲股指期货交易，"我在安联保险上建仓，赌股市会下跌。不久伦敦地铁发生爆炸，股市真的大跌。我就像中了头彩…盈利50万欧元。"2007年，凯维耶尔再赌市场下跌，因此大量做空，他又赌赢了。到2007年12月31日，他的账面盈余达到了14亿欧元，而当年兴业银行的总盈利不过才55亿欧元。更致命的是，该名员工利用其在兴业银行的工作经验，轻而易举地骗过了该行的安保系统。涉案的交易员已经承认了他的不当行为，而相关的解聘程序"已经启动"，兴业还对其提出了法律诉讼，相关部门的直接负责人也将离职。

该事件发生之后，兴业董事长兼总裁溥敦（Daniel Bouton）提出辞职，但董事会拒绝了他的请求。该行已就此次事件向全体股东公开致歉，法国银行业监察委员会对法国兴业银行在风险管理中的失职处以400万欧元罚款（法国银行业监察委员会对大型银行机构的最高处罚金额为500万欧元）。

经验教训：

一是高级管理层责任不明，监督不力，在银行内部未能创造有影响力的内控文化，交易员凯维耶尔长时间、多次违规操作，没有有效监督；二是对经营中的风险缺乏充分的认识和衡量，没有进行持续的监控，甚至对凯维耶尔初期违规操作"带来"的利润表示赞赏进而助长了他铤而走险；三是各级管理层之间没有完善的信息交流机制、向上级报告制度，凯维耶尔违规操作导致内控报警系统报警75次之多，竟然没有向上一级成功反映；四是问题整改机制无效，凯维耶尔用6封邮件就把问题整改搪塞过去了；五是银行交易员的薪酬问题。在欧洲银行，交易员是收入最高的群体，为丰厚的奖金所驱动，凯维耶尔以身犯险。纵观整个案例，法国兴业银行目前迫切需要解决的问题是银行内部监控管理问题。内部监控管理问题是本案例中法国兴业银行巨亏的症结所在，只有找到所在问题才能有的放矢、对症下药，实现在次贷危机、银行巨亏的双重打击之下的扭亏和复苏。

五、金融互换市场

金融互换（financial swaps）是指交易双方在约定的期限内，以事先商定的条件，交换不同的金融资产或负债的合约。从本质上说，金融互换实际上可以分解为一系列远期合约的组合，其收益曲线与远期合约大致相同。

金融互换是一种交易双方直接磋商的场外交易，交易的合约是非标准化的，一般只有大企业和金融机构才有条件参与交易。其最大的缺点是，这种交易存在较大的信用风险。

这是它和金融期货、金融期权的主要不同之处。但是，由于它具有规避风险、降低融资成本、优化资产负债管理和逃避各种金融管制的功能，所以它是增长速度最快的金融衍生工具之一。

金融互换主要有利率互换、货币互换、商品互换和股权互换等。其中，利率互换和货币互换是最重要的两种互换。

（一）利率互换

利率互换（interest rate swap）是交易双方之间达成的交换一定的现金流量的一种协议。在这个协议中，现金流量以同一种货币计价，但以不同的利率方式计算。最普通的利率互换是，互换中的一方对名义本金以固定利率计算现金流量，而另一方对名义本金则以浮动利率计算现金流量。除此之外，利率互换还有同种货币的固定利率贷款与浮动利率贷款之间的互换等。利率互换不需要交换本金，只需在约定的支付期进行利差交割，以简单的利率互换为例，利率互换一般是债务互换，它建立在交易双方在不同的利率市场上具有各自的比较优势的基础上。例如，信用评级为 AAA 的公司进行五年期的借款，若按浮动利率可以获得 LIBOR +0.5% 的报价，若按固定利率可以8.0%的利率借到资金。而对于信用评级为 BBB 的公司而言，相应的浮动利率和固定利率则分别是 LIBOR +0.9% 和8.8%。从绝对意义上讲，AAA 公司无论在固定利率还是在浮动利率方面，都比 BBB 公司有优势。但通过计算，AAA 公司和 BBB 公司两者的固定利率差为0.8%，而浮动利率差为0.4%。显然，AAA 公司在固定利率市场具有相对优势，而 BBB 公司在浮动利率市场具有相对优势。

假如 AAA 公司希望以浮动利率借到一笔款项,而 BBB 公司则希望以固定利率借到一笔同样数额的款项。最简单的办法是,AAA 公司可以按 LIBOR +0.5% 的浮动利率借款,BBB 公司可以按 8.8% 的固定利率借款。但是,由于 AAA 公司在固定利率市场有相对优势,而 BBB 公司在浮动利率市场具有相对优势,因此,不妨采取 AAA 公司以 8.0% 的固定利率、BBB 公司以 LIBOR +0.9% 的浮动利率借款,然后两者进行利率互换。同时 AAA 公司以 LIBOR 的浮动利率定期向 BBB 公司支付利率,而 BBB 公司则以 7.7% 的固定利率定期向 AAA 公司支付利率,如图 5 - 1 所示。

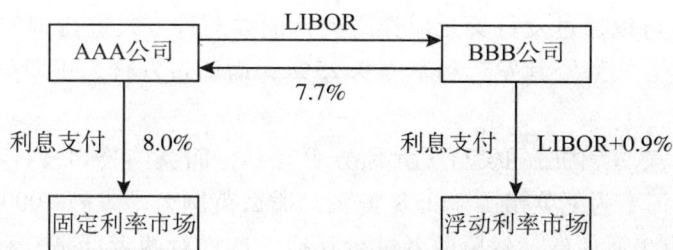

图 5 - 1 简单的利率互换

通过互换,双方的总融资成本降低了 [(8.8% + LIBOR +0.5%) - (8.0% + LIBOR +0.9%)],即 0.4%。对于 AAA 公司,实际融资成本为 LIBOR +8.0% -7.7%,即 LIBOR +0.3%,比 AAA 公司直接按 LIBOR +0.5% 浮动利率借款的成本低。而对于 BBB 公司,实际融资成本为 7.7% + LIBOR +0.9% - LIBOR,即 8.6%,比 BBB 公司直接按 8.8% 固定利率借款的成本低。

最初的互换交易是由银行以经纪人的身份安排的,此时银行在交易双方之间只起牵线搭桥的作用。由于一笔互换交易需要具有对应需要的两家客户,如果暂时无法找到对应的交易方,就无法达成交易。后来,随着互换技术的发展,银行开始直接在互换交易双方之间进行中介,如果暂时无法找到对应的交易方,银行自身会参与互换并扮演其中一方的角色。此外,银行还可以利用自己的中介优势,对不能轧平的部分进行套期保值。由于银行的中介作用,1980 年以来互换业务的交易量出现了快速的发展。

(二)货币互换

货币互换(currency swap)是交易双方之间达成的交换一定的现金流量的一种协议。在这个协议中,现金流量以不同货币计价,但以相似或不同方式的汇率(固定汇率或浮动汇率)和利率(固定利率或浮动利率)计算。

货币互换实际上可以看作是一种特殊的利率互换,它与利率互换的不同之处主要在于:(1)货币互换的利息以不同货币进行计算,而利率互换使用的是同一种货币;(2)货币互换通常在合同开始和期满时都有本金的交换(通常按即期汇率进行),而利率互换没有本金交换;(3)货币互换的双方利息支付可以是均为固定利率、均为浮动利率或一方为固定利率而另一方为浮动利率，而利率互换则多为一方为固定利率而另一方为浮动利率。

货币互换交易一般有三个基本步骤：（1）确定和交换本金。这是在互换交易初期进行的，双方按协定的汇率交换两种不同货币的本金，以便按不同的货币金额定期支付利息。（2）利率的互换。交易双方按协定的利率按未偿还本金为基础支付利息。（3）本金的再次互换。在到期日，互换双方换回期初交换的本金。例如，美国的一家跨国公司需要借入5年期1000英镑的资金用于在英国的投资，它希望通过发行5年期的英镑债券的方式来获得英镑资金，但是由于多次使用这种方式筹资很难再获得新的资金，且发行新债的利率达到5.75%。然而，该公司发行5年期的美元债券比较方便，且利率是8.85%。同时，英国的一家跨国公司需要借入一笔大约1800万美元左右的5年期美元资金用于在美国投资，它也可以通过发行美元债券或英镑债券两种方式进行筹资，但如果通过发行5年期美元债券方式筹资其发行利率为9.25%，而通过发行5年期英镑债券方式筹资其发行利率为5%。

显然，比较而言，美国公司发行美元债券更有利，而英国公司发行英镑债券更有利。假如英镑和美元的汇率为1英镑等于1.8美元，那么英国公司发行1000万英镑债券，美国公司发行1800万美元债券，然后两者进行互换，这样对两者都是有利的。于是，美国公司和英国公司达成货币互换协议，5年中由美国公司每年向英国公司以5.00%的年利率支付1000万英镑债券利息，英国公司每年向美国公司以8.675%的年利率支付1800万美元债券利息。互换以投资银行为中介进行，银行按年度本金的0.25%收取手续费。整个互换程序如下：

（1）期初交换债券。由美国公司发行1800万美元债券，英国公司发行1000万英镑债券，然后通过投资银行互换债券。

（2）期内交换利率。5年中每年由美国公司向英国公司支付1000万英镑债券利息，年利率为5.00%；每年由英国公司向美国公司支付1800万美元债券利息，年利率为8.675%。

（3）期末归还债券。期末由英国公司向美国公司归还1800万美元的债券资金，美国公司再向美元债券投资者偿还1800万美元的债券投资；由美国公司向英国公司偿还1000万英镑的债券资金，英国公司再向英镑债券投资者偿还1000万英镑的债券投资。

通过互换，双方的总融资成本利率降低了0.65%（［（8.85% + 5.00%）+（0.25% + 0.25%）］-（9.25% + 5.75%））。对于美国公司，实际融资成本利率为5.425%（（8.85% + 5.25%）- 8.675%），比直接按5.75%利率发行英镑债券的利率低。对于英国公司，实际融资成本利率为8.925%（（8.925% + 5.00%）- 5.00%），比直接按9.25%利率发行美元债券的利率低。

六、其他衍生金融产品市场

除以上主要的衍生金融产品外，还有利率上限与下限、票据发行便利、可转换债券和权证等衍生金融产品。这些衍生金融产品是上述主要衍生金融产品的简单变形或相互之间的不同组合。

（一）利率上限与利率下限

利率上限（interest rate caps）是指交易双方对未来某一时期的利率规定一个上限，如果市场利率超过了规定的上限，则由卖方将市场利率与上限利率的差额支付给买方。在签订利率上限协议时，买方必须向卖方支付一定的费用。购买利率上限是为了防止利率可能上升产生的风险。

利率下限（interest rate floors）是指交易双方对未来某一时期的利率规定一个下限，如果市场利率低于规定的下限，则由卖方将市场利率与下限利率的差额支付给买方。在签订利率下限协议时，买方必须向卖方支付一定的费用。购买利率下限是为了防止利率可能下跌产生的风险。

利率上下限（interest rate collar）是指有关当事人在买入一个利率上限的同时，卖出一个利率下限，将利率上限和利率下限组合起来使用。

（二）票据发行便利

票据发行便利（notes issuing facilities，简称 NIF）又称为票据融资或循环承购融资（revolving underwriting facilities），是指票据发行人（借款人）通过选定的承销机构（一般是辛迪加银团），循环地发行短期票据，出售给投资者，取得所需的资金。如果发行的票据不能全部售出，剩余部分则由承销机构承购，或者以提供备用信贷（stand-by credit）的形式，向发行人（借款人）提供资金。

发行人（借款人）发行的票据是短期的，如 3 个月、6 个月或 9 个月等；但承购人（辛迪加银团）的承购义务是中期的，一般为 5~7 年。因此，票据发行便利使短期货币市场和长期资本市场的界限变得模糊了。

票据发行便利是通过票据的滚动发行，使发行人达到中长期融资的目的。发行人虽然可以长期使用资金，但利息则按短期支付。因此，票据发行便利具有融资成本低、不受标准化合同约束和偿还办法灵活多样等优点。

（三）可转换债券

可转换债券（convertible bond）是一种附加可转换条款的公司债券，在协议规定的时间内，持有者可以将其作为债券持有，到期要求还本付息；也可以选择在约定的时间内，将其转换成股票，行使股东权益。可转换债券实质上是附息债券和股票看涨期权的衍生组合。可转换债券具有债权性、股权性和期权性等多重特性。

（四）权证

权证（warrants）又称为认股权证，是发行人和持有人之间达成的持有人在约定的时间内有权以约定的价格购买或卖出基础金融产品的一种契约。这里的基础金融产品既可以是个股，也可以是一篮子股票、指数、商品或其他衍生产品（工具）。与期权类似，权证实际上是运用金融工程原理对期权变形的结果，但是两者又是不同的衍生金融产品，在交易方式、发行数量和履约保障等方面都有差别。

本 章 小 结

1. 金融市场的实质内容在于市场的交易活动，每一个子市场都具有不同的交易内容和不同的交易特点。金融市场按不同的标准可以分为：短期金融市场和长期金融市场；发行市场和流通市场；有形市场和无形市场；现货市场和期货市场；地方性金融市场、全国性金融市场和国际金融市场。

2. 资本市场主要有股票市场、抵押贷款市场、债券市场。它们都具有不同的交易对象和交易特点。一级市场主要是承销和发行，二级市场主要是周转交易。

3. 货币市场主要有同业拆借市场、短期国债市场、可转让定期存单市场、商业票据市场和回购协议市场。

4. 国际黄金市场是世界各国集中进行黄金交易的一个中心。黄金市场可分为实物黄金市场和非实物交割的期货期权市场两部分。黄金价格变动的主要影响因素是黄金的供求关系、通货膨胀、货币利率和汇率、国际政治局势。

5. 外汇市场的参与者主要是为了兑换、保值和增值。外汇市场交易方式主要有即期外汇交易、远期外汇交易和掉期交易。

6. 衍生金融工具市场主要有以下几类：远期协议市场、期货市场、期权市场和互换市场。

重 要 概 念

金融市场　一级市场　二级市场　货币市场　可转让定期存单　商业票据市场　外汇市场　现汇　期汇　套汇　远期协议　利率期货　股指期货　外汇期货　期权　看涨期权　看跌期权　互换

思 考 题

1. 什么是金融市场？金融市场有哪些分类？
2. 金融市场有哪些参与者？他们各自有何交易动机？
3. 什么是资本市场？资本市场有哪些子市场？
4. 什么是股票市场？谈谈你对进一步发展我国证券市场的看法。
5. 利用股票进行融资对发行者有哪些利弊？
6. 什么是货币市场？货币市场有哪些子市场？
7. 国库券利率为什么总是低于商业票据利率，试加以解释。
8. 外汇市场有哪些交易方式？

9. 期权交易有哪些优点？

10. 某投资者在 4 月 1 日购买了 6 月 1 日到期的欧式美元看涨期权 1000 万美元，协议价格为 1\$ = 1.2000 €，期权费为每美元 0.05 欧元。若 6 月 1 日的即期汇率为：

(1)　\$1 = € 1.2200；

(2)　\$1 = € 1.3000；

(3)　\$1 = € 1.1000。

则上述三种情形中，该投资者的损益分别为多少？

案 例 题

纽约金融市场

　　纽约是世界最重要的国际金融中心之一。第二次世界大战以后，纽约金融市场在国际金融领域中的地位进一步加强。美国凭借其在战争时期积累起来的强大经济和金融实力，建立了以美元为中心的资本主义货币体系，使美元成为世界最主要的储备货币和国际清算货币。西方资本主义国家和发展中国家的外汇储备中大部分是美元资产，存放在美国，由纽约联邦储备银行代为保管。一些外国官方机构持有的部分黄金也存放在纽约联邦储备银行。纽约联邦储备银行作为贯彻执行美国货币政策及外汇政策的主要机构，在金融市场的活动直接影响到市场利率和汇率的变化，对国际市场利率和汇率的变化有着重要影响。世界各地的美元买卖，包括欧洲美元、亚洲美元市场的交易，都必须在美国，特别是在纽约的商业银行账户上办理收付、清算和划拨，因此纽约成为世界美元交易的清算中心。此外，美国外汇管制较松，资金调动比较自由。在纽约，不仅有许多大银行，而且商业银行、储蓄银行、投资银行、证券交易所及保险公司等金融机构云集，许多外国银行也在纽约设有分支机构，1983 年世界最大的 100 家银行在纽约设有分支机构的就有 95 家。这些都为纽约金融市场的进一步发展创造了条件，加强了它在国际金融领域中的地位。

　　纽约金融市场按交易对象划分，主要包括外汇市场、货币市场和资本市场。

　　纽约外汇市场是美国也是世界上最主要的外汇市场之一。纽约外汇市场并无固定的交易场所，所有的外汇交易都是通过电话、电报和电传等通信设备，在纽约的商业银行与外汇市场经纪人之间进行。这种联络就组成了纽约银行间的外汇市场。此外，各大商业银行都有自己的通信系统，与该行在世界各地的分行外汇部门保持联系，又构成了世界性的外汇市场。由于世界各地时差关系，各外汇市场开市时间不同，纽约大银行与世界各地外汇市场可以昼夜 24 小时保持联系。因此它在国际间的套汇活动几乎可以立即完成。

　　纽约货币市场即纽约短期资金的借贷市场，是资本主义世界主要货币市场中交易量最大的一个。除纽约市金融机构、工商业和私人在这里进行交易外，每天还有大量短期资金从美国和世界各地涌入流出。和外汇市场一样，纽约货币市场也没有一个固定的场所，交易都是供求双方直接或通过经纪人进行的。在纽约货币市场的交易，按交易对象可分为：联邦基金市场、政府国库券市场、银行可转让定期存单市场、银行承兑汇票市场和商业票据市场等。

　　纽约资本市场是世界最大的经营中、长期借贷资金的资本市场。可分为债券市场和股票市场。纽约债券市场交易的主要对象是：政府债券、公司债券、外国债券。纽约股票市场是纽约资本市场的一个组成部分。在美国，有 10 多家证券交易所按证券交易法注册，被列为全国性的交易所。其中纽约证券交易所、NASDAQ 和美国证券交易所最大，它们都设在纽约。

　　思考题：对比纽约，上海在建立国际金融中心的过程中还有哪些方面需要提高？

第六章

金 融 机 构

"全球性的、以科技为基础的多元化金融服务机构"是花旗银行也是全球银行业的一个共同的口号。

——沃尔特·瑞斯顿（Walter Wriston）

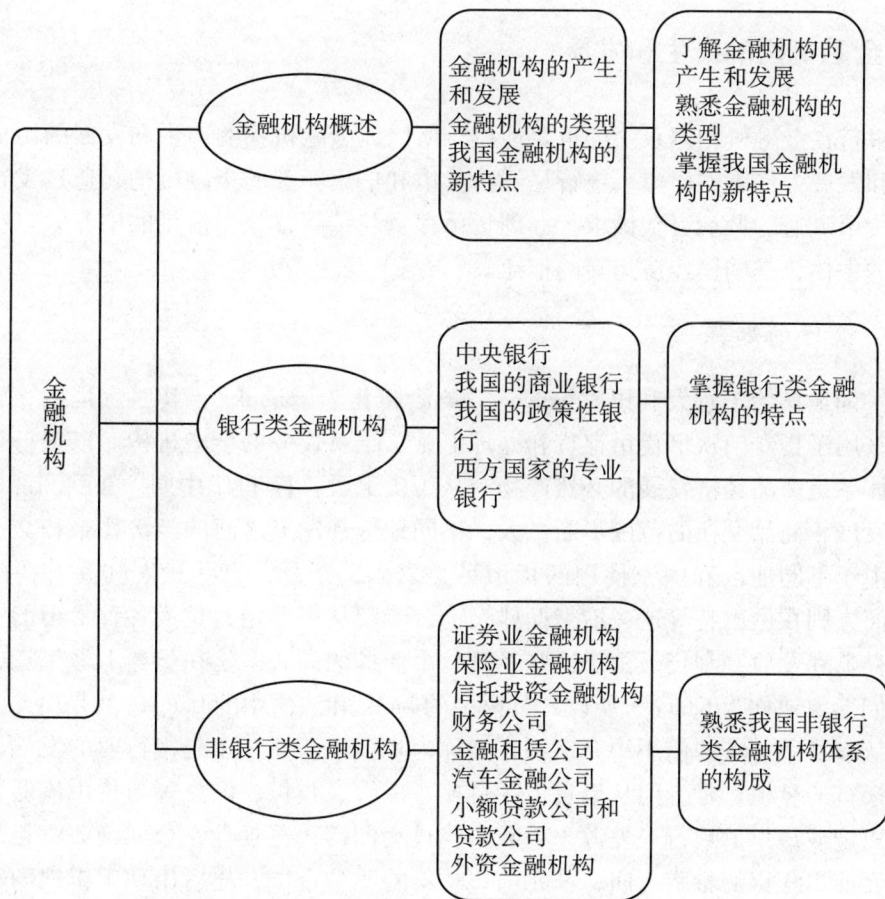

```
                          ┌─────────────┐      ┌─────────────┐
                          │ 金融机构的产生 │      │ 了解金融机构的 │
                    ┌─────│ 和发展       │      │ 产生和发展    │
                    │     │ 金融机构的类型 │──────│ 熟悉金融机构的 │
              ╱金融机构╲   │ 我国金融机构的 │      │ 类型         │
             │ 概述    │   │ 新特点       │      │ 掌握我国金融机 │
              ╲_____╱    └─────────────┘      │ 构的新特点    │
                    │                          └─────────────┘
  ┌────┐            │
  │金  │            │     ┌─────────────┐      ┌─────────────┐
  │融  │            │     │ 中央银行     │      │ 掌握银行类金融 │
  │机  │───────────┤     │ 我国的商业银行 │      │ 机构的特点    │
  │构  │      ╱银行类╲    │ 我国的政策性银 │──────│             │
  └────┘     │ 金融机构│──│ 行           │      └─────────────┘
              ╲_____╱    │ 西方国家的专业 │
                    │     │ 银行         │
                    │     └─────────────┘
                    │
                    │     ┌─────────────┐
                    │     │ 证券业金融机构 │
                    │     │ 保险业金融机构 │
                    │     │ 信托投资金融机构│      ┌─────────────┐
                    │     │ 财务公司     │      │ 熟悉我国非银行 │
                    └─── ╱非银行类╲ │ 金融租赁公司 │──│ 类金融机构体系 │
                         │ 金融机构│ │ 汽车金融公司 │  │ 的构成       │
                          ╲_____╱  │ 小额贷款公司和 │  └─────────────┘
                                    │ 贷款公司     │
                                    │ 外资金融机构 │
                                    └─────────────┘
```

第一节　金融机构概述

在现代金融活动中，金融机构是最为重要的组织者和参与者。所谓金融机构又称为金融中介或金融中介机构，是指以货币资金为经营对象，从事货币信用、资金融通、金融工具交易以及相关业务的组织机构。简而言之，是指专门从事各种与融资活动有关的金融中介服务组织。

随着历史发展和社会分工的不断进步，为适应快速发展的市场经济的要求，金融机构的种类也日益多样化。这些不同业务职责和范围的金融机构相互联系、相互协作，构成了具有整体功能的金融机构体系，从而推动了整个经济的发展。因此金融机构体系是指在一定的历史时期和社会经济条件下，由各种不同的银行和非银行金融机构有机结合形成的不同层次的彼此间相互联系的整体系统。而长期以来，银行体系在整个金融机构体系中居于支配地位，其中商业银行尤为重要。

一、金融机构的产生和发展

由于银行在金融机构体系中的重要地位，所以，金融机构的产生和发展的历史就是以银行产生和发展为代表的历史。银行是经营货币和信用业务的金融机构，通过发行信用货币、管理货币流通、调剂资金供求、办理货币存贷与结算，充当信用的中介人。银行是现代金融业的主体，是国民经济运转的枢纽。

（一）银行的起源

银行一词最早始于意大利语"banco"，英语转化为"bank"，其原意是指存放钱财的柜子，后来用于指专门从事货币存贷和办理汇兑、结算业务的金融机构。以银行为主体的金融机构体系是商品经济发展的必然产物。从历史上看，12 世纪中期，在欧洲许多城市随着商业的发展，商品交换的范围不断扩大，不同地区和国家之间的经济往来和交换活动日益增多，由于不同地区和国家使用的货币种类繁多，于是，有些意大利商人在威尼斯等地，犹太商人则在伦巴特等地，沿街摆摊设铺，专门从事鉴定、兑换各种货币的业务。偶尔也接受存款和发放高利贷。由于这些经营货币业务的商人多坐在长凳上做生意，意大利人便把他们形象地称为 banco，所以，英语中的 bank 和法语中的 banguc 就是由此演变而来的。这种从事货币业务的信用中介组织，又称为货币经营业，正是银行业的发端。货币经营业作为银行的鼻祖，是专门从事货币的兑换、保管、收付、汇兑等与货币流通有关的行业。据历史记载最早的银行业发源于西欧古代社会的铸币兑换业，公元前 200 年的巴比伦寺庙，公元前 500 年的希腊寺庙，公元前 200 年的罗马帝国，先后出现了银钱商和类似银行的商业机构。

（二）银行的发展

随着商品货币经济的发展，货币经营业由于其业务不断扩大，积累了大量的货币资金，而当社会上有人需要借用货币时，货币经营业主就将手中聚集起来的一部分货币资金贷放出去，赚取利息收入，这就产生了新的业务，即贷款业务。后来，社会上一些有钱而暂时不用的人，也把钱存放在他们那里，让他们贷放出去给自己带来利息，原先的货币保管业务也逐渐变为存款业务。当存贷款等信用业务成为主要业务时，货币经营业就发展成为银行业了，原来的货币经营业主也就成了银行家。从这个意义上说，贷款业务是货币经营业转变为银行业的重要标志。从历史上来看，意大利于 1171 年建立的威尼斯银行、1407 年成立的热那亚银行、1583 年建立的米兰银行、荷兰于 1609 年成立的阿姆斯特丹银行、德国于 1619 年成立的汉堡银行等都是当时著名的银行。这些银行虽然具有存、贷、汇的银行基本业务，具备了银行的支付中介、信用中介的基本职能。随着生产力的提高，这些银行不能适应社会化大生产的需要，成为现代工商业发展的障碍，与此同时也催生了现代银行的出现。

现代银行主要经过两条途径产生：一条是早期的高利贷性质的银行逐步适应新的条件转变成为现代银行；另一条是根据公司股份原则组建的现代股份制银行，以 1694 年英国成立的英格兰银行最为典型。1694 年，在英国政府的支持下，以股份公司形式成立了英格兰银行。英格兰银行以工商企业为主要业务对象，发放低于平均利润率的低利贷款，并为它们提供各种金融服务，适应了社会化大生产发展的需要。股份制银行的出现标志着现代银行制度的建立，也意味着高利贷在信用领域的垄断地位已被动摇。此后，西方其他国家也效仿英国，纷纷建立起股份制银行。

现代银行与早期银行相比具有如下特点：其一，银行贷款利率较低，如英格兰银行将贴现率规定为 4.5%～6%，符合生产和流通发展的需要；其二，信用功能扩大，发行银行券，代理货币收付结算，代办信托、汇兑、信用证，代理买卖和承销有价证券等；其三，具有信用创造功能，现代银行实行部分准备金制度和转账结算，创造存款货币，并用于扩大放款和投资，影响信贷总量，进而影响社会货币供应量。

二、金融机构的类型

现代金融机构体系是一个庞大复杂的系统，其构成种类繁多，名称不一，不同的历史阶段，不同的国家，表现都不一样，但又都是按一定的规律形成的有机组合，并对整个国家的经济发挥着重要的作用。从不同的角度出发和按照不同的标准可以对金融机构进行分类。常见的基本分类主要有以下几种。

根据是否接受公众存款，可以分为存款类金融机构和非存款类金融机构，这是在西方很多国家常见的一种分类。存款类金融机构以接受活期存款，从事转账结算业务为基础，具有信用创造功能，可以发挥交换中介和支付手段的职能作用，其资产业务主要是承做短期放贷，所以是以存款负债为前提的资产运作机制，也称为银行类金融机构，如中央银行、商业银行、储蓄贷款协会、互助储蓄银行和信用社。非存款类金融机构，其业务的资金来源是通过发行金融工具或签订契约等渠道筹集起来的，资产业务则以非贷款的某项特定的金融业务为主，如专门从事保险、证券、信托、租赁等不同业务，也称为非银行金融机构。

根据金融机构的职能作用，可以分为管理型金融机构和接受管理的金融机构。管理型金融机构是具有金融管理监督和调节职能的金融机构，主要有中央银行和有关金融监管部门，如我国的"一行两会"；接受管理的金融机构是从事经营金融业务，接受相关部门严格监管的大多数金融机构，如众多的商业银行、证券公司和保险公司等。

根据金融机构是否承担一国政策性任务，可以分为政策性金融机构和非政策性金融机构。政策性金融机构是指由政府出资创办、按照政府意图与计划从事金融活动，不以营利为目的的金融机构；非政策性金融机构则是以营利为目的，自主经营、自负盈亏、自求平衡、照章纳税的商业性金融机构。

此外，金融机构还有其他的分类。按照出资形式不同来划分，有独资、合资、股份制和合作性质的不同组织制度的金融机构；按照资本所有权归属不同来划分，有国有银行、私营银行，公私合营银行和信用合作组织；按照业务范围的区域不同来划分，有全国性、地方性和区域性甚或全球性的金融机构。总之，在现代金融机构体系中，中央银行或货币管理当局是核心，处于领导地位，各种类型的银行机构和非银行金融机构并存，相互协调，相互补充，公平竞争，共同促进整个金融机构体系的形成和发展。

随着金融业的竞争愈演愈烈，金融创新的发展和金融自由化的趋势使得各国金融管理当局的金融管制逐渐放松，金融混业经营不断加强，金融机构的分类标准也在发生变化，尤其是银行与非银行机构之间的分类将不再明显，各国金融机构体系的类型和构成将主要取决于各国实际经济发展的客观需要和金融管理的需要。

三、我国金融机构的新特点

我国目前已基本形成了以中国人民银行为核心，中国银行保险监督管理委员会和中国证券监督管理委员会作为最高金融管理机构，商业银行为主体、多种金融机构并存，分工协作的金融机构体系。金融机构的多样化是市场经济发展和经济结构多元化的客观要求。社会融资渠道和国民收入分配格局的变化，经济主体的多样化，金融市场的发展，需要建立各类金融机构为不同层次经济主体的经济活动发展服务。

我国金融机构按其地位和功能可分为两大类。一类是管理性金融机构；另一类是经营性金融机构。其中经营性金融机构又可以分为银行类金融机构和非银行类金融机构。

(一) 管理性金融机构

1. 中国人民银行

中国人民银行作为货币管理当局，在全国金融机构体系中居于核心地位。中国人民银行为国务院组成部门，是中华人民共和国的中央银行，是在国务院领导下制定和执行货币政策、维护金融稳定、提供金融服务的宏观调控部门。它主要负责制定货币政策和金融法规，把握整个宏观经济运行动态，具体操作一些总量性业务，集中掌握货币发行权、基础货币管理权、信用总量调控权及基准利率调节权。中国人民银行根据履行职责的需要设立分支机构，作为中国人民银行的派出机构。中国人民银行对分支机构实行统一领导和管理。中国人民银行的分支机构根据中国人民银行的授权，维护本辖区的金融稳定，承办有关业务。

目前，中国人民银行总行分别位于北京和上海，中国人民银行的分支机构按经济区在沈阳、天津、南京、上海、济南、武汉、广州、成都、西安设置九大分行和北京、重庆两家直属总行的营业管理部，其中，上海总部执行原上海分行职责；在地区和一些城市设置25个中心支行；市辖区设办事处；县设支行。

2. 金融监管机构

中国加入世界贸易组织后，在金融业务国际化、综合化、全能化的趋势下，为了能够实施更加有效的监管，有助于中国人民银行更加独立地行使宏观金融调控职能，更加专注于货币政策的制定与实施，保持宏观经济环境的长期稳定，我国对金融机构实行混业监管，其中银监会与保监会职责整合组建成为中国银行保险监督管理委员会，简称银保监会，与中国人民银行、证监会合称"一行两会"，这构成了一个严密的监管体系，全方位地覆盖银行、保险、证券三大市场，并且在统一监管标准、减少沟通成本、杜绝监管套利等方面发挥积极作用。它们共同接受国务院金融稳定发展委员会的监管协调，由此也奠定了我国"一委一行两会"的金融管理格局。

国务院金融稳定发展委员会（简称金融委）是为国务院统筹协调金融稳定和改革发展重大问题的议事协调机构，其宗旨在于强化人民银行宏观审慎管理和系统性风险防范职责，及强化金融监管部门监管职责，以确保金融安全与稳定发展。

中国人民银行（简称央行）制定和执行货币政策，防范和化解金融风险，维护金融稳定，并且拟定银行业、保险业重要法律法规和审慎监管基本制度。

中国银行保险监督管理委员会（简称中国银保监会）统一监督管理银行业和保险业，维护银行业和保险业合法、稳健运行，防范和化解金融风险，保护金融消费者合法权益，维护金融市场的稳定。

中国证券监督管理委员会（简称中国证监会）专司全国证券、期货市场的监管职能，维护证券期货市场秩序，保障其合法运行。

（二）经营性金融机构

1. 商业银行

商业银行，也称为存款货币银行，是以经营工商业存、放款为主要业务，并为顾客提供多种服务的银行机构。长期以来，商业银行以其机构数量多、业务渗透面广和资产总额比重大而成为各国金融机构体系的主体，始终居于其他金融机构所不能代替的重要地位。时至今日，虽然受全球金融混业经营发展的影响，其业务的相对规模有所下降，仍然是金融体系中最为基本的构成部分。

我国的商业银行包括国有控股商业银行、股份制商业银行、城市商业银行、外资银行等。

2. 合作性金融机构

我国的城市和农村信用合作社是群众性合作制金融组织，是对国家银行体系的必要补充和完善。这是我国历史最长、规模最大、覆盖面最广的合作金融机构。它们的本质特征是：由社员入股组成，实行民主管理，主要为社员提供信用服务。关于城市信用社，绝大多数目前已经通过合并、改组成为地方城市商业银行。这里主要指农村信用合作社，又称农村信用社。

农村信用社是由农民自愿入股组成，由入股社员民主管理，主要为入股社员服务的具有法人资格的合作金融机构。农村信用社实行自主经营、独立核算、自负盈亏。农村信用社入股组成农村信用合作联社，主要为入股的农村信用社提供服务，同时对农村信用社实行管理、监督和协调，其业务主要包括：个人储蓄，农户、个体工商户及农村经济组织存款、贷款、结算业务，代理其他金融机构的金融业务，代理收付款项，买卖政府债券以及其他经中国人民银行批准的业务。

农村信用社在2003年8个省份开始推行改革试点以来，深入推进产权改革，不断完善公司治理，经营状况显著改观，整体面貌发生实质性变化，步入良性发展轨道。农村信用社充分利用新农村建设的优惠政策和良好环境，不断增强综合竞争力，巩固扩大农村市场，实现了地方、农信、农民"三赢"。

资料链接 6-1

新型农村合作金融试点——山东枣庄

全世界有越来越多的国家及地区开始认可合作金融，认为在解决农业生产部门及经济欠发达地区的资金问题上，合作金融有着其他金融机构所不具备的突出优势。在中国的广大农村地区，农村合作金融最为突出的特征就是内生性，作为农村金融的需求主体——农户，只有其主动参与到农村合作金融当中，方能真正做到因地制宜地发展农村合作金融，推动农村经济的发展进步。所以，合作金融与我国农村经济发展需求是相适应的。

2015年以来，山东省枣庄市按照"示范引导、稳步推进、注重创新、防范风险"工作思路，积极稳妥推进新型农村合作金融试点，并在省试点工作中创新实现了"三个一"的突破，即：第一批重点开展试点工作的地市，第一家在全市范围内批复开展试点的地市，唯一开展社区性信用互助业务试点的地市。经过两年多的探索、总结和推广，全市新型农村合作金融试点已初具规模，运行效果正逐步显现。

1. 满足了农民小额的资金需求

信用互助是一种比较接地气的"草根金融"模式，贴近农民需求，灵活快捷方便，操作成本低廉，在农民最需要资金的关键时刻"出出手""帮一把"，缓解农民的燃眉之急。

2. 解决了合作社信用互助的"身份"问题

农民合作社最初登记的经营范围不包括信用互助，加之受一些地方不规范资金互助组织发生问题的影响，一部分人对信用互助组织产生了误解。现在，通过政策支持、宣传推动，明确信用互助业务，加强专业监督，信用互助已成为农村金融领域的"合法公民"。

3. 提高了信用互助规范化水平

在实际运作中，互助社普遍建立了借款连保机制，农村信用互助规范化水平明显提高，有效降低了互助资金风险。近几年，通过不断加强业务指导、运行监管、健全制度、扩大宣传等，为农村新型合作金融的制度规范提供保障，确定农村合作金融在开展的过程中，能够真正有效地帮助农民发展与进步，带动农村地区经济的持续稳定发展。

4. 增强了农民的信用意识

农村资金互助社社员不出社、一般不出村，对彼此的家庭背景、信用状况比较了解，知根知底，在开展资金互助时，农户之间形成了信用共同体。如果恶意拖欠甚至赖账不还，不但要支付更高的还款成本，还要受到乡邻的指责鄙视，甚至对亲朋好友的声誉也造成影响。因此农民对于使用互助资金非常谨慎，都能按时归还互助金。进一步强化了农民的守信意识，个人信用挂钩借款额度的观念深入人心。

资料来源：张超、朱鹏霖. 新型农村合作金融试点案例研究——以山东省枣庄市为例 [J]. 山西农业大学学报，2019（3）.

3. 政策性银行

所谓政策性银行，主要是指由政府创立或担保、以贯彻国家产业政策和区域发展政策为目的、具有特殊的融资原则、不以营利为目标的金融机构。我国政策性银行的金融业务受中国人民银行的指导和监督。

政策性银行与商业银行和其他专业银行相比，有共性的一面，如要对贷款进行严格审查，贷款要还本付息、周转使用等。但作为政策性金融机构，也有其特征：一是政策性银行的资本多由政府财政拨付；二是政策性银行经营时主要考虑国家的整体利益、社会效益，不以营利为目标，但政策性银行的资金并不是财政资金，政策性银行也必须考虑盈亏，坚持银行管理的基本原则，力争保本微利；三是政策性银行有其特定的资金来源，主要依靠发行金融债券或向中央银行举债，一般不面向公众吸收存款；四是政策性银行不与商业银行竞争，根据具体分工的不同，服务于特定的业务领域，所以也有政策性专业银行之称。

我国的政策性银行共有三家，即国家开发银行、中国进出口银行、中国农业发展银行，均直属国务院领导。

第二节　银行类金融机构

银行金融机构体系的设置形式和具体内容在各个国家不尽相同。如对同类性质的银行有不同的名称，或对性质不同的银行却用同样的名称。就整个银行机构体系的组成来看，主要有中央银行、商业银行和各式各样的专业银行三大类。

一、中央银行

中央银行是一国金融机构体系的中心环节，处于特殊的地位，代表一国政府统一领导全国的金融机构，并对金融活动进行宏观调控。

如中国人民银行（the people's bank of China，PBOC），简称央行，是中华人民共和国的中央银行，中华人民共和国国务院组成部门。在国务院领导下，制定和执行货币政策，防范和化解金融风险，维护金融稳定。1948 年 12 月 1 日，在华北银行、北海银行、西北农民银行的基础上在河北省石家庄市合并组成中国人民银行。1983 年 9 月，国务院决定中国人民银行专门行使国家中央银行职能。1995 年 3 月 18 日，第八届全国人民代表大会第三次会议通过了《中华人民共和国中国人民银行法》，至此，中国人民银行作为中央银行以法律形式被确定下来。

中国人民银行根据《中华人民共和国中国人民银行法》的规定，在国务院的领导下依法独立执行货币政策，履行职责，开展业务，不受地方政府、社会团体和个人的干涉。

二、我国的商业银行

（一）国有控股商业银行

国有控股商业银行包括中国银行、中国建设银行、中国工商银行、中国农业银行、交通银行和中国邮政储蓄银行。其中的中国银行、中国建设银行、中国工商银行、中国农业银行四家银行无论在人员、机构网点数量上，还是在资产规模及市场占有份额上，均在我国整个金融领域中处于绝对举足轻重的地位，在世界上的大银行排序中也处于较前列。截至 2012 年 10 月，这四家银行的资本股本规模均超过千亿元人民币，总资产规模均超过 10 万亿元（兆）人民币。2012 年的《银行家》杂志对世界 1000 家银行按一级资本排名，中国工商银行、中国银行、中国建设银行和中国农业银行分别名列第 3、6、9 和 10 位。这四家超大型商业银行是从最早的四家国有专业银行转变为四大国有商业银行后进一步演变而来的，随着金融改革的不断深化，其传统的专业分工已逐步被打破。1994 年，原国家专业银行的政策性业务被划分出去，由三家政策性银行负责经营。1999 年，随着金融体制改革的进一步深化，组建了四家资产管理公司，分别是中国东方资产管理公司、中国信达资产管理公司、中国华融资产管理公司、中国长城资产管理公司，旨在剥离四大国有商业银行的不良资产，从而使其资产质量、资本充足率和经营效益有所提高，为其向国家控股的股份制商业银行的转化创造了条件。2003 年以来，政府又动用近 600 亿美元的外汇储备对国有银行注资，按照"产权清晰、权责明确、政企分开、管理科学"的原则，通过财务重组、内部改革和严格外部监管，真正建立现代金融企业制度。2006～2010 年，四大国有商业银行先后完成了股份制转型，分别挂牌成立股份有限公司，并先后在香港和内地实现公开上市。

2007 年 3 月，中国邮政储蓄银行有限责任公司正式成立。根据国务院金融体制改革的总体安排，在改革原有邮政储蓄管理体制基础上，2012 年 1 月 21 日，经国务院同意并经中国银行业监督管理委员会批准，中国邮政储蓄银行有限责任公司依法整体变更为中国邮政储蓄银行股份有限公司。中国邮政储蓄银行经过改制前后 26 年的不懈努力，已成为全国网点规模最大、网点覆盖面最广、客户最多的金融服务机构。截至 2018 年末，中国邮政储蓄银行拥有营业网点超过 4 万个，ATM 机 5.6 万多台，提供电话银行、网上银行、手机银行、电视银行等电子服务渠道，服务触角遍及广大城乡；客户总数超过 5.65 亿人，个人存款超过 5 万亿元，居全国银行业第五位；资产总规模突破 9.3 万亿元，居全国银行业第六位，资产质量良好，资本回报率高。

（二）股份制商业银行

改革开放以来，为适应我国经济发展的需要，先后成立了交通银行、中信实业银行、深圳发展银行、广东发展银行、中国光大银行、华夏银行、中国民生银行、招商银行、福建兴业银行等全国性股份制商业银行，突破了原四大国家专业银行一统天下的格局。

这些新型的商业银行是依照国际通行规则和市场原则开展各项银行业务活动和进行自身经营管理的。因而，尽管它们在资产规模、机构数量和人员总数等方面还远不能同国家控股商业银行相比，但其资本、资产及利润的增长速度已经高于国家控股商业银行，呈现出较强的经营活力、强劲的增长势头和良好的经营效益，成为中国银行体系和国民经济发展中的一支新生力量。

截至 2018 年，共有 45 家股份制商业银行，包括全国性银行 15 家（6 家国有大行和 9 家股份行）、地方性银行 30 家（21 家城商行和 9 家农商行）。其中，国有 6 大行分别为工行、建行、农行、中行、交行和邮储银行，9 家全国股份行分别为招商银行、兴业银行、浦发银行、民生银行、中信银行、平安银行、华夏银行、光大银行、浙商银行。30 家地方性银行中，江苏占 8 家，分别为江苏银行、南京银行、吴江银行、江阴银行、无锡银行、常熟银行、张家港银行、紫金农商行等。东北地区占 4 家，分别为盛京银行、锦州银行、哈尔滨银行、九台农商行。西部地区占 5 家，分别为重庆农商行、重庆银行、贵阳银行、成都银行、甘肃银行。此外，还包括浙江 2 家（杭州银行和宁波银行）、河南 2 家（中原银行和郑州银行）、江西 2 家（江西银行和九江银行）、北京和天津各 1 家（北京银行和天津银行）、上海 1 家（上海银行）、安徽 1 家（徽商银行）、山东 1 家（青岛银行）、湖南 1 家（长沙银行）、广东 1 家（广州农商行）。剩余尚没上市地方性银行的省域分别为广西、海南、福建、青海、西藏、新疆、湖北、内蒙古、山西等地。

（三）城市商业银行

1998 年，从北京开始，陆续出现了以城市名命名的商业银行。城市商业银行的前身是城市合作银行。虽然冠以"合作"两字，城市合作银行实际上也属于股份制商业银行性质，适用于《中华人民共和国商业银行法》。我国原有约 5000 家城市信用社，有相当多城市信用社已失去合作性质，实际上已办成小型商业银行。为规避风险、形成规模，1995 年国务院决定，在城市信用社清产核资的基础上，通过吸收地方财政、企业入股组建城市合作银行。其服务领域是，依照商业银行经营原则为地方经济发展服务，为中小企业发展服务。1998 年，城市合作银行全部改名为城市商业银行。从整体上看，城市商业银行发展速度很快，经营管理水平有所提高，经济效益明显改善，抵御风险能力有所增强。全国城市商业银行营业网点遍及全国各个省（自治区、直辖市）。其中大多数城市商业银行都是非上市银行，根据《中国银保监会中国证监会关于商业银行发行优先股补充一级资本的指导意见（修订)》，股东人数累计超过 200 人的非上市银行，在满足发行条件和审慎监管要求的前提下，将无须在"新三板"挂牌即可直接发行优先股。

（四）其他商业银行

其他商业银行主要是指农村商业银行和村镇银行。

（1）农村商业银行。农村商业银行是由辖内农民、农村工商户、企业法人和其他经济组织共同入股组成的股份制的地方性金融机构。在中国主要是由原农村信用社和农村合作银行改制而来。农村商业银行是我国众多的金融机构中网点较多、服务面积广、具有鲜明特色的农村合作金融组织，其在解决农村持续经营、农村金融市场低效运行状态、增加农民收入等问题上发挥着越来越大的作用。

（2）村镇银行。村镇银行是指经中国银行业监督管理委员会依据有关法律、法规批准，由境内外金融机构、境内非金融机构企业法人、境内自然人出资，在农村地区设立的主要为当地农民、农业和农村经济发展提供金融服务的银行业金融机构。村镇银行可经营吸收公众存款，发放短期、中期和长期贷款，办理国内结算，办理票据承兑与贴现，从事同业拆借，从事银行卡业务，代理发行、代理兑付、承销政府债券，代理收付款项及代理保险业务以及经银行业监督管理机构批准的其他业务。建立村镇银行是解决我国现有农村地区金融机构覆盖率低、金融供给不足、竞争不充分、金融服务缺位等"金融抑制"问题的创新之举，对于促进农村地区投资多元、种类多样、治理灵活、服务高效的新型农村金融体系的形成，进而更好地改进和加强农村金融服务，支持新农村建设具有十分重要意义。

三、我国的政策性银行

1994 年以前，我国没有专门的政策性金融机构，国家的政策性金融业务分别由四家国有专业银行承担。1994 年，适应经济发展需要以及把政策性金融与商业性金融相分离的原则，我国组建了三家政策性银行，即国家开发银行、中国进出口银行、中国农业发展银行，均直属国务院领导。这三家政策性银行的资金来源主要靠以市场方式向国内外发行金融债券筹集和中央银行的再贷款，资金运用领域则各不相同，有其各自特定的业务领域。

国家开发银行的业务范围包括制约经济发展的"瓶颈"项目；直接关系增强综合国力的支柱产业中的重大项目；重大高新技术在经济领域应用的项目；跨地区的重大政策性项

目等。

中国进出口银行的业务范围主要是为成套设备、技术服务、船舶、单机、工程承包、其他机电产品和非机电高新技术的出口提供卖方信贷和买方信贷支持。同时，该行还办理中国政府的援外贷款及外国政府贷款的转贷款业务。

中国农业发展银行的业务范围主要是向承担粮棉油收储任务的国有粮食收储企业和供销社棉花收储企业提供粮棉油收购、储备和调销贷款。此外，还办理中央和省级政府财政支农资金的代理拨付，为各级政府设立的粮食风险基金开立专户并代理拨付。

1998年以来，为适应经济社会发展需要，国家开发银行主动推行市场化改革，以市场化方式承办政策性银行，探索了一条支持发展、防范风险的开发性金融发展道路，增强了支持经济发展的能力。根据国家开发银行的具体情况，2007年，中央汇金公司和国家开发银行于12月31日在北京签署协议，向国家开发银行注资200亿美元。2008年2月，国务院批准了国家开发银行改革实施总体方案。2008年12月16日，国家开发银行股份有限公司在京挂牌成立，成为第一家由政策性银行转型的商业银行，标志着我国政策性银行改革取得重大进展。2015年4月12日，国务院再次明确提出国家开发银行要建设成为开发性金融机构，此次改革方案的实质是结束国家开发银行的商业化转型之路，重新回归开发性金融的功能作用，服务"一带一路"建设工作。

四、西方国家的专业银行

专业银行，是指专门经营指定范围内的业务和提供专门性金融服务的银行。它们在业务经营方面与一般的商业银行存在不少差异。专业银行的存在是社会分工发展在金融领域中的表现。随着社会生产力的发展，社会分工越来越细，要求银行必须具有某一方面的专门知识和职能，以提供专门金融服务，从而推动着各式各样的专业银行不断出现。

西方国家的专业银行功能各异，名称不同，但主要有以下几种。

1. 开发银行

开发银行是西方国家主要的专业银行之一，它是专门为开发经济和基本建设投资提供长期信贷需要而设立的银行。开发银行多为政府所创办，资金来源主要靠政府拨款和发行债券，不以营利为目的。像经济新区的基础建设、公共设施和水电站等都属于投资多、见效慢、周期长的工程，是否营利也难以预计，一般投资银行和商业银行都不愿承担，所以往往由国家政府承担。

开发银行可分为国际性开发银行、区域性开发银行和本国性开发银行三种。世界银行（也称国际复兴开发银行）是最著名的国际性开发银行，主要业务是为成员方提供长期贷款，解决成员方经济的复兴和开发对资金的需求。区域性开发银行的宗旨、业务与世界银行基本相同，服务对象仅限于某一区域的会员，如亚洲开发银行等。本国性开发银行主要对国内企业和建设项目提供长期贷款。

2. 储蓄银行

储蓄银行是指办理居民储蓄并以吸收储蓄存款为主要资金来源的银行。在西方不少国家，为了保护小额储蓄者的利益，对储蓄银行大多有专门的管理法规。储蓄银行的设立也大多是专门的、独立的。西方国家的储蓄银行既有私营的，也有公立的。储蓄银行的具体名称，在西方各国有所不同，有的甚至不以银行相称，但功能基本相同。比如有互助储蓄银行、储蓄放款协会、国民储蓄银行、信托储蓄银行、信贷协会等名称。有不少国家的邮政系统也都办理储蓄业务，还有的从居民住宅的需求角度出发组织起建房储蓄银行等。

这类银行的服务对象主要是居民，资金来源主要是居民的储蓄，资金运用主要是提供消费信贷和住宅贷款（不动产抵押贷款），此外也进行投资活动（主要是购买政府债券）。储蓄银行的业务活动起初受到很多的约束，如不得经营支票存款，不得经营一般工商贷款等，但如今，储蓄银行的业务范围随着金融管制的放松有不断扩大的趋势，也开始经营过去只有商业银行才能经营的许多业务。

3. 农业银行

农业银行泛指专门向农业提供优惠信贷的一类银行。由于农业受自然因素影响大，对资金的需求有明量的季节性；农村地域广阔，农户分散，资本需求数额小、期限长；利息负担能力低；抵押品大多无法集中，且管理困难，有不少贷款只能凭个人信誉获得。这些都决定了经营农业信贷具有风险大、收益低等特点。而农业是一国经济的基础产业，在国民经济中的地位至关重要。因此，商业银行和其他金融机构一般都不愿从事这方面的业务。为此，西方许多国家政府专门设置了以支持农业发展为主要职责的农业银行，所以农业银行的本质是政策性银行，如美国的联邦土地银行、法国的土地信贷银行、德国的农业抵押银行、日本的农林渔业金融公库等。

农业银行的资金来源，主要依靠政府拨款，也可以通过发行股票或金融债券、吸收部分客户的存款和储蓄来筹措。其资金的使用范围很广，几乎面向农业生产的全部需求。如用于土地购买，建造建筑物的贷款；用于农业生产设备的购买以及化肥、农药、种子购买方面的贷款；还有农场及住房建设的贷款。农业银行的贷款因有政府的资金支持及各种政策优惠而具有利率优惠的特点，如政府对农业银行的某些贷款给予利息贴补和税收优待等，因而农业银行的贷款具有一定的政策倾向。

近年来，不少国家农业银行的业务范围逐渐超出单纯农业信贷业务的界限。有些国家已准许农业银行办理商业银行业务。

4. 抵押银行

抵押银行也称不动产抵押银行或住房信贷银行，是专门从事以房地产和其他不动产为抵押物的长期贷款的专业银行。不动产抵押银行的资金来源主要依靠发行不动产抵押证券来筹集，同时也可通过发行债券及短期票据贴现筹款。其贷款分为两类，一类为以土地为抵押的长期贷款，贷款对象主要为土地所有者与土地购买者；另一类为以城市房屋为抵押的长期贷款，贷款对象主要为房屋所有者、购买者和建筑商。法国的房地产信贷银行、德国的私人抵押银行以及美国的联邦全国抵押贷款协会均属此类专业银行。它们的贷款业务均占据了抵押贷款市场的较大份额。

在西方一些国家，这类银行也从事以股票、债券和黄金等作为抵押品的放贷活动。事实上，商业银行也正大量涉足不动产抵押贷款业务；而不少抵押银行除经营抵押放款业务外，也经营一般信贷业务。这种兼并、融合发展呈加强、加速之势。

5. 进出口银行

进出口银行是为支持本国对外贸易业务的发展而设立的专业性银行，因其特殊的职能，进出口银行往往是官方或半官方的机构，有些还是非营利性的机构，如美国的进出口银行、日本的输出入银行都属政府金融机构；法国的对外贸易银行则是由法兰西银行与一些商业银行共同出资组建的半官方机构。

创建进出口银行的目的是政府为了贯彻奖出限入的原则，促进商品输出而承担私人出口商和一般金融机构所不愿意或无力承担的风险，并通过优惠措施鼓励出口信贷增强本国的出口竞争能力。同时，进出口银行往往也是执行本国政府对外援助的一个金融机构。所以，这类银行在经营原则、贷款利率等方面都带有浓厚的政治色彩。

6. 信用合作社

这是在西方国家普遍存在的，是分散的小规模商品生产者为了解决经济活动中的困难，获得某种服务，按照自愿、平等、互利的原则组织起来的一种互助合作性金融组织。它主要办理对社员的存放款业务和提供结算等综合性服务业务，也运用部分资金投资于不动产和政府国债。由于信用合作社以存贷款业务为主，所以属于银行类金融机构。

最早的信用合作社是由德国人舒尔茨于1849年建立的。世界信用合作事业已走过了一百多年的发展历程，对经济发展和社会进步起到了积极的推动作用，目前已成为世界金融大家庭中的重要成员。在信用合作事业比较发达的国家里，信用合作社已经发展成合作银行体系。

第三节　非银行金融机构

非银行金融机构是金融机构体系的必要补充，是通过发行股票和债券、提供保险、接受信用委托形式筹集资金，然后将筹集的资金用来进行长期投资的金融机构，它主要包括证券业金融机构、保险业金融机构、信托投资金融机构等。

一、证券业金融机构

证券业金融机构是指从事证券业务活动的各类金融机构，包括证券公司、证券交易所、证券登记结算公司、证券投资咨询公司、投资基金管理公司、证券评估公司等。它们在证券市场上扮演不同的角色，从事不同的业务，起着不同的作用。其中，证券公司专门替人买卖证券，有时候自己也买卖证券，前者叫投资银行业务、经纪业务，后者叫自营业务；证券交易所专门提供买卖证券的设施和场所，方便大家随时随地买卖证券；登记结算公司则为买卖双方提供股票过户、资金清算服务。这三类机构是证券市场的主要机构，它们各司其职，共同支撑证券市场的日常运作。

1. 证券公司

证券公司又称证券商，是由证券主管机关批准设立的在证券市场上经营证券业务的非银行金融机构。推销政府债券、企业债券和股票，代理买卖和自主买卖已上市流通的各类有价证券，参与企业收购、兼并，充当企业财务顾问等是证券公司的主要业务。

我国的证券公司多是集承销、经纪、自营三种业务于一身的综合性经营机构。1999 年7 月 1 日开始实施的《中华人民共和国证券法》明确了综合类证券公司和经纪类证券公司的分类管理原则，前者可从事证券承销、经纪、自营三种业务，而后者只能从事证券经纪类业务。截至 2017 年底，中国有 130 家证券公司。

2. 证券投资基金管理公司

根据《中华人民共和国证券投资基金法》（简称《基金法》）的规定，设立基金管理公司，须经国务院证券监督管理机构批准，应当具备的条件是：符合《基金法》和《公司法》规定的章程；注册资本不低于 1 亿元人民币，且必须为实缴货币资本；主要股东（主要发起人）具有从事证券经营、证券投资咨询、信托资产管理或者其他金融资产管理资格，具有较好的经营业绩和良好的社会信誉，最近 3 年没有违法记录，注册资本不低于3 亿元人民币；取得基金从业资格的人员达到法定人数；有符合要求的营业场所、安全防范设施和与基金管理业务有关的其他设施；有完善的内部稽核监控制度和风险控制制度；法律、行政法规和经国务院批准的国务院证券监督管理机构规定的其他条件。

根据相关规定，基金管理公司的主要职责有依法募集基金，办理或者委托其他机构代为办理基金份额的发售、申购、赎回和登记事宜；办理基金备案手续；对所管理基金财产进行证券投资；及时向基金份额持有人分配收益；进行基金会计核算并编制基金财务会计报告；编制中期和年度基金报告；计算并公告基金资产净值，确定基金份额申购、赎回价格；办理有关的信息披露事项；召集基金份额持有人大会；保存基金财产管理业务活动的记录、账册、报表和其他相关资料；行使诉讼权利或者实施其他法律行为；国务院证券监督管理机构规定的其他职责。截至 2017 年 2 月 9 日，在中国证券投资基金业协会已经登记的私募基金管理人有 18042 家，其中已备案私募基金大概有 46505 只，认缴规模 10.24万亿元，实缴规模 7.89 万亿元。

二、保险业金融机构

中国的保险业是在改革开放后获得新生并得到迅速发展的，随着保险市场主体逐步增加、保险业务的不断扩大，我国已建立起一个多层次、有竞争的保险机构体系，初步形成了国有控股（集团）公司、股份制公司、政策性公司、专业性公司、外资保险公司等多种组织形式、多种所有制成分和多种保险形式并存，公平竞争、共同发展的市场格局。

保险公司在承保风险过程中，具有独特的社会功能和重要的经济功能，从其特有的社会功能看，一是提供有形的经济补偿；二是提供无形的、精神上的"安全保障"；三是强化了投保人的风险意识，积极防范风险。从其重要的经济功能看，保险公司在为投保人提供风险管理服务的同时，对保险资金进行运用，促进了储蓄资金向生产性资金的有效转化。

保险公司的业务范围为两大类：一是财产保险业务，具体包括财产损失保险、责任保险、信用保险等业务；二是人身保险业务，具体包括人寿保险、健康保险、意外伤害保险等业务。根据《中华人民共和国保险法》的规定，同一保险公司不得同时兼营上述两类保险业务。

保险公司的资金运用有特别的规定，要求其资金运用必须稳健，遵循安全性原则，并保证资产的保值增值。因此，其资金运用被严格限制于银行存款、买卖政府债券和金融债券。随着金融市场条件的逐步成熟和管理日益完善，正在积极探索和实践其他资金运用方式。如保险公司可以在控制风险的基础上，在二级市场上买卖已上市的证券投资基金和在一级市场上配售新发行的证券投资基金。保险资金投资于证券投资基金，有利于适当拓宽保险公司资金运营的渠道，满足保险公司长期投资的需要，是保险资金管理的重大改革。

三、信托投资金融机构

信托公司是以信任委托为基础、以货币资金和实物财产的经营管理为形式，从事融资和融物相结合的多边信用行为的非银行金融机构。信托业务主要包括委托和代理两个方面的内容。前者是指财产的所有者为自己或其指定人的利益，将其财产委托给他人，要求按照一定的目的，代为妥善的管理和有利的经营；后者是指一方授权另一方，代为办理的一定经济事项。

2007年3月1日起正式实施的《信托公司管理办法》和《信托公司集合资金信托计划管理办法》取代了原《信托投资公司管理办法》，要求原信托投资公司改称信托公司，要求信托公司清理固有投资，并申请换发新的金融牌照。在《信托公司管理办法》中规定，中国信托公司的基本业务主要有以下三大类，即信托业务、咨询业务和代理业务。截至2017年，中国信托业有68家合法信托公司。

四、财务公司

财务公司又称金融公司，是为企业技术改造、新产品开发及产品销售提供金融服务，以中长期金融业务为主的非银行机构。各国的名称不同，业务内容也有差异。

财务公司起源于西方，这是金融业与工商企业相互结合的产物，1716年首先产生于法国，其后英美各国相继效仿成立。国外的财务公司并不限于企业集团，它们以为集团服务为重点，但又不限于在集团内融资。在国外，财务公司一般不能吸收存款，只能承做贷款，业务品种主要是集团产品的销售融资，但也可不限于本集团的产品。在我国，企业集团财务公司（除中外合资的财务公司外）都是依托大型企业集团而成立的。

我国企业集团财务公司开展的业务主要有吸收成员单位3个月以上期限的存款、发行财务公司债券、同业拆借，对成员单位办理贷款及融资租赁，办理成员单位商业汇票的承兑、贴现，办理成员单位的委托贷款及委托投资，对成员单位提供担保，办理成员单位产品的消费信贷、买方信贷、融资租赁，有价证券、金融机构股权及成员单位股权投资，承销成员单位的企业债券，对成员单位办理财务顾问、信用签证及其他咨询代理业务，境外外汇借款，及经中国人民银行批准的其他业务。截至 2016 年底，全国共有企业集团财务公司法人机构 234 家，服务会员单位超过 6 万家，分布在石油化工、电力、军工、汽车、电子电器等 17 个行业。财务公司行业表内外资产总额达到 6.62 万亿元，前三季度累计实现利润 584.41 亿元，行业平均不良资产率 0.04%，不良贷款率 0.07%，行业平均资本充足率 22.08%，流动性比例 66.36%，均优于银行业平均水平。

五、金融租赁公司

金融租赁，又称融资租赁，是以商品交易为基础的融资与融物相结合的特殊类型的筹集资本、设备的一种方式。金融租赁是所有权和经营权相分离的一种新的经济活动方式，具有融资、投资、促销和管理功能。在许多国家，租赁已成为设备投资的重要方式，在各种信贷方式中，金融租赁已成为仅次于商业银行贷款的信贷方式，美国租赁业务量在设备总投资中的比例一直保持在 30% 以上，德、法、意、英、韩等国的这个比例也高达 20% 左右。我国 2007 年 1 月发布的《金融租赁公司管理办法》规定，金融租赁公司是指经原中国银行业监督管理委员会批准，以经营融资租赁业务为主的非银行金融机构。

我国租赁公司主要分为三大类：一类是中国人民银行审批管理的金融租赁公司，第二类是原外经贸部审批管理的中外合资租赁公司；第三类是原国家内贸局及其他有关部门管理的经营性租赁公司。我国于 1981 年 2 月成立了中国东方租赁公司（与日本东方租赁公司合资的中外合资企业）。同年 7 月，中国租赁公司成立。这是国内第一家股份制租赁公司。1986 年 11 月，为更好地促进国内租赁业的发展，中国人民银行批准中国租赁公司为第一家持有金融营业许可证的金融租赁公司。

经中国银行业监督管理委员会批准，金融租赁公司可经营下列部分或全部本外币业务：融资租赁业务；吸收股东 1 年期（含）以上定期存款；接受承租人的租赁保证金；向商业银行转让应收租赁款；经批准发行金融债券；同业拆借；向金融机构借款；境外外汇借款；租赁物品残值变卖及处理业务；经济咨询；中国银行业监督管理委员会批准的其他业务。同时规定金融租赁公司不得吸收银行股东的存款，金融租赁公司经营业务中涉及外汇管理事项的，需遵守国家外汇管理有关规定。截至 2016 年底，我国已经有 52 家金融租赁公司。

六、汽车金融公司

汽车金融指主要在汽车的生产、流通、购买与消费环节中融通资金的金融活动，包括资金筹集、信贷运用、抵押贴现、证券发行和交易以及相关保险、投资活动，也是汽车制造、流通业、服务维修与金融业相互结合渗透的必然结果。

汽车金融公司是为中国境内的汽车购买者及销售者提供贷款的非银行金融企业法人。《汽车金融公司管理办法》规定，汽车金融公司可以从事以下部分或全部的业务：①接受境内股东单位3个月以上期限的存款；②提供购车贷款业务；③办理汽车经销商采购车辆贷款和营运设备贷款（包括展示厅建设贷款和零配件贷款以及维修设备贷款等）；④转让和出售汽车贷款应收款业务；⑤向金融机构借款；⑥为贷款购车提供担保；⑦与购车融资活动相关的代理业务；⑧经原中国银行业监督管理委员会批准的其他信贷业务等。

我国最早成立的汽车金融公司有上汽通用汽车金融公司、大众汽车（中国）金融服务公司。2009年4月，奇瑞徽银汽车金融有限公司在上海宣布正式开业，注册资本5亿元人民币，其中奇瑞汽车股份有限公司出资4亿元，占股份80%，徽商银行股份有限公司出资1亿元，占股份20%，这不仅标志着奇瑞成为国内首家拥有金融公司的自主品牌汽车企业，而且是国家允许中资银行和自主企业合资建立汽车金融公司的重大突破。2016年汽车金融公司达到25家，总资产5729亿元，发放贷款总额5209亿元。

七、小额贷款公司和贷款公司

小额贷款公司是由自然人、企业法人与其他社会组织投资设立，不吸收公众存款，只能在本县（市、区）行政区域内经营小额贷款业务和小企业发展、财务、管理等咨询业务的有限责任公司或股份有限公司。与银行相比，小额贷款公司更为便捷、迅速，适合中小企业、个体工商户的资金需求；与民间借贷相比，小额贷款更加规范，贷款利息可双方协商。小额贷款公司应执行国家金融方针和政策，在法律、法规规定的范围内开展业务，自主经营，自负盈亏，自我约束，自担风险，其合法的经营活动受法律保护，不受任何单位和个人的干涉。2005年上半年，中国人民银行决定在山西、陕西、四川、贵州和内蒙古五省区实行小额贷款试点，建立主要由私有资金投资的小额贷款公司。截至2016年，全国共有小额贷款公司6080家，短短几年间，小贷公司发生了巨大的变化，无论从数量到规模再到产生的影响和作用，发展速度远超出了很多人的想象。

贷款公司是指经原中国银行业监督管理委员会依据有关法律、法规批准，由境内商业银行或农村合作银行在农村地区设立的专门为县域农民、农业和农村经济发展提供贷款服务的非银行业金融机构。贷款公司是由境内商业银行或农村合作银行全额出资的有限责任公司。企业贷款可分为流动资金贷款、固定资产贷款、信用贷款、担保贷款、股票质押贷款、外汇质押贷款、单位定期存单质押贷款、黄金质押贷款、银团贷款、银行承兑汇票、银行承兑汇票贴现、商业承兑汇票贴现、买方或协议付息票据贴现、有追索权国内保理、出口退税账户托管贷款。

资料链接 6-2

现代金融业的鼻祖——典当行

我国典当业起源于南北朝，距今已超过 1500 年。新中国成立后，典当成为剥削的代名词，不久便完全消失了。改革开放后，典当行迎来复苏，逐渐遍布全国。然而在不到 30 年的时间里，典当业的定位与主管部门频繁变更。

表 6-1　　　　　　　　　　典当业的管理机构与定位变化

时间	管理机构	定位	管理办法
1993 年	中国人民银行	非银行金融机构	颁发金融机构法人许可证
1996 年	中国人民银行		颁布《典当行管理暂行办法》
2000 年	国家经济贸易委员会	特殊的工商企业	
2001 年	国家经济贸易委员会		颁布《典当行管理办法》
2003 年	商务部		
2005 年	商务部	企业法人	商务部与公安部联合颁布《典当管理办法》
2009 年	商务部		起草《典当行管理条例》并报送国务院进入立法程序。2011 年，国务院就《典当行管理条例》多次征求意见，但未正式出台。
2015 年	商务部		发布《关于进一步引导和支持典当行做好中小微企业融资服务的通知》
2018 年	中国银行保险监督管理委员会	金融机构	

资料来源：工行投行研究中心。

截至 2018 年 2 月，我国共有典当企业 8532 家，注册资本 1731.3 亿元，从业人员 4.5 万人。从近年情况来看，我国典当业企业数量在持续上升，但从业人员数量并未随之增加，近年甚至呈下滑态势。2017 年，典当业实现典当总额 2899.7 亿元，其中动产典当总额 950.8 亿元、房地产典当总额 1516 亿元、财产权利典当总额 433 亿元。纵观近年数据，房地产典当牢牢占据了典当业的半壁江山，常年保持在 50% 以上的份额。资产方面，截至 2018 年 2 月，典当企业资产总额 1641.2 亿元，仅占同期境内银行业总资产 248.3 万亿元的万分之七，行业规模很小。行业盈利方面，2017 年全行业实现营业收入 91.2 亿元，出现亏损的企业达 3100 家，亏损面 36.5%，行业整体亏损状况较为严重。区域发展方面，典当业的区域不平衡问题十分严重。2012 年数据显示，我国东、中和西部地区的典当企业数量分别为 3129 家、1490 家和 1465 家；三地典当总额分别占同期全国总额的 75.3%、16.3% 和 8.4%。在经济状况更佳的东部地区，典当业发展明显好于中西部，但事实上，典当固有的小额、灵活特性使其较银行等金融机构更适于扎根经济欠发达地区。若典当服务能充分覆盖农村地区，将有效拓宽 6 亿农民的融资渠道。

发展过程中，典当呈现出了新特点与新功能。相较于商业银行，典当具有融资门槛低、借款灵活自由、押品种类丰富、手续便捷快速和融资成本较高的特点，也正因如此，典当与中小企业或个人的短期融资需求天然匹配。除传统质押借款外，今日的典当行还拥有保险箱、淘宝店、鉴赏家等多重身份。

1. 经济实惠的保险箱

由于典当行对质物的存放与保管负责，一些客户巧妙地利用该特点，在外出时将贵重物品质押于典当行，在要求借出当金很低的情况下即可以低成本将物品存放于典当行这个"保险箱"中。

2. 总有惊喜的淘宝店

在典当业转型升级的过程中，不少典当行正在加速布局民品商场（店）业务或寄卖业务，即允许客户直接将手中的物品售卖给典当行或交由典当行代卖。在这种模式下，典当行充当了销售平台，可从中赚取差价或服务费。而对于顾客而言，典当行销售的二手商品既保真又便宜，可谓物美价廉。

3. 专业可靠的鉴赏家

在典当行的验当师傅们拥有鉴别奢侈品真伪的"慧眼"，还能当场估价。将包包带去鉴别，验当师将包上的识别码输入某系统后竟能将此包的生产日期锁定于某年的某周中，其专业性令人叹服。

目前我国典当业押品主要集中于房产和民品，在满足客户的多样性需求方面还有提升空间。未来典当业应考虑与互联网机构合作，建立统一的行业信息平台，及时向公众和同业发布相关信息，差异化发展勇于创新。

资料来源：刘丛. 典当，古老行业的困局与新生 [J]. 现代商业银行，2019 (7).

本章小结

1. 金融机构是指专门从事各种与融资活动有关的金融中介服务组织。金融机构体系是指在一定的历史时期和社会经济条件下，由各种不同的银行和非银行金融机构有机结合形成的不同层次的彼此间相互联系的整体系统。

2. 金融机构种类繁多，不同国家有多种分类。根据是否接受公众存款，可以分为存款类金融机构和非存款类金融机构；根据金融机构的职能作用，可以分为管理型金融机构和接受管理的金融机构；根据金融机构是否承担一国政策性任务，可以分为政策性金融机构和非政策性金融机构。

3. 西方国家的金融机构体系主要是以中央银行为核心、商业银行、专业银行和非银行金融机构组成的庞大复杂的相辅相成的金融组织体系。

4. 我国现行的金融机构体系是以中国人民银行为核心、中国银行保险监督管理委员会和中国证券监督管理委员会作为最高金融管理机构，商业银行为主体、多种金融机构并存，分工协作的金融机构体系。

重 要 概 念

金融机构　银行金融机构　非银行金融机构　投资银行　政策性银行　财务公司　保险公司　小额信贷公司　金融租赁　信托投资　投资基金

思 考 题

1. 如何理解金融机构和金融机构体系？
2. 金融机构有哪些基本的分类？银行金融机构和非银行金融机构的主要区别是什么？
3. 西方国家的金融机构体系一般由哪些类型的机构构成？与我国相比，有哪些经验可借鉴？
4. 简述我国政策性银行的主要构成及特征。
5. 如何正确认识金融机构的发展趋势？

第七章

商 业 银 行

事实上，银行家从事的是管理风险的行业，简单来说，这就是银行业。

——沃尔特·瑞思顿（Walter Wriston）

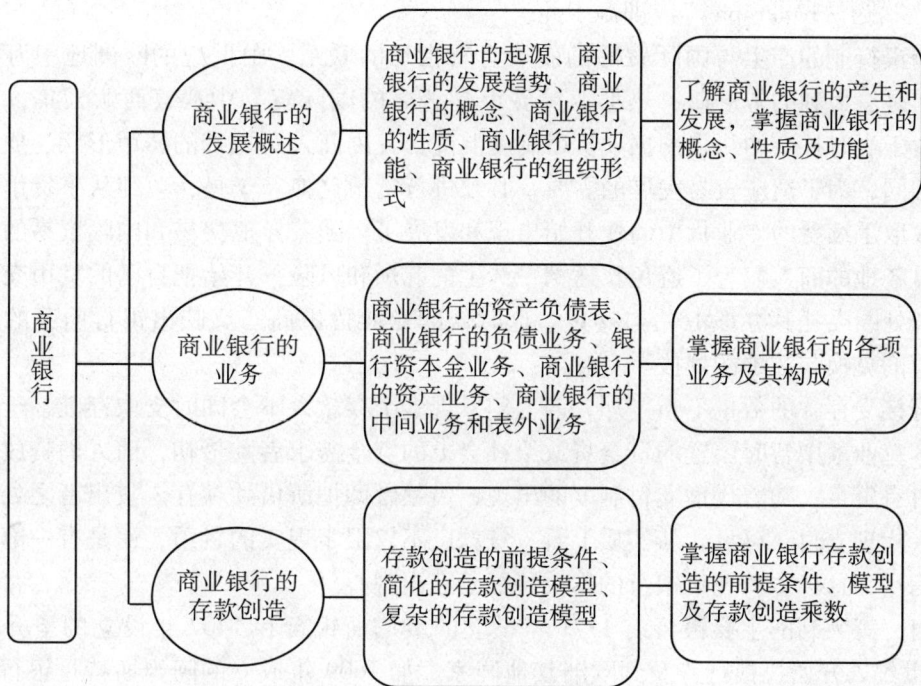

商业银行	商业银行的发展概述	商业银行的起源、商业银行的发展趋势、商业银行的概念、商业银行的性质、商业银行的功能、商业银行的组织形式	了解商业银行的产生和发展，掌握商业银行的概念、性质及功能
	商业银行的业务	商业银行的资产负债表、商业银行的负债业务、银行资本金业务、商业银行的资产业务、商业银行的中间业务和表外业务	掌握商业银行的各项业务及其构成
	商业银行的存款创造	存款创造的前提条件、简化的存款创造模型、复杂的存款创造模型	掌握商业银行存款创造的前提条件、模型及存款创造乘数

第一节　商业银行的发展概述

一、商业银行的起源

银行是经济中最为重要的金融机构之一。西方银行业的原始状态，可溯及公元前的古巴比伦以及文明古国时期。据大英百科全书记载，早在公元前 6 世纪，在巴比伦已有一家"里吉比"银行。考古学家在阿拉伯大沙漠发现的石碑证明，在公元前 2000 年以前，巴比伦的寺院已对外放款，而且放款是采用由债务人开具类似本票的文书，交由寺院收执，且此项文书可以转让。公元前 4 世纪，希腊的寺院、公共团体、私人商号，也从事各种金融活动。但这种活动只限于货币兑换业性质，还没有办理放款业务。罗马在公元前 200 年也有类似希腊银行业的机构出现，但较希腊银行业又有所进步，它不仅经营货币兑换业务，还经营贷放、信托等业务，同时对银行的管理与监督也有明确的法律条文。罗马银行业所经营的业务虽不属于信用贷放，但已具有近代银行业务的雏形。人们公认的早期银行的萌芽，起源于文艺复兴时期的意大利。"银行"一词英文称之为"bank"，是由意大利文"banca"演变而来的。在意大利文中，banca 是"长凳"的意思。最初的银行家均为祖居在意大利北部伦巴第的犹太人，他们为躲避战乱，迁移到英伦三岛，以兑换、保管贵重物品、汇兑等为业。在市场上人各一凳，据以经营货币兑换业务。倘若有人遇到资金周转不灵、无力支付债务时，就会招致债主们群起捣碎其长凳，兑换商的信用也即宣告结束。英文"破产"为"bankruptcy"，即源于此。

早期银行业的产生与国际贸易的发展有着密切的联系。中世纪的欧洲地中海沿岸各国，尤其是意大利的威尼斯、热那亚等城市是著名的国际贸易中心，商贩云集，市场繁荣。但由于当时社会的封建割据、货币制度混乱，各国商人所携带的铸币形状、成色、重量各不相同，为了适应贸易发展的需要，必须进行货币兑换。于是，单纯从事货币兑换业并从中收取手续费的专业货币商便开始出现和发展了。随着异地交易和国际贸易的不断发展，来自各地的商人们为了避免长途携带产生的麻烦和风险，开始把自己的货币交存在专业货币商处，委托其办理汇兑与支付。这时候的专业货币商已反映出银行萌芽的最初职能：货币的兑换与款项的划拨。

随着接受存款的数量不断增加，商人们发现多个存款人不会同时支取存款，于是他们开始把汇兑业务中暂时闲置的资金贷放给社会上的资金需求者。最初，商人们贷放的款项仅限于自有资金，随着代理支付制度的出现，借款者即把所借款项存入贷出者之处，并通知贷放人代理支付。可见，从实质上看，贷款已不仅限于现实的货币，而是有一部分变成了账面信用，这标志着现代银行的本质特征已经出现。

当时，意大利的主要银行有 1171 年设立的威尼斯银行和 1407 年设立的圣乔治银行等。16 世纪末开始，银行普及到欧洲其他国家。如 1609 年成立的阿姆斯特丹银行，1619年成立的汉堡银行，1621 年成立的纽伦堡银行等都是欧洲早期著名的银行。在英国，早期的银行业是通过金匠业发展而来的。17 世纪中叶，英国的金匠业极为发达，人们为了防止金银被盗，将金银委托给金匠保存。当时金匠业不仅代人保管金银，签发保管凭条，还可按顾客书面要求，将金银划拨给第三者。金匠业还利用自有资本发放贷款，以获取利息。同时，金匠们签发的凭条可代替现金流通于市面，称之为"金匠券"，开创了近代银行券的先河。这样，英国早期银行就在金匠业的基础上产生了。

这种早期的银行业虽已具备了银行的本质特征，但它仅仅是现代银行的原始发展阶段。因为银行业的生存基础还不是社会化大生产的生产方式，银行业的放款对象还主要是政府和封建贵族，银行业的放款带有明显的高利贷性质，其提供的信用还不利于社会再生产过程。但早期银行业的出现，完善了货币经营业务，孕育了信贷业务的萌芽。它们演变成为现代银行则是在17世纪末到18世纪期间的事情，而这种转变还要求具备经济发展过程中的某些特殊条件。

现代商业银行的最初形式是资本主义商业银行，它是资本主义生产方式的产物。随着生产力的发展、生产技术的进步、社会劳动分工的扩大，资本主义生产关系开始萌芽。一些手工场主同城市富商、银行家一起形成新的阶级——资产阶级。由于封建主义银行贷款具有高利贷的性质，年利率平均在20%～30%，严重阻碍着社会闲置资本向产业资本的转化。另外，早期银行的贷款对象主要是政府等一批特权阶层而非工商业，新兴的资产阶级工商业无法得到足够的信用支持，而资本主义生产方式产生与发展的一个重要前提是要有大量的为组织资本主义生产所必需的货币资本。因此，新兴的资产阶级迫切需要建立和发展资本主义银行。

资本主义商业银行的产生，基本上通过两种途径：一是旧的高利贷性质的银行逐渐适应新的经济条件，演变为资本主义银行。在西欧，由金匠业演化而来的旧式银行，主要是通过这一途径缓慢地转化为资本主义银行。另一途径就是新兴的资产阶级按照资本主义原则组织的股份制银行，这一途径是主要的。这一建立资本主义银行的历史过程，在最早建立资本主义制度的英国表现得尤其明显。1694年，在政府的帮助下，英国建立了历史上第一家资本主义股份制的商业银行——英格兰银行。它的出现，宣告了高利贷性质的银行业在社会信用领域垄断地位的结束，标志着资本主义现代银行制度开始形成以及商业银行的产生。从这个意义上说，英格兰银行是现代商业银行的鼻祖。继英格兰银行之后，欧洲各资本主义国家都相继成立了商业银行。从此，现代商业银行体系在世界范围内开始普及。

与西方的银行相比，中国的银行则产生较晚。中国关于银行业的记载，较早的是南北朝时的寺庙典当业。到了唐代，出现了类似汇票的"飞钱"，这是我国最早的汇兑业务。北宋真宗时，由四川富商发行的交子，成为我国早期的纸币。到了明清以后，当铺是中国主要的信用机构。明末，一些较大的经营银钱兑换业的钱铺发展成为银庄。银庄产生初期，除兑换银钱外，还从事贷放，到了清代，才逐渐开办存款、汇兑业务，但最终在清政府的限制和外国银行的压迫下，走向衰落。我国近代银行业，是在19世纪中叶外国资本主义银行入侵之后才兴起的。最早到中国来的外国银行是英商东方银行，其后各资本主义国家纷纷来华设立银行。在华外国银行虽给中国国民经济带来巨大破坏，但在客观上也对我国银行业的发展起了一定的刺激作用。为了摆脱外国银行支配，清政府于1897年在上海成立了中国通商银行，标志着中国现代银行的产生。此后，浙江兴业、交通银行相继产生。

商业银行发展到今天，与其当时因发放基于商业行为的自偿性贷款从而获得"商业银行"的称谓相比，已相去甚远。今天的商业银行已被赋予更广泛、更深刻的内涵。特别是第二次世界大战以来，随着社会经济的发展，银行业竞争的加剧，商业银行的业务范围不断扩大，逐渐成为多功能、综合性的"金融百货公司"。

资料链接7-1

山西票号——中国最早的金融机构

票号即票庄、汇兑庄，主要办理国内外汇兑和存放款业务，是为适应国内外贸易的发展而产生的。以前用起镖运送现银的办法，费时误事，开支大，不安全。自嘉庆、道光年间，民间有了信局，通行各省，官吏及商人迫切要求以汇兑取代运现，遂诞生了票号。最早的票号产生于道光年间。最早，山西平遥人雷履泰代替别人管理一家名叫"日升昌"的颜料铺，由于颜料铺的生意兴隆，雷履泰把经营范围扩大到了四川，经常到四川采购颜料。但是，雷履泰出入四川采购颜料必须随身携带大量的现金，在以行路困难著称的蜀道上长途跋涉，风险极高，一旦碰到抢劫的土匪，后果不堪设想。于是雷履泰就决定由"日升昌"开出票据，凭票据到四川指定的地点可以兑换现银，即当时的通用货币。这种票据类似于我们今天的汇票，大大提高了支付的效率，降低了交易中的风险。雷履泰用金融票据往来的方式代替了施行了几千年的商业往来必须用金、银作支付和结算手段的老办法。在意识到这种新结算方式的发展前景后，雷履泰干脆把"日升昌"改造成了一家专门的票号。

"日升昌"是一家特殊的商号。它的与众不同是因为它经营的商品不是一般的货物，而是金融票据、存款、贷款、扣款这些业务，它是中国历史上第一家做这样生意的商号。雷履泰虽然只开办了"日升昌"这一家票号，但他实际上是开创了一个全新的行业。在此后的一百多年时间里，别人仿效"日升昌"的模式，开设了许多类似的商号。因为他们都以经营汇票为主，而且又都由山西人开办，所以人们和后来的研究学者都把他们统称为"山西票号"。票号办理汇兑、存放款，解决了运送现银的困难，加速了资金周转，促进了商业繁荣。

资料来源：杨文忠，杨文丽.山西票号始创年代初探［J］.山西文史资料，1998（10）.

二、商业银行的发展趋势

（1）经营全能化。一方面，"综合型"银行有替代"单一型"银行之势；另一方面，超大型银行混业经营越来越多。一向坚持分业经营的美国和日本等国家也纷纷解除禁令，鼓励其大中型银行向混业经营方向发展，以适应经济全球化和效益资产重组的要求。

（2）业务全球化。促使银行业务全球化的主要原因是：①国际经济贸易迅速增长，国际经济关系日趋密切，导致全球经济一体化进程加快；②资金活动的日益国际化、全球化；③科技革命促进电脑、卫星通讯、电讯网络在商业银行业的广泛运用，为业务全球化推波助澜。

（3）竞争白热化。随着世界经济的发展，世界各国特别是发达国家国内银行之间、国内与国外银行之间的竞争日趋激烈，并随着国际市场的新变化走向白热化。从国际货币格局看，正从以美元为核心的模式向美元、欧元、日元分庭抗礼的多极化模式演变。三者之间的汇率变化必然带来国际金融市场的相应动荡，这就加大了商业银行的经营风险，加剧了银行竞争的复杂性。

（4）规模大型化。由于国际货币格局的变化，国际金融市场的动荡加剧和金融市场日益全球化，以及国际上衍生金融工具的剧增，使商业银行经营风险加大。各国银行为求得生存和发展，纷纷通过合并和兼并的方式，使规模不断扩大，以快速增强竞争实力，增强抗御风险、抵御金融动荡的能力。

（5）服务创新化。商业银行服务创新的重要手段是金融工具的创新。调查表明，商业银行的客户虽然在意银行的硬件设施，但更关心银行的服务方式是否周到、便捷，这正是"电话银行""网络银行"迅速风行的原因所在。

（6）收入多元化。商业银行的传统业务收入不断减少，表外业务收入增加。表外业务指的是为银行带来收入的承诺和契约，它原本不是新的业务，银行承兑商业汇票并收取一定费用，就是典型的表外业务。

（7）管理系统化。商业银行的经营管理日趋复杂化，在客观上要求和决定了银行的经营管理必须走向系统化的管理轨道。

（8）行为法制化。国际上大商业银行一方面要遵守本国和本地区有关法律和金融法规，另一方面要与国际惯例和国际经济法律接轨和融合，按"巴塞尔协议"运作。

（9）手段现代化。各国银行业纷纷扬弃传统的经营理念和经营方式，更加频繁地调整其经营策略。

（10）体制股份化。目前，发达国家商业银行大多采取股份制为主要形式的现代企业经营管理体制。由于股份制银行在市场机制中能有效地发挥其灵活的经营机制和管理优势，因而显示出旺盛的生命力，成为现代商业银行组织形式的发展趋势。

三、商业银行的概念

商业银行（commercial bank），英文缩写为 CB，是银行的一种类型，商业银行的概念是区分于中央银行和投资银行的，是一个以营利为目的，以多种金融负债筹集资金，多种金融资产为经营对象，具有信用创造功能的金融机构。一般的商业银行没有货币的发行权，传统的商业银行的业务主要集中在经营存款和贷款（放款）业务，即以较低的利率借入存款，以较高的利率放出贷款，存贷款之间的利差就是商业银行的主要利润。商业银行的主要业务范围包括吸收公众、企业及机构的存款、发放贷款、票据贴现及中间业务等。它是储蓄机构而不是投资机构。

四、商业银行的性质

从商业银行的起源和发展历史看，商业银行的性质可以归纳为以追求利润为目标，以经营金融资产和金融负债为对象，具有综合性、多功能的金融企业。

第一，商业银行是一种企业，它具有现代企业的基本特征。与一般的工商企业一样，商业银行具有业务经营所需的自有资金，也需独立核算、自负盈亏，将追求利润最大化作为自己的经营目标。获取最大限度的利润是商业银行产生和发展的基本前提，也是商业银行经营的内在动力。就此而言，商业银行与工商企业没有区别。

第二，银行与一般的工商企业又有所不同，它是一种特殊的企业。

商业银行的特殊性主表现在以下三个方面。

（1）商业银行经营对象和内容有特殊性。一般工商企业的经营对象是物质产品和劳务，从事商品生产和流通；而商业银行是以金融资产和负债为经营对象、经营的是商品货币和货币资本，经营内容包括货币收付、借贷以及各种与货币运动有关的或者与之联系的金融服务。

（2）商业银行对整个社会经济的影响和受社会经济的影响特殊。商业银行对整个社会经济的影响要远远大于任何一个企业，同时商业银行受整个社会的影响也较任何一个工商企业更为明显。

（3）商业银行责任特殊。一般工商企业只以营利为目标，只对股东和使用自己产品的客户负责，而商业银行除了对股东和客户负责之外，还必须对整个社会负责。

第三，商业银行是一种特殊的金融企业。商业银行既有别于中央银行，又有别于专业银行和非银行金融机构。商业银行的业务经营则具有很强的广泛性和综合性，它既经营"零售"业务，又经营"批发"业务，其业务触角已延伸至社会经济生活各个角落，成为"金融百货公司"和"万能银行"。而中央银行是国家的货币管理当局和金融体系的核心，具有较强的独立性，它不对普通客户办理具体的信贷业务，不以营利为目的。专业银行和各种非银行金融机构只限于办理某一方面或几种特定的金融业务，业务经营具有明显的局限性。

五、商业银行的功能

作为现代金融业的重要组成部分，商业银行在社会经济结构中发挥着不可替代的重要作用，它具有以下四个方面的功能。

（一）信用中介

信用中介功能是商业银行最基本也最能反映其经营活动的功能。这一职能的实质是商业银行充当了买卖资本商品使用权的角色，使社会闲散资金得以充分利用并转化为资本。商业银行通过负债业务，把社会上的各种闲散资金集中到银行，再通过商业银行的资产业务，投向社会经济各部门。商业银行作为货币资本的贷出者和借入者的中介人或代表，实现资本盈余与短缺之间的融通，满足不同经济主体的需求，提高资产配置和使用效率，扩大社会资本总量，加速经济增长。

（二）支付中介

商业银行在社会经济活动中是出纳中心和支付中心。商业银行通过存款在账户上的转移代理客户支付，在存款的基础上为客户兑付现款等，成为工商业团体和个人的货币保管者、出纳者和支付代理人。商业银行支付中介职能的发挥，大大减少了现金的使用，节约了社会流通费用，加速了结算过程和货币资金周转，促进了经济发展。支付中介职能和信用中介职能是相互联系、相互促进的，两者互动构成了银行借贷资本的整体运动。

（三）信用创造

商业银行的信用创造功能是在信用中介与支付中介的功能基础之上产生的。商业银行利用存款发放贷款，在支票流通和转账结算的基础上，贷款又转化为派生存款，在这种存款不提取或不能完全提现的情况下，就增加了商业银行的资金来源。最后在整个商业银行体系，形成数倍于原始存款的派生存款。但是，商业银行也不能无限制地创造信用，更不能凭空创造信用，它至少要受原始存款、中央银行法定存款准备率及现金漏损率等条件的制约（之后会在第三节中详细阐述）。

（四）金融服务

商业银行由于联系面广，信息比较灵通，特别是电子计算机在银行业务中的广泛应用，使其具备了为客户提供信息服务的条件。咨询服务、对企业"决策支援"等服务应运而生，工商企业生产和流通专业化的发展，又要求把许多原来属于企业自身的货币业务转交给银行代为办理，如发放工资、代理支付其他费用等。个人消费也由原来单纯的钱物交易，发展为转账结算。现代化的社会生活从多方面对商业银行提出了创新金融业务的要求。在强烈的业务竞争压力下，各商业银行也不断开拓服务领域，通过金融服务业务的发展，进一步拓展商业银行资产负债业务，并把资产负债业务与金融服务结合起来，开拓新的业务领域。在现代经济生活中金融服务已成为商业银行的重要职能。

因其广泛的功能，商业银行对整个社会经济活动的影响十分显著，在整个金融体系乃至国民经济中具有特殊而重要的地位。随着社会经济的发展和全球经济一体化，商业银行已经突显了功能多元化的发展趋势。

六、商业银行的组织形式

商业银行的组织形式是指商业银行在社会经济生活中的存在形式，主要类型有单一银行制、持股银行制和连锁银行制。

（一）单一银行制

单一银行制，是指银行业务由各自独立的商业银行经营。不设立任何分支机构的组织形式。

这种银行制度在美国较为典型，这是由美国特殊的历史背景和政治制度决定的。美国是各州独立性较强的联邦制国家，历史上经济发展很不平衡，东西部悬殊较大。为了适应经济均衡发展的需要，特别是适应中小企业发展的需要，反对金融权力集中，美国联邦及各州均立法禁止或限制银行开设分支机构，特别是跨州设立分支机构。

单一银行具有如下优点。第一，能防止银行业的垄断与集中，符合自由竞争的原则。

第二，单一制银行与当地经济联系密切，可以更好地为地方经济服务。第三，单一制银行规模小，管理层次少，组织比较严密，易于管理。

单一银行制也有明显的缺点。第一，银行不设立分支机构，这与经济的外向发展和商品交换范围的扩大存在矛盾；同时，在电子计算机广泛应用的条件下，其业务发展和金融的创新受到限制。第二，银行业务多集中于某一地区或某一行业，易受经济发展状况波动的影响，风险集中。第三，银行规模较小，经营成本高，不能取得规模经济效益。

随着经济的发展，地方差距的缩小，美国对商业银行设立分支机构的限制逐步放松。1994 年美国国会通过《瑞格—尼尔跨州银行与分支机构有效性法案》，取消了限制跨州建立分支行的规定，单一银行向分支行制转变已成为发展趋势。但由于历史的原因，至今在美国仍有许多单一制商业银行。

（二）分支行制

分支行制又称总分行制，是指法律允许在总行下设有分支机构的组织形式。商业银行的总行一般设在各大中心城市，所有分支机构归总行统一领导。分支行制按管理方式不同，又可进一步划分为总行制和总管理处制。总行制是指总行除管理、控制各分支机构以外，本身也对外营业，办理业务。总管理处是指总行只负责管理、控制各分支机构，本身不对外办理业务，总行所在地另设分支机构对外营业。目前世界各商业银行大都采取分支行制的组织形式，我国商业银行也实行分支行制。

与单一银行制相比较，分支行制的优点在于以下五个方面。第一，分支行制形成了以总行为中心，分支机构遍布各地的商业银行业务经营系统和网络，有利于吸收存款、调剂转移资金、提高资金的使用效益；同时，由于贷款和投资范围广泛，使风险易于分散，提高了银行经营的安全性。第二，经营规模大，服务范围广，可以取得规模经济效益，相对降低单位业务的成本。第三，内部工作可以实行高度的分工制，有利于培养专业化人才，提高工作效率。第四，有利于采用现代化设备，提供方便的金融服务。第五，分支行制商业银行总数较少，便于金融当局的宏观管理。其缺点在于容易造成大银行对小银行的吞并，形成金融垄断，阻碍竞争；同时，从银行内部管理角度看，由于规模过大，内部层次、下设机构过多，总行统一管理的难度较大。

（三）银行持股公司制

银行持股公司制又称集团银行制，是指由一个企业集团成立控股公司，再由该公司控制或者收购若干银行的组织形式。持股公司制下，控股公司既可以由非银行的大型企业组建，也可以由大银行组建。在法律形式上，被控股的银行仍然保持各自独立的地位，但其业务经营都由同一股权公司控制。持股公司一般有两种类型，即多银行持股公司和单一银行持股公司。多银行持股公司拥有两家或两家以上的银行，所以又可称为"集团银行"。单一银行持股公司只有一家实力雄厚的银行。持股公司能够扩大银行资本总量，增强实力，提高抵御风险和竞争的能力，弥补单一制的不足，并且可以通过这种组织形式打破银行法对商业银行禁设分支机构的限制。

银行持股公司最早在 19 世纪已经出现，但是作为银行的一种重要组织形式，直到 20 世纪 20 年代才被人们所认识，并在 20 世纪下半叶在美国得到迅速发展。1965 年美国有 47 家银行持股公司，它们总共控制的银行数量达 1951 家。截至 1989 年，美国的银行持股公司达到 5871 家，所控制的银行存款总额占美国银行存款的 90% 左右。美国的银行持股公司之所以迅猛发展，是因为其长期坚持单一制银行的制度，其主要目的是突破法律的限制，克服美国单一制银行资金规模小，竞争力不强的弊端。因为持股公司制银行能够有效扩大总资本量，增强银行实力，提高抵御风险的能力和参与市场竞争的实力。

（四）连锁银行制

连锁银行制又称联合银行制，是指由某个人或某一集团通过购买若干家独立银行的多数股票，或以其他法律允许的方式取得对这些银行的控制权力的一种组织形式。在连锁制下，被控银行在法律上是独立的，但其所有权和业务经营要掌握在控制这些银行的个人或集团手中。连锁制与持股公司制性质相近，但连锁制不是以股权公司的形式存在。

第二节　商业银行的业务

一、商业银行的资产负债表

尽管各国商业银行的组织形式、名称、经营内容和重点各异，但就其经营的主要业务来说，一般均分为负债业务、资产业务以及中间业务和表外业务三大类。随着行业国际化的发展，国内这些业务还可以延伸为国际业务。

商业银行所做的工作，就是在拥有一定量资本的前提下，通过发行对自身的债权（即负债）来获得资金，然后用这些资金去购买资产；通过从资产上获得的收益，来弥补发行各种负债的费用，并且获得一定的剩余（即利润）。要理解银行的业务运作，首先要考察银行的资产负债表，银行的资产负债表也是银行的资金来源（负债）和资金运用（资产）的列表，资产负债表是平衡的，即银行总资产等于银行总负债与银行资本之和。表 7 - 1 为资产负债表的基本科目。

表 7 - 1　　　　　　　　　　　　**资产负债表的基本科目**

资产	负债与股东权益
现金（一级准备）	存款：
流动性证券资产（二级准备）	交易账户存款
证券投资	储蓄存款
贷款：	定期

续表

资产	负债与股东权益
消费者贷款	非存款性借款
不动产贷款	权益资本：
商业贷款	股票：
农业贷款	资本盈余
金融机构贷款	留存收益
其他资产（房地产、设备等）	资本储备

负债表的恒等式可以用下列等式表示：

$$C + S + L + MA = D + NDB + EC$$

现金 + 投资证券 + 贷款 + 其他资产 = 存款 + 非存款性借款 + 权益资本

二、商业银行的负债业务

商业银行负债业务是其最基本、最主要的业务，负债业务形成商业银行的资金来源，是商业银行资产业务的前提和条件。商业银行的资金来源包括自有资本和吸收的外来资金两部分。商业银行的负债业务主要由存款、借款和其他负债三个方面组成。

（一）存款业务

存款是商业银行接受客户存入货币款项，存款人可以随时或按约定的期限提取款项的信用业务，是商业银行最主要的资金来源，通常都占到全部资金来源的 70% ~ 80%。商业银行传统的存款主要有活期存款、定期存款和储蓄存款三大类。

1. 活期存款

活期存款是指无须任何事先通知，存款户即可随时存取和转让的一种银行存款，它没有确切的期限规定，银行也无权要求客户取款时有事先的书面通知。持有活期存款账户的存款者可以用各种方式提取存款，如开出支票、本票、汇票、电话转账、使用自动柜员机或其他各种方式等手段。由于各种经济交易，包括信用卡、商业零售等都是通过活期存款账户进行的，所以在国外又把活期存款称为交易账户。作为商业银行主要资金来源的活期存款有以下两个特点：一是具有很强的派生能力；二是流动性大、存取频繁、手续复杂、所费成本较高。因此西方国家商业银行一般都不支付利息，有时甚至还要收取一定的手续费。

2. 定期存款

定期存款是指客户与银行在存款时事先约定期限、利率，到期支取本息的存款。存款期限通常为 3 个月、6 个月和 1 年不等，期限最长的可达 5 年或 10 年。利率根据期限的长短不同存在差异，但都要高于活期存款。定期存款的存单可以作为抵押品取得银行贷款。

定期存款具有三个特点：一是定期存款带有投资性。由于定期存款利率高，并且风险小，因而是一种风险最小的投资方式。对于银行来说，由于期限较长，按规定一般不能提前支取，因而是银行稳定的资金来源：二是定期存款所要求的低存款准备金率低于活期存款。因为定期存款有期限的约束，有较高的稳定性，所以定期存款准备金率就可以要求低一些。三是手续简单，费用较低，风险性小。由于定期存款的存取是一次性办理，在存款期不必有其他服务，除了利息以外没有其他的费用，因而费用低。同时，定期存款较高的稳定性使其风险性较小。

3. 储蓄存款

储蓄存款主要是指个人为了积蓄货币和取得一定的利息收入而开立的存款。储蓄存款也可分为活期存款和定期存款。储蓄存款具有两个特点：一是储蓄存款多数是个人为了积蓄购买力而进行的存款，二是金融监管当局对经营储蓄业务的商业银行有严格的规定。因为储蓄存款多数属于个人，分散于社会上的各家各户，为了保障储户的利益，各国对经营储蓄存款业务的商业银行有严格的管理规定，并要求银行对储蓄存款负有无限清偿责任。

4. 存款的创新

除上述各种传统的存款业务，为了吸收更多存款，打破有关法规限制，西方国家商业银行在存款工具上有许多创新，如可转让支付命令账户、自动转账账户、货币市场存款账户、大额定期存单等。

存款创新是指商业银行为达到规避管制、增加同业竞争能力和开辟新的资金来源的目的，不断推出新型存款类别的活动。

随着社会经济的不断发展，传统的银行存款业务已不能满足社会的需求，银行同业竞争也日趋激烈，这都促使商业银行不断创新存款产品种类。另外，中央银行等政府管理部门过时的管理规定也束缚着商业银行存款创新的手脚，突破这些限制成为历史发展的必然。

存款创新可大致分为三类：第一类是增强流动性的存款业务创新，即增强存款方式的流动性、变现性和可转让性；第二类是增加服务便利的存款业务创新，即增加各种附加服务，便于客户存取款；第三类是增加客户安全性的存款业务创新，即采取措施保障客户存款的合法利益不受损失。

存款业务创新不是针对某一种风险设立的，主要是从市场经济和合法竞争的角度来考虑的，目的是减少风险，稳定存款。

（二）借款业务

借入资金是商业银行一种持久地增加资金来源的手段。它使商业银行可以持有较高比例的流动性较差的生息资产。商业银行的借入资金主要包括中央银行借款、银行同业拆入、国际金融市场借款、发行金融债券和其他借款等。

1. 向中央银行借款

商业银行向中央银行借款有两种方式：再贴现和再贷款。再贴现是指商业银行把贴现买进的尚未到期的商业票据出售给中央银行。再贷款是商业银行开出本票或借据，以信用方式或者以政府债券、银行承兑汇票等作为抵押品的方式，直接从中央银行取得的贷款。商业银行向中央银行借款的主要目的是缓解本身流动资金不足的压力，不是用来发放贷款赚取利息。

2. 银行同业拆入

银行同业拆入是商业银行之间或商业银行与其他金融机构之间相互进行的资金融通。同业拆借款只能用于弥补商业银行在中央银行存款账户上的准备金头寸不足，拆出资金则主要是商业银行在中央银行账户上的超额准备。同业拆借款一般期限都很短，有时是今借明还，常称为"隔日放款"。我国目前同业拆借有1天、7天、14天、21天、1个月、2个月、3个月和4个月8个品种。同业拆借的款项具有利率低、期限短、不需要缴纳法定准备金等特点。

3. 回购协议交易

回购协议交易是指商业银行在通过出售证券等金融资产取得资金的同时，约定在一定期限后按约定价格购回所卖证券，以获得即时可用资金的交易方式。回购协议最常见的交易方式有两种，一种是证券卖出和购回采用相同的价格，协议到期时以约定的收益率在本金外再支付费用；另一种是购回证券时的价格高于卖出时的价格，其差额就是即时资金提供者的收益。如我国规定回购协议的期限最长不得超过3个月。证券回购实际上是商业银行以证券作为质押担保，实现资金融通的方式。

4. 向国际金融市场借款

商业银行在资金周转不足时，除了通过上述几种途径借款，还可以通过向国外金融机构借款来应急。国外金融机构借款的期限一般有三类。一是短期市场，借款期限在1天至1年之间；二是中期资金存放市场，期限通常是1~5年；三是长期债券市场，即5年以上政府公债或公司债券发行、交易的场所。一般来说，商业银行向国外金融机构拆借资金主要是前两个市场。目前，全球规模最大、最具影响力的是欧洲货币市场，商业银行的国外借款主要是在这个市场交易。在这个市场中，欧洲货币是指以外币表示的银行存款账户。例如，存在英国伦敦银行的以美元、日元表示的存款账户，就是欧洲货币。由于国际贸易结算通常都是用美元，所以欧洲美元就成为欧洲货币市场的主要货币。欧洲美元是指那些位于美国以外的银行所持有的美元存款。但是，目前欧洲货币市场并不仅仅指在欧洲发生的、交易的市场，实际上它的交易范围不限于欧洲。现在日本、加拿大、新加坡、中国香港等国家和地区，也都在经营欧洲美元存款，欧洲货币市场已扩展到亚洲、非洲及拉丁美洲。在欧洲货币市场进行资金交易不受利率的管制，在税收及存款准备金方面也比较有利，因此，它已成为商业银行进行资金交易的重要市场。

5. 发行金融债券

金融债券是银行等金融机构为筹措资金而发行的一种债务凭证。对于债券的购买者而言，它是一种债权凭证，凭此从发行者那里取得利息收入，到期收回本金。对于银行而言，通过发行金融债券则筹集了资金。金融债券可分资本性金融债券和一般性金融债券。资本性金融债券是为弥补银行资本不足而发行的，介于存款负债和股份资本之间的一种债务，《巴塞尔协议》将其归入附属资本或次级长期债券。一般性金融债券是指商业银行为筹集用于长期贷款、投资等业务的资金而发行的债券。

三、银行资本金业务

商业银行资本金就是指银行投资者为了正常的经营活动及获取利润而投入的货币资金和保留在银行的利润，即银行的净值。资本比例增加，银行的安全性也随之提高。从本质上看，属于商业银行的自有资金才是资本，它代表着投资者对商业银行的所有权，同时也代表着投资者对所欠债务的偿还能力。从这个意义上理解，商业银行的资本主要包括实收资本、资本公积、盈余公积和未分配利润。银行资本一般只占其全部负债的很小一部分，但它却起着极为重要的作用。它不仅是银行存在和发展的先决条件，而且是客户存款免遭偶然损失的保障，同时，它还是银行正常经营的保障。但是，在实际工作中，商业银行持有的长期债券等一些债务也被当作银行资本。因此，从监管角度来理解，银行资本分为核心资本和附属资本。其中附属资本不得超过核心资本的100%。

1. 核心资本

核心资本包括实收资本、资本公积、盈余公积、未分配利润等。

（1）实收资本是指企业投资者按照企业章程或合同、协议的约定，实际投入企业的资本。我国实行的是注册资本制，因而，在投资者足额缴纳资本之后，企业的实收资本应该等于企业的注册资本。为保证商业银行进行正常经营、保护存款人的利益，各国都以法律的形式规定商业银行开业时必须具有最低注册资本的限额。我国《商业银行法》规定，商业银行的注册资本最低限额为10亿元人民币。在股份制商业银行中，注册资本主要表现为普通股，它是银行股金资本的基本表现形式。

（2）资本公积是指商业银行在筹集资金中的股票溢价、法定资产重估增值，以及接受捐赠的资产价值等。它可以按照法定程序转增资本金。股票溢价，是指股票发行价格超过其面值部分。有些国家法律规定，商业银行在开始营业时，必须拥有至少等于股价总额20%的资本公积。

（3）盈余公积是商业银行按照有关规定，从税后利润中提取的公积金，它是商业银行自我发展的一种积累，既可用以弥补亏损，又可转增银行资本。根据我国金融企业会计制度的规定，商业银行应在税后利润中提取10%作为盈余公积，当盈余公积达到注册资本的50%时可不再提取。

（4）未分配利润是商业银行在经过各种形式的利润分配后剩余的利润。这部分利润尚存于商业银行中，是银行增加自有资金的重要方法，特别是对那些难以进入股市筹资的银行。在经济发展缓慢、资金紧张或所得税税率较高时，也往往选择这种方法增加自有资金。

2. 附属资本

商业银行的附属资本包括贷款呆账准备金、坏账准备金、投资风险准备金、5年及5年期以上的长期债券。

（1）贷款呆账准备金是商业银行在从事放款业务过程中，按规定以贷款余额的一定比例提取的，用于随时补偿可能发生的贷款呆账的准备金。

（2）坏账准备金是按照年末应收账款余额的3‰提取，用于核销商业银行的应收账款损失。

（3）投资风险准备金，按照规定，我国商业银行每年可按上年年末投资余额的3‰提取。如达到上年年末投资余额的1%时可实行差额提取。

（4）5年及5年期以上的长期债券，这属于金融债券的一种，是由商业银行发行并还本付息的资本性债券，用来弥补商业银行的资本金不足。

资料链接 7－2

中国工商银行的财务状况

由中国工商银行财报可知，在利润方面，中国工商银行2018全年实现净利润2987.23亿元，在整个银行业范围内，居于最前水平，其中拨备前利润为5340亿元，同比增长8.4%。净利润收益率（NIM）较上年上升8个基点至2.30%，对利润增长起到了重要作用。

从表7－2可以看出，2018年工商银行净利息收入为5725.18亿元，利息收入9480.94亿元，增加865.00亿元，增长10.0%；利息支出3755.76亿元，增加360.60亿元，增长10.6%。净利息差和净利息收益率分别为2.16%和2.30%，比上年提高6个基点和8个基点。

表7－2　　　　　　　　**2016～2018年主要财务数据**　　　　　　单位：百万元

科目	2016 年	2017 年	2018 年	2017 年增长率	2018 年增长率
营业收入	675892	726503	773789	7.5%	6.5%
利息净收入	471846	522078	572518	10.6%	9.7%
非利息收入	204045	204424	201271	0.2%	1.5%
手续费及佣金净收入	144973	139625	145301	（3.7%）	4.1%
其他非利息收益	59072	64799	55970	9.7%	（13.6%）
营业支出	315576	364660	402602	15.6%	10.4%
业务及管理费用	175156	177723	185041	1.5%	4.1%
资产减值损失	87894	127769	161594	45.5%	26.5%
其他业务成本	35207	51703	48186	46.9%	（6.8%）
税金及附加	17319	7465	7781		4.2%
营业利润	360315	361842	371187	0.4%	2.6%
税前利润	363279	364641	372413	0.4%	2.1%

资料来源：根据上海证券交易所官方网站公布的2016～2018年中国工商银行年报整理。

四、商业银行的资产业务

商业银行的资产业务是其资金运用业务，是指商业银行将通过负债业务所积聚的货币资金加以应用获取收益的业务。商业银行的收益是由贷款、贴现和证券投资等主要资产业务形成，但为了满足商业银行的安全性、流动性和收益性的基本原则要求，商业银行的资产中必然有部分属于无收益或低收益的资产，因此，商业银行的资产业务除贷款业务、贴现业务和证券业务等主要业务外，还有一部分现金资产。通常我们可以将商业银行的资产分为现金、贷款、贴现和证券投资四大类。

（一）现金资产

现金资产是商业银行保持流动性最重要的资产项目，包括库存现金、中央银行的存款准备金、存放同业款、托收未达款等。现金资产业务不能给商业银行带来收益或收益极小，却是商业银行从事正常经营业务所必需的。

1. 库存现金

库存现金是指商业银行为应付存款户提取现金和商业银行日常开支而准备的资产。为保证支付能力，商业银行必须保留足够的库存现金。但是，库存现金是没有收益的资产，留存过多会影响商业银行的盈利，因此，商业银行在保证正常支付的前提下，应尽可能减少留存现金。

2. 准备金存款

准备金存款可区分为两种：法定准备金和超额准备金。根据法律规定，商业银行每吸收一笔存款必须按规定的比例存放一部分资金在中央银行，商业银行不能将该部分款项用于放款或支付。所规定的比率，即为法定存款准备率，其存款即为法定准备金存款。最初立法规定准备金制度的目的是为了保护存款人的利益，现在法定准备金制度则成为中央银行的重要货币政策工具。超额准备金则是商业银行在中央银行的存款中超过法定准备金的存款，是商业银行资产中流动性最强的资产之一。

3. 银行同业存款

银行同业存款是指商业银行存放在其他商业银行的资金，其主要目的是方便自身清算业务。在国外许多小银行将其资金存放在大银行中，以换取包括支票收款、外汇交易以及帮助购买债券等多种服务。

4. 托收未达款

银行应收的清算款项。在银行办理转账结算业务中，由其他行转入本银行的款项，尚未收到之时，即为托收未达款。这些款项是本银行对其他银行的资金要求权，在短时间内，即可收到该款项。届时该银行的准备金存款或银行同业存款余额即可增加，因而被视同现金，银行通常把这部分款项称为"浮存"。

（二）贷款业务

贷款是商业银行最主要的资产业务。它是商业银行将其所吸收的资金，按照一定的条件贷放给需要补充资金的企业，从而获得收益。虽然各国商业银行所处的经济环境、经营的方针不同，放款在其资产中所占比重存在差异，但大都占到总资产50%～70%。商业银行的贷款可以按照不同的标准划分为不同的种类。

1. 根据贷款期限划分，可分为短期贷款、中期贷款和长期贷款

短期贷款是指贷款期限在1年以内（含1年）的贷款。短期贷款用于支持借款人对流动资金的短期需要，特点是流动性强、风险相对较小，属于短期周转或临时垫付性质。中期贷款是指贷款期限在1年（不含1年）以上5年（含5年）以下的贷款。长期贷款是指贷款期限在5年（不含5年）以上的贷款，基本建设等大型项目贷款属于长期贷款。长期贷款数额多，期限长，流动性弱，风险大。因此，必须根据借款人和借款项目两方面的调查情况来决策贷款类型。

2. 根据贷款方式划分，分为信用贷款和担保贷款

（1）信用贷款。它是指以借款人的信誉为保证发放的贷款。信用贷款的优点是手续简便，贷款限制条件少，适用面广，借款企业不用提供抵押品或者由第三者提供经济担保。缺点是银行仅以客户的信誉及相关经济数据为凭据予以贷款，还款保障性差，贷款风险系数较大。只能向资信良好、有市场、高效益的借款人发放。

（2）担保贷款。借款人获得贷款需提供履行债务的担保，银行与借款人及其第三人签订担保协议后。当借款人财务状况恶化、违反借款合同或无法偿还贷款本息时，银行可以通过执行担保来收回贷款本息。担保贷款可以分为保证贷款、抵押贷款和质押贷款。保证贷款是指按《中华人民共和国担保法》（以下简称《担保法》）规定的保证方式以第三人承诺在借款人不能偿还贷款时，按约定承担一般保证责任或者连带责任而发放的贷款。抵押贷款是指按《担保法》规定的抵押方式，以借款人或第三人的财产作为抵押物发放的贷款。借款人不履行债务时，银行有权依照《担保法》的规定以抵押的财产折价或者以拍卖、变卖抵押财产的价款优先受偿。质押贷款是指按《担保法》规定的质押方式以借款人或第三人的动产或权利作为质物发放的贷款。质押贷款又分动产质押贷款和权利质押贷款。

3. 根据贷款风险程度进行分类，可划分为正常贷款、关注贷款、次级贷款、可疑贷款和损失贷款

（1）正常贷款。借款人能够履行合同，一直能正常还本付息，不存在任何影响贷款本息及时全额偿还的消极因素，银行对借款人按时足额偿还贷款本息有充分把握。贷款损失的概率为零。

（2）关注贷款。尽管借款人目前有能力偿还贷款本息，但是存在一些可能会对偿还产生不利影响的因素。在这类贷款中，贷款的本息偿还仍然正常，但是发生了一些可能会影响贷款偿还的不利因素。因此，对这些不利因素，应该随时给予关注，或对其进行监控。

（3）次级贷款。借款人的还款能力出现了明显的问题，依靠其正常的经营收入已无法保证足额偿还本息。在次级贷款中，借款人依靠其正常经营收入已经无法偿还贷款本息，而不得不通过重新融资或"拆东墙补西墙"的办法来归还贷款。

（4）可疑贷款。借款人无法足额偿还本息，即使执行抵押或担保，也肯定要造成部分损失。可疑类贷款具备了次级类贷款的全部特征，而且程度更加严重。如果属于抵押担保

贷款，即使履行抵押担保，贷款本息也注定要受到损失。只是贷款正在重组等原因，对损失程度尚难以确定，因此称为可疑。

（5）损失贷款。在采取所有可能的措施和一切必要的法律程序之后，本息仍然无法收回，或只能收回极少的一部分。在损失类贷款中，无论采取什么措施和履行什么程序，贷款者注定要损失。

4. 根据贷款对象分类，可分为工商业贷款、农业贷款和消费贷款

工商业贷款是商业银行以工业和商业企业流动资产增加和固定资产更新、改造的需要发放的贷款。农业贷款主要是满足农业生产的融资需求。消费贷款是银行向个人提供用于购买消费品的贷款。

（三）贴现业务

贴现是银行应客户的要求，买进未到期的票据。它是在商业票据的基础上产生的一种融资行为，故称贴现贷款。从表面上看，这是一种票据买卖，实际上是银行的信用业务。因为票据的支付人对持票人是一种负债关系，在票据未贴现以前，票据是银行客户的债权；贴现以后，票据转为银行的债权。因此，票据买卖实际上是债权的转让，相当于银行间接贷款给票据支付人。银行把资金交付给申请贴现的企业，却要在票据到期时才能从付款人那里收回资金，因此，银行要向客户收取一定的利息，称为贴现利息或折扣。

贴现的具体程序是银行根据票面金额及既定贴现率，计算出从贴现日起到票据到期日止这段时间的贴现利率，并从票面金额中扣除，余额部分支付给客户；票据到期时，银行持票据向票据载明的支付人索取票面金额款项。贴现业务最初曾是商业银行最重要的资产业务，目前在资产业务中仍占相当比重，贴现对象也由过去主要是商业票据扩展到政府短期债券。图7-1为票据贴现的流程。

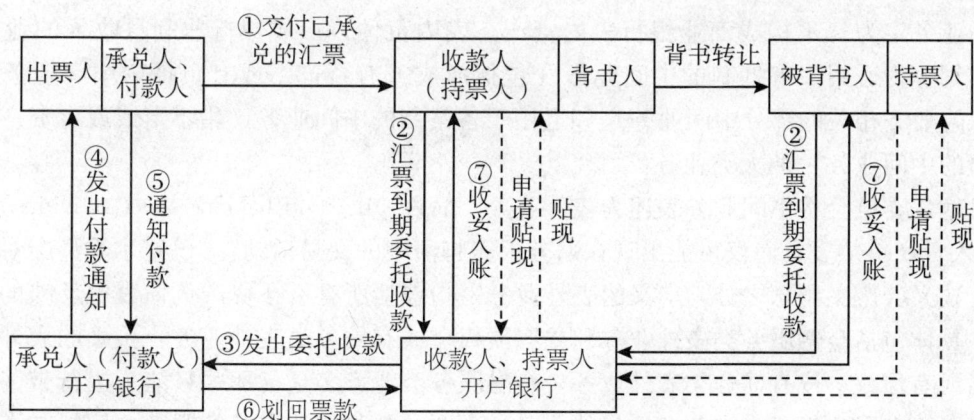

图7-1 票据贴现的流程

贴现业务和普通贷款相比，虽然都是资金运用并收到利息，但有许多不同之处：贷款是在放贷期间收取利息，而贴现则是在贴现业务发生时从票据面额中预扣利息；贷款期有

大于 1 年的，且常有转期情况，而贴现的票据期限一般较短，通常都是 3 个月到期，最长不会超过 1 年，到期即可收回；贷款的申请人是银行的直接债务人，而贴现的申请人并非银行的直接债务人，票据的出票人、承兑人和背书人均应对票面款项负责；贷款利率要略高于贴现率。

（四）证券投资业务

商业银行的证券投资业务是商业银行将资金用于购买有价证券的活动，主要是通过证券市场买卖股票、债券进行投资的一种方式。商业银行的证券投资业务有分散风险、保持流动性、合理避税和提高收益等作用。商业银行投资业务的主要对象是各种证券，包括国库券、中长期国债、政府机构债券、市政债券或地方政府债券以及公司债券。在这些证券中，由于国库券风险小、流动性强而成为商业银行重要的投资工具。20 世纪 80 年代以来，商业银行投资于公司债券的比重越来越小。随着银行业务综合化的发展。西方商业银行努力扩展证券投资的业务范围，商业银行兼营投资银行的业务甚至成为一种趋势。按我国商业银行法规定，商业银行不得从事境内信托投资和股票业务。因此，目前它们的证券投资业务对象主要是政府债券和中央银行、政策性银行发行的金融债券等，且规模都不大。

五、商业银行的中间业务和表外业务

对于商业银行资产负债表内所显示的资产业务、负债业务之外的其他业务，金融界并没有一个统一的认识，或者称为中间业务，或者称为表外业务，国内则一般称为中间业务。1995 年《商业银行法》第三条中明文规定了商业银行可以经营包括办理国内外结算、发行银行卡、代理发行政府债券和外汇买卖、代收代付款项及代理保险业务、保管箱服务等在内的中间业务。2001 年 6 月 21 日中国人民银行颁布《商业银行中间业务暂行规定》将中间业务定为"不构成商业银行表内资产、表内负债，形成银行非利息收入的业务"，并将其划分为适用于审批制的中间业务（包括形成或有资产、或有负债的中间业务与证券、保险业务相关的部分中间业务）和适用于备案制的中间业务（指不形成或有资产、或有负债的中间业务）两大类业务。

巴塞尔委员会将中间业务表述为表外业务，简称 OBS（off-balance sheet activities），即"不列入资产负债表，而仅可能出现在财务报表脚注中的交易活动"。巴塞尔委员会对表外业务有狭义、广义概念之分，广义的表外业务是指包括所有不在资产负债表中反映的一切业务，具体包括金融服务类表外业务和或有债权、或有债务类表外业务，狭义的表外业务则是指或有债权、或有债务类表外业务。金融服务类业务多是指那些只能为银行带来服务性收入而不会影响银行表内业务质量的业务，主要包括与贷款有关的服务、信托与咨询服务、支付服务、经纪人、代理人服务、进出口服务等业务。或有债权、或有债务表外业务是指不在资产负债表内反映，但在一定条件下会转变为资产业务和负债业务的或有资产、或有负债的业务，它主要包括贷款承诺、担保和金融衍生业务三大类，这也是通常指的表外业务。

（一）中间业务

中间业务是指不构成商业银行表内资产、表内负债，形成银行非利息收入的业务，其主要包括结算业务、信托业务、银行卡业务、代理业务、租赁业务、咨询顾问类业务等。

1. 结算业务

结算业务指银行接受客户的委托，根据各种收付凭证，为客户办理各种货币收付，主要有银行汇票、商业汇票、银行本票、支票结算、汇兑结算、委托收款和托收承付、信用证结算等结算方式。

2. 信托业务

信托业务是指商业银行作为受托人接受客户委托，代为管理或处置有关资产或其他事项，为信托人谋取利益的业务。信托业务最初由个人和保险公司经营，后来随着业务扩张，债权债务关系的日益复杂，出现了专门的信托公司。同时，商业银行由于资本雄厚，业务经验丰富，也开始介入这一领域。目前美国约有 1/4 的商业银行设有信托部。

3. 银行卡业务

银行卡是由商业银行等金融机构向社会发行的具有消费信用、转账结算、存取现金等全部或部分功能的信用支付工具（信用卡和贷记卡）。

4. 代理业务

代理业务是指商业银行接受客户委托、代为处理客户指定的经济事务、提供金融服务并收取一定费用的业务，包括代理政策性银行业务、代理中国人民银行业务、代理商业银行业务、代收代付业务、代理证券业务、代理保险业务、代理其他银行的银行卡收单业务等。

5. 租赁业务

租赁业务是出租人以收取租金为条件，将财产出租给承租人使用的经济行为。承租人按期交纳租金，享有使用权，所有权仍归出租人。租赁业务一般由银行下属或者独立的租赁公司和信托公司经营。对于银行，租赁业务是资金运用和服务相结合的业务。它是由银行出钱，购买一定的商品出租给承租人，然后通过租金收回资金。

租赁业务按其性质一般可分为金融租赁和经营租赁两大类，银行经办的主要是金融租赁。金融租赁又称融资租赁，是指由承租人选定所需设备后，由租赁公司（出租人）负责购置，然后交付承租人使用，承租人按租约定期交纳租金。金融租赁合同通常规定任何一方不能中途毁约，租赁期满后，租赁设备可以由承租人选择退租、续租或将产权转移给承租人。金融租赁方式大多用于大型成套设备的租赁。

6. 咨询顾问类业务

咨询顾问类业务是指商业银行依靠自身在信息、人才、信誉等方面的优势，收集和整理有关信息，并通过对这些信息以及银行和客户资金运动的记录和分析，形成系统的资料和方案，提供给客户，以满足其业务经营管理或发展需要的服务活动。

（二）表外业务

商业银行表外业务是指商业银行所从事的，按照通行的会计准则不计入资产负债表，不影响资产负债总额，但能改变当期损益及营运资金，从而提高银行资产报酬率的活动。表外业务也有广义和狭义之分。狭义的表外业务则是指或有债权、或有债务类表外业务。广义的表外业务除了狭义的表外业务，还包括结算、代理、咨询等无风险的经营活动，也就是我们前面说到的中间业务。我们这里谈论的是狭义的表外业务，只包括担保类、承诺类和金融衍生交易类三种类型的业务。

1. 担保类表外业务

担保类表外业务指商业银行为客户债务清偿能力提供担保，承担客户违约风险的业务。包括履约保证书、投标保证书、贷款担保、备用信用证。

履约保证书是指银行应申请人的请求向受益人开立的保证申请人履行某项合同规定义务的书面保证文件。

投标保证书是银行为客户（投标人）开立的保证投标人履行招标文件所规定的各项义务的书面担保文件。

贷款担保是指担保银行应借款人的要求，向贷款人出具的一份保证借款人按照贷款协议的规定偿还贷款本息的书面保证文件。

备用信用证是银行出具的保函性质的支付承诺，以保证申请人履行某种合约规定的义务，并在申请人没有履行该义务时，凭受益人在信用证有效期内所提交的与信用证条款相符的文件或单据，向受益人支付一定金额的款项。

2. 承诺类表外业务

承诺类表外业务是指商业银行在未来某一日期按照事前约定的条件向客户提供约定信用的业务，主要指贷款承诺、票据发行便利。

贷款承诺是银行的一种授信方式，即银行向客户承诺在未来一定时期内，按照约定的条件发放一定贷款，银行为此收取一定的费用。承诺分为可撤销承诺和不可撤销承诺两种。担保和承诺的主要区别在于担保涉及三方当事人，即银行、委托人（请求出具担保的人）和受益人（被保证人），而承诺只涉及银行和贷款人两方。

票据发行便利是一种具有法律约束力的中期周转性票据发行融资的承诺。根据事先和商业银行等金融机构签订的一系列协议，借款人可以在一个中期内（一般为 5～7 年）以自己的名义周转性发行短期票据，从而以较低的成本取得中长期的资金融通效果。承诺包销的商业银行依据协议负责承购借款人未能按期售出的全部票据，或承担提供备用贷款的责任。

3. 金融衍生类表外业务

金融衍生类表外业务指商业银行为满足客户保值或自身风险管理等方面的需要，利用各种金融工具进行的资金交易活动，主要包括远期合约、金融期货、互换、期权等金融衍生业务。

表外业务为客户提供多元化的金融服务，有效地防范和转移风险，增加资金的流动性和来源渠道，提升了银行的竞争力。但是，因为表外业务能改变当期损益及营运资金，所以一旦运用不好，将会给银行带来经营风险，尤其是那些杠杆性高的金融衍生类表外业务。

资料链接 7 - 3

我国商业银行中间业务收入结构

在经济增速换挡的背景下，商业银行躺着赚钱的时代结束了。中间业务由于不消耗资本、风险低、客户粘性高等特点，成为商业银行关注的重点业务。近年来各家银行机构都在不断挖掘中间业务潜力，提高中间业务收入占比。

在对中间业务收入综合竞争水平的比较中，最常用的指标为中间业务收入/营业收入（中间业务收入占比）。该指标从银行整体收入构成的角度，衡量中间业务收入在银行的地位，一般认为，中间业务收入占比越高越好，业务多元化发展趋势越好。当前虽然中国银行业同质化经营较为明显，但是中间业务收入构成还是能够在一定程度上体现出银行之间业务的差异化发展。2018 年中间业务收入结构如表 7 - 3 所示。

表 7 - 3　　　　　　　　　　2018 年中间业务收入结构

中间业务收入构成	兴业银行		招商银行	
	金额（百万元）	占比（%）	金额（百万元）	占比（%）
银行卡手续费	21408	45.49	16727	22.90
咨询顾问手续费	10202	21.68	0	0.00
托管业务手续费	3405	7.24	23351	31.97
代理业务手续费	2635	5.60	12723	17.42
支付结算手续费	1682	3.57	10267	14.06
担保承诺手续费	1526	3.24	6807	9.32

如表 7 - 3 所示，2018 年兴业银行中间业务收入构成中占比最大的是银行卡手续费 45.5%，接近一半；其次是咨询顾问手续费，占比 21.86%；最后是托管业务手续费，占比 7.24%。招商银行方面，占比最大的是托管业务手续费，占比 31.97%，其次是银行卡手续费，占比 22.9%，最后是代理业务手续费，占比 17.42%。兴业银行与招商银行虽然在资产规模上同属一个量级，但两者中间业务收入结构各不相同。兴业银行在咨询顾问业务领域拥有优势，而且零售业务中银行卡业务收入增长明显，追赶势头较好。招商银行拥有非常厚实的零售业务和私行客户沉淀，中间业务收入结构较好。

随着中间业务的发展，从两家银行中间业务结构变化可以看出，企业金融中有关企业多元化融资需求和咨询顾问业务，零售金融中有关财富管理尤其是私人银行业务，在中间业务中占比越来越大，其发展的形势也越来越明朗。

资料来源：林俊标. 兴业银行与招商银行中间业务收入的比较分析 [J]. 科技与创新，2019（11）.

第三节　商业银行的存款创造

一、存款创造的前提条件

商业银行的存款创造可以简要地描述为银行发放贷款创造活期存款，银行贷款将减少活期存款。然而，这种创造存款的过程不是随心所欲的，而是像任何事物一样有开始的时刻，也有终结的时刻。我们重点讨论开始的时刻：为什么银行的存款创造从这一刻或者那一刻开始？答案是因为银行在此时此刻具备了存款创造的前提条件：超额存款准备金。为了更加详细地解释这一前提条件，我们需要了解商业银行的基本业务。在此之前，有必要先认识下超额存款准备金。

1. 法定存款准备金和超额存款准备金

所有商业银行都要将一部分资金以存款的形式存放在中央银行的账户中，准备金就是这些存款与银行实际持有的通货之和。准备金有法定存款准备金和超额存款准备金之分。其中，法定存款准备金是指中央银行在法律赋予的权限内，规定商业银行必须将所吸收的每一元存款的法定比例（比如说10%）作为准备金存在中央银行的账户中，它是商业银行对其存款必须保持的最低储备水平，该比例被称为法定准备金比率。但实际上，银行缴存的准备金常常超过法定准备金，我们将超过法定准备金的这部分准备金称为超额存款准备金。很明显，法定准备金的主动权在中央银行，而超额准备金的主动权在商业银行。

资料链接 7 - 4

中国特色高法定存款准备金

2014 年，人民银行引入了定向降准考核机制，对小微和三农的存量或增量达到一定标准的商业银行实施更加优惠的存款准备金率，简称"滴灌"。在每年 2 月，对上年度金融机构信贷支农支小情况进行考核，对满足审慎经营要求且"三农"或小微贷款达到标准的商业银行，实施优惠存款准备金率，未满足的不再继续享受优惠。

2014 年以来，央行定向降准前前后后多达十几次，不过，央行在 2015 年 10 月之后，对于定向降准的标准做过一次重要修订。因此我们以此为分水岭，将这一过程分为两大阶段。

1. 第一阶段：2014 年 6 月到 2015 年 10 月

这个阶段总共降准 5 次，但总体上定向降准的执行口径都是按照 2014 年 6 月份的标准，期间没有太大的变化。该阶段均只有一档的定向降准标准，而且非常严格执行涉农或者小微贷款增量 30% 和存量 50% 的标准。所有大型银行和多数股份制银行都达不到这个要求。

2. 第二阶段：2015年10月至今

从2015年10月开始，央行首次将定向降准的标准修订为二档。其中，第一档非常容易达标，只要小微或涉农贷款其中一项增量达到15%即可，而大型银行也基本在第一档的执行口径里。相对而言，在2015年10月定向降准的口径下，达到第二档非常难（尤其是增量50%使得难度增加）。

2016年，人民银行将差别存款准备金动态调整和合意贷款管理机制"升级"为"宏观审慎评估体系"（MPA）。较之差别准备金动态机制，MPA更加全面系统地考虑了资本和杠杆、资产负债、流动性、定价行为、资产质量、跨境业务风险和信贷政策执行情况七个方面，在保持宏观审慎政策框架的连续性、稳定性的同时又作了进一步的完善与改进。

MPA直接和法定存款准备金的利率水平挂钩，这里核心是差别存款准备金利率（法定是1.62%，超额是0.72%）；

对A档机构实施奖励性利率（现行法定存款准备金利率×1.1）；

对B档机构实施现行法定存款准备金利率；

对C档机构实施约束性利率（现行法定存款准备金利率×0.9）。

另外，央行在需要增加宏观调控力度的情况下，可启用±20%的幅度；在较为极端情况下，可启用±30%的幅度。

资料来源：何为中国特色存款准备金？[N]. 金融监管研究院，2019-04-21.

2. 商业银行的基本业务及其含义

商业银行的基本业务是吸收存款、发放贷款。为了显示这些基本业务及其含义，我们使用一系列反映资产负债变化的T形账户进行说明。

假设A银行在国内的服务口碑很好，张三决定用100万元现钞开立支票账户。他现在拥有了该银行100万元的支票存款，这在A银行的资产负债表上表现为100万元的负债。根据存款准备金的定义，银行实际持有的通货属于准备金之列，因此，A银行的准备金也相应地增加100万元。其T形账户如下：

A银行资产负债表

资产	负债
准备金 +100万元	支票存款 +100万元

当然，张三也可以不用现钞而是其他银行签发的支票开立账户。例如，他原本在B银行有100万元的支票存款，但不满意这家银行的服务，他可以将B银行签发的这张支票存到A银行。此时，对于A银行来讲，负债方支票存款增加了100万元。与此对应的是，根据中央银行的支票清算程序，A银行将会把B银行签发的支票转存到A银行在中央银行的准备金账户中（实际上最终是由中央银行向B银行要求将支票兑现），这意味着A银行的准备金增加了100万元。因此，张三的这一行动（即用B银行签发的支票到A银行存款）

对 A 银行资产负债表的影响与存现钞一样。

相反，对于 B 银行来说，由于最终中央银行将向其兑现这张 100 万元的支票，因此，在支票存款减少的同时准备金也等量减少。反映 B 银行资产负债表变化的 T 形账户如下：

B 银行资产负债表

资产	负债
准备金 – 100 万元	支票存款 – 100 万元

上述两家银行资产负债表的变化在银行经营中有重要的含义：当一家银行收到一笔存款时，它的准备金将等量增加；相反，流失存款的银行将等量减少其准备金。

现在来看看 A 银行的贷款业务。假设中央银行对法定存款准备金比率的要求是 10%，则 A 银行现在 100 万元准备金的结构为 10 万元的法定准备金和 90 万元的超额准备金。由于中央银行对准备金几乎不支付利息，90 万元的超额准备金如果维持现状，A 银行将面临巨大的机会成本！为此，A 银行考虑发放贷款。那么，A 银行最多可以发放多少贷款呢？既然发放贷款会创造等量的活期存款，而活期存款需要缴纳法定存款准备金，这是否意味着 A 银行可以发放的最大贷款额为 900 万元呢（此时 90 万元的超额准备金全部转化为法定准备金，超额准备金为 0，机会成本最小）？为此，我们不妨先看看这种情况下 A 银行资产负债表的变化。发放 900 万元贷款后，A 银行的 T 形账户变为

A 银行资产负债表

资产	负债
准备金 + 100 万元	支票存款 + 1000 万元
贷款 + 900 万元	

然而，工商企业或者消费者向银行贷款的最终目的是投资或者消费，这意味着 A 银行的这笔贷款将要被用掉。假设借款者将把这 900 万元的贷款全部用来投资或者消费，根据前述存款业务的重要含义是 A 银行在支票存款减少 900 万元的同时，准备金也将减少 900 万元！如此一来，A 银行的 T 形账户进一步变为

A 银行资产负债表

资产	负债
准备金 – 800 万元	支票存款 + 100 万元
贷款 + 900 万元	

现在 A 银行的准备金是负数！显然，这样的结果是不能接受的，A 银行不能发放这么多的贷款！实际上，只要银行贷款的金额超过超额准备金数量 90 万元，在借款者全部将

所贷资金取出来消费或者投资后，其法定准备金将出现短缺。因此，我们可以得到第二个重要含义：银行安全贷款的上限是其持有的超额准备金数量，如果没有超额准备金，银行将不能发放贷款，从而不能创造存款。

当然，银行的超额准备金来源可以是多方面的，并不仅仅局限于接受现金或者支票存款。例如，向中央银行申请的再贴现或者再贷款、同业拆借资金等都是准备金的重要来源。

二、简化的存款创造模型

我们分两个层次具体阐述商业银行的存款创造模型。首先在若干理想假设条件下，推导出简化的存款创造模型。然后将其拓展到更为现实的背景下，得到较为复杂的存款创造模型（后者将在本节第三部分介绍）。

在简化的存款创造模型中，我们假设：①银行体系由中央银行及编号为 A、B、C、D……的多家商业银行组成；②社会公众（均为银行客户，编号为甲、乙、丙、丁……）不持有现金，所有交易都通过商业银行的支票账户进行转账结算；③商业银行的存款全部为活期存款，没有定期存款，活期存款的法定存款准备金比率为 10%；④商业银行只保留法定准备金而不持有超额准备金，超额部分全部用于发放贷款或用于证券投资。

假设中央银行向商业银行 A 发放了 100 万元的贴现贷款，则 A 银行在中央银行的存款准备金增加了 100 万元。其 T 形账户如下：

A 银行资产负债表

资产	负债
准备金 + 100 万元	再贴现贷款 + 100 万元

由于 A 银行的支票存款没有增加，其法定准备金仍然不变，因而该行增加的 100 万元准备金全部是超额准备金。在银行不持有超额准备金的假设条件下，它将会把这部分超额准备金全部用于发放贷款，假设贷款给客户甲。客户甲在 A 银行开立支票账户，把贷款资金存入这个账户。于是，A 银行在贷款增加的同时，负债相应增加，其 T 形账户变为

A 银行资产负债表

资产	负债
准备金 + 100 万元	再贴现贷款 + 100 万元
贷款 + 100 万元	支票存款 + 100 万元

客户甲随后会使用这笔贷款，假设支出这 100 万元的支票存款后，这笔钱存入另外一家银行 B。根据银行基本业务的重要含义，A 银行在支票存款减少 100 万元的同时，准备金也会相应减少 100 万元，而 B 银行的支票存款和准备金则均增加 100 万元。两家银行的

T 形账户分别为

A 银行资产负债表

资产	负债
贷款 + 100 万元	再贴现贷款 + 100 万元

B 银行资产负债表

资产	负债
准备金 + 100 万元	支票存款 + 100 万元

在 10% 的法定准备金比率条件下，对于 B 银行而言，100 万元的支票存款需要缴纳 10 万元的法定准备金，其余 90 万元为超额准备金。假设④表明，B 银行也会同 A 银行一样，将超额准备金全部用于发放贷款。于是，它的贷款和支票存款都增加 90 万元，相应的 T 形账户变为

B 银行资产负债表

资产	负债
准备金 + 100 万元	支票存款 + 190 万元
贷款 + 90 万元	

假设 B 银行的 90 万元贷款对象为客户乙，乙取出这 90 万元后，B 银行的支票存款和准备金均减少 90 万元，其 T 形账户进一步变为

B 银行资产负债表

资产	负债
准备金 + 10 万元	支票存款 + 100 万元
贷款 + 90 万元	

至此，当初进入 A 银行的 100 万元准备金经过 A、B 两家银行的贷款行为后，分别创造了 100 万元和 90 万元的存款。然后，这个过程并未结束，因为客户乙取出的 90 万元在非现金结算条件下会存入另外一家银行（C 银行），而 C 银行和 A、B 两家银行一样，也会将超额准备金贷出从而创造存款。同理，继 C 银行后，还会有 D、E、F……参与存款创造，唯一的区别在于贷款的金额以及创造的存款金额不等。直到当初的 100 万元准备金全部转化为各银行的法定准备金后，存款创造过程才告结束。不难算出，最终整个银行系统中支票存款的增加量为 1000 万元（100/10% = 1000）。具体的存款创造过程见表 7 - 4。

表7-4 存款创造过程 单位：万元

银行	存款增加额	准备金增加	贷款增加额
A 银行	0	0	100.00
B 银行	100.00	10.00	90.00
C 银行	90.00	9.00	81.00
D 银行	81.00	8.10	72.90
E 银行	72.90	7.29	65.61
F 银行	65.61	5.91	59.05
………	…	…	…
所有银行合计	1000.00	100.00	1000.00

注：法定准备金比率为10%，初始的超额准备金为100万元。

可以推导出一个更加一般化的公式计算存款创造过程中一共创造了多少存款。假设法定准备金比率为 r，起初某行获得一笔超额准备金 ΔR，这笔超额准备金经过不断贷款后，依次增加的存款数量分别是：ΔR、$\Delta R(1-r)$、$\Delta R(1-r)^2$、…假设 ΔR 的超额准备及创造的存款总量为 ΔD，则

$$\Delta D = \Delta R + \Delta R(1-r) + \Delta R(1-r)^2 + \cdots = \Delta R / [1-(1-r)] = \Delta R / r$$

这个一般化的公式揭示了银行体系准备金增加所能创造的总存款量，显然后者是前者的 1/r 倍，它被称为简单存款创造乘数，用来度量商业银行存款创造能力的大小。不难看出，简单存款创造乘数是法定存款准备金的倒数，中央银行正是据此调节银行体系的存款规模的。

进一步，我们也可以计算存款创造过程中法定存款准备金总量。由于银行每一笔存款均需缴纳法定准备金，而银行体系的存款数量依次为 ΔR、$\Delta R(1-r)$、$\Delta R(1-r)^2$、…则法定准备金总量为：$\Delta R \cdot r + \Delta R(1-r) \cdot r + \Delta R(1-r)^2 \cdot r + \cdots = \Delta R / r \cdot r = \Delta R$，即所有银行的法定准备金总量将等于银行体系在初始时刻增加的准备金。这也印证了我们的判断：直到当初超额准备金全部转化为各银行的法定准备金后，存款创造过程才告结束。

三、复杂的存款创造模型

简化存款创造模型的大部分假设并不符合实际情况，更为现实的情况是：①社会公众总会或多或少地持有一些现金（这在金融基础设施不发达的地方表现尤其明显），所以完全的非现金结算并不存在；②社会公众可能既持有活期存款，又持有定期存款；③商业银行除了缴纳法定存款准备金外，还会持有超额准备金，因为"超额准备金是对存款外流所引起的成本的保险，存款外流所引起的成本越高，银行愿意持有的超额准备金就越多"。

考虑到这些现实情况后，如果商业银行体系得到了一笔超额准备金，它又能创造出多少活期存款量呢？总体方向性的思考是，商业银行的存款创造能力将会变弱。这是因为，

现金的漏出和超额准备金的缴纳将会减少银行的贷款，而银行贷款的减少意味着创造的存款将会减少；另一方面，定期存款一般来讲也要缴纳准备金，这也削弱了银行贷款进而创造存款的能力。下面，我们用代数的方法分析现实情况下商业银行的存款创造，我们称为复杂的存款创造模型。

为了分析问题的方便，在上述更为现实的条件之外，我们进一步假设现金漏出量、定期存款量和超额准备金的缴纳均与活期存款存在固定比例，同时定期存款只缴纳法定准备金。存款创造过程仍然采用简化的存款创造模型中所用的例子，只不过现在不用具体的数字而用代数表达。为此，我们首先定义一些变量（这些变量在本书其他地方仍将适用），具体如表 7-5 所示。

表 7-5 　　　　　　　　　　　　　　变量及其含义列表

变量	含义
ΔR	初始时刻注入银行体系的超额准备金（原始存款）
ΔD	活期存款总增加额
ΔC	流通中的现金总增加额
ΔT	定期存款总增加额
ΔE	超额准备金总增加额
r_d	活期存款法定准备金率
r_t	定期存款法定准备金率
c'	现金漏出量与活期存款的比例
t	定期存款与活期存款的比例
e	超额准备金率

在上述假设和定义下，和在简化的存款创造模型中一样，我们也可以通过 T 形账户具体分析初始时刻 ΔR 的超额准备金在银行体系流动的全过程。该过程每个环节中活期存款、活期存款法定准备金和超额准备金、定期存款法定准备金以及现金漏出的数量见表 7-6。

表 7-6 　　　　　　　　　　　　　　复杂的存款创造过程

银行	A	B	C	…
存款增加	0	ΔR	$\Delta R(1-r_d-e-c'-t\cdot r_t)$	…
活期法定准备金	0	$\Delta R\cdot r_d$	$\Delta R(1-r_d-e-c'-t\cdot r_t)\cdot r_d$	…
活期超额准备金	0	$\Delta R\cdot e$	$\Delta R(1-r_d-e-c'-t\cdot r_t)\cdot e$	…
现金漏出	0	$\Delta R\cdot c'$	$\Delta R(1-r_d-e-c'-t\cdot r_t)\cdot c'$	…
定期法定准备金	0	$\Delta R\cdot t\cdot r_t$	$\Delta R(1-r_d-e-c'-t\cdot r_t)\cdot t\cdot r_t$	…
贷款增加	ΔR	$\Delta R(1-r_d-e-c'-t\cdot r_t)$	$\Delta R(1-r_d-e-c'-t\cdot r_t)^2$	…

根据表7-6，我们可以计算出存款创造全过程的活期存款总量为

$$\Delta D = \Delta R + \Delta R(1 - r_d - e - c' - t \cdot r_t) + \Delta R(1 - r_d - e - c' - t \cdot r_t)^2 + \cdots$$
$$= \Delta R / (r_d + e + c' + t \cdot r_t)$$

显然，此时的存款创造乘数是$1/(r_d + e + c' + t \cdot r_t)$，它小于简单存款创造乘数$1/r_d$，这印证了我们之前的判断：当考虑现金漏出、定期存款和超额准备金时，商业银行的存款创造能力将减弱。同样，我们也可以分析存款创造全过程中初始时刻ΔR的超额准备金最终流向了何方。将所有银行的活期存款法定准备金、超额准备金、现金漏出和定期存款法定准备金相加不难发现，其和刚好等于ΔR。这说明在复杂的存款创造过程中，初始时刻向银行体系注入的一笔超额准备金将最终转化为各银行的法定准备金（包括定期存款和活期存款）、超额准备金和流通中的通货。

例：假设商业银行体系的现金漏损率$c' = 25\%$，定期存款与活期存款的比率$t = 300\%$，定期存款的法定存款准备率$r_t = 2\%$，活期存款的法定存款准备率$r = 5\%$，超额准备率为$e = 4\%$。当有一笔1000万元的现金由客户存入某家商业银行后，商业银行体系由此而展开存款创造过程，整个商业银行体系最终新创造的活期存款是多少？

$$\Delta D = \Delta R \cdot 1 / (c' + t \cdot r_t + r_d + e) = 1000 \times 1 / (0.25 + 3 \times 0.02 + 0.05 + 0.04) = 2500$$
（万元）

资料链接7-5

电子货币对商业银行存款货币创造的影响

商业银行法定存款准备金取决于商业银行存款基数和中央银行规定的法定存款准备金率。世界上绝大多数国家都对商业银行存款征收不同比例的存款准备金，但电子货币存款目前尚未被纳入缴纳法定存款准备金的范围。所以，电子货币越普及，对传统货币的替代率越高，商业银行缴纳法定存款准备金的存款基数就越小，在法定存款准备金率一定的前提下，向中央银行缴纳的法定存款准备金也就越少。电子货币的使用减少了商业银行法定存款准备金。

商业银行超额存款准备金是在法定存款准备金以外，商业银行为保证满足客户提取现金的需求而自愿保留的头寸，因此主要取决于商业银行缴纳超额准备金的意愿。电子货币的出现大大提高了货币的流动性，使不同层次货币之间的转化变得轻而易举。在电子货币流通条件下，商业银行可以方便快捷、低成本地获取资金来满足客户的提现需求及补充暂时性的流动性不足。在这种情况下，银行就没有必要为了预防可能的流动性不足保留大量超额准备金，而放弃贷款和投资的潜在收益。所以，随着电子货币的发展，商业银行超额存款准备金将越来越少，基础货币也将随之减少。

电子货币的产生和发展使流通中的现金余额及商业银行存款准备金都有所减少，从而缩小了基础货币的规模。电子货币对通过影响商业银行的经营管理行为而作用于存款创造机制，主要有以下两条路径：

第一，电子货币降低了商业银行的经营成本和融资成本，并带来可观的中间业务收

入，这使得商业银行有动力去大力推动电子货币和新型支付方式的发展，从而在原有的方向上加剧电子货币对于存款货币创造机制的影响。电子货币在基于银行卡的电子货币、互联网支付和移动支付方面都有极其广阔的应用前景，借记卡和信用卡、网银、移动支付等业务一方面给银行带来客观的中间业务收入，另一方面也反过来促进了商业银行传统资产负债业务的发展。电子货币的兴起为银行节约了大量人工成本，同时，也加快了银行体系的资金流动，降低了商业银行的融资成本。且由于电子货币支付结算系统的建设费用属于固定投入，电子货币流通和使用数量越大，越符合商业银行的经济效益。因此，在经济利益的驱动之下商业银行有激励去推广电子货币和新型支付方式，推动电子货币的发展。而电子货币的发展进一步加剧了货币乘数的扩大与商业银行存款创造能力的增强。

第二，在电子货币流通的条件下，商业银行保留超额存款准备金的意愿减弱，这导致基础货币的减少和货币乘数的增大。超额存款准备金是在法定存款准备金以外，商业银行为保证满足客户提取现金的需求而自愿保留的头寸。电子货币的广泛流通模糊了各类金融资产之间的界限，使各类金融资产之间的转化变得便捷迅速，从而银行可以及时地以较低成本获取现金以满足客户提款需求或应付暂时性的流动性不足。由于存款准备金的收益小于贷款，在这种情况下，银行没有必要也没有意愿保留大量超额准备金。超额准备金是存款准备金的一部分，它的减少导致了基础货币规模的缩减。另外，超额准备金率的降低加剧了货币乘数效应，使商业银行存款创造的能力增强。

资料来源：谢越.电子货币与商业银行存款货币创造机制研究［D］.复旦大学，2013.

本 章 小 结

1. 商业银行是以经营工商业存款、贷款为主要业务，以营利为主要经营目标的金融企业。与其他金融机构相比，能够吸收活期存款（支票存款），创造存款货币是商业银行最明显的特征。因此，人们又称商业银行为存款货币银行。

2. 商业银行具有信用中介、支付中介、信用创造、金融服务四大职能。其中信用中介职能是商业银行最基本也最能反映其经营活动特征的职能。

3. 从世界各国商业银行业务经营的发展过程来看，商业银行可分为业务分离型和全能型两种类型。自20世纪70年代以来，上述两种类型商业银行经营的范围和界限有所突破，业务经营全能化是全球各国商业银行发展的大趋势。

4. 从商业银行外部组织形式来看，有单一银行制、分支行制、银行持股公司制和连锁银行制。绝大多数国家的商业银行是实行分支行制或总分行制。

5. 商业银行的资金来源主要包括存款、借款和银行资本。银行的资金运用则主要包括现金资产、贷款、贴现和证券投资等。银行的资产总额等于负债总额加银行资本。除了反映在银行资产负债中的资产业务和负债业务外，未在资产负债表中直接反映出来的中间业务和表外业务也是商业银行的重要收入来源。

6. 商业银行体系得到一笔新增的超额准备金后，经过贷款、存款和转账支付业务的运作，可以形成倍数于该笔准备金的贷款和存款。这是商业银行的存款创造功能。在简化的存款创造模型中，商业银行的存款创造乘数是法定存款准备金率的倒数。而在复杂的存款创造模型中，存款创造乘数会受到更多因素的影响。

重 要 概 念

商业银行　信用中介　支付中介　信用创造　职能分工型　全能型银行　单一银行制　分支行制　负债业务　银行资本　资产业务　中间业务　表外业务　法定准备金　超额准备金　存款创造乘数

思 考 题

1. 商业银行的性质与功能是什么？
2. 单一银行制和分支行制各有何优缺点？
3. 商业银行资产负债表的主要内容有哪些？
4. 简述商业银行表外业务的构成及其相互关系？如何正确认识商业银行的表外业务？
5. 目前我国商业银行从事的中间业务有哪些？
6. 为什么说如果商业银行没有超额准备金，它将不能发放贷款？在复杂的存款货币创造模型中，商业银行的存款创造能力为什么会比简化模型中要小？如何推导出存款创造乘数？

第八章

中央银行

谁控制了石油，谁就控制了所有国家；谁控制了粮食，谁就控制了人类；谁掌握了货币发行权，谁就掌握了世界。

——亨利·阿尔弗雷德·基辛格（Henry Alfred Kissinger）

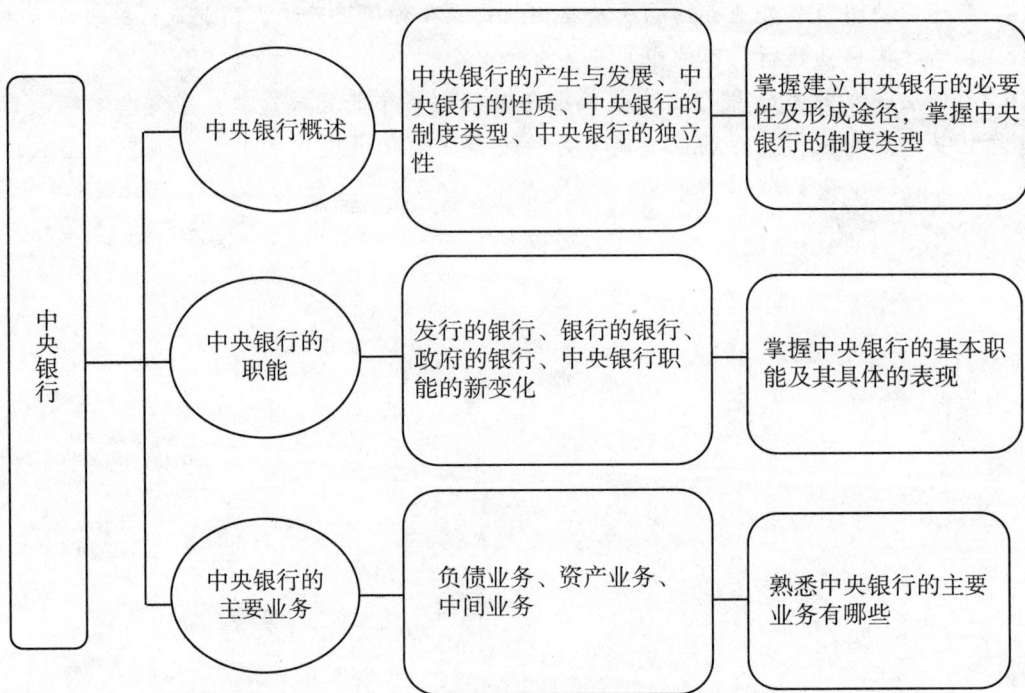

```
中央银行 ──┬── 中央银行概述 ──── 中央银行的产生与发展、中央银行的性质、中央银行的制度类型、中央银行的独立性 ──── 掌握建立中央银行的必要性及形成途径，掌握中央银行的制度类型
          ├── 中央银行的职能 ──── 发行的银行、银行的银行、政府的银行、中央银行职能的新变化 ──── 掌握中央银行的基本职能及其具体的表现
          └── 中央银行的主要业务 ──── 负债业务、资产业务、中间业务 ──── 熟悉中央银行的主要业务有哪些
```

第一节　中央银行概述

中央银行是一国的最高金融管理机构。在金融体系中处于核心地位。它代表国家制定并执行金融方针政策，对一国货币供应量和社会信用总量进行调控，维护货币流通的稳定，同时还承担监督管理金融业、维护金融稳定、为社会经济发展提供良好环境的任务。

一、中央银行的产生与发展

（一）中央银行产生的客观经济原因

1. 统一银行券发行的要求

银行券是政府允许商业银行为弥补金属货币量的不足而发行的替代商业票据的银行票据，但这些银行券要以发行银行的黄金储备或其他手段作为发行准备。由于众多商业银行纷纷发行自己的银行券，致使银行券种类过多，市场不断扩大，给银行、企业间的交易与支付带来困难，使得债权债务关系复杂化，一旦某种银行券不能兑现，造成的连锁反应危害极大。一些小银行由于恶意挤兑破产倒闭增多，其发行的银行券的兑现已不可能，这些银行券已失去了流通的条件，致使信用纠纷增多，由此引发大范围的信用危机，造成社会秩序混乱。为此，需要银行券的统一发行以利于统一市场的形成，并且保证全国范围内信用关系的稳定。

2. 建立全国统一清算系统的要求

随着商品经济的发展，银行业务相应扩大，每天收受票据的数量不断增多，债权债务关系错综复杂，由各行自行轧差进行当日清算已成问题，支票的计算不仅误时，而且代价昂贵，假支票或透支支票不能及时发现，容易遭受损失，异地结算和同城结算矛盾突出。虽然当时有些城市已建立了票据交换所，但多数为大银行所控制，不能为所有银行特别是小银行享用。因此，客观上要求建立一个全国统一的有权威的、公正的清算中心，而这个中心只能由中央银行来担当。

3. 建立银行最后贷款人的要求

资本主义商品经济的迅猛发展，导致社会各部门对银行贷款的需求总量大大增加。如果银行将吸收的存款过多地提供贷款，一旦贷款不能按期偿还，或者出现突发性的大量提现，那么就会发生周转不灵、兑现困难的情况。当然，遇到这种问题，虽然可以通过同业拆借、透支等方式来解决，但这些方式极不可靠，特别是普遍的金融危机来到时，银行因支付能力不足而发生破产的可能性极大。因此，就有必要适当集中各家商业银行的一部分现金准备，在某家银行发生支付困难时，通过适当的调节给予支持，从而起到充当一般商业银行的最后支持者的作用。

4. 金融管理、监督的要求

20 世纪初期的经济危机使得大批银行倒闭，对社会经济产生了巨大的破坏作用。各国政府认识到，为鼓励银行间的正当竞争，避免银行间的不正当竞争给社会经济带来不利影响，保证经济和金融的稳定，需要有一个代表政府意志的专门机构进行必要的管理，经常检查银行法规的遵守、经营管理、清偿能力等，这一监管的实施，由中央银行来承担最为合适。

众多的理由说明中央银行建立的必要性。货币发行的垄断是中央银行的基本特征，当货币发行集中于一家银行时，中央银行也就产生了。

（二）中央银行的发展历程

最早具有中央银行名称的是瑞典国家银行。它成立于1656年，最初是由私人创办的。1668年由政府出面改组为瑞典国家银行。有人因此认为瑞典国家银行是世界上最早的中央银行。但是，这时的瑞典国家银行并不具备中央银行的关键职能，它直到1897年才独占货币发行权，那时才成为真正的中央银行。

成立于1694年的英格兰银行，比瑞典国家银行晚成立38年，但它是最早真正执行中央银行职能的金融机构，被资本主义国家称为近代中央银行的先驱。它的建立在中央银行制度的发展史上是一个重要的里程碑。以后各国成立的中央银行大都是仿效英格兰银行而来的。1694年，英国国会通过法案，准许英格兰银行在资本总额限度内发行银行券，并代理国库。但这时的英格兰银行还不算是真正的中央银行。首先，英格兰银行没有独占货币发行权；其次，当时英格兰银行经营的主要业务是商业银行的业务，如吸收存款，办理商业贷款、商业票据买卖等。因此，早期的英格兰银行只是一家拥有一定特权的商业银行，它作为中央银行还处于萌芽阶段。

中央银行真正发展起来是从19世纪中期开始的。它的历史大致上可分为三个阶段。

第一阶段从19世纪中期至第一次世界大战，是中央银行的初创时期。在此期间1694年英国的英格兰银行逐渐从众多的商业银行中分离出来，成为英国的中央银行；接着法国在1800年建立了法兰西银行，并发行了银行券，直到19世纪70年代后逐步形成中央银行。日本于1882年颁布《日本银行条例》，建立日本银行，并集中全国货币发行，成为日本的中央银行。1913年美国政府颁布了《联邦储备法》，建立了联邦储备体系即中央银行。

第二阶段从第一次世界大战开始到第二次世界大战结束。由于第一次世界大战后，主要资本主义国家都先后停止了金本位制，实行纸币本位制，各国普遍面临币制混乱，币值不稳和严重通货膨胀的威胁。在这种情况下，要恢复经济就要建立新型的货币信用制度。首先，要改组或新建立中央银行，使它独享货币发行权，并巩固它相对独立的地位，发挥多种手段，有效地管制货币信用，以稳定币值，促进经济发展。于是1920年，在比利时布鲁塞尔召开了国际经济会议，会议要求未建立中央银行的国家，要尽快建立中央银行；已建立中央银行的国家，要进一步发挥中央银行的作用，以恢复经济发展和稳定国际金融的混乱局面。会后各国纷纷改组或新建立中央银行，并采取了很多措施，加强中央银行的地位和宏观调控。同时，于1930年在瑞士巴塞尔成立了国际清算银行，作为中央银行国际合作的机构。这是中央银行发展最快的时期。

第三阶段是中央银行的完善时期。在这一时期，随着国家对经济干预的加强，也加强了对中央银行的控制。因此中央银行与国家职能进一步结合起来成为国家调控和管理经济的重要组成部分。具体表现在：（1）中央银行组织结构上的国有化。比如，英格兰银行和法兰西银行先后被国家收归国有。（2）中央银行职责上的法律化。比如，美国的《充分就业法》规定联邦储备体系的职责是：促进经济增长、充分就业、稳定货币和平衡国际收支。这些组织措施和法律规定为中央银行保持相对独立性、实施对金融的宏观调控提供了保障，同时，也标志着中央银行制度的进一步完善。

二、中央银行的性质

虽然各国的社会历史状况不同，经济和政治制度不同，货币信用制度的发展水平以及金融环境存在差异，但就中央银行的发展历史和其在国民经济活动中的特殊地位分析来看，世界各国中央银行的一般性质都具有共性，即中央银行不同于普通的商业银行和其他金融机构，是一个"特殊的金融机构"，具体说包括其地位的特殊性、业务的特殊性和管理的特殊性。

（一）地位的特殊性

目前世界各国几乎都设有中央银行，就其名称而言不尽相同。但就其所处的地位而言，都处于一个国家金融体系的中心环节，居于一般金融机构之上处于超然地位，它是统领全国货币金融的最高权力机构，也是全国信用制度的枢纽和金融管理最高当局。通过中央银行贯彻国家政府的金融政策意图；通过中央银行宏观货币供应量调控机制的运用，实现国家政府对整个货币量的吞吐，以把握经济发展的冷热度；通过中央银行行使国家对整个国民经济的监督和管理，以实现金融业的稳健和规范经营；通过中央银行加强国与国之间的金融联系和合作。可见，中央银行的地位非同一般，它是国家货币政策的体现者，是国家干预经济生活的重要工具，是政府在金融领域的代理，也是在国家控制下的一个职能机构。它的宗旨是维持一国的货币和物价稳定，促进经济增长，保障充分就业和维持国际收支平衡。

（二）业务的特殊性

中央银行的业务不同于一般商业银行，首先是其业务经营的目的不同，原则上不经营具体的货币信用业务，不以营利为目标，而是国家政府用来干预经济生活，为实现国家的经济政策目标服务的。其次是其业务经营的特征不同，中央银行享有发行货币的特权，这是商业银行和一般的行政管理部门所不能享有的权利，中央银行的资金来源主要来自发行的货币，同时也接受商业银行和其他金融机构的存款，所以它不能与商业银行和其他金融机构处于平等的地位，因此也不能开展平等的竞争。中央银行面向的业务对象仅限于金融机构、政府，不面向企业和个人。

（三）管理的特殊性

各国政府虽然赋予中央银行各种金融管理权，但它与一般的政府管理机构有所不同。一方面，这些管理职能，无论是对各银行和金融机构的存贷、发行业务等，还是对政府办理国库券业务以及对市场发行和买卖有价证券业务等，中央银行都是以"银行"的身份出现的，而不仅仅是一个行政管理机构。另一方面，中央银行不是单凭行政权力行使其职能，而是通过行政、经济和法律的手段，如计划、信贷、利率、汇率、存款准备金、公开市场操作和有关法律等去实现。中央银行本身不参与业务，而是对商业银行和其他金融机构进行引导和管理，以达到对整个国民经济进行宏观调节和控制。还有中央银行在行使管理职能时，处于特殊地位，不偏向任何一家银行，而是作为货币流通和信用管理者的身份出现，执行其控制货币发行和调节信用的职能，从而达到稳定金融秩序的目的。

三、中央银行的制度类型

各国的中央银行制度，根据其组织形式和结构的不同，可以分为四种类型：单一中央银行制、复合中央银行制、跨国中央银行制和准中央银行制。我国是一元中央银行体制，就是仅有一家中央银行行使权力和履行职能，根据需要在全国设立分支机构。美国属于二元中央银行体制，就是一个国家设立一定数量的地方中央银行，由地方银行推举代表组成全国范围内行使中央银行职能的机构，这种形式，货币政策全国统一，但是政策的具体实施、金融监管、业务的具体操作，地方中央银行在其辖区内有一定独立性。

（一）单一中央银行制

单一中央银行制是最主要和最典型的中央银行制度形式。它是指国家单独设立中央银行机构，使之全面、纯粹行驶各项中央银行职能的制度类型。单一的中央银行制又可以分为以下两个具体形式。

1. 一元式中央银行

它是指一国只建立一家统一的中央银行，中央银行的机构由总行和若干分支机构分支行组成，其特点是权力集中、职能齐全、分支机构众多。目前世界上绝大多数国家，如英国、法国、日本的中央银行都采用这种形式，我国自1984年以后也采用这种形式。

2. 二元式中央银行

它是指一国国内建立中央和地方两级相对独立的中央银行机构。中央级机构是最高权力或管理机构，地方级机构接受中央级机构的监督管理，但是在各自的辖区内有其较大独立的权力，各自行使中央银行职能。它的特点是地方区域性中央银行并不是隶属于总行的分支机构，它们有自己的权力机构，除执行统一的货币政策外，在业务经营管理上具有较大的独立性。实行联邦制的国家，如美国、德国等采用这种形式。

（二）复合中央银行制

复合中央银行制度是指一个国家没有设立专司中央银行职能的银行，而是由一家大银行集中中央银行职能和一般存款货币银行经营职能于一身的银行体制。这种复合制度主要存在于过去的苏联和东欧等国。我国在1984年以前也是一直施行这种制度。

（三）跨国中央银行制

跨国中央银行制度出现于第二次世界大战后，是指两个以上的主权国家设立共同的中央银行，主要由参加某一货币联盟的所有成员国联合组成的中央银行制度。这种跨国的中央银行发行共同的货币，为成员国制定金融政策，成立的宗旨则在于推进联盟各国经济的发展及避免通货膨胀。实行这种制度的典型代表是欧洲共同体的中央银行、西非货币联盟所设的中央银行、中非货币联盟和中非国家银行、东加勒比海货币管理局等。

欧洲中央银行（European Central Bank，ECB）是根据1992年《马斯特里赫特条约》的规定于1998年7月1日正式成立的，其前身是设在法兰克福的欧洲货币局。欧洲中央银行是世界上第一个管理超国家货币的中央银行。1999年1月1日欧元正式启动，11个欧元国政府失去制定货币政策的权力。欧洲央行的职能是"维护货币的稳定"，管理主导利率、货币的储备和发行以及制定欧洲货币政策。

（四）准中央银行制

准中央银行是指有些国家或地区只设置类似中央银行的机构，或由政府授权某个或几个商业银行，行使部分中央银行职能的制度。新加坡和中国香港属于这种制度。

如新加坡设有金融管理局和货币委员会（常设机构为货币局）两个机构来行使中央银行的职能，前者负责制定货币政策和金融业的发展政策，执行除货币发行以外的中央银行的一切职能；后者主要负责发行货币、管理发行准备金和维护新加坡货币的完整。中国香港过去长时间内并无一个统一的金融管理机构，中央银行的职能由政府、同业公会和商业银行分别承担。1993年4月1日，香港成立金融管理局，它集中了货币政策、金融监管及支付体系管理等中央银行的基本职能。但它又不同于一般中央银行。比如发行钞票只能是由渣打银行、汇丰银行和中国银行履行的；票据结算一直由汇丰银行负责管理；而政府的银行这项职能一直由商业银行执行。此外，斐济、马尔代夫、利比里亚、莱索托、伯利兹国也都实行各具特点的准中央银行制度。

四、中央银行的独立性

中央银行处于一国金融体系的核心地位，是信用制度的枢纽，担负着调控宏观经济、管理其他金融经营活动的诸多职能，维护着一国金融体系的稳定，所以，中央银行要保持独立性，才能有效发挥其强大的功能作用。

（一）中央银行独立性的基本含义

所谓中央银行的独立性，在市场经济体制下，是指中央银行在履行自身职责时，法律赋予或实际拥有的权力、决策和行动的自主程度。中央银行的独立性问题，其实质是中央银行与政府的关系问题，相对于政府而言，包括两层关系：第一，中央银行应对政府保持一定的独立性；第二，中央银行对政府的独立性是相对的。

（二）中央银行对政府保持独立性的原因

第一，中央银行要保持一定的独立性主要是出于以下五个方面的原因。①中央银行和政府在国民经济中所处的地位、关注问题的重点和解决问题的方式、追求的行为目标存在差异。政府为了追求经济增长目标，偏重于通过扩张性政策来刺激需求，拉动经济增长，增加就业，这种做法的结果往往造成通货膨胀。中央银行则追求物价稳定，更关心币值的稳定，维护正常的金融状况和货币流通秩序，遏制过高的通货膨胀。②避免政治性经济波动产生的干扰。西方国家执政党政府为了在大选中争取选票，在选举之前，倾向于采取过度扩张的货币政策和财政政策，通过放松银根促使利率降低、就业率提高和工资薪水增加，从而对中央银行施加压力，使货币政策目标偏离原定方向，最终导致通货膨胀。如果中央银行保持其独立性，就可以避免这些政治性经济动荡对货币政策的干扰。③避免财政赤字货币化。中央银行是政府的银行，有义务帮助政府平衡财政预算和弥补赤字，因此，中央银行可能被用来通过购买政府债券从而为政府弥补其赤字提供方便。尤其是中央银行直接贷款或透支给财政，过度购买财政债券，无条件地去满足政府弥补赤字的需要，这样做极易导致财政赤字货币化，进而助长通货膨胀。因此，中央银行须保持独立性，抵制来自政府的需求压力。④中央银行业务的特殊性。中央银行的业务具有较强的专业性和技术性，其高层管理人员必须具有丰富的国内外经济知识、熟练的技术和经验才能保证货币政策的超前性、长远性、合理性和有效性，因此政府不应过多干预中央银行的业务操作。⑤稳定经济和金融的需要。由于存在政治经济动荡，中央银行制定的货币政策应具有连贯性，应明确其首要任务是稳定物价，健全金融体制，以促进经济稳定增长和充分就业。这样，就要求中央银行保持其独立性，避免来自各级政府的干预，有效约束政府执行通货膨胀政策，维护整个金融体系的健康运行。

第二，中央银行的独立性是相对的。中央银行作为政府的银行，是国家宏观经济调控的重要工具，因而中央银行应该在国家总体经济政策指导下和政府的监督下，制定和实现货币政策。这主要是因为以下三个方面的原因。①中央银行作为国家的金融管理部门，虽然处于金融体系的核心地位，但仍然是经济社会这一大系统的一部分，应当服从于经济社会大系统的运转，服从于国家的根本利益，中央银行的货币政策必须支持和配合国家的经济发展总目标，不能自行其道。②货币政策是整个国家宏观经济政策的一部分，其制定和实施应考虑到与财政政策等其他宏观经济政策相配合，才能达到预期效果。③中央银行的业务活动和监管都是在国家授权下进行的，有些国家的中央银行直接就是政府的组成部门，中央银行的主要负责人也大都由政府委任。因此，中央银行的职责履行需要政府其他部门的协作和配合，不能完全独立于政府之外。

（三）中央银行独立性的基本内容

1. 建立独立的货币发行制度，以维持货币的稳定

这一职能具体表现在三个方面。一是货币发行权必须高度集中于中央银行，必须由中央银行垄断货币发行。二是应由中央银行根据国家的宏观经济政策，以及经济发展的客观需要自行决定一定时期内中央银行发行多少货币、什么时间发行、货币的地区分布、面额比例等，以保证中央银行独立的发行货币，从而保护货币的稳定。三是中央银行应按经济的原则独立的发行货币，不能承担财政透支，不能在发行市场上直接购买政府公债，不能给财政长期融通资金，不能代行使其他应由财政行使的职能，以保证货币发行权牢固地掌握在中央银行手中。

2. 独立制定和执行货币金融政策

这一职能具体表现在三个方面。一是中央银行必须掌握货币政策的制定权和执行权。当然，中央银行在制定货币政策时，必须体现或考虑政府的宏观经济政策及意图，尽可能使中央银行的货币政策与国家的宏观经济政策保持一致性，但是在货币政策的执行过程中，必须保持高度的独立性，不受各级政府和部门的干预，只要中央银行的货币政策没有违反国家的总体经济目标和其他的大政方针，政府和其他部门、党派、个人均无权干涉中央银行的政策行动。二是中央银行的货币政策在制定和执行上与政府出现分歧时，政府应充分尊重中央银行在这方面的经验和意见，尽可能采取相互信任、相互尊重、平等讨论问题的方式来解决，以防止由政府对中央银行的行政干预而造成宏观决策的失误。三是在中央银行货币政策的执行过程中，各级政府及有关部门应尽可能给予配合，以便中央银行的货币政策能更有效地发挥作用，而不应采用其他直接或间接的方式来抵销货币政策的作用。

3. 独立管理和控制整个金融体系和金融市场

这一职能具体而言是指中央银行应在国家法律的授权和保障下，独立地行使对金融体系和金融市场的管理权、控制权和制裁权。所谓管理权，就是中央银行有权管理金融市场的交易，有权管理金融机构的建立和撤并，有权对金融机构的业务活动、经营状况进行定期或不定期的检查，并做出一些具体的规定。所谓控制权，就是中央银行有权把金融体系和金融市场的业务活动置于自己的监督和控制之下，使整个金融活动根据货币政策的需要而正常进行。所谓制裁权，是指中央银行有权对违反金融法规、抗拒管理的金融活动和金融机构给予经济行政的制裁。此外，中央银行在行使上述权利时，不应受到来自政府或其他部门的干扰。

资料链接 8 - 1

中央银行保持独立性的原因

一般来说，中央银行的独立性是指其设定最终目标或政策决策的独立性，即中央银行可以独立地设定最终目标，或为了达到最终目标而可以独立地作出决策。中央银行的独立性在现实中的表现就是其与政府的关系，即政府在多大程度上可以影响中央银行的目标设定和决策行为。与中央银行独立性相关的另外两个维度是人事和财务的独立性。中央银行领导人员的任命方式及财务是否自由也会对其决策行为产生影响。从本质上来看，如果政府部门只是隔空喊话或者施加压力，但并没有对中央银行的货币政策制定产生决定性作用，那么中央银行的独立性是没有受到影响的。

中央银行的独立性之所以受到关注，是因为不希望货币政策成为政治的附庸，进而成为政客实现目的的工具，而非为大众的福利着想。例如，在美国总统第一任期的后期，为了赢得下一任选举，会倾向于施压美联储实施宽松的货币政策，从而刺激经济，赢得选票。另外，保持央行独立性的一个原因是货币政策是一个较为技术化的工具，需要对货币政策工具、目标及传导机制有较为深刻的认识，如果外行人来操作货币政策，很可能产生事与愿违的结果。市场更相信专业人士所作出的货币政策决策。

中央银行是否应该保持独立以及保持独立性的好处更多是一个实践问题。一些研究认为，在央行最终目标设定合理的情况下，中央银行保持独立能够聚焦于经济本身，而非掺杂政治考量，有助于保持较低的通胀水平，并会促进经济增长。另外，中央银行保持独立并且有明确的目标，更有助于提高中央银行的责任性。对于国际化货币发行国来说，中央银行独立有助于保持国际社会对其货币的信心。从实践的角度来看，中央银行独立性是最近几十年的现象，一些发达国家和地区的央行都具有较高的独立性。美联储从1951年开始脱离财政部独立制定货币政策；英格兰银行从1694年成立以来，一直没有摆脱政治操纵，20世纪90年代初，英国的利率水平依然由财政部制定，直到1997年5月英格兰银行才获得独立制定货币政策的权力；欧洲央行在成立之初就确立了独立性，《欧洲联盟运行条约》第130条规定，欧洲央行和其决策机构的成员在执行任务和条约赋予他们的责任时，不受欧盟及成员国政府或其他机构的影响。此外，根据第130条规定，欧盟以及成员国政府承诺尊重这一原则，不谋求影响欧洲央行决策机构成员履行其任务。

表8-1　　　　　　　　各国中央银行独立性与通货膨胀和经济增长情况对照

中央银行的独立性	代表国家	通货膨胀指数	经济增长率（%）
非常高	德国、瑞士	3.10	3.10
比较高	美国、日本、荷兰、加拿大	4.40	4.3
比较低	英国、法国、比利时等	6.00	3.40
非常低	澳大利亚、新西兰、爱尔兰	7.50	3.80

注：表中通货膨胀指数为1951~1988年的平均值，经济增长率为1955~1987年的平均值。

现实来看，中央银行并不是在真空中运行，也不可能完全绝缘于政府，中央银行的独立性更多地是在较大的程度上能够独立地设定目标并根据实际经济形势作出决策，而非为了政府的短期利益作出有悖于经济运行的选择。第二次世界大战以来，美联储的多任主席都非常珍视美联储的独立性，多次顶住政府的压力，作出了有利于长期经济增长的政策选择。伯南克在其回忆录《行动的勇气》前言中说到："美联储是一个具有政治独立性的中央银行，为了国家长远利益而作出政治上不受欢迎的决策是它存在的一个理由。"

资料来源：孙树强. 美联储的独立性实践 [J]. 金融博览，2019（11）.

第二节　中央银行的职能

中央银行的职能是其性质的具体体现，对于中央银行的基本职能归纳与表述的方法各有不同，常见的表述为中央银行具有发行的银行、银行的银行和政府的银行三大职能。中央银行的职能并不是一成不变的，随着历史的发展和社会的进步，其职能也不断被赋予新的内容。

一、发行的银行

所谓发行的银行，是指中央银行垄断货币的发行权而成为全国唯一的现钞发行机构。这是中央银行首要和基本的职能。中央银行成为发行的银行是在银行业发展过程中逐步形成的，是历史的必然选择。一部中央银行史就是一部货币发行权逐步走向集中垄断的历史，因为垄断货币发行权是一国统一货币发行与稳定币值和流通的基本保证。目前，世界上几乎所有国家的现钞都由中央银行发行。一般硬辅币的铸造、发行，有的国家由中央银行经营，有的国家则是由财政部负责，发行收入归财政，由中央银行投入流通。

这一职能主要体现在以下方面。

（1）中央银行必须根据经济发展和商品流通扩大的需要，保证及时供应货币。现代社会中央银行所发行的货币是法定通货。由中央银行垄断发行货币有利于货币流通的集中统一，有利于节约货币成本，符合商品货币经济要求。

（2）中央银行必须根据经济运行状况，合理调节货币数量。一方面为经济发展创造良好的货币环境，促进经济和社会稳定；另一方面推动经济持续协调增长。

（3）中央银行要加强货币流通管理，保证货币流通的正常秩序，为此，中央银行要依法管理货币发行基金，严格控制货币投放，加强经济管理，做好货币印制、清点、保管、运输、收兑等方面的工作。

二、银行的银行

所谓银行的银行，是指中央银行面向以商业银行和其他金融机构办理金融业务。中央银行通过影响商业银行和其他金融机构的业务来实现金融宏观调控和维护金融业稳定。

这一职能主要表现在以下几个方面。

（1）中央银行集中保管商业银行及其他存款机构的存款准备金。最初，为了保证商业银行和存款机构的清偿能力，各国银行法规定要求商业银行和其他存款机构必须上缴一定比例的准备金由中央银行集中保管。随着中央银行职能的强化，保管存款准备金的作用还在于：便于中央银行了解和掌握各个存款机构的准备金状况；有助于中央银行组织全国范围内的资金清算；有利于中央银行根据宏观调控的需要调整存款准备金利率，影响货币乘数，改变商业银行和其他金融机构的信用创造能力，间接调节流通中的货币量。

（2）中央银行充当商业银行的最后贷款人。当商业银行资金不足出现流动性困难而无法从其他渠道融资时，可以向中央银行融资，中央银行对商业银行或其他金融机构通过再贷款和再贴现的方式救助，扮演最后贷款人的角色，以防止困难银行倒闭，引发金融危机。

（3）中央银行组织和管理全国的票据清算。这是在中央银行集中保管存款准备金的基础上发展起来的，它具有安全、快捷、可靠的特点，可以简化商业银行资金清算程序，节约清算费用，加速资金周转，提高清算效率，特别是中央银行利用清算系统对商业银行的业务经营状况资金宽松程度能够及时全面的了解掌握，为中央银行的决策提供分析依据。

资料链接 8 - 2

央行从"最后贷款人"向"最后做市商"转变

在金融危机期间，美联储与欧央行流动性救助的利息费用有所不同。欧央行主要在再融资措施中采取全额配给政策，即金融机构只要有足够的抵押品，就能以主要再融资利率而不是惩罚性利率获得无限的流动性，这有助于缓解金融机构潜在的流动性问题。欧央行对欧元体系提供的紧急流动性救助（ELA）的披露程度较低，但在 2014 年 11 月，希腊银行行长表示，对希腊银行的贷款利率为 1.55%，而当时的主要再融资利率为 0.05%。由于常规（非特殊的）边际贷款工具与再融资利率的利差在 2008 年底之前为 100 个基点，并且希腊银行当时面临巨大的市场融资压力，因此，欧央行收取的 150 个基点（bps）可能属于带有"惩罚性"。然而，通过高利率来避免银行体系的道德风险，需要把握好尺度，做到既符合经济上和制度上要求，又不至于让银行体系因无法承受高利率而倒闭。

在美国，惩罚性贷款利率随着时间的推移呈下降趋势。美国国际集团（AIG）获得的循环贷款利率最初是伦敦同业拆放利率（Libor）加 850 个基点，后来息差降至 300 个基点。瑞银（UBS）、花旗集团和美国银行在 2008 年末获得的再贷款融资利率同样是在高于市场价格 250～300 个基点之间（Domanski，2014）。但当美联储向一系列金融机构提供广泛流动性时，贷款利率较之前大幅降低。例如，对一级交易商信贷工具（PDCF）收取的利率是纽约联邦储备银行的一类贷款利率，而给存款机构（不符合一类贷款资格）的二类贷款利率仅较一类贷款利率高 50 个基点。在某种程度上，这种转变适应了金融环境的不断变化，尤其是从解决机构面临的资金困难转向降低系统性风险。

总的来说，由于中央银行关注的焦点从特殊的紧急流动性支持，转为向众多金融部门提供替代性融资来源，其收取高额利息的意愿降低了。这在一定程度上反映出紧急流动性支持从"经典"的"最后贷款人"角色（针对遇到暂时性问题的单个机构）转变为更全面地应对系统性危机。因此，央行的紧急贷款人角色现在既要解决特殊的资金压力，又要成为稳定和支持资本市场的"最后做市商"，以应对不断加剧的资本市场金融稳定风险。

资料来源：Colin Ellis，中国人民银行广州分行会计财务处课题组. 金融危机以来中央银行最后贷款人职能的演变——以美联储、欧央行为例 [J]. 金融会计，2018（5）.

三、政府的银行

作为政府的银行，指中央银行同政府有着密切的联系，是基于政府的需要而存在的，代表政府贯彻执行财政金融政策，代理国库收支以及为政府提供各种金融服务。

这一职能主要体现在以下几个方面。

（1）代理国库，具体表现收受国库的存款、为国库办理支付的结算、为国库办理代收税款等。

（2）代理国家债券的发行，主要指为政府代办债券发行、认购和推销、还本付息等业务。

（3）向政府融资，主要是通过购买政府债券和在法律限度内提供短期贷款或透支。

（4）管理和经营国家的储备资产，主要包括外汇、黄金、在国际货币基金组织中的储备头寸和特别提款权。

（5）制定和执行有关金融管理法规，主要包括建立和制定相关金融法规、基本制度业务活动准则，管理规范国内金融市场等。20 世纪 80 年代以来，有些国家将金融监管职能从中央银行分离出去，但是中央银行仍然肩负实施货币金融政策所需要的监管权力和最后的协调权力。

（6）政府的金融顾问和国际金融组织的代表。在国内外经济金融活动中，中央银行充当政府的顾问提供经济金融情报和决策建议，代表政府参加国际金融组织，出席各种国际性会议，从事国际金融活动，以及代表政府签订国际金融协定。

四、中央银行职能的新变化

从中央银行诞生至今的发展历程来看，其职能在不断的发展和完善，不同的时期，职能的侧重面也有所不同。

20 世纪 30 年代以前，随着中央银行在全世界普遍的建立，其职能特点主要表现在服从政府需要、为政府和金融机构服务、致力于传统的"发行的银行、银行的银行和政府的银行"三大职能的实施。而中央银行对货币政策乃至对宏观经济进行调控的运用能力尚不具备。

20 世纪 30 年代至 80 年代，由于世界经济大危机的爆发，给政府以及中央银行的制度建设提出了新的课题，为了适应政府干预调节经济的需要，尤其是加上第二次世界大战后中央银行国有化的浪潮，中央银行在货币政策的制定与执行、宏观经济调控和金融监管方面的职能得以发展和强化。

20 世纪 80 年代以来，适应客观经济形势发展的变化，中央银行的职能也在不断调整并赋予了新的内容，突出表现在两个方面。

一方面，货币政策职能与金融监管职能相分离，突出中央银行的货币政策调控职能。20 世纪 80 年代以来，金融领域出现了许多新现象，表现在金融微观活动上，金融的自由化成为潮流，金融创新频频发生，金融脱媒的趋势日趋明显，金融混业经营更是成为许多国家的制度选择；而从金融宏观上看，金融风险加大，金融危机频频爆发，金融的不稳定直接威胁一国的经济环境和政治局面。为了保证中央银行集中精力科学制定和有效执行货币政策，避免与金融监管之间可能产生矛盾，以保证实现货币政策目标，许多国家对中央银行的职能进行了调整，把金融监管职能从中央银行分离出去，成立专门的金融监管部门实施对金融的有效监管，以确保金融体系的稳定。以日本和英国为代表许多国家都纷纷实行中央银行职能分离。2003 年 4 月，我国成立了专门行使银行业监管职能的中国银行业监督管理委员会，同此前专门成立的中国证券监督管理委员会和中国保险监督管理委员会一起承担我国金融监管的职能，而中央银行则不再对具体的专业金融机构负责微观监管任务。中国人民银行主要负责与这些专门的监管机构之间进行必要的沟通、合作和协调，并共享金融监管信息。

另一方面，强调金融稳定职能，维护金融体系的安全。金融监管职能的分离，只是从金融微观管理上更加专业化、具体化和高效化，并不影响中央银行在维护整个金融体系的稳定方面职能的发挥，并通过法律加以明确。中央银行站在更高的角度，从宏观和长远出发，致力于包括金融机构、金融市场、金融活动、金融监管机构和金融基础设施等多方面和全方位的协调，在这其中，中央银行始终处于主导核心地位，既要维护金融的安全稳定，又要防范道德风险，最终实现一国金融体系的安全和高效运行。

资料链接 8－3

现代中央银行制度的新提法

现代中央银行制度的"新"，体现在"现代"上，体现的是中央银行制度对金融市场变迁的敏感适应能力和试错容错能力。

近日，新华社受权发布第十九届中央委员会第四次会议通过的《中共中央关于坚持和完善中国特色社会主义制度推进国家治理体系和治理能力现代化若干重大问题的决定》。其中，《决定》在金融层面明确提出，建设现代中央银行制度，完善基础货币投放机制，健全基准利率和市场化利率体系。

为此，2019 年 11 月 6 日，国务院金融稳定发展委员会第九次会议，对此做了明确的部署。

自 1995 年《中国人民银行法》通过以来，中央银行制度就是金融领域的一项重要任务。与此前提出逐步强化和完善现代中央银行制度相比，现在明确提出建设现代中央银行制度，很明显提升了一个高度。

因为现代中央银行制度的"新"，体现在"现代"上，也会反映在中央银行制度对金融市场变迁的敏感适应能力和试错容错能力上。因此，提高现代中央银行制度的敏感适应能力，是建设现代中央银行制度的核心诉求。

首先，建设现代中央银行制度，就是要更好地发挥央行对币值稳定和金融稳定的作用和决策主线。在币值稳定和金融稳定与其他职能发生不同向的情况时，能始终坚持币值稳定和金融稳定功能。一直以来，国内央行承担的职责不仅包括币值稳定和金融稳定，还担负了促进经济增长、稳定就业等多重职能。

其次，建设现代中央银行制度，就要随需而变地重塑央行的独立性。自 2014 年以来，我国的基础货币投放发生显著变化，外汇占款不再是基础货币投放的主要依据，这逐渐降低了央行基础货币投放的被动性，有助于提升央行的独立性。

不得不说，基础外汇占款投放的基础货币，客观上使国内央行更像是基于美元体系下的批发性政策银行，与货币局制度存在一定的相似性，这无疑与我们大国地位不匹配。

因此，外汇占款不再作为央行基础货币投放的主导渠道，客观上为央行重塑独立性提供了非常有利的金融市场环境，促使央行通过再贷款等基于国内经济金融市场的情况进行基础货币投放。

同时，当前，数字法定货币业正在成为新的基础货币投放形式，这种新技术变革带来的不仅是货币投放方式的变化，更将是货币政策传导机制的深刻变化。这种变化不仅有利于货币政策的可追溯传导，而且能更好地服务实体经济，让金融服务实体经济的过程更加透明、通畅，金融风险更便于识别。

新时期下，中共中央提出建设现代中央银行制度，不仅体现了明确的问题导向，而且更是面向未来的长远布局。期待现代中央银行制度的建设和完善，金融对实体经济的服务更加高效。

资料来源：刘晓忠. 中央提建设现代中央银行制度，新提法"新"在哪儿 ［N］. 新京报，2019 – 11 – 07.

第三节　中央银行的主要业务

一、中央银行的资产负债表

中央银行的职能要通过具体业务活动来实现。传统上，根据银行资产负债表所反映的资金运动关系，银行业务可以分为负债业务、资产业务和中间业务，中央银行虽然是一个特殊的银行，但其资金运动仍不失这种关系。只不过，中央银行的业务活动有其特定的领域、特定的对象，而且其活动的原则不同于商业银行和其他金融机构，它的业务活动以非营利性、流动性、主动性和公开性为基本原则。中央银行资产负债业务的种类、规模和结构，都综合地反映在一定时期的资产负债表上。如表 8 – 2 为中央银行的资产负债表。

表 8 – 2　　　　　　　　　　　中央银行的资产负债表

资产项目	负债项目
国外资产	储备货币
外汇	货币发行
货币黄金	其他存款性公司存款
其他国外资产	不计入储备货币的金融性公司存款
对政府债权	发行债券
其中：中央政府	国外负债
对其他存款性公司债权	政府存款
对其他金融性公司债权	
对非金融性部门债权	自有资金
其他资产	其他负债

二、负债业务

中央银行的负债业务主要包括货币发行业务、存款业务、发行中央银行债券以及资本业务。

(一) 货币发行业务

统一货币发行是中央银行制度形成的最基本动因，也是"发行的银行"职能的直接体现。中央银行通过再贴现、贷款、购买证券、收购金银外汇业务活动将纸币投入市场，从而形成流通中的货币。同时，流通中的货币也会通过相反的渠道流回发行银行。因此，从动态上讲，货币发行可以定义为货币从中央银行通过商业银行回到社会的过程；从静态上看，货币发行的含义是指货币从中央银行流出的数量大于流通中回笼的数量。货币是一种债务凭证，是货币发行人即中央银行对社会公众的负债，在现代不兑现的信用货币制度下，同时也是发行者一项长期占有的稳定收益。因此，货币发行是中央银行最重要的负债业务。

各国为保持本国货币流通的基本稳定，防止中央银行滥用发行权，造成过多货币流通量，分别采用了不同方法对货币发行数量加以限制。例如，比例发行准备制度、最高发行额限制制度、外汇准备制度、有价证券保持制度等。我国人民币的发行并无发行保证的规定，其实际上的保证是国家信用和银行信用。

我国人民币的发行与回笼是通过中国人民银行的发行基金保管库（简称发行库）和各商业银行业务库进行的。所谓发行基金，是人民银行保管的已印好而尚未进入流通的人民币票券。发行库在人民银行总行设总库，下设分库、支库。各商业银行对外营业的基层行处设立业务库。业务库保存的人民币，是作为商业银行办理日常收付业务的备用金。为避免业务库过多存放现金，通常由上级银行和同级中国人民银行为业务库核定库存限额。

当商业银行基层行处现金不足以支付时，可到当地中国人民银行的存款账户内提取现金。于是，人民币从发行库转移到商业银行基层行处的业务库，这意味着这部分人民币进入流通领域。当商业银行基层行处收入的现金超过其业务库库存限额时，超过的部分应自动送交中国人民银行，该部分人民币进入发行库，意味着退出流通领域。

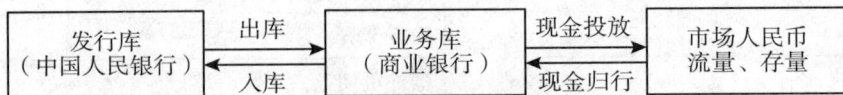

图 8-1 货币发行示意图

(二) 存款业务

中央银行的存款业务完全不同于商业银行和其他金融机构的存款业务，中央银行的存款主要来自两个方面：一是政府和公共部门，二是金融机构。政府和公共部门在中央银行的存款也包括两部分：一是财政金库存款，二是政府和公共部门经费存款。由于中央银行代理国家金库和财政收支，所以拨付的资金以及财政资金的收支过程中形成的存款也属于中央银行存款。金融机构在中央银行的存款包括法定准备金存款和超额准备金存款，在现代存款准备金制度下，中央银行集中商业银行和其他金融机构的存款准备金。此外商业银行和其他金融机构通过中央银行办理他们之间的债务清算，所以，为清算需要也必须把一定数量的存款存在中央银行，这部分存款称为超额准备金存款。

1. 代理国库

中央银行经办政府的财政收支，执行国库的出纳职能，如接受国库的存款，兑付国库签发的支票，代理收解税款等。此外，国家财政以行政经费项目拨给行政事业单位的存款，也都由中央银行办理。财政金库的财政性存款，是中央银行的重要资金来源，构成中央银行的负债业务。中央银行代理国库业务，可以沟通财政与金融之间的联系，使国家的财源与金融机构的资金来源相连接，充分发挥货币资金的作用，为政府资金的融通提供一个有力的调节机制。

2. 集中存款准备金

各商业银行吸收的存款不应全部贷出，必须保留一部分现款，以备存款人提取。但商业银行的现金准备并不能都存在自己的金库里，必须按照规定的比率将其一部分存储于中央银行。这样就使商业银行的现金准备集中于中央银行，形成法定存款准备金。中央银行掌握了各商业银行的存款准备金，形成中央银行的资金来源，便可运用这些准备金支持银行的资金需要。现金准备集中存放于中央银行，除了增强整个银行系统的后备力量，防止商业银行倒闭外，更主要的是中央银行通过存款准备金可以控制商业银行的贷款量。中央银行降低法定存款准备率，即可扩大商业银行的贷款和投资；提高法定存款准备率，就可减少商业银行的贷款和投资。在一般情况下，存款准备金未达到规定比例时，中央银行就会提高再贴现率。日本银行规定法定存款准备金的最高限额是20%，如果普通银行没有按规定比例交足法定存款准备金，就要再加3.75%的贴现率向日本银行付息。

（三）发行中央银行债券

发行中央银行债券是中央银行的一种主动负债业务。中央银行债券发行的对象主要是国内金融机构。中央银行一般在以下两种情况下发行债券：一种情况是当金融机构的超额准备金过多时，发行债券以减少金融机构的超额准备，以便调节金融机构多余的流动性，并为央行提供可供调度的资金来源；另一种情况是以此作为公开市场操作的工具之一，通过中央银行债券的市场买卖行为，灵活地调节货币供应量。一般而言，中央银行债券的发行可以减少商业银行超额储备，回笼基础货币；债券到期时，体现为商业银行超额储备增加，货币供应量增加。

（四）资本业务

中央银行的资本业务实际上就是筹集、维持和补充自有资本的业务。中央银行与其他银行一样，为了保证正常的业务活动必须拥有一定数量的自有资本，中央银行自有资本的形成主要有三个途径：中央政府出资、地方政府和国有机构出资、私人银行或部门出资。

三、资产业务

中央银行的资产是指中央银行在一定时点上所拥有的各种债权。

（一）对金融机构的债权

1. 再贴现

全国商业银行缴存在中央银行的存款准备金，构成中央银行吸收存款的主要部分。当商业银行资金短缺时，可从中央银行取得借款。其方法是把工商企业贴现的票据向中央银行办理再贴现，或以票据和有价证券作为抵押向中央银行申请借款。中央银行再贴现是解决商业银行短期资金不足的重要手段，同时也是中央银行实行货币政策的重要工具之一。再贴现率对市场利率影响很大。

2. 再贷款

向商业银行等金融机构融通资金，保证商业银行等金融机构的支付能力，是中央银行作为"银行的银行"最重要的方式之一。贷款是履行这一职责最主要、最直接的手段，也是最能体现中央银行"最后的贷款人"职能的业务行为。随着金融市场的发展和金融创新的深化，商业银行的融资渠道增多，融资手段多样化，但中央银行贷款是商业银行等金融机构扩大基金运用能力的重要渠道。

3. 创新型货币政策工具

为提高货币调控效果，有效防范银行体系流动性风险，增强对货币市场利率的调控效力，近几年央行陆续采取了一些创新型货币政策工具。这些创新工具主要包括短期流动性调节工具（short-term liquidity operations，SLO）、常备借贷便利（standing lending facility，SLF）、中期借贷便利（medium-term lending facility，MLF）、抵押补充贷款（pleged supplementary lending，PSL）。SLO实际上相当于超短期的逆回购操作，通过逆回购央行公开市场一级交易商注入流动性，且操作期限、方向和选时更加机动；SLF是央行正常的流动性供给渠道，主要功能是满足金融机构期限较长的大额流动性需求；MLF是央行向符合宏观审慎管理要求的商业银行、政策性银行提供中期基础货币，投放对象为三农、小微企业，金融机构需提供国债、央行票据等优质债券作为合格质押品；PSL是指商业银行通过向央行抵押资产从银行获得融资的利率，从而再注入流动性的同时引导中期利率。

（二）对政府的债权

1. 购买债券

中央银行在从事公开市场业务时，购买政府发行的国库券和公债，事实上相当于为政府提供间接融资。许多国家不允许政府向中央银行透支，我国即如此，禁止中央银行直接认购、报销国债和其他政府债券，但允许中央银行通过公开市场业务购买政府债券。中央银行通过公开市场业务购买政府债券不是为政府提供融资，而是为调节流通中的货币供应量。

2. 短期贷款

在特殊情况下，中央银行也对财政进行贷款或透支以解决财政收支困难。不过如果这种贷款数量过多、时间过长易引起信用扩张、通货膨胀。因此，正常情况下，各国对此均加以限制。美国联邦储备银行对政府需要的专项贷款规定了最高限额，而且要以财政部的特别债券作为担保。英格兰银行除少量的政府隔日需要可以融通外，一般不对政府垫款，政府需要的资金通过发行国库券的方式解决。

我国《中央人民银行法》规定，中国人民银行不得对政府财政透支，不得直接认购、报销国债和政府其他债券，不得向地方政府、各级政府部门提供贷款。

（三）证券买卖业务

各国中央银行一般都经营证券业务，但这并不是出于投资获利的目的，而是其公开市场业务操作的结果，中央银行在公开市场上主要是买卖政府发行的长期和短期债券，以实现调节货币和信用的目的。一般来说，在金融市场不太发达的国家，中央政府债券在市场上流通量小，中央银行买卖证券的范围就要涉及各种票据和债券，如汇票、地方政府债券等。

各国中央银行买卖证券业务的做法基本上是一致的。在德国法律规定德意志联邦银行为了调节货币，可以进入公开市场买卖汇票。我国中央银行从 1996 年 4 月 1 日开始进行公开市场操作，目前主要是买卖政府债券、政府性金融债券和中央银行票据等。

（四）金银、外汇储备业务

目前各国政府都赋予中央银行掌管全国国际储备的职责。国际储备是指具有国际性购买能力的货币，主要包括：黄金，包括金币和金块；白银，包括银币和银块；外汇，包括外国货币、存放外国的存款余额和以外币计算的票据及其他流动资产；此外，还有特别提款权和在国际货币基金组织的头寸等。中央银行执行这一职责的意义：

（1）有利于稳定币值。不少国家的中央银行对其货币发行额和存款额，都保持一定比例的国际储备，以保证币值的稳定。当国内物资不足、物价波动时，可以使用国际储备进口商品或抛售黄金，回笼货币，平抑物价，维持货币对内价值的稳定。

（2）有利于稳定汇价。当浮动汇率制度下，各国中央银行在市场汇率波动剧烈时，可运用国际储备进行干预，以维持货币对外价值的稳定。

（3）有利于保证国际收支的平衡。当外汇收支发生逆差时，中央银行可以使用国际储备抵补进口外汇的不足。当国际储备充足时，中央银行可以减少对外借款，用国际储备清偿债务或扩大资本输出。

由此可见，金银、外汇不仅是稳定货币的重要储备，而且也是用于国际支付的国际储备，因而成为中央银行的一项重要资产业务。当今世界各国国内市场上并不流通和使用金银币，纸币也不兑换金银，而且多数国家实行不同程度的外汇管制，纸币一般也不与外汇自由兑换，在国际支付中发生逆差时一般也不直接支付黄金，而是采取出售黄金换取外汇来支付。这样，各国的金、银、外汇自然要集中到中央银行储存。需要金、银和外汇者，一般向中央银行申请购买，买卖金、银、外汇是中央银行的一项业务。目前世界各国的黄金储备分布很不均衡，美国最多，约为8100吨，德国约有3300吨，我国的黄金储备约为1800吨。

资料链接 8 - 4

我国央行储备资产概况

1. 我国外汇储备货币结构日趋多元　实现长期稳健经营收益

我国外汇储备始终坚持多元化、分散化的投资理念，根据市场情况灵活调整、持续优化货币和资产结构，利用不同货币、不同资产类别之间的此消彼长关系，控制总体投资风险，保障外汇储备保值增值。

中国的外汇储备经营一直强调安全、流动、盈利"三性原则"，所以一直比较稳健。我国外汇储备规模很大，在很多时候、很多市场上，体量大意味着交易难度也大。特别是考虑2008年以后国际金融市场持续动荡，市场上的波动都很大，我们还能取得稳定收益，体现了我国外汇储备具有稳健的理念。具体到货币结构方面，随着我国经济贸易不断发展，我国外汇储备货币结构日趋多元，比全球外汇储备的平均水平更加分散。

IMF公布的全球官方外汇储备货币结构（COFER）数据显示，1995~2014年，全球官方外汇储备的非美元货币占比始终保持在30%至40%的较高水平。而截至2014年末，我国外汇储备的非美元货币占比达到42%。这既符合我国对外经济贸易发展及国际支付要求，也与国际上外汇储备货币结构的多元化趋势相一致，有助于降低我国外汇储备的汇率风险。

2. 增持黄金有助调整国际储备组合配置

我国已成为世界第一大黄金生产国，同时也是黄金消费大国。数据显示，2005年末至2008年末，我国黄金储备维持在600吨；2009年末至2014年末，我国黄金储备稳定在1054吨；2015年末为1762吨，2016年末和2017年末均为1842吨。截至2018年末，我国黄金储备规模达到1852吨，位居全球第六。

我国增持黄金储备的主要原因是黄金储备一直是各国国际储备多元化构成的重要部分。黄金兼具金融和商品的多重属性，有助于调节和优化国际储备组合的整体风险收益特性。我们从长期和战略的角度出发，根据需要动态调整国际储备组合配置，保障国际储备的安全、流动和保值增值。

我国黄金储备持有量偏低，现在进行一些增持操作，使外汇储备的经营管理更加多元化，实际上这种多元化也是组合投资的一种方式，有利于提高外汇储备资产的安全性。增持黄金储备可以说是当前的一种国际趋势。增持不是为了简单增持，更多地还是考虑到应对全球当前存在的巨大不确定性，大家都选择去多元化自己的外汇储备。在这种情况下，黄金储备呈上升趋势，可能出于避险目的。

3. 始终将风险防范放在首位

我国外汇储备经营始终将风险防范放在首位，不断完善风险管理和内部控制框架，增强风险识别、评估和管理能力，丰富和提升风险管理工具及手段，建立健全风险管理体系。通过不断加强对重大风险事件的前瞻性分析和预警，我国外汇储备灵活妥善应对了国际金融危机、欧债危机等历次市场冲击和挑战，不仅保持了外汇储备资产的总体安全和流动，还为服务我国经济发展和改革开放、打好防范化解重大风险攻坚战作出了积极贡献。

将大规模外汇储备资产放在不同的"篮子"里，建立优化的资产配置组合，利用在不同经济环境下各类资产间回报的此消彼长，实现风险对冲，保障资产总体安全和盈利。加强中长期资产配置，优化调整投资经营策略。稳步审慎推进多元化运用，加强各业务条线能力建设，实现外汇储备资产的安全、流动和保值增值。

表 8 – 3 我国储备资产

项目	2019 年 5 月		2019 年 6 月		2019 年 7 月	
	亿美元	亿 SDRS	亿美元	亿 SDRS	亿美元	亿 SDRS
1. 外汇储备	31010.04	22509.88	31192.34	22437.12	31036.97	22565.49
2. 基金组织储备头寸	82.83	60.12	82.33	59.22	85.39	62.08
3. 特别提款权	106.83	77.54	108.11	77.77	108.50	78.88
4. 黄金	798.25 6161 万盎司	579.44 6161 万盎司	872.68 6194 万盎司	627.73 6194 万盎司	888.76 6226 万盎司	646.18 6226 万盎司
5. 其他储备资产	0.16	0.11	– 3.11	– 2.24	– 4.65	– 3.38
合计	31998.10	23227.09	32252.35	23199.60	32114.97	23349.25

数据来源：外汇管理局。

资料来源：中国 7 月外汇储备 3.1037 万亿美元　央行连续第 8 个月增持黄金储备 [N]. 第一财经，2019 – 08 – 07.

四、中间业务

中央银行的中间业务是指中央银行为商业银行和其他金融机构办理资金跨国清算和资金转移的业务。由于中央银行集中了商业银行的存款准备金，因而商业银行彼此之间由于各种支付凭证所产生的应收应付款项，就可以通过中央银行的存款账户划拨来清算，从而是中央银行成为全国清算中心。各国中央银行都设立专门的票据清算机构，处理各商业银行的票据，并结清其差额。参加中央银行票据交换的银行均须遵守票据交换的有关章程，并在中央银行开立往来账户，缴纳清算保证金并支付清算费用，只有清算银行可以参加中央银行票据交换，非清算银行要办理票据清算只能委托清算银行进行。

（一）集中票据交换

这项业务是通过票据交换所进行的。票据交换所是同一城市内银行间清算各自应收应付款项的场所。票据交换所一般每天交换两次或一次，根据实际需要而定。所有银行间的应收应付款项，都可相互轧抵后而收付其差额。各银行交换后的应收应付差额，即可通过其在中央银行开设的往来存款账户进行收款收付，不必收付现金。

（二）办理异地资金转移

各城市、各地区间的资金往来，通过银行汇票传递，汇进汇出，最后形成异地间的资金划拨问题。这种异地间的资金划拨，必须通过中央银行统一办理。

办理异地资金转移，各国的清算方法有很大不同，一般有两种类型：一是先有各金融机构内部自成联行系统，最后各金融机构的总管理处通过中央银行总行办理转账结算；二是将异地票据统一集中传送到中央银行总行办理轧差转账。

本 章 小 结

1. 中央银行的产生源于政府融资的需要、银行券统一发行的需要、票据清算的需要、最后贷款人的需要和金融监督管理的需要。它的形成有两种方式，一种是由一般的商业银行自然演进而成，如英格兰银行；另一种则是在政府的设计下直接为担负中央银行职能而设立的，如美国联邦储备体系。

2. 纵观各国的中央银行制度，大致可归纳为四种类型：单一的中央银行制、复合型中央银行制、跨国中央银行制和准中央银行制。

3. 中央银行不同于一般的商业银行有其特殊性，即特殊的地位、特殊的业务和特殊的管理；中央银行的职能可以被概括为发行的银行、政府的银行及银行的银行三大类。发行的银行是指中央银行垄断货币的发行权；政府的银行则是指它充当政府的代理人，为政府提供各种金融服务，执行金融行政管理；银行的银行是指它集中商业银行的存款准备，充当最后贷款人，并组织全国资金划拨与清算。中央银行正是通过这些具体的职能和业务来实施其货币金融政策，对经济进行宏观调控。随着客观发展的需要，中央银行的职能在不断的调整和变化，并赋予新的内容。

4. 中央银行的独立性问题，其实质是中央银行与政府的关系问题，包含两层含义。中央银行的独立性有其必要性。中央银行独立性实证研究表明：中央银行的独立性与价格稳定性之间具有几乎完全的相关关系，而与国民经济增长率之间不存在必然的相关性。

5. 中央银行的业务可以分为负债业务、资产业务和中间业务。负债业务主要包括货币发行业务、集中存款准备金业务和其他负债业务等。资产业务主要包括再贷款和再贴现业务、买卖政府债券业务、买卖储备资产业务等。中央银行担负着全国各银行办理的异地、同城各种支付业务及其资金清算和货币市场交易资金清算的重要任务，这是中央银行的中间业务。

重 要 概 念

中央银行　货币发行　最后贷款人　政府的银行　单一中央银行制　再贷款　再贴现
外汇储备　跨国央行制　准中央银行制　中央银行独立性　票据清算　复合中央银行制

思 考 题

1. 中央银行产生的客观经济原因是什么？中央银行组织制度有哪几种类型？

2. 试阐述中央银行的三大基本职能。如何理解中央银行职能的新变化？

3. 中央银行有哪些业务？这些业务与商业银行有何不同？

4. 为什么说货币发行是中央银行的负债业务？

5. 中央银行作为"银行的银行"这一职能具体表现在哪些方面？

6. 中央银行集中存款准备金的目的是什么？法定准备金和超额准备金的区别何在？

7. 中央银行独立性的含义是什么？其基本内容有哪些方面？

8. 中央银行区别一般商业银行的特点是什么？试通过中央银行的资产负债表来说明其特定的职能。

9. 既然中央银行是国家的银行，为什么还要强调中央银行相对于政府的独立性？

第三篇　金融的宏观均衡

第九章

货币供给

我不在乎哪个傻瓜带上王冠，谁控制着大英帝国的货币供应谁就控制了日不落帝国，而我控制着大英帝国的货币供应商。

——罗斯柴尔德（Rothschild）

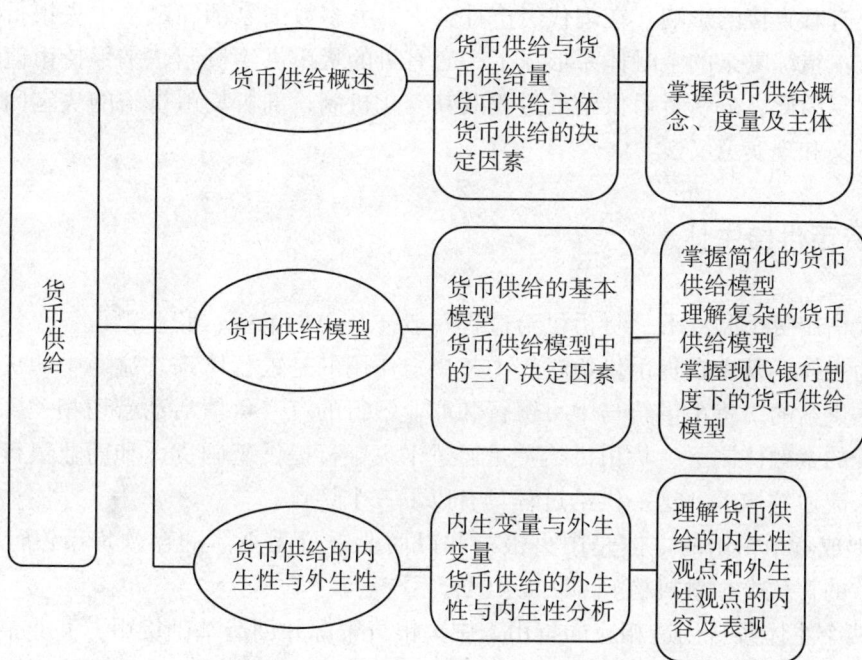

```
                    ┌─────────┐   ┌──────────┐   ┌──────────┐
                    │货币供给概述│   │货币供给与货│   │掌握货币供给概│
                    └─────────┘   │币供给量   │   │念、度量及主体│
                                  │货币供给主体│   │          │
                                  │货币供给的决│   │          │
                                  │定因素     │   │          │
                                  └──────────┘   └──────────┘
┌──┐
│货│
│币│      ┌─────────┐   ┌──────────┐   ┌──────────┐
│供│      │货币供给模型│   │货币供给的基│   │掌握简化的货币│
│给│      └─────────┘   │本模型     │   │供给模型   │
└──┘                    │货币供给模型│   │理解复杂的货币│
                        │中的三个决定│   │供给模型   │
                        │因素       │   │掌握现代银行制│
                        └──────────┘   │度下的货币供给│
                                       │模型       │
                                       └──────────┘
         ┌──────────┐   ┌──────────┐   ┌──────────┐
         │货币供给的内│   │内生变量与外│   │理解货币供│
         │生性与外生性│   │生变量     │   │给的内生性│
         └──────────┘   │货币供给的外│   │观点和外生│
                        │生性与内生性│   │性观点的内│
                        │分析       │   │容及表现   │
                        └──────────┘   └──────────┘
```

第一节　货币供给概述

一、货币供给与货币供给量

所谓货币供给，指一定时期内某一国或货币区的银行系统向经济中投入、创造、扩张

（或收缩）货币的金融过程。货币供给亦指一个国家在某一特定时点上由家庭或厂商持有的政府和银行系统以外的货币总和。具体地讲，货币供给首先是一个经济过程，即银行系统向经济中注入货币的过程；其次，货币供给必然形成一定的货币量，即货币供给量，它是货币供给的结果。

货币供给量是一个存量概念，指某一时点上的货币供给量，即名义货币供给。而实际货币供给则是指剔除了物价变动影响的、一定时点上货币存量。

货币供给量是中央银行重要的货币政策操作目标，它的变化也反映了中央银行货币政策的变化，对企业生产经营、金融市场，尤其是证券市场的运行和居民个人的投资行为有重大的影响。当货币供应不足时，市场商品价格下跌，生产减少，投资乏力，经济紧缩；当货币供应过量时，市场商品价格上涨，生产扩大，投资强劲，经济繁荣。当然，上述所言不足或过量，都是有限度的，如果超出了一定限度，那么货币供应量极易成为通货紧缩或通货膨胀的源泉。

相对货币需求理论而言，货币供给理论与货币政策的关系更加直接。实际上所有有关货币政策的问题均可归入货币供给理论之中。货币供给量的变化对一国经济的总量规模以及运行状况有着直接的影响。在现代经济社会中，大多数国家都确定了中央银行货币发行的垄断地位。错综复杂的金融体系形成了一套有机的货币供给机制，来保持币值稳定和经济健康发展。因此，分析货币供给的过程及其变化机制，剖析货币供给的决定因素具有重要的理论意义和现实意义。

二、货币供给主体

在现代信用货币制度下，货币供给过程一般涉及中央银行、商业银行、存款人和借款人四个行为主体，其中在货币供给过程中起决定作用的是银行体系。流通中的货币都是通过银行体系供给的，货币供给与中央银行和商业银行的资产负债活动密切相关。在实行中央银行制度的金融体制下，货币供给量是通过中央银行提供基础货币和商业银行创造存款货币而注入流通领域的。这一供给过程具有以下三个特点。

（1）形成货币供给的主体是中央银行和以商业银行为主体的存款货币银行（包括接受活期存款的存款类金融机构），即二级银行系统。

（2）两个主体各自创造相应的货币，中央银行策源并创造基础货币，商业银行扩张并创造存款货币，由此形成了"源与流"的双层货币供给机制。

（3）非银行金融机构对货币供给也有重要影响。

银行系统供给货币的过程必须具备三个基本条件：一是实行完全的信用货币流通，即流通中不存在金属货币和国家纸币（由政府直接发行的的货币）；二是实行比例存款准备金制度；三是广泛采用非现金结算方式。

在这三个条件下，货币供给的过程可分为两个环节：一是由中央银行提供基础货币，二是由商业银行创造存款货币。在这两个环节中，由于银行存款是货币供给量中最大的组成部分，因此，了解存款货币如何被创造出来是研究货币供给过程的重要内容。但商业银行创造存款货币的基础是中央银行提供的基础货币，并且存款货币的创造过程始终受制于中央银行，因此，中央银行在整个货币供给过程中始终居于核心地位。

三、货币供给的决定因素

决定货币供给的因素包括中央银行增加货币发行、中央银行调节商业银行的可运用资金量、商业银行派生资金能力以及经济发展状况、企业和居民的货币需求状况等因素，主要概括为以下几点决定因素。

1. 基础货币（B）

基础货币在货币供应量的决定中具有高能性质，是商业银行创造信用的源泉。基础货币的变化会影响货币供给量的变化。一般认为，基础货币是现金加金融机构在中央银行的存款。现金在中央银行的资产负债表中表现为货币发行；存款在我国除了金融机构在中央银行的存款之外还包括少量的机关团体存款。原始存款数量增加，导致货币供应量增加。中央银行控制基础货币的方式主要有公开市场业务和再贴现政策两种。

我国基础货币的发行主要有三个基本渠道：一是财政渠道：通过增加持有对政府的债权，向政府提供融资增加基础货币的供给；二是信贷渠道：通过对金融机构的再贷款或再贴现等方式，形成对金融机构的债权，投放基础货币；三是国际储备渠道：通过收购黄金、外汇等方式，形成一国国际储备而增加基础货币的投放。因为我国外汇储备在国际储备当中占非常大的比重，所以可以用外汇储备代替国际储备进行研究。

2. 法定存款准备金（Rd）

法定存款准备金是中央银行操纵的另一个重要工具。当中央银行提高法定存款准备金率时，商业银行一定比例的超额准备金就会转化为法定准备金，商业银行的放款能力降低，货币乘数变小，货币供应量就会相应收缩；当降低法定准备金率时，则出现相反的调节效果，最终扩大货币供应量。总之，货币供应量与法定存款准备金负相关。

3. 超额存款准备金（Re）

法定存款准备金是法律要求银行保留在自己手中，不能放贷出去的资金，超额存款准备金则是银行考虑到自身需要，自愿保留在自己手中，而不愿放贷出去的资金。由于它没有被放贷出去，所以无法进入下一轮的存款创造。因此，超额存款准备金越高，货币乘数越小，则货币供应量越少。反之，亦然。具体说，商业银行持有超额准备金取决于：第一，保有超额准备金的机会成本的大小；第二，借入准备金代价的高低及难易程度；第三，资产流动性程度的高低及负债结构状况。

4. 现金占支票存款的比率（c′）

该比率越大，意味着在存款创造过程中从银行系统漏出的资金越多，从而能够支持存款扩张的准备金越少，最终形成的货币供应量也就越少。所以该比率同货币供应量成反比。该比率主要取决于非银行经济部门对现金这种金融资产的偏好程度，具体决定因素有：一是可支配收入水平的高低；二是持有现金的机会成本的大小；三是通货膨胀率的高低；四是银行制度的发达程度和服务水平。

资料链接 9－1

电子货币对货币供给的影响

一是电子货币对流通中现金的影响。电子货币对货币流通速度提高和资金使用效率增加都有一定的提升作用，在这种情况下，会使社会所需要的基础货币数量变小，这将大大降低央行资产负债表的大小，同时也使得货币政策中介指标愈加不易测控。电子货币的流通和支付基于计算机技术，可广泛应用于产品生产销售、分配和公众消费环节，这样的发展形势会使社会中的现金数量减少。电子货币使用简单且功能强大，集储蓄、转账、兑现、消费等多重功能于一身。而且在电子货币逐渐普及的今天，互联网可以把数据以光的速度传递到地球的所有地方，所以不必保留传统货币时代那样多的金钱就可以实现货币的交换媒介、支付等功能。电子货币逐渐普及的今天，流通中的现金数量必然降低。而且随着金融新产品的开发和信息化发展，以后的金融活动全部能够经由用户账户中的电子货币进行结算，在这种情况下，大量传统货币势必会被电子货币所取代。

二是电子货币对存款货币银行法定存款准备金的影响。商业银行可以根据自身情况主动进行资产结构调整，这样一来，虽然说货币当局来制定法定存款准备金率，但是商业银行可以通过自身的调整来适量改变所上缴的法定存款准备金，而在这样的主动调整过程中，电子货币就能够发挥自身优势，来影响银行的法定存款准备金。

另一方面电子货币对货币乘数的影响。

一是电子货币对现金漏损率的影响。货币乘数的大小表示了存款货币银行的货币创造能力，货币乘数主要受到以下四个要素影响：现金漏损率、定期存款率、法定存款准备金率、超额准备金率。普遍来说，传统经济中的现金漏损率比较高，这是因为传统经济中现金的大量使用。如今信息化发展和电子货币逐渐普及，大量的现金被电子货币代替，导致了商业银行的存款增加和社会中流通的现金减少。这种结果直接导致了现金漏损率的减少，使得货币乘数增大。现金漏损率下降还有如下原因：（1）我国经济持续发展，全国交易总额连年提升，电子货币使用上的便捷性、安全性和低成本性可以有效提高交易的效率和安全系数；（2）由凯恩斯的经济理论可知，收入和财富的增长会使公众储蓄所占的比率越来越高，即边际储蓄倾向递增，人们去储蓄就使得自身所持现金减少，存款增加，因此也会使现金漏损率下降；（3）以淘宝、京东为代表的电商以及移动支付的完善大大降低了现金的使用率，提高了电子货币的使用，这样也会使现金漏损率下降。

二是电子货币对定期存款比率的影响。随着信息技术电子支付的快速发展，电子货币的便捷性、安全性和低成本性是传统现金所无法比拟的，公众保有一定现金是想要满足自身日常消费需求，电子货币具有传统货币功能的同时，比传统货币更便于实际应用，这就让公众对电子货币的需求提高而对传统现金的需求下降。一方面，定期存款比率决定于民众对定期存款形式货币的倾向，人们对电子货币需求提高，直接降低了对传统货币的需求。这种情况下，会有更多的货币作为定期存款存入商业银行，使定期存款比率持续增加；另一方面，定期存款与活期存款的比值在很大程度上受到利率的制约，电子货币的面世普及，如京东支付的多领域应用，使活期存款需要量被降低。需求降低的同时，公众为了获得定期存款所带来的资本利得也会使得定期存款增加，使定期存款与活期存款的比率增加。

三是电子货币对银行存款准备金率和超额准备金率的影响。一般来说，中央银行制定法定存款准备金率的大小，随着电子货币的引入，将不可避免地影响到央行对法定存款准备金率的控制。就超额存款准备金率而言，它由商业银行按照自身业务及其实际情况自行调整；人们去银行提取现金的需求随着电子货币的普及而降低，这样一来，银行拿来满足用户提取现金需求的备付金降低，使银行有更多的货币来进行放贷业务；相当于增加了基础货币数量，从而社会的货币供应得以增加。

资料来源：李思永. 电子货币的发展对货币供给的影响［J］. 河北企业，2019（2）：73－74.

第二节　货币供给模型

一、货币供给的基本模型

根据前面讨论的内容，对于货币供给可作以下概括：

（1）在二阶银行体制下，货币供应量有两种形式：现金货币和存款货币。现金是由中央银行发行的，由商业银行投入流通；存款货币是由商业银行系统创造出来的。现金货币与存款货币可以相互转化。

（2）商业银行存款创造的基础是准备金，包括在中央银行的存款准备金和库存现金，现金和在中央银行的存款准备金可以相互转化。

（3）现金和商业银行的存款准备金的变化，要受制于中央银行的行为。

从总体上来说，现金和商业银行的存款准备金是整个货币供给的基础，通常称之为基础货币，或者高能货币；而现金和存款货币构成货币供给量。因此，把货币供给量与基础货币相比较，就形成最基本的货币供给模型。如果把基础货币用字母 B 表示，货币量用字母 M 表示，用 m 表示货币供给量与基础货币之间的倍数关系，则有以下的基本公式：

$$M = m \cdot B$$

如果 C 代表现金，D 代表存款货币，R 代表商业银行存款准备金；代入上式，则可推导出以下表达式：

$$M = \frac{C + D}{C + R} \cdot B$$

式中，m 即 $\frac{C + D}{C + R}$ 被称为货币乘数，表示货币供给量与基础货币之间的倍数。图 9 – 1 表示货币供给中各有关因素的相互关系。

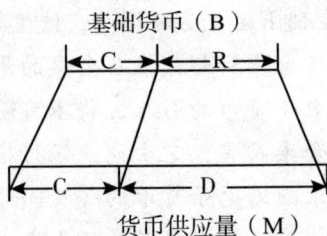

图 9－1　基础货币与货币供应量的关系

观察图 9－1，特别值得一提的是现金。现金是基础货币的组成部分，又是货币供给量的组成部分。虽然现金在创造存款货币的过程中起着不可或缺的作用，但是在整个货币供给的过程中，现金的数量并没有变化，中央银行发行多少，流通中就只能有多少。

二、货币供给模型中的三个决定因素

对货币乘数 k 进行整理，有两种表达方式，分子、分母同时除以 D，得到：

$$m = \frac{C + D}{C + R} = \frac{1 + \dfrac{C}{D}}{\dfrac{C}{D} + \dfrac{R}{D}}$$

整理得出：

$$m = \frac{1 + \dfrac{D}{C}}{\dfrac{D}{R} + \dfrac{D}{C}} \times \frac{D}{R}$$

从上式可以看出，与货币乘数密切相关的是两个比率：C/D 或 D/C，R/D 或 D/R。

C/D 是现金与存款货币之比、R/D 是存款准备金与存款货币之比。加上基础货币这个关键因素，决定货币供给的是三个因素：基础货币 B、C/D 以及 R/D，这三个因素分别与中央银行、社会公众和商业银行的行为相关。因此，在货币供给中，中央银行不是唯一的决定因素。

（一）基础货币与货币供给量

20 世纪 60 年代以后，随着货币供给成为经济学界的热点课题，对基础货币的讨论也开始更为深入。基础货币受到理论界的关注是与货币学派的兴起同时发生的。在货币学派看来，基础货币来源于中央银行，决定其变动的主要因素有对金融机构的再贷款、再贴现、黄金外汇占款、购买政府债券和负债项目的政府存款，当然还可能有其他因素，如政府透支借款、中央银行与国际货币基金组织及国外中央银行的往来等。在理论上中央银行可以控制基础货币的增长，但实际上，如果一国的金融体制或金融运行机制存在缺陷，则中央银行不仅不能有效地控制基础货币，而且还会成为基础货币盲目扩张的源头。例如，我国在《中国人民银行法》公布之前，政府财政可以在发生赤字时向中央银行透支，带来基础货币的投放；由于行政干预体制的存在，商业银行为满足地方的经济增长需要盲目扩大贷款，倒逼中央银行再贷款，投放基础货币；由于支付系统的缺陷，商业银行或中央银行分支行在没有足够的存款准备金时，大量通过结算途径投放过量贷款，造成事实上的基础货币投放。这些基础货币的过量投放，通过乘数作用大大增加了货币供应量，使通货膨胀不可避免地发生。1994 年开始的金融体制改革，以及《中国人民银行法》的实施，从根本上改变了基础货币不合理投放的机制，从而使我国货币供给的运行机制正常化，奠定了币值稳定的有效基础。

（二）基础货币与货币乘数

从以上的分析中已经看出，支票存款的变动取决于存款乘数的变动和银行准备金的变动，因此，中央银行通过控制存款乘数和银行准备金，就可以控制货币供给 M_1 中最重要的部分——支票存款。但这不是全部，因为支票存款的创造没有包括 M_0 ——流通中的现金，由于流通中的现金同银行的准备金的转化是很频繁的，因此，中央银行很难单独控制银行的准备金的数量，只能大致控制流通中的现金和银行准备金总额。我们将流通中的现金和银行准备金之和定义为基础货币，其计算公式为：

$$B = R + C$$

其中，B 为基础货币；R 为银行准备金；C 为流通中的现金。

货币乘数，是用以说明货币供应量与基础货币之间的倍数关系的一种系数，代表着每一元基础货币的变动所能引起的货币供应量的变动。通过货币乘数（m）将基础货币（B）与货币供应量（M）联系起来即：

$$M = m \times B$$

在商业银行存款创造的模型中，我们略去了公众所持通货和银行所持超额准备金的变动对存款创造的影响。在此，我们将这些变动引进我们的货币供给过程模型中，进而推导出货币乘数的具体形式。

我们用 D 代表商业银行的支票存款；C 代表流通中的现金；R 代表银行的准备金（包括法定存款准备金和超额存款准备金）；RR 代表法定存款准备金；ER 代表超额存款准备金；r 代表法定存款准备率（即 $r = RR/D = (DR + TR)/D = r_d + t \cdot r_t$）；e 代表超额存款准备率（即 $e = ER/D$）；c′代表现金与支票存款总的比率（即 $c' = C/D$）；

因为基础货币等于流通中的现金和银行的各种准备金之和，我们可以将其表示为：

$$B = R + C = RR + ER + C = r \times D + e \times D + c' \times D = (r + e + c') \times D$$

将等式两端同时除以括号里的式子，从而得到将支票存款 D 与基础货币 B 连接起来的表达式：

$$D = \frac{1}{r + e + c'} \times B$$

根据定义，货币供应量（M）等于流通中的现金加上支票存款，用公式表达为：

$$M = C + D = c' \times D + D = (1 + c') \times D$$

然后得：

$$M = \frac{1+c'}{r+e+c'} \times B$$

这就是货币供应量决定机制的理论模型。

进而可以推导出货币乘数 m

$$m = \frac{1+c'}{r+e+c'}$$

它表示每一单位基础货币的增减将引起$\frac{1+c'}{r+e+c'}$倍货币供应量的增减。它是一个函数，随存款者决定的通货占支票存款总额的比率 c'、中央银行决定的法定存款准备率 r 和商业银行决定的超额存款准备率 e 的变动而变动，即影响货币乘数的因素主要有法定存款准备率、超额存款准备率和现金占支票存款的比率等。

（三）货币乘数与货币供给量

基础货币增加后，通过商业银行派生存款机制的运作，货币供给量成倍增加。货币供给量与基础货币之间存在倍数关系，就是货币乘数（money multiplier）。或者说，基础货币与货币乘数的乘积就是货币供应量。

在只考虑法定存款准备金率（r_d）时，存款总额为 $D = R/r_d$，R 为存款准备金。当出现现金漏损时，基础货币由商业银行准备金（R）和公众所持现金（C）组成，即 B = C + R，银行系统活期存款货币就是（第七章第三节里讲过）：

$$D = \frac{1}{r_d + e + c' + t \times r_t} \times R$$

用 M_1 表示狭义货币供应量，根据定义有 $M_1 = C + D$。若 c' 是公众手中持有的现金与活期存款的比率，则 $C = D \cdot c'$。所以，可以推导出：

$$M_1 = C + D = \frac{1+c'}{r_d + e + c' + t \times r_t} \times B$$

$\frac{1+c'}{r_d + e + c' + t \times r_t}$即为狭义货币供应量 M_1 的货币乘数。

至于广义货币供应量 M_2，它是在 M_1 的基础上增加一些金融工具，如储蓄存款、定期存款、CD、NOW、货币市场存款账户等。为讨论方便，用 A 表示这些添加的内容，a 表示活期存款转化为这些金融工具的比例，r_d 表示这些存款种类的准备金率，则

$$A = \frac{a}{r_d + e + c' + t \times r_t + r_a} \times B$$

$$M_2 = M_1 + A = \frac{1+c'+a}{r_d + e + c' + t \times r_t + r_a} \times B$$

式中，$\frac{1+c'+a}{r_d + e + c' + t \times r_t + r_a}$是广义货币供应量 M_2 的货币乘数，表示广义货币供应量 M_2 的变动关系。

货币乘数并不是固定不变的，随着经济运行的变化也会有所变动。影响到 r_d，e，c'，r_t，t，r_a，a 的因素都会作用于货币乘数，因此，在经济发展与中央银行的宏观调控中，

改变 r_d、e、c'、r_t、t、r_a、a 的因素也会影响货币乘数的高低。

货币供给过程是指银行主体通过其货币经营活动而创造出货币的过程，它包括商业银行通过派生存款机制向流通供给货币的过程和中央银行通过调节基础货币量而影响货币供给的过程。概括地讲，是以中央银行创造的基础货币为起点，通过商业银行的存款创造机理以货币乘数的形式放大，从而实现货币创造，这就是货币供给的全过程。

资料链接 9－2

把好货币供给总闸门　保持流动性合理充裕
——解读央行货币政策委员会 2019 年第一季度例会

日前，央行货币政策委员会召开 2019 年第一季度例会。会议对国内外形势作了最新研判，对政策基调作了微调，对工作任务作了补充部署。在经历了一季度的信贷超预期投放和经济超预期改善之后，后续货币政策的逆周期调节力度或将减弱，而更加注重与其他政策之间的协调。

与上年第四季度例会相比，货币政策委员会进一步肯定了当前的经济表现。会议认为，"当前我国经济呈现健康发展，经济增长保持韧性，增长动力加快转化"，相较于上年四季度的"经济保持平稳发展"要更正面一些。一季度以来，随着各项逆周期调节政策的相继落地，经济基本面明显改善，市场预期大为改观，"金融服务实体经济的质量和效率逐步提升"。当然，"国际经济金融形势错综复杂，不确定性仍然较多"，但相比于上年四季度的"国际经济金融形势更加错综复杂，面临更加严峻的挑战"已经缓和很多。

在此背景下，会议对货币政策的基调作了调整，强调"保持战略定力，坚持逆周期调节，进一步加强货币、财政与其他政策之间的协调，适时预调微调，注重在稳增长的基础上防风险"。从上年二季度的"高度重视逆周期调节"到四季度的"加大逆周期调节的力度"再到这次的"坚持逆周期调节"，可以看出一条货币政策从加油到收油的明显轨迹。由于货币政策已初见成效，央行重提"保持战略定力"，强调与其他政策的协调配合，以及"在稳增长的基础上防风险"。

在政策操作上，会议提出"把好货币供给总闸门，不搞'大水漫灌'，同时保持流动性合理充裕，广义货币 M_2 和社会融资规模增速要与国内生产总值名义增速相匹配"。值得关注的是，去年四季度例会曾经删掉了"货币供给总闸门"的表述，这次又重新加了回来，既与政府工作报告的要求保持一致，也向市场传达了货币政策将会适时预调微调的信号。

在对政策基调做出调整之后，会议又根据近期中央的有关要求，补充了以下四个方面的工作内容：

一是"稳妥推进利率等关键领域改革"。目前利率市场化还剩最后一道关口，央行在年初工作会上提出要"稳妥推进利率'两轨并一轨'，完善市场化的利率形成、调控和传导机制"，政府工作报告也要求"深化利率市场化改革"，这将是今年央行的重点工作之一。

二是"以金融体系结构调整优化为重点"深化金融供给侧结构性改革。具体包括金融机构体系、市场体系、产品体系等方面的调整优化，也包括融资结构和信贷结构的优化，目的是"做到金融对民营企业的支持与民营企业对经济社会发展的贡献相适应"。

三是"改进小微企业和'三农'金融服务"。政府工作报告已明确要求，"今年国有大型商业银行小微企业贷款要增长30%以上"，中央也连续下发了关于服务中小企业、乡村振兴的相关文件，央行将继续鼓励加强普惠金融服务，以切实缓解小微企业和"三农"领域的融资难融资贵状况。

四是"进一步扩大金融高水平双向开放"。今年对外开放力度将会进一步加大，对金融业而言，不仅要"引进来"，还要"走出去"，既要"提高开放条件下经济金融管理能力和防控风险能力"也要"提高参与国际金融治理能力"。

会议召开当天，央行公布了3月份货币信贷和社融数据，其中新增信贷1.69万亿元，创2010年以来同期新高，新增社融2.86万亿元，同比多增1.28万亿元，M_2增速反弹至8.6%，创一年来新高。再加上此前的PMI、出口超预期回升，3月经济有望明显企稳。在此情况下，加大逆周期调节力度的必要性正在下降，央行的政策重心也有所偏移，金融机构应对此保持密切关注。

资料来源：本报特约评论员.把好货币供给总闸门 保持流动性合理充裕［N］.中国城乡金融报，2019-04-17（A01）.

第三节 货币供给的内生性和外生性

一、内生变量与外生变量

内生性和外生性又被称为内生变量和外生变量。内生变量，又叫非政策性变量，它是指在经济机制内部由纯粹的经济因素所决定的变量，不为政策所左右。外生变量，又称为政策性变量，是指在经济机制中易受外部因素影响，由非经济因素所决定的变量，它是能够由政策决策人为控制，并用作实现其政策目标的变量。

二、货币供给的外生性与内生性分析

中央银行能否对货币供应量完全控制的问题，在货币银行学里往往用货币供给的内生性或者外生性命题来讨论。货币供给是内生变量或者外生变量？这是一个颇具争议性的问题。关于货币供给内生性或外生性的讨论，具有很强的政策含义。如果认定货币供给是内生变量，那就等于说，货币供给总是要被动地取决于客观经济过程，而货币当局并不能有效地控制其变动，自然，以货币供给量为操作指标的货币政策调节作用有很大的局限性。如果肯定地认为货币供给是外生变量，则无异于说，中央银行能够有效地通过对货币供给的调节影响经济进程。

（一）货币供给的内生性

货币供给的内生性，指的是货币供给由经济运行本身来决定的，具体而言，是由收入、储蓄、投资和消费等经济因素决定的。从货币供求的角度看，是说货币供给是由货币需求引起并决定的，货币供给显然是处于被动的地位。

货币供给的内生性分析认为货币供给量是一内生变量，也就是认为中央银行不能完全直接控制货币供给量，货币供给量的变动是由经济体系内各经济主体的行为所共同决定的，因此，货币供给量是经济体系中的内生变量，中央银行对货币供给量的控制只能是相对的。从金融领域来看，一方面商业银行的存款和资产规模要受到存款的资产偏好和银行贷款、投资机会的影响，另一方面其他非银行金融机构存款创造能力也会随着其贷款融资活动的增加而提高，而社会公众资产偏好导致的资产结构又是现实经济运行经常调整变化的结果，这就使货币供给的变化具有内生性。力主货币供给的内生性并不等于否认中央银行控制货币供给量的有效性。只不过货币资产与其他金融资产之间、商业银行的货币创造能力与非银行金融机构的货币创造能力之间的替代性会大大地降低中央银行对货币供给量的控制效应。

以詹姆斯·托宾为代表的新古典综合派则认为货币供给是内生的。托宾从货币供给模型出发，认为决定货币供给的三个重要变量，亦即基础货币、现金漏损率和存款准备金率，是相互交叉影响的，而且后两个比率并不能由中央银行控制，因而货币供给是内生的，并在此基础上，托宾给出了关于货币供给的资产选择模型这一典型的内生货币供给模型。20世纪七八十年代后，后凯恩斯主义的代表人物西德尼·温特布劳、尼吉拉斯·卡尔多和莫尔，均提出了颇具影响的内生货币供给理论模型。在货币政策实践中，20世纪90年代后，以美国为代表的西方发达国家纷纷放弃对货币供给的控制，转向利率目标，似乎也是对货币供给内生性理论的支持。

关于货币供给内生性理论，莫尔认为现代的货币已经不是商品货币和政府货币，而是信用货币，它的供给在本质上没有生产和资源的约束，而只为需求所决定，故而属于内生货币。这种内生性表现在货币供给的各个环节上。

关于基础货币供给的内生性，莫尔认为基础货币不是中央银行能够完全控制的外生货币，因为，商业银行一般用其出售证券和收回贷款的资金购买政府债券，而这种证券的出售和贷款的收回并不容易。因为，政府顾忌财政负担过重，而不会轻易将新发行的债券价格提高到足够的高度，以吸引商业银行放弃现有证券的持有；工商企业一般不愿提前还贷，商业银行难以将贷款转换成政府债券；中央银行担心危及银行系统的流动性，也难以提高贷款利率，阻止商业银行向贴现窗口寻求基础货币的补充。中央银行因此不能逆经济风向自主决定基础货币供给。

关于银行角色转换传导的内生性，莫尔将金融市场分成商业银行筹资的批发市场和商业银行贷款的零售市场。在批发市场上，如欧洲美元市场和联邦基金市场上的激烈竞争决定了商业银行的资金需求将按当时的市场利率得到满足；中央银行为了保持商业银行的流动性，也以既定的贴现率向商业银行提供资金。商业银行因此是批发市场贷款规模的决定者和贷款条件的接受者。而在零售市场上，非金融机构把自己的资产存入银行时，必须考虑各种金融资产的利率和风险系数；同时，因为银行的力量往往要大于小额借款人，这就使得商业银行成为零售市场贷款条件的决定者和贷款数量的接受者。商业银行在这两个市场上的角色转换，将公众的货币需求直接传导给中央银行，使其增加货币的供给。货币供给因此而为货币需求所决定。

关于负债管理创造货币供给，莫尔认为，商业银行并非在中央银行注入基础货币后，才创造出社会所需信用工具，而是可以通过金融创新，直接在金融市场上筹集资金。因为，从20世纪六七十年代开始，商业银行的主要资金来源已经由原来吸收存款，转变成直接在金融市场上发行融资工具；随着各种经济单位也发行大量融资工具以及各类可上市金融工具期限的延长，商业银行持有资产的流动性进一步趋于下降，这又反过来进一步促使商业银行在市场上寻求基础货币的补充。这就是说，负债管理使得商业银行能够直接创造出任意数量的信用工具。

（二）货币供给的外生性

货币供给的外生性观点认为，货币供给量主要是由经济体系以外的货币管理机构即中央银行决定的；是经济系统运行的外生变量；中央银行可通过发行货币、规定存款与储备比率等方式来控制货币供给量。因而，中央银行只要确定了经济发展所需的合理货币需求量，然后再由中央银行供给适量货币，货币供需就能实现均衡。如果货币需求量是合理的，则当货币失衡时，完全可以由中央银行通过政策手段实施加以矫正。强调货币供给的外生性分析并不否认经济系统中实际经济活动对货币供给量的重要影响，只是表明实际经济活动对货币供给量的影响远不如中央银行对货币供给量的影响那么强。

凯恩斯本人持外生货币论的观点，国定货币说的货币本质观使他认为：货币是靠国家的法律和强制力才流通的，中央银行能够代表政府完全控制货币供给量。米尔顿·弗里德曼的观点与凯恩斯难得地达成了一致，但他是依据货币供给模型进行推论的，弗里德曼特别强调基础货币在货币供给模型中的决定性作用，而基础货币又是一个完全可由中央银行控制的变量，至于货币乘数，要么被处理成稳定的常数，要么可以由基础货币的变动决定，因此，基础货币的变动对货币供应量起决定性的作用，显然，弗里德曼持货币供给外生性的观点。

货币供给量是融内生性和外生性于一体的复合变量。货币供给量首先是一个外生变量。因为货币供给量形成的源头——基础货币——是可以由中央银行直接控制的。中央银行能够按照自身的意图运用政策工具对社会的货币量进行扩张和收缩，货币供给量的大小在很大程度上为政策所左右。另一方面，货币供给量并不完全是纯粹的外生变量，在现代中央银行体制和部分准备金制度下，决定货币供给量的因素，不仅包括货币当局的政策变量还包括别的经济因素（例如商业银行、社会公众的偏好和资产选择等），尤其是货币乘数更是一个由多重经济主体操作、多重因素影响的复杂变量，这表明，货币供给还是带有内生变量性质的。

其实，根据货币供给模型，即使中央银行完全能够控制基础货币，但它能否控制货币供应量，的确还是一个不确定性的问题。这主要是因为，在"基础货币—货币供给"的形成过程中，商业银行的贷款投放是最关键的环节，但是，在这一过程中，既有商业银行的贷款供给意愿问题，也有来自公众、企业的贷款需求因素，而这些，中央银行确实往往并不能有效控制。典型的例子是，在经济萧条的背景下，中央银行旨在扩大货币供给量的扩张性货币政策效果一般较差，商业银行和社会公众、企业对中央银行的政策反应迟钝，货币信贷量并不能有效扩张。

资料链接 9-3

目前中国的货币供给制度体系的内生性逐渐加强的
主要原因及完善货币政策框架的相关建议

中国经济结构的转变。随着中国经济进入转型的关键期，经济由原来的高速增长逐步变为高质量增长。一方面，货币供给量的调节越来越依赖于消费者旺盛的需求和市场自身的活力；另一方面，产业结构的优化升级也使得大量传统行业从业者收入增速持续下滑，而居民对未来的不确定预期的增加会加大整个社会的储蓄倾向，引起公众资产偏好的变化。此外，经济开放程度和全球市场的不确定性增强，资本市场开放程度的加大使得经济的波动性增大，这同时增加了货币当局主动控制货币供给量的难度。为实现经济稳定增长，货币当局更加需要以货币供给历史数据作为基础，研究市场发展趋势，实现对货币供给量更加精准的调控。

从基础货币的内生性来看，最不易受央行主动控制的对外净资产近年来发生了显著变化。1994 年外汇管理体制改革后，外汇占款一直作为基础货币供给的主要渠道。中国人民银行的相关数据表明：1997～2010 年，外汇占款对货币供给增长的贡献率平均在 75% 以上，这表明长期以来基础货币内生性主要来自外汇占款。但是，2011 年，外汇占款对我国货币供给增长的贡献率开始下降至 31.57%，2015 年开始，外汇占款出现负增长。这表明：外汇占款作为货币供给主渠道的传统货币供给模式正在改变，中国人民银行基础货币发行转向主要依赖增加对国内机构的债权，因此，随着经济结构的变化，我国越来越依赖于央行再贷款渠道进行基础货币创造。但是，这并不意味着基础货币供给的外生性增强，或者说中央银行调控基础货币供给量的能力增强了，因为这还要取决于央行→商业银行→企业、居民这么长的复杂传导链条中的经济内生因素的影响。

中国金融体系逐步深化金融创新使融资证券化趋势日益加强，进一步引发银行存款的减少，弱化了存款准备金率对货币供给的作用力，与此同时，各种金融工具的快速发展使得消费者持币比例明显下降，改变了传统的货币创造机制，引起货币供给量的变动。这些都削弱了央行主动控制货币量的能力。

货币供给的内生性一定程度上加大了央行调控货币供给的难度，降低了货币政策的有效性。针对上述问题，提出一系列完善货币政策框架的相关建议：

第一，建立宏观经济金融领域的监测机制，增强货币供给与经济指标的关联程度。充分利用互联网技术实现不同部门机构之间的信息共享，丰富货币工具的数量和类型，以此来加强对货币的管理。特别是对于货币供给相关风险的监管，要建立统一的金融数据统计机制，由国家进行严格管理和公开披露。只有这样，才能确保各层次货币供给的有效性和货币政策传导机制的正确性，进而实现中国经济社会的持续稳定健康发展。

第二，进一步推动改革，实现真正意义上的利率市场化。伴随货币供给的内生性逐渐加强，中央银行对货币的控制力已经逐渐减弱，以利率操作为主的价格型货币政策工具将逐步成为未来新的发展趋势。同时，利率作为中间目标的货币政策能够为中国进一步扩大金融市场开放程度提供支持。而货币政策工具从数量型工具变为价格型工具的前提是利率市场化，即保证利率的变化能够反映市场上的货币供需状况。我国金融机构利率体系尚不完善，市场化基准利率缺乏，因此需要进一步推进利率决定、利率传导、利率结构和利率管理的市场化，以实现真正意义上的利率市场化。

第三，有序发展虚拟经济，实现与实体经济的相互促进。随着互联网金融发展变革，各种金融创新工具的广泛使用，社会公众的持币结构有了大幅度调整，对货币供给相关政策产生了较大的冲击。为更好地提高货币政策的效率，促进经济的健康发展，应该在鼓励金融创新的同时，加强相应的监管，使相关措施与金融发展程度相匹配，促进虚拟经济形成具有持续发展能力的行业发展新模式。另外，通过建立一个连接虚拟经济与实体经济的通道，实现二者的协调发展。

资料来源：马方方，胡朝阳．中国货币供给内生性研究——基于改进模型的实证分析[J]．金融理论探索，2019（1）：21–30．

本章小结

1. 货币供给是指货币供给主体向社会公众供给货币的经济行为，他既是一个外生变量也是一个内生变量。

2. 货币供给的基本模型是 $M = m \times B$，它表明货币供给量（M）与基础货币（B）之间并不是完全相等的，而是存在着一个倍数关系，货币供给量等于基础货币与货币乘数的乘积。

3. 基础货币由流通中的现金（C）和商业银行等金融机构的准备金存款（R）两部分构成。其中只有商业银行等金融机构的准备金存款具有多倍扩张能力。

4. 货币乘数是货币供应量与基础货币间的倍数关系。M_1 的货币乘数为 $m_1 = (1 + c') / (r_d + r_t \times t + e + c')$；$M_2$ 的货币乘数为 $m_2 = (1 + c' + t) / (r_d + r_t \times t + e + c')$

5. 货币乘数受法定存款准备率（r_d，r_t）、公众通货持有比率（c'）、超额准备金比率（e）、定期存款对活期存款比率（t）等因素的影响，其中，法定存款准备率与货币乘数成反比，公众通货持有比率（c'）与货币供给成反比，超额准备金比率与货币供给成反比，定期存款对活期存款比率与货币供给成正比。

6. 货币供给量是融内生性和外生性于一体的复合变量。货币供给量首先是一个外生变量。

重要概念

货币供给　货币供给主体　内生性　外生性　货币乘数　基础货币

思　考　题

1. 分析我国商业银行行为对货币供给的影响。
2. 举例说明居民行为对我国货币供给的现实影响。
3. "货币乘数必然大于 1。"这一说法是否真实，还是不能确定？试解释之。
4. 当银行的定期储蓄存款增加时，M_1、M_2 会发生怎样的变化？
5. 分析当其条件不变时，中央银行提高法定准备金时，货币供给量会发生怎样的变化，为什么？
6. 如果通货比率剧烈上升，货币供给会发生什么变化？
7. 货币供给的内生性和外生性的争论对货币供应的实践有何影响？
8. 简述货币供给量的决定性因素。

第十章

货 币 需 求

货币最具有流动性，有货币在手，则机动灵活；放弃货币也就是放弃机动灵活。

——约翰·梅纳斯·凯恩斯（John Maynard Keynes）

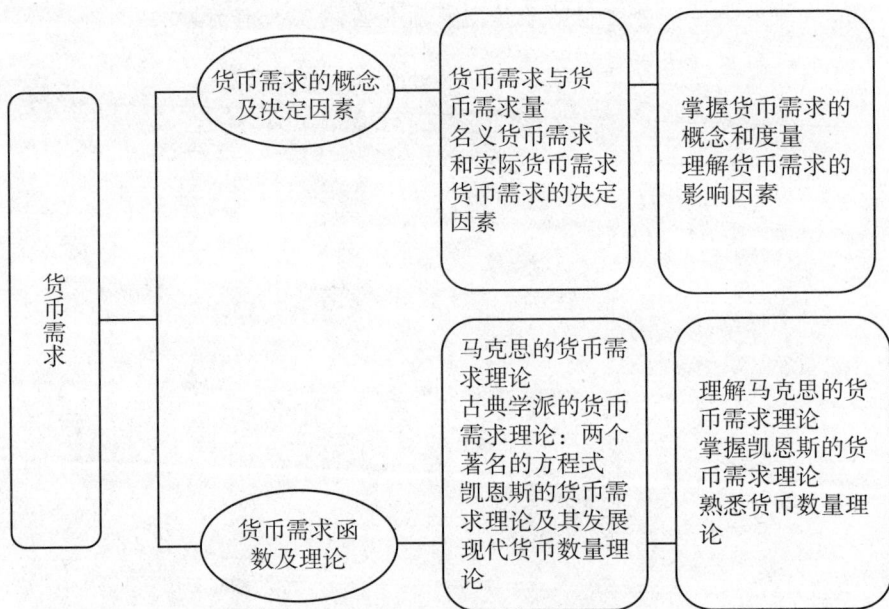

第一节　货币需求的概念及决定因素

一、引言

流动性偏好是凯恩斯对一般市场形态下货币需求规律所归纳的根本特征，是对经济社会中主流群体的心理状态界定，他认为居民在同等条件下更倾向于选择货币形态以体现其收入、维持其财富。由此产生的流动性偏好理论，打破了将货币作为市场交易中格式化媒介的单一职能论断，创造性地将货币作为市场中的重要生息资产来对待，从而奠定了流动性偏好在货币理论中的重要地位，此后，西克斯、罗宾逊、沙克尔等学者继承并发展了凯恩斯对流动性偏好的基本认知，他们得出结论，市场中的货币不仅是收入循环的流动性通道，而且还是居民财富固化与拓展的重要组成部分。从这个角度延伸，货币作为商品之间的一般等价物，其存在同样适用市场的供求规律，然而作为特殊主体，货币的供给由单一主体提供，即国家中央银行或获得授权的专门金融机构发行。国家在发行货币时受很多相关因素的影响，例如国家的宏观经济情况、国家经济发展目标、国家鼓励或限制发展的产业情况以及国家的外贸环境等。从货币的需求角度来讲，除了作为一般等价物的交易需求外，还有作为社会财富的贮藏需求及投机需求，前两者是货币存在之基本价值，因此受货币政策的影响相对较小，但投机需求却建立在融资成本的基础之上，因而在国家实行严格的货币政策的时候，社会中存在较少流动货币的情况下，加之银行利率的提升，会使融资者面对较大的机会成本，从而压缩投资规模。

进入 21 世纪，随着我国加入 WTO，经济体制改革进程不断加速，全球化对金融市场的影响不断加深，货币需求所处的内外部环境正发生着深刻的变化，特别是 2008 年次贷危机爆发后，全球经济由常规流动性过剩迅速转为区间流动性短缺，美国和欧洲的货币金融市场一度发生了流动性陷阱的危机，我国也不得不调整政策应对持续性流动性短缺所带来的连锁反应，这些内外部环境的不确定性对我国的货币金融体制管理和创新提出了更高更实际的要求，这就需要运用货币流动性偏好的理论工具对我国货币需求的变化进行具体的分析。

二、货币需求与货币需求量

货币是交换媒介，充当一般等价物，是人们财富的一般代表。货币独特的职能使人们产生了对货币的需求。所谓货币需求，就是指在一定的社会经济条件下，各经济主体愿意以货币形式持有其资产的需求。

货币需求是一种派生需求，派生于人们对商品的需求。货币是固定充当一般等价物的特殊商品，具有流通手段、支付手段和贮藏手段等职能，能够满足商品生产和交换的需求，以及以货币形式持有财富的需求等。居民、企业和单位持有的货币是执行流通手段和贮藏手段的。如居民用货币来购买商品或者支付服务费用，购买股票和债券，偿还债务，以及以货币形式保存财富等；企业以货币支付生产费用，支付股票、债券的息金，以货币形式持有资本等。

人们对货币有需求的原因是货币是最具方便性、灵活性、流动性的资产。持有货币能满足人对货币的流动性偏好。凯恩斯将人们对货币的偏好称为货币的流动性偏好。

货币需求是能力与意愿的统一体，只有能力而没有意愿不形成货币需求，只有意愿而没有能力只是一种不现实的幻想。这意味着，当一个人持有一定量的财富总额时，他可以选择多种形式来持有这笔财富；而他愿意以货币资产这种形式持有的那部分财富就是他对货币的需求。随着经济的发展，除了现金还有一些存款充当货币，同样可以满足商品流通以及人们对货币的客观需要。

货币需求量是指一国在一定时期因国民经济发展水平、经济结构以及经济周期形成的对执行流通手段与价值贮藏手段职能的货币的需要量。货币需求量反映特定利率下的需求量，而货币需求则是弹性变化的。

三、名义货币需求和实际货币需求

由于存在通货膨胀和通货紧缩，就产生了名义货币需求和实际货币需求，而这个区别就是受物价水平的影响。名义货币需求就是指个人、家庭、企业等经济主体在某一时点上所持有的货币数量，而实际货币需求就是指名义货币数量扣除了物价变动因素之后的货币数量。因此，名义货币需求与实际货币需求的根本区别就在于是否剔除了物价水平变动的影响。比如，物价水平上涨一倍，而经济运行过程中其他因素不变，则名义货币需求也随之上涨一倍，实际货币需求没有发生改变。反之亦是如此。

四、货币需求的决定因素

不同的货币需求理论，在研究货币需求问题时视角或分析方法不同，考虑的因素也不相同或不完全相同。本书从宏观、微观两个角度分析了在现实经济生活中一些被人们普遍认可的会决定和影响货币需求的因素。

从宏观层面看，决定和影响货币需求的因素主要有以下几个方面。

（1）社会商品与劳务的可供量，即待实现的全社会的商品与劳务的总量。在现代市场经济条件下，社会商品与劳务的可供量越大，则流通中所需要的货币量也就越多；反之，则越少。

（2）社会商品供求结构的变动。在商品市场供求结构中，供给一方面取决于产出的效率和水平，另一方面又受制于人们对它的需求，因为只有真正满足商品市场需要的供给，才会产生真实的货币需求，而商品供求结构是经常发生变化的，因此货币需求也必然发生相应的变动。

（3）一般物价水平。对一国经济而言，在社会商品与劳务可供量、货币流通速度一定的情况下，一般物价水平决定着流通中所需要的货币量。一般而言，一般物价水平越高，流通中所需要的货币量就越多；反之，则越少。

（4）收入的分配结构。在现实经济生活中，货币需求实际上是各部门因对其所分配到的社会产品或收入进行支配的需要而产生的，因此，国民收入在各部门分配的结构，必然决定货币总需求中各部门需求的比重或结构。

（5）货币流通速度。一般而言，货币流通速度越快，单位货币所实现或完成的交易量就越多，完成一定的交易量所需要的货币就越少；反之，则越多。

（6）信用的发达程度。一般情况下，一国信用的发达程度与货币的需求呈负相关变动。因为信用的发展和信用工具的运用会在一定时期内节约对货币的使用，因此，信用度和信用工具越发达，对货币的需求量就越少；反之，则越多。

（7）人口数量、人口密集程度、产业结构、城乡关系及经济结构、社会分工、交通运输状况等，也是决定和影响一国货币需求的客观因素。

从微观层面看，决定和影响货币需求的因素主要有以下几个方面。

（1）收入水平。在其他情况一定的条件下，收入水平的高低与货币需求呈正相关变动。收入水平越高，货币需求越多；反之，则越少。

（2）收入的分配结构。在收入量既定时，收入的分配结构不同，将影响持币者的消费与储蓄行为，进而影响微观经济主体的货币性交易需求和贮藏需求。

（3）物价水平及其变动。物价水平及其变动对货币需求的影响主要是通过改变微观经济主体的预期进行传导的。如商品供不应求时，人们会产生物价上升的预期，从而要求以持有实物保存资产代替持有货币保存资产，导致对货币需求的减少。

（4）市场利率和金融资产收益率。两者对货币需求的影响主要表现在两个方面：一是影响和决定人们持有货币的机会成本；二是影响人们对未来利率变动的预期，进而影响人们对资产持有形式的选择。在正常情况下，市场利率和金融资产收益率与货币需求呈负相关变动，即市场利率和金融资产收益率上升，则货币需求减少；反之，则增加。

（5）心理和习惯、偏好等因素。比如，在一般情况下，当人们的消费倾向上升时，用于交易活动的货币需求就会上升；而当微观经济主体习惯于运用支票账户来完成其收付活动时，货币周转速度加快，导致对货币的需求量减少。

资料链接 10 - 1

基于流动性偏好对我国货币需求的影响政策建议

积极防范流动性陷阱，增强货币政策科学洞察力。在市场经济运行过程中，货币的供需与流通也要符合市场发展的规律。以美国为例，在 2008 年和 2009 年经济衰退时期，美国联邦基金将利率调整至接近零的状态，与刺激经济发展的政策目标背离，一度濒临甚至掉入流动性陷阱，货币政策的执行效能和辐射范围也大幅度衰减，呈现出三个方面的典型特征：一是名义利率处于极低水平，实际利率小于等于零，投资者对经济产生了极为悲观的预期；二是货币需求利率弹性抬升急速且明显，产生趋于无穷大的变动趋势；三是货币政策几近失效，居民的消费频次大幅减少，市场中的有效需求严重不足；根据流动性偏好对货币需求的影响，改变货币的供给或调整利率即可影响民众对货币的需求量。然而，货币的注入和利率的调整应该根据经济发展形势和货币规律，否则会起到相反的作用。我国货币政策所处现实国情在于，既不能够实行严格的固定汇率制度，也不能实行完全的浮动汇率制度，人民币尚不具备充当国际关键货币的必要条件和客观基础，这就需要货币政策具有前瞻性、洞察力和灵活有效的应对机制，在此情况下要更加警惕落入流动性陷阱，做好预警机制和防范机制的探索和创新。

监测流动性逆转的信号，突出货币政策的功能点和侧重面。货币流动性由过剩向短缺的递转性变化通常会在长期内萌芽，短期内爆发，而流动性逆转一旦形成，经济增长过热就会向经济衰退转化，资产的价格也会在短期内加速下跌，信贷紧缩的现象会逐渐延展并深化，利率水平也会伴随着微观经济变动而逐步提升，因而要建立和完善流动性逆转的宏观研究模型，确立宏观调控的聚焦点和作用面，基于我国市场经济发展的现实情况和所处的内外部发展环境，在宏观调控的手段和技术方面，尚不具备执行通货膨胀目标管控的条件和基础，而在此特殊情况下的宏观调控一方面要满足经济增长的客观要求，另一方面要积极保障市场经济机构的内生动力，产生了双重目标单一手段的限制性矛盾，这就需要建立货币政策与财政政策的协调发展机制，让宏观调控中的财政政策手段偏重于提升经济增长动力的政策目标，让宏观调控中的货币政策手段偏重于抑制通货膨胀的政策目标，保持积极财政政策的持续性和稳定性，深入科学地调整国民收入分配的总体格局，充分挖掘我国经济增长内生动力的潜力。

拓展流动性传导渠道，把握资产价格变动规律。多元化发展已成为当今市场经济的主要趋势，资产的多样化发展给人们的投资带来了更多选择。随着互联网技术对传统行业的整合和流程再造，以及金融与科技行业的不断结合与积极创新，市场为公众提供了更为丰富的金融产品，不但有助于人们理财，而且为经济增长注入了持久的动力。在此背景下微观市场主体只有转变投资思维，注意到货币的时间价值和风险价值，权衡资产的收益性和风险性，对资产进行科学定价，才能够做出最优的资产组合，与此同时，一元化的市场经济分化为传统行业为主的实体经济部门和股票市场为主的虚拟经济部门，由于虚拟经济部门的反应速度、调节速度及风险疏导能力都明显快于实体经济，导致了货币供给的压力在两个部门产生了截然不同的外部形态，因而，无论对于金融界的产品、服务创新，还是创新的投资观念都要把握资产价格变动在新型市场环境下的发展特征，不断拓展流动性传导的良性渠道，从而维护我国市场经济的健康和稳定发展。

资料来源：高丁丁，陈卫红．流动性偏好对我国货币需求的影响研究［J］．经济问题，2018（4）：44－49．

第二节　货币需求函数及理论

一、马克思的货币需求理论

马克思的货币需求理论又称为货币必要量理论。他以完全的金币流通为假设条件，为流通中必需的货币量为实现流通中待售商品价格总额所需的货币量。具体解释为：商品的价格是由商品的价值和黄金的价值决定的，而价值取决于生产过程，因此，商品是带着价值进入流通的。商品价格有多少就需要有多少金币来实现它。商品与货币交换之后，商品退出流通，黄金却留在流通中可以使另外的商品得以出售，从而一定数量的金币流通几次，就可以使相应倍数价格的商品出售。因此，待售商品价格总额和货币流动速度共同决定了货币需求量。

马克思在其《资本论》中虽然没有明确的货币需求的概念，但是货币需求的思想有所体现。这一思想主要是表现在对货币必要量的讨论上。马克思在进行分析的时候以完全的金币流通为假设条件，进行了如下论证：①商品价格取决于商品的价值和黄金的价值，而商品价值取决于生产过程，所以商品是带着价格进入流通的；②商品数量和价格的多少，决定了需要多少货币来实现它；③商品与货币交换后，商品退出流通，货币却要留在流通中多次充当商品交换的媒介，从而一定数量的货币流通几次，就可相应媒介几倍于它的商品进行交换。这一论证可以用公式表示为：

$$M = \frac{PQ}{V}$$

其中，M 表示货币必要量，Q 表示待售商品数量，P 表示商品价格，V 表示货币流通速度。

二、古典学派的货币需求理论：两个著名的方程式

（一）现金交易数量说

美国耶鲁大学教授欧文·费雪在其 1911 年出版的《货币购买力》一书中，对传统货币数量说做了系统、清晰地阐述，并提出了著名的现金交易方程式。

费雪考察了货币总量（货币供给）与整个经济的最终产品和劳务支出总量之间的关系。得出结论，假设以 M 表示一定时期内流通货币的平均数量，V 为货币流通速度，P 为各类商品价格的加权平均数，T 为各类商品和劳务的交易数量，则有：

$$MV = PT \text{ 或 } P = MV/T \text{ 和 } M = PT/V$$

其中，PT 被称为名义总支出或者名义总收入，V 也被称为货币周转率，即单位货币在一定时期被用来购买最终产品和劳务的平均次数。费雪认为，在货币经济条件下人们持有货币的目的是为了进行商品交换，因此，货币在一定时期内的支付总额（MV）与商品的交易总额（PT）一定相等。即货币数量乘以在给定年份中货币被使用的次数必定等于名义收入。

同时，费雪认为交易方程式中的 V 和 T 从长期看都不受 M 变动的影响。V 是由经济中影响个人交易方式的制度因素和技术决定的，而制度和技术只有在较长时间中才会对流通速度产生轻微影响，故在短期中货币流通速度相当稳定。T 取决于资本、劳动力及自然资源的供给状况和技术水平等非货币因素。所以根据交易方程式，M 增加所产生的影响就是引起 P 同比例上升。

费雪的交易方程式具有以下特点：（1）它是一种长期的宏观经济理论；（2）对货币数量的分析是一种流量分析；（3）在费雪的理论中，货币只起交换媒介的作用。同时，费雪交易方程式也存在着明显不足。首先，V 和 T 为常数的假定与现实相悖。根据实证材料，无论短期还是长期，V 和 T 都是变化的。其次，现金交易说的货币需求研究未涉及利率，事实上利率的变动对货币需求的影响极为重要。再次，现金交易只着眼于货币充当交

易媒介的职能。最后，现金交易说混淆了金属货币和纸币在物价决定中的不同作用。在金属货币流通条件下，由于金属货币的自发调节作用，向流通中注入货币并不会引起物价的上升。只有在纸币流通条件下，由于纸币不能退出流通，其数量的变化才会影响物价。

（二）现金余额数量说

现金余额数量说着眼于货币储藏手段，主要讨论在某一时点上，人们出于便利和安全的考虑而保留在手边的现金余额。现金余额说认为，物价变动的原因就在于人们所欲保留的现金数量的变化。当人们手边保留的现金余额增加时，整个社会的货币需求量就会增加，货币流通速度就会减慢，物价就会下跌，币值就会上升。当人们手边保留的现金余额减少时，货币流通速度就会加快，物价就会上涨，币值就会下跌。

现金余额说由剑桥学派创始人马歇尔提出，庇古加以发展并使之公式化，并于1917年，在英国《经济学家》季刊上发表了《货币的价值》一文，提出了著名的剑桥方程式

$$M = kPY$$

其中，M 为货币需求量，即现金余额，P 代表物价水平，Y 代表总收入，k 是以货币形式持有财富占名义总收入的比例。剑桥方程式隐含的假设是货币供给 M_s 与货币需求 M_d 随时趋向均衡，即 $M_s = M_d = M$；在充分就业的条件下 Y 是常数。因此，当货币供给相对需求增加时，唯一能使货币供求相等的途径，就是物价相应上涨，反之亦然，即 M 的增加将导致 P 同比例的上涨。这一结论显然与交易方程式一致。

现金交易数量说和现金余额数量说作为货币数量学说有许多相似之处。首先，两种学说具有相同的形式。当我们令交易方程式 M = PT/V 中的 1/V = k，则有 M = kPT，从而同剑桥方程式 M = kPY 具有相同的数学形式。其次，现金交易数量说和现金余额数量说具有一致的结论。二者均认为 P 和 M 之间存在着一种因果关系，货币数量是因，物价水平是果，物价水平随货币数量的变化成正比例变化。最后，两种学说都属于宏观经济理论。实际上，货币数量论在论述影响货币购买力的各种因素时，涉及了许多宏观经济问题，其理论意义实际上远远超出了价格水平的决定。正如英国经济学家哈里斯指出的那样：在凯恩斯的思想被接受之前，货币数量论是占统治地位的宏观经济理论。

（三）两个方程式的区别

比较费雪方程式和剑桥方程式，可以很容易地发现二者的区别主要体现在两点：一是以收入 Y 代替了交易量 T，二是以个人持有货币需求对收入的比率 k 代替了货币流通速度 V。这样的变化是自然的。因为以个人货币需求作为考虑的出发点，其影响因素当然是收入，而不是社会的交易量，相应地也就必然有一个新的系数 k 来代替 V。但如果将二者的区别仅仅限于这样的表面现象则是远远不够的。透过这个表象，我们可以看出两个方程式所强调的货币需求的决定因素是不同的。如前所述，费雪方程式是从宏观角度分析货币需求的，它表明要维持价格水平的稳定。在短期内将由制度因素决定的货币流通速度可视为常数的情况下，商品交易量是决定货币需求的主要因素。而剑桥方程式则是从微观角度分析货币需求的，出于种种经济考虑。人们对于持有货币有一个满足程度的问题：持有货币

要付出代价，如丧失利息，这个代价是对持有货币数量的制约。微观主体要在比较中决定货币需求的多少。显然，剑桥方程式中的货币需求决定因素多于费雪方程式，特别是利率的作用已经成为不容忽视的因素之一，只是在方程式中没有明确地表示出来。

由此可见，剑桥方程式开创了货币需求研究的新视角。它将货币需求与微观经济主体的持币动机联系起来，从货币对其持有者效用的角度研究货币需求，从而使货币需求理论产生了质的变化。因为如果仅对货币需求进行宏观分析，应纳入视野的就只是实现商品流通的需求，关注的只是充当交易媒介的货币。而当开始注重从微观角度考察货币需求后，则显然不只是用于交易的货币需求，还有用作保存财富的货币需求，这样，所需求的就不只是发挥交易媒介职能的货币，还包括发挥资产职能的货币。于是，货币需求的影响因素中，就纳入了更加丰富的变量，货币需求理论也被推进到了更广博、更精深的层次。后来的西方经济学家正是沿着这样的逻辑思路发展货币需求理论的。

同时，由于研究角度的不同，交易方程式与剑桥方程式也存在着明显的区别。第一，交易方程式重视货币的购买手段职能，仅仅视货币为交换媒介；而剑桥方程式则强调货币的资产功能，把货币看作价值储藏手段。第二，交易方程式把货币需求与支出流量联系在一起，重视货币支出的数量和速度，着重分析支出流；剑桥方程式则把货币需求当作货币形式保有资产来处理，把货币看成是资产存量的一种。第三，交易方程式强调客观因素，重视影响交易的金融制度，而忽视了人的主观作用；剑桥方程式则重视持有货币的成本与持有货币的满足程度的比较，强调人们的主观意识及其对经济形势的判断力。第四，交易方程式中的 $1/V$ 与剑桥方程式中的 k 虽然在数学形式上相似，但有着不同的含义。$1/V$ 决定于制度因素，而 k 的大小着重反映的是经济主体的资产选择行为，除了制度和技术条件外，它还取决于经济主体对目前消费和未来消费的偏好程度、人们对于投资报酬和价格变动的预期等等。即 k 相对 $1/V$ 而言，有更多的不确定性。

三、凯恩斯的货币需求理论及其发展

（一）凯恩斯的流动性偏好理论

20 世纪 30 年代以前，西方经济学界盛行的货币需求理论是传统的货币数量论，但 1929～1933 年的大萧条使这一理论遭受了沉重的打击。

作为马歇尔、庇古的学生，凯恩斯继承了两位老师关于权衡利弊而持有货币的观点，并把它发展成一种权衡性的货币需求理论即流动性偏好说。1936 年，凯恩斯出版了他的著作《就业、利息和货币通论》，系统地提出了他自己的货币需求理论，即流动性偏好理论。

凯恩斯对货币需求理论的突出贡献在于他对货币需求动机的剖析并在此基础上将利率引入了货币需求函数，从而论证了利率对货币需求的决定作用，揭示了利率在货币金融理论体系中的枢纽地位。

沿着剑桥学派的思路，凯恩斯的货币需求理论研究从人们持有货币的动机入手。所谓流动性偏好，认为人们之所以需要持有货币，是因为存在流动性偏好这种普遍的心理倾向，即人们宁愿持有流动性高但不能生利的现金和活期存款而不愿持有股票和债券等虽能生利但较难变现的资产。凯恩斯认为流动性偏好形成取决于三个方面的动机：交易动机、预防动机和投机动机。

1. 交易动机

凯恩斯认为，交易媒介是货币最基本的功能。因为人们为了应付日常的商品交易必然需要持有一定数量的货币，由此产生了持币的交易动机。基于交易动机而产生的货币需求，凯恩斯称为货币的交易需求。这种货币需求与过去的货币需求理论是一脉相承的。

2. 预防动机

凯恩斯对预防动机的解释是人们为了应付不时之需而持有货币的动机。凯恩斯认为，生活中经常会出现一些未曾预料的、不确定的支出或购物机会，人们无法准确预测自己在未来一段时期内所需要的货币数量，为此，人们需要持有一定量的货币在手中，具有预防意外事件的能力，这类需求可称为货币的预防需求。

凯恩斯进而谈到，预防动机引起的货币需求仍然主要作为交易的准备金，最终也要用于交易，所以，就实质来说，预防动机与交易动机可以归入同一交易性货币需求的范畴之内。由这两个动机所引起的货币需求与收入水平存在稳定的关系，是收入的递增函数，用公式表示即为：

$$L_1 = L_1(Y)$$

其中，L_1 代表满足交易动机和预防动机而需要的货币量，Y 代表收入，L_1 代表 Y 与 L_1 之间的函数关系。

3. 投机动机

投机动机是凯恩斯货币需求理论中最具创新的部分。凯恩斯认为，人们持有货币除了满足交易需求和应付意外支出外，还有一个重要动机，即是为了保存价值或财富。凯恩斯把用于保存财富的资产分为货币和债券两大类。人们持有货币资产，收益为零。持有债券资产，则有两种可能：如果利率上升，债券价格就要下跌；利率下降，债券价格就会上升。如果后一种情况发生，持有者会获得收益；而前一种情况发生时，假如债券价格下跌幅度很大，使人们在债券价格方面的损失超出了他们从债券获得的利息收入，则收入为负。如果持有债券的收益为负，此时持有货币就会优于持有债券，人们就会增大对货币的需求；相反人们就会减少货币需求。显然，人们对现存利率水平的估价就成为人们在货币和债券两种资产间进行选择的关键。如果人们确信现行利率水平高于正常值，一般会预期利率水平将下降，从而债券价格将会上升，人们就会多持有债券；反之，则会倾向于多持有货币。由此可以得出一个基本原理：投机性货币需求主要受利率影响，是利率的递减函数。用函数式可表示为：

$$L_2 = L_2(i)$$

其中，L_2 代表投机性货币需求量，i 代表利率，L_2 代表 i 与 L_2 之间的函数关系。

在货币需求的三个动机中，由交易动机和预防动机而产生的货币需求一般统称为交易型货币需求，用 L_1 表示，L_1 与收入水平有关，收入越多，L_1 越多，因此 L_1 是收入的递增函数，即 $L_1(Y)$，Y 表示收入。由投机动机而产生的货币需求称为投机性货币需求，用 L_2 表示，L_2 与利率有关，利率越低，L_2 越多，因此 L_2 是利率的递减函数，即 $L_2(i)$，i 是利率，用 M 表示货币总需求。

总的货币需求可以看作是以上三种动机所决定的需求的总和，因此，货币总需求函数可以表示为：

$$M = L_1 + L_2 = L_1(Y) + L_2(i)$$

这种关系可以用图示加以说明。在图 10 - 1 中，横坐标表示货币需求量（Q），纵坐标表示利率（i）。当收入水平一定时，由交易动机和预防动机引起的货币需求也是一定的。设收入水平为 Y，则 L_1 为平行于纵轴的一条直线；L_2 是一条向右下方倾斜的曲线，两条曲线值加在一起便构成了总的货币需求曲线。

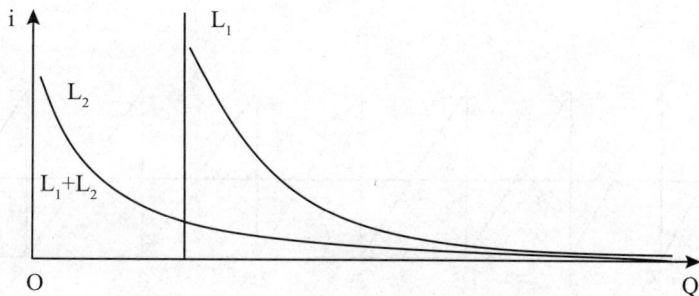

图 10 - 1   凯恩斯的货币需求曲线

人们之所以需要货币，是因为人们偏好货币的流动性，但获得这种便利的机会成本是放弃相应的利息收入。当利率降至足够低的水平时，由于利息收入太低，保留货币的机会成本太小，使公众愿意持有现金，而不愿持有证券，从而使货币需求变得无限大，无论增加多少货币，都会被人们持有，这就是"流动性陷阱"。这时增加的货币供给会被货币需求的无限膨胀所吸收，货币当局无法控制利率，货币政策也会失效。但这只是理论上的分析，在现实生活中还没有出现过。在现实生活中出现过的是以下两种情形：一是在通货膨胀下，相对于保持实物资产而言，人们保持货币的机会成本太大，因此人们的货币需求趋于零；二是在严重经济危机时期，由于支付手段的严重缺乏，人们的流动性偏好达到高峰，货币需求也趋于无限大。这些是由特殊原因造成的极端情形。

（二）凯恩斯货币理论的发展

从 20 世纪 50 年代开始，一些经济学家对不同动机引起的货币需求变动又做了进一步的研究，他们发现交易性货币需求同样也是利率的函数。

鲍莫尔和托宾深入论证了由交易动机产生的货币需求与利率的关系，并得出结论：用于交易的货币需求不仅是收入水平的递增函数，也是利率的递减函数。如下例：

格兰特将每个月月初收到的 1000 美元花费到按一固定比率发生的交易上。

月初有 1000 美元，月末为零（全部花光），其月平均货币持有额为 500 美元，见图 10 - 2。

显然，如果格兰特将一部分现金转化为债券，他将获得更大的收益，见图 10 - 3。

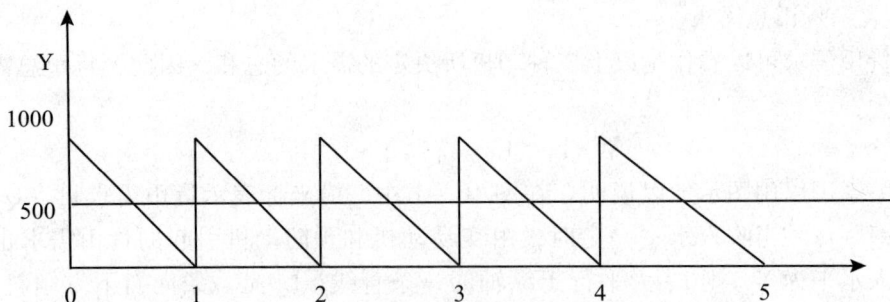

图 10 - 2　交易性货币需求曲线

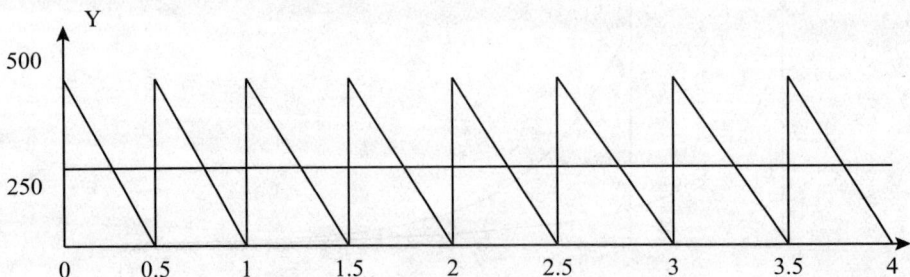

图 10 - 3　交易性货币需求曲线

　　格兰特在月初持 500 美元现金和 500 美元国库券。月中时他的现金余额为零，将债券变现为现金，从而完成本月的交易。结果是格兰特可以获得 500 美元债券半个月的利息，同时，月均平均现金余额也下降到 250 美元。从类似的推导中我们不难归纳出，平均现金余额越少，他所获得的利息收入越多。同时，将债券转换成现金要支付一定的佣金、花费一定的时间，即需要支付一定的交易成本。

　　于是，格兰特就要在利息收益和交易成本两者之间权衡得失而做出决策，一般地说，利率越高，利息超过手续费的机会就越多，将更多地把货币变为生息资产就更有利。同时，现金平均余额也就越低。也就是，利率越高，交易型的货币需求就越低。可见，交易性货币需求同样也是利率的递减函数。

四、现代货币数量理论

　　弗里德曼是货币主义的代表。1956 年，弗里德曼发表题为《货币数量说的重新表述》一文，认为货币只是"一种资产，一种持有财富的方式"，"如同债券、股票、房屋和耐用消费品等等一样"。而对货币资产的需求显然取决于货币资产相对于其他资产的预期回报率。

　　基于此，他认为决定人们对货币需求的因素有以下几种：

一是财富总额。它是包括货币在内的各种资产的集合体。由于在实际生活中，财富很难加以估计，所以必须用收入来代表。而现期收入又常受各种因素的影响而发生变动，所以，他又提出恒久性收入的概念作为财富的代表。所谓恒久性收入是指消费者在较长一段时期内所能获得的平均收入。在实际计算中，可以用现在及过去年份实际收入的加权平均数来加以估算。

二是财富在人力与非人力形式上的划分。所谓人力财富主要是指个人的谋生能力。由于人力财富向非人力财富转化往往因社会制度的转化而局限在很小的范围内，所以人力财富的流动性较低，而不像债券、股票那样随时可以出售。因此，人力财富在财富总额中占较大比例的所有者将试图通过持有较多的货币来增加资产的流动性。弗里德曼认为，非人力财富占总财富的比率是影响货币需求的重要因素。

三是持有货币的预期回报率。持有货币的预期收益包括两个部分：首先是银行为支票存款支付的少量利息；其次是银行为支票存款提供的各种服务，如自动为存款人支付水、电费等。

四是其他资产的预期回报率，即持有货币的机会成本。它们也包括两部分：首先是任何当期支付的所得或所支，如债券的利息，股票的股息，以及实物资产的保管费用。其次是这些资产项目价格的变动，例如债券和股票的资本利得，实物资产在通货膨胀时期的价格上涨。

五是其他因素，如财富所有者的特殊偏好等，它们在短期内可以被视为不变的。

通过以上的分析，弗里德曼得出下面的货币需求函数：

$$\frac{M_d}{p} = f\left(Y_p, \ w, \ r_m, \ r_b, \ r_e, \ \frac{1}{p} \cdot \frac{dp}{dt}, \ \mu \right)$$

其中，$\frac{M_d}{p}$ 为实际货币需求；Y_p 为恒久性收入；w 为非人力财富占个人财富总额的比率；r_m 为货币的预期收益率；r_b 是固定收益证券预期收益率；r_e 是非固定收益的证券预期收益率；$\frac{1}{p} \cdot \frac{dp}{dt}$ 为预期物价变动率；μ 是反映主观偏好、风尚及客观技术与制度因素的综合变数。

上式表明，货币需求是恒久性收入、非人力财富与个人财富总额的比例、货币与其他资产预期收益率及其他决定货币需求的综合因素的函数。这些因素可以分成两类：一是代表财富的变量，如 Y_p、w；二是货币及其替代形式的收益率，如 r_m、r_b、r_e、$\frac{1}{p} \cdot \frac{dp}{dt}$ 等。

弗里德曼的货币需求分析虽然受到了凯恩斯和更早时期的剑桥学派经济学家的影响，但是在内容和形式上都有所发展。

（1）凯恩斯认为货币需求仅仅是利率与收入的函数，而且把货币之外的资产都归并为债券，认为这些资产的预期收益率经常是一起变动的，债券的预期收益率是这些资产收益率的代表，因而在货币需求函数中没有列示其他资产预期收益率。而弗里德曼则认为货币需求不仅是利率的函数，而且是所有资产预期收益率的函数。不仅金融资产，而且实物资产也会对各种预期收益率的变动作出反应。当预期收益率发生变化时，不仅影响人们持有货币与其他金融资产的比例，而且影响人们持有实物资产的比例。

（2）弗里德曼确定了预期因素在货币需求理论中的地位。弗里德曼认为预期是可以实现的，根据瓦尔拉斯的一般均衡理论，市场利率可以通过一定的方法进行预测，预期价格变动和其他资产的预期收益率也都可以通过统计方法得到。这为以后的理性预期学派的发展开辟了道路。

（3）弗里德曼认为货币需求具有相对稳定性，即认为货币需求的随机波动很小，因而可以通过货币需求函数对其进行准确预测。弗里德曼引入恒久性收入的概念，认为恒久性收入是个人预期未来收入的加权平均值，而短期内的许多收入变动只是暂时的，因而对恒久性收入影响不大。这样恒久性收入在短期内波动非常小，不随经济周期的波动而波动。恒久性收入作为总财富的代表，在长期内主要取决于人口、生产技术水平、资源利用状况等实际生产因素，其变动是相对稳定的。

对弗里德曼的货币需求函数进行变形，用 k 表示除恒久性收入外的所有因素，则有：

$$\frac{M_d}{p} = f(Y_p, \ k)$$

又由于 k 的主要内容是预期收益率，可以用 r 替换，则又有：

$$\frac{M_d}{p} = f(Y_p, \ r)$$

从上式中可看出，实际货币需求是恒久性收入与利率的函数。弗里德曼根据统计方法测定利率对实际货币需求的影响很小，因此，恒久性收入是影响货币需求的主要因素。恒久性收入是相对稳定的，从而实际货币需求也具有相对稳定的性质，不会产生较大的波动。

弗里德曼强调货币需求的稳定性，为制定稳定货币供给增长率的货币政策提供了理论。由于名义收入和物价水平的变化取决于货币需求与货币供给的比较，而货币需求又具有较大的稳定性，货币供给就成为影响名义收入和物价水平变化的主要原因。因此，保持稳定的货币供给增长率可促使经济长期稳定地向前发展。

（4）弗里德曼的现代货币数量论与传统的货币数量论之间也存在着实质性的联系。按照弗里德曼的观点，货币需求即为现金余额，是人们以货币形式保持的财富的数量。上式左右两边同除以 Y，则有

$$\frac{M_d}{PY} = \frac{f(Y_p, \ r)}{Y}$$

由于 P 表示价格水平，Y 代表财富总量，则 PY 代表名义财富总量，$M_d/(PY)$ 是人们用货币形式持有的财富占总财富的比例，它是货币流通速度的倒数。则货币流通速度 V 为：

$$V = \frac{Y}{f(Y_p, \ r)}$$

综上可以得到：

$$M_d = \frac{1}{V} \cdot PY = \frac{P \cdot Y}{V}$$

可见，弗里德曼的货币需求理论是对古典货币数量论的另一种表述，但是两种理论在对货币需求的界定、对货币流通速度的认识等方面仍存在重大差别。

五、货币需求理论的未来发展

随着利率市场化的推进和金融市场的不断完善，货币短期需求函数的不稳定性可能会继续存在。因此我们认为根据短期货币需求模型无法准确预测短期货币增长率，如果仅仅使用 M_1、M_2 作为调节货币政策的中介指标，已经不能适应现代经济快速增长的需要。故应该适时调整货币政策的中介指标，提高货币政策效果，促进中国经济的健康发展。此外，随着利率市场化的不断推进和金融市场的不断完善，金融产品的种类和数量将逐渐增多，这很可能会使长期货币需求函数的稳定性也受到影响，那么货币政策调控的不确定性会更加严重。更有甚者，随着互联网金融的发展，未来货币供给的定义和概念等都可能发生改变，这就更需要我们密切关注货币需求函数的动态变化，以便能不断适时地调整战略和采取有效的政策手段，适应经济发展的需要。

但由于到目前为止，货币需求函数的定义尚未改变，故我们继续沿用了经典的半对数模型（Cagan，1956）来进行分析。但我们已经注意到，由于我们并未考虑国内外非货币资产（股票、房产、外国债券等）的收益或价格的波动以及预期汇率的波动对货币市场的影响，故我们得到的结论只能描述当前时期的货币需求函数的情况。但我们将在以后的研究中，进一步探讨和考虑金融市场的不断变化对货币需求函数的动态影响，以及这种影响的机理和途径，这既是我们工作的后续，也是一个非常值得关注的、与时俱进的问题。

资料链接 10 - 2

货币需求函数的稳定性

货币需求函数在长期中具有稳定性，数量型货币政策目标仍具有参考性。货币需求函数的稳定性是采用数量型货币政策中介目标的理论基础，也是数量型货币政策工具运用的重要依据。因此，新常态下，数量型工具依然是货币政策运用的必备选项。

货币需求函数在短期内不具有稳定性，需要多种货币政策工具组合应对。货币需求函数在短期内的不稳定与金融创新资本流动、政策协调等多种因素相关，这些因素导致货币需求波动加大，且冲击难以预测。因此，在新常态下，仅数量型工具不足以应对货币波动与市场冲击，需要与价格型工具综合运用。同时应注意的是，货币需求函数的不稳定性具有向长期传染的趋势，长期来看，应逐步建立以价格型工具为主导的货币政策操作体系。

货币需求函数的利率系数较小，利率传导机制不畅。中国货币需求的利率半弹性系数仅为 -0.023，显著小于 -0.5 的经验值。利率半弹性系数偏小与经济结构失衡、市场主体预算软约束等因素相关。因此，虽然是长期发展趋势，但当前价格型货币政策工具具有一定的局限性，需要逐步改进与完善。

资料来源：马文鹏. 中国货币需求函数的估计与分析 [J]. 金融经济，2016（22）：138 - 139.

本章小结

1. 货币需求既是一种货币需求愿望，也是一种货币需求能力。收入水平、信用的发达程度、市场利率、货币流通速度和人们的预期和心理偏好等都将影响到人们的货币需求。

2. 货币需求可以从两个角度来考察：一是从微观经济主体即个人、家庭或企业的角度，认为货币需求实际上是一种资产选择；二是从宏观经济主体运行的角度，考察整个社会需要多少货币来满足经济活动的需要。

3. 货币需求的决定因素主要受收入状况、信用发达程度、经济体制、市场利率和人们的预期和偏好的影响。

4. 货币需求的测量常用的方法是构造货币需求函数，该函数通常是一种多元函数。

5. 传统货币数量认为货币不影响实际产出，物价水平的变动是由货币数量的多少决定的。其中有又以现金交易数量说和现金余额数量说最为著名。现金交易数量说的代表是美国耶鲁大学的教授欧文·费雪，他提出了现金交易方程式：$MV = PT$ 或 $P = MV/T$ 和 $M = PT/V$。现金余额的代表是剑桥大学的马歇尔、庇古等。他们提出了著名的剑桥方程式：$M = kPY$。

6. 凯恩斯论述了人们持有货币的三种动机（交易动机、预防动机和投机动机），首次将利率引入货币需求函数，他认为货币需求不仅受产出水平的影响，同时还收到利率的影响。其货币需求函数为 $M = M_1(Y) + L_2(r)$。

7. 后人对凯恩斯理论进行了进一步的研究，发现交易性货币需求同样也是利率的函数。

8. 弗里德曼提出了现代货币数量论，认为货币需求受恒久性收入、各种财富的预期收益率等多种因素的影响，利率只是其中一种。其货币需求函数为 $M_{d/P} = f(Y_P, r_b, r_e, r_m, 1/P \cdot dp/dt, W, \mu)$。

重 要 概 念

货币需求　费雪方程式　剑桥方程式　流动性偏好　交易动机　预防动机　投机动机　流动性陷阱　恒久性收入

思 考 题

1. 什么是货币需求和货币需求理论？
2. 影响货币需求的因素有哪些？
3. 现金交易方程式与现金余额方程式有哪些异同？
4. 简述凯恩斯货币需求理论的主要内容及其发展。
5. 根据凯恩斯的投机性货币需求理论，试分析如果人们突然认为利率的正常水平已下降，则货币需求会发生什么变化，为什么？

6. 何为流动性陷阱，你能在现实经济生活中找出流动性陷阱的例子吗？

7. 凯恩斯理论与弗里德曼的现代货币数量论都有哪些相同点和不同点？并分析其理论的政策含义。

8. 简述货币需求理论的发展脉络。

第十一章

货币均衡与非均衡

再生产扩张的起点是企业对实际生产资料和劳动力的购买。如果企业不握有足够的货币，或者不存在订货刺激亦即需求的牵引，即使客观上存在可以利用的资源，再生产规模的扩张也无从实现。

——卡尔·马克思（Karl Marx）

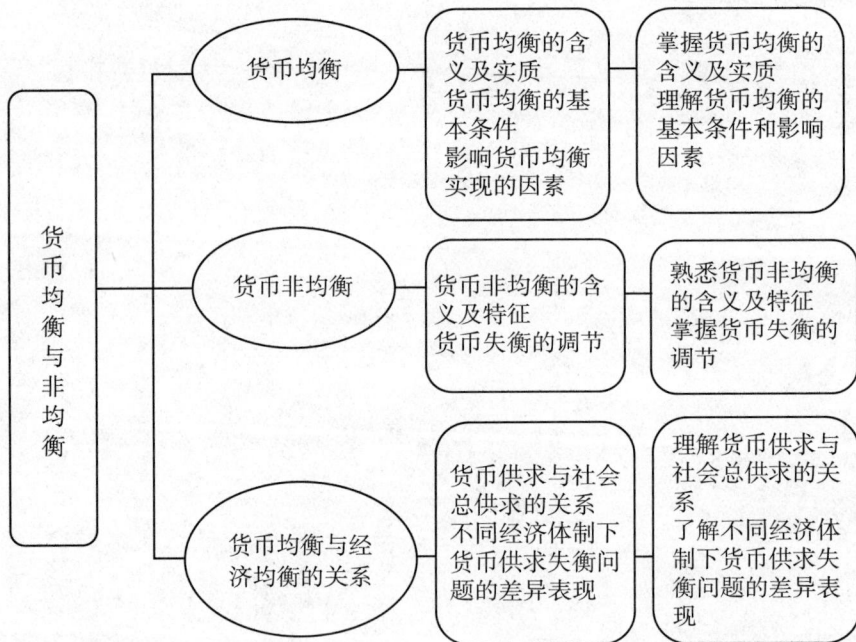

货币均衡与非均衡

- 货币均衡
  - 货币均衡的含义及实质
  - 货币均衡的基本条件
  - 影响货币均衡实现的因素

  掌握货币均衡的含义及实质
  理解货币均衡的基本条件和影响因素

- 货币非均衡
  - 货币非均衡的含义及特征
  - 货币失衡的调节

  熟悉货币非均衡的含义及特征
  掌握货币失衡的调节

- 货币均衡与经济均衡的关系
  - 货币供求与社会总供求的关系
  - 不同经济体制下货币供求失衡问题的差异表现

  理解货币供求与社会总供求的关系
  了解不同经济体制下货币供求失衡问题的差异表现

第一节 货币均衡

一、货币均衡的含义及实质

货币均衡是用来说明货币供给与货币需求的关系，货币的需求与供给既相互对立，又相互依存，货币的均衡状况是这两者对立统一的结果。货币均衡即货币供求均衡，是指一定时期经济运行中的货币需求与货币供给在动态上保持一致的状态。货币均衡是用来说明货币供给与货币需求的关系，货币供给符合经济生活对货币的需求则达到均衡。

若以 M_d 表示货币需求量，M_s 表示货币供给量，货币均衡则可表示为：

$$M_d = M_s$$

进一步对货币均衡有如下三种解释。

第一，货币均衡是货币供求作用的一种状态，是货币供给与货币需求的大体一致，而非货币供给与货币需求在价值上的完全相等。

第二，货币均衡是一个动态过程，在短期内货币供求可能不一致，但在长期内是大体一致的。

第三，货币均衡不是货币供给量和实际货币需求量一致，而是货币供给量与适度货币需要量基本一致。

货币均衡是具体的。从实质上看，它是社会总供给与总需求均衡的一种反映，并且它表现的货币供求平衡又反映着商品供求平衡，因此说货币均衡与商品供求平衡不外乎是一个问题的两个方面。社会总供给决定货币需求，货币需求决定货币供给，而货币供给则形成社会总需求。在一般条件下，货币均衡必然表现为商品和劳务供给与以货币购买力表示的商品与劳务需求之间的均衡关系；表现为待交易的商品和劳务能迅速转换为货币，流通中的货币也能迅速转换为商品与劳务的现象。换言之，市场上不存在由于购买力不足引起的商品积压和企业开工不足的现象，也不存在由于购买力过剩引起的商品与劳务供给不足和物价普遍上涨的现象。

在现代商品经济条件下，一切经济活动都必须借助于货币的运动，社会需求都表现为拥有货币支付能力的需求，即需求都必须通过货币来实现。货币把整个商品世界有机联系在一起，使它们相互依存、相互对应。整个社会再生产过程，就其表象而言，就是由各种性质不同的货币收支运动构成的不断流动的长河，货币的运动反映了整个商品世界的运动。因此，货币供求的均衡，也可以说是由这些货币收支运动与它们所反映的国民收入及社会产品运动之间的相互协调一致。

我们对货币均衡要有正确的认识。货币均衡是货币供求作用的一种状态，是货币供给与货币需求的大体一致，而非货币供给与货币需求在价值上的完全相等；货币均衡不是货币供给量和实际货币需求量一致，而是货币供给量与适度货币需求量基本一致。

货币均衡的标志体现在以下几个方面：（1）商品市场物价稳定；（2）商品供求均衡，社会上既没有商品供给过多引起的积压，也没有商品供给不足引起的短缺；（3）金融市场资金供求平衡，形成均衡利率。

首先，物价水平（总指数）能较好地反映货币供求关系的变动状况。在信用货币流通条件下，流通中货币数量与商品流通中货币的需要量不适应时，会引起币值的变化。而币值的变化，又会通过物价水平变动反映出来。货币供应量如果超过商品流通所需要的货币量，单位信用货币代表的价值量就会下降，表现为商品价格水平上涨；反之，货币供应量如果低于商品流通的需要量，单位信用货币代表的价值量提高，表现为商品价格水平下跌；当货币供应量与商品流通的需要量基本一致，单位信用货币代表的价值量稳定商品价格水平基本稳定，则说明货币供求均衡。运用物价总指数衡量货币供求是否均衡，既简便直观又具有科学性。

其次，社会总供求平衡是商品市场和货币市场的统一平衡。商品供求与货币供求之间的关系包括了四层含义：（1）商品的供给决定了一定时期的货币需求。有多少商品供给，必然就需要相应的货币量与之对应。（2）货币的需求决定了货币的供给。货币的供给必须以货币的需求为基础，中央银行控制货币供给量要与货币需求相适应，以维持货币的均衡。（3）货币的供给形成对商品的需求。在货币周转速度不变的情况下一定时期的货币供给水平，实际上就决定了当期的社会需求水平。（4）商品的需求必须与商品的供应保持平衡，这是宏观经济平衡的出发点和复归点。

如图 11-1 所示，货币供求的均衡是整个宏观经济平衡的关键。如果货币供求不平衡，整个宏观经济的均衡就不可能实现。而要使货币供求保持均衡，就需要中央银行控制的货币供给与客观的货币需求保持一种相互适应的关系，以保证经济的发展有一个良好的货币金融环境，从而促进宏观经济均衡协调的发展。

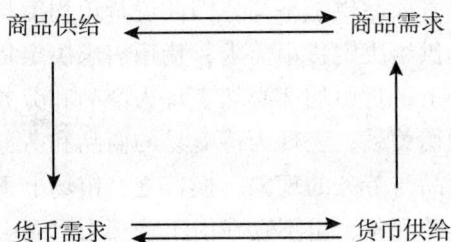

商品供给 ⟷ 商品需求

货币需求 ⟷ 货币供给

图 11-1　商品供求与货币供求之间的关系

最后，在市场经济条件下，利率不仅是货币供求是否均衡的重要信号，而且对货币供求具有明显的调节功能。因此，货币均衡便可以通过利率机制来实现。就货币供给而言，当市场利率提高时，一方面，社会公众因持币机会成本加大而减少现金提取，这样就使现金比率缩小，货币乘数加大，货币供给增加；另一方面，银行因贷款收益增加而减少超额准备金来扩大贷款规模，这样就使超额准备金率下降，货币乘数变大，货币供给增加。所以，利率与货币供给量之间存在着同方向变动关系。就货币需求来说，当市场利率升高时，人们的持币机会成本加大，必然导致人们对金融生息资产需求的增加和对货币需求减少，所以利率同货币需求之间存在反方向变动关系。当货币市场上出现均衡利率水平时，货币供给与货币需求相等，货币均衡状态便得以实现。当货币均衡利率变化时，货币供给与货币需求也会随之变化，最终在新的均衡货币量上实现新的货币均衡。

二、货币均衡的基本条件

货币均衡的标志体现在以下几个方面：商品市场物价稳定；商品供求平衡，社会上既没有商品供给过多引起的积压，也没有商品供给不足引起的短缺；金融市场资金供求平衡，形成均衡利率，社会有限资源得到合理配置，货币购买力既非过多，也非不足。

通过对货币供给和货币需求的理论分析可以看出，货币供求涉及社会各方面，不仅银行活动直接影响货币供求，而且政府部门、企业部门和家庭部门都对货币供求平衡发生不同的影响。

（1）银行是实现货币均衡的首要条件。众所周知，现代经济中货币的供应主要由中央银行控制。一国中央银行根据国家经济客观需要和经济运行特点适时供应货币；同时中央银行又是本国货币供给的总闸门，只有正确的货币供应政策和行之有效的调控手段，使整个银行体系有效运行，才能保证货币供应适度，这是货币均衡的首要条件。

（2）财政收支平衡是实现货币均衡的保障。一个国家的财政收支状况对货币均有重要影响，当一国财政出现较大的财政赤字，必然向中央银行借款和透支，从而引起货币供应量增加，这些超量的货币供应是没有商品供应相对应的，必然出现物价上涨局面。另一种弥补财政赤字的方式是政府大量发行国家债券，这些国家债券大量由中央银行、商业银行和其他金融机构购买，这也引起货币供应量的增加，造成货币供求的失衡。总之，财政收支平衡有了稳定的货币供求，才能有货币的均衡。

（3）合理的产业结构是货币均衡的根本条件。产业结构是否合理直接影响货币结构性均衡，如果产业结构不合理会导致部分产品供求失衡，或者出现一部分产品积压滞销，另一部分产品供不应求，价格上涨，这样都会造成经济失衡。因此，产业结构会影响商品的供求，进而影响到物价，通过物价又会作用于货币的均衡与否。保持产业结构平衡，是一个宏观经济问题，这就要求国家有效地调节和控制宏观经济，并能根据经济发展的状况，及时调整产业结构。

三、影响货币均衡实现的因素

（一）影响货币均衡实现的主要因素

货币均衡的实现除了受利率机制影响以外，还有赖于以下因素。

1. 中央银行的市场干预和有效调控

货币供求均衡的实现虽然可以通过利率机制来实现，但是一方面，由于货币需求的变化是众多经济主体行为的结果，货币供给具有一定的内生性，另一方面，利率的变化受制于诸多因素，加上利率机制发挥作用的条件约束等，使得利率对货币供求均衡的调节经常发生失灵或不到位。因此，中央银行的市场干预和宏观调控是不可或缺的，中央银行通过货币政策的操作，调控货币供给和利率，有助于实现货币均衡。

2. 财政收支的基本平衡

大量财政赤字的出现往往迫使政府向中央银行（间接地）借款，这会使中央银行为弥补财政赤字而增加货币投放，进而可能引发通货膨胀。

3. 经济结构的合理性

一国的经济结构如果不合理，就会出现某些部门和产品的供给不足与供给过剩并存，最终会引起货币供求失衡。

4. 国际收支的基本平衡

国际收支如果不平衡，均易引起汇率波动，使本币对外升值或贬值，直接影响国内市场价格的稳定，并影响中央银行的基础货币投放，也会使货币供求关系发生变化。

（二）中国的货币均衡

改革开放之后，我国货币供求均衡开始向中央银行调控下的机制转化。总体上看，调节货币均衡的机制和手段也在改进；直接的货币供给量调控占有相当重要的地位；随着利率市场化的推进，利率机制逐渐发挥作用；金融市场近年来发展得较快，已经具有相当的规模和活力。当然，与建立有效的货币均衡调节机制的内在要求相比，尚有一定差距。

资料链接 11 - 1

货币均衡理论发展和演变过程的简要回顾

货币均衡是一种受各种因素影响的相对发展的态势。表面上看，它是指货币供给等于货币需求，是相对应的两组货币量的均衡，实际上它是商品内在价值和使用价值矛盾在全社会范围内的引申和发展。由于商品和劳务的使用价值千差万别，其供给的易变性和互换性较货币差得多。商品一旦不能及时卖出，即使其自然形态存在，但其价值可能随着社会需求的变化、劳动生产率的变化而发生变化。因此，由商品使用价值和价值自身的特征和内在矛盾所决定的货币供给和需求之间的矛盾是绝对的，而均衡只是相对的，或说是一种态势。

货币均衡从实质上说是社会总体供需平衡。社会总供给与总需求要达到均衡，不仅要实现实物形态的均衡，而且要实现价值形态上的均衡，因此，货币均衡也是一种总量均衡，它表现为商品市场和货币市场均衡的统一。

货币均衡理论的发展实际上也是货币均衡分析方法的发展。利用这种方法，人们通过各种假设前提和经济指标描述一个均衡状态，然后用现实的经济状况和这种均衡状态相比较，据此获得预知经济未来发展方向的信息。这一方法的实质就是要描述收入水平围绕均衡状态不停地上下波动的情形，从而揭示一个"产业循环"的过程，这里我们称之为"流量分析法"。资本主义的经济关系说到底是一套货币价值体系，表现为总量比例关系，这套比例关系与一国特定的货币金融体系有关。分析这套比例关系或许只适合用动态的流量分析法而不是传统一般均衡的存量分析法。

资料来源：张颖熙，赵秀丽. 货币均衡理论的发展 [D]. 南开大学经济研究所（内蒙古财经大学学报），2017 - 04 - 15.

第二节 货币非均衡

一、货币非均衡的含义及特征

货币供给和货币需求之间，是一种互相制约、相互影响的关系，一方的变动会引起另一方的相应变动。当货币供给小于货币需求时，如果不增加货币供应，经济运行中的货币需求得不到满足，致使社会的总需求减少，生产下滑，总供给减少。由于商品供给的减少，致使货币需求量减少，最终使货币供求在一个较低的国民收入水平上得以均衡。如果中央银行采取放松即增加货币供应的政策，以满足经济运行对货币的需求，从而导致社会的投资需求和消费需求增加，促使生产持续发展，货币供求在一个较高的水平上会得以均衡。当货币的供给大于货币需求时，典型的情况是通货膨胀，在这种情况下，存在着两种可能：一是有生产潜力可挖，需求增加和物价上涨，可以刺激生产的发展，即在物价上涨的同时，产出增加，从而导致实际的货币需求增加，使货币供求恢复均衡。二是随着生产的发展，生产潜力在现有条件下已挖尽，这时，中央银行应采取收缩银根的政策，控制货币供应量的增长，从而致使货币供求趋于均衡。实现货币均衡是中央银行的理想目标，但是在经济运行中，货币供求失衡却是常见的。货币供求失衡有三种情况。

1. 货币供应量小于货币需求量

一般来说，货币供给小于货币需求的原因主要有两种：第一种是随着经济的增长，商品生产与流通规模扩大，货币需求量增加，但货币供应量却没有及时增加，从而导致流通中货币不足。这在金属货币流通条件下较为常见，因为货币供应量的增加，受黄金开采及产量的制约。而在纸币流通下，中央银行增加货币供应则不受币材数量的制约，因此这种原因在纸币制度流通下较为少见。第二种原因是中央银行错误地判断形势，采取了过于紧缩的货币政策，使货币供应量不能满足经济正常运转的需要。

在货币供给不足的状态下，客观货币需求得不到满足，整个经济处于萎缩或萧条状态，资源大量闲置，企业开工不足，失业增加。在这种情况下，中央银行应采取扩张性的货币政策，增加货币供应量，降低利率，来刺激投资增加，扩大总需求，从而促进生产的恢复发展，促使货币供求实现其均衡。

2. 货币供应量大于货币需求量

在纸币流通下，货币供给大于货币需求是一种常见的经济现象。造成这种失衡现象的原因也主要有两种：第一种原因是政府财政发生赤字而向中央银行透支，若在中央银行没有准备的情况下，无疑会使中央银行增发货币，从而导致货币供给量增加过度。第二种原因是政府推行高速经济增长政策需要货币政策支撑，在中央银行无足够的货币资本实力情况下，银行信贷规模的不适当扩张，造成货币供给大于货币需求的货币失衡。

当货币供应量过多，超过货币需要量时，整个经济处于过度膨胀状态，生产增长速度过快，各种投资急剧增加，市场商品物资供应不足，物价持续上涨。在这种情况下，中央银行应采取紧缩的货币政策，收缩银根，提高利率，减少货币供应量，抑制总需求的增加，从而使物价趋于稳定，货币供给与需求趋于均衡。

3. 货币供求的结构性失衡

这种失衡指货币供给量与货币需求量大体一致，但货币供给结构和货币需求结构不相适应。这种结构性货币失衡往往表现为短缺与过剩并存，一部分商品供过于求，另一部分商品供小于求。造成这种货币失衡的原因在于社会经济结构的不合理。这种货币失衡现象多发生在发展中国家。

在这种情况下，中央银行则采取有松有紧、松紧搭配的货币政策进行调节，通过调节货币供给的构成和流向，改变这种供求结构不相适应的状况，促使供求趋于协调，以促进整个经济的协调发展。

总之，货币供求之间是相互联系、相互影响的，货币供给的变动可在一定条件下改变货币需求；而货币需求的变动，也可以在一定程度上改变货币的供给。联系货币供给与货币需求的桥梁和纽带就是国民收入和物价水平。

二、货币失衡的调节

现实生活的经验告诉我们，货币失衡这一状态不会一直持续下去，这就意味着社会上存在着一个调节机制来调节货币失衡。

货币失衡的自动调节机制，就是经济内部的一些因素如利率等随着货币供给与需求的变动而变动，进而影响货币的供给与需求，并最终导致货币供求走向均衡。

如图 11-2，当利率为 12% 时，货币需求为 1200 亿元，货币供给为 1500 亿元，在当前的产量和利率水平不变的前提下，货币供给大于货币需求。这时，人们持有货币的动机将减弱，从而用货币去购买债券，进而导致债券需求大于债券供给。债券需求量的增加意味着货币市场贷款的供给量会大于货币的需求量，使利息率下降，利息率下降又会导致货币投机需求增加，从而导致货币需求接近货币供给。

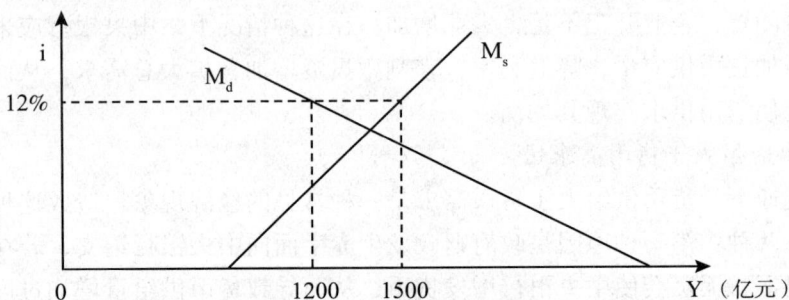

图 11-2　货币供求均衡

资料链接 11-2

全球失衡与货币体系失衡的联系

当前世界上的非均衡的国际货币体系是造成全球失衡的主要原因：（1）从储备货币持有国的角度，使用 58 个国家 24 年的面板数据实证分析发现，本国官方储备资产和私人长期投资持有的上升导致经常项目均衡的下降，而私人短期投机的上升影响经常项目均衡上升；（2）从储备货币提供国的角度，选取 7 种国际货币实证分析发现本国的外汇储备变动促进了经常项目顺差的上升，而国际的储备货币需求上升导致其经常项目均衡。

解决全球失衡问题必须改变当前非均衡的货币体系，实现国际货币的多元化。在非均衡的国际货币体系条件下，储备货币持有国只能被动接受国际化货币国家制定的货币政策，增加本国的储备需求，进而导致其经常项目逆差。因此，增加多元化的国际货币，提高储备货币持有国的本国货币在国际交流中的话语权，促使储备货币持有国的官方储备资产货币进行多种选择，可以有效增加其官方（外汇）储备资产和私人长期投资，进一步减少这些国家的经常项目顺差。另外，在一些发展中国家的经常项目失衡的治理中，需要注意私人投机需求的正效应，关注热钱的流动，在金融开放和金融改革中逐步放宽对于热钱的限制，但是要加大对这些热钱流动的监控。

另外，对于储备货币提供国或者地区，比如美元，当前以美元为主的货币体系是美国经常项目赤字的重要因素，国际上其他国家的储备货币需求增强使美国经常项目逆差增大，在一定程度阻碍了美国经济的继续发展。因此，通过国际层面的交流与合作，逐步扩大其他国家货币的需求程度，可以有效减少全球失衡的程度，提高治理全球失衡的有效性。

国际货币基金组织准许人民币在2016年10月1日加入SDR篮子货币不仅对推进人民币国际化具有十分重要的意义，对于我国当前降低经常项目顺差也有深远影响，为我国解决巨额贸易顺差和外汇储备提供了良好的契机；另外对于解决全球失衡也是一个重要的尝试，逐渐推动国际货币多元化和国际货币政策协调机制的民主化，建立一个能够合理调节国际收支平衡的、减少全球失衡的新型的货币体系。

资料来源：路世昌，张添娇，杨阳. 国际投资流动、储备资产和全球失衡——基于非均衡国际货币体系的视角 [J]. 现代财经（天津财经大学学报），2016，36（4）：25-34.

第三节　货币均衡与经济均衡的关系

一、货币供求与社会总供求的关系

在现代商品经济条件下，任何需求都表现为有货币支付能力的需求。任何需求的实现，都必须支付货币，如果没有货币的支付，没有实际的购买，社会基本的消费需求和投资需求就不能实现。因此，一定时期内，社会的货币收支流量就构成了当期的社会总需求。

社会总需求的变动，一般来说，首先是来源于货币供给量的变动，但是，货币供给量变动以后，能在多大程度上引起社会总需求的相应变动，则取决于货币持有者的资产偏好和行为，即货币持有者的资产选择行为。当货币供给量增加以后，人们所持有的货币量增加。如果由于种种原因，人们不是把这些增加的货币用于消费或投资，而是全部用于储藏，则对社会总需求不会产生影响，因为，这些增加的货币量并没有形成现实的追加购买支出，所以对商品市场和资本市场都没有直接的影响。如果货币供给量增加以后，人们不是将这些增加的货币用于储藏，而是用于增加对投资品的购买，从而增加了社会总需求中的投资支出，会直接影响到投资品市场的供求状况。

如前所述，在现代商品货币经济条件下，社会总需求表现为有现实的货币支付能力的购买需求，总供给是市场上以货币表示价格的一切商品的供给。社会的总需求和总供给之间要协调平衡，这是现代经济学的一般常识。通常，现实的总需求与现实的总供给之间的平衡，只反映了简单再生产的客观要求。而现代商品经济发展的一个内在的动因是现实的总需求略大于现实的总供应。问题是，在社会总供求关系中，货币扮演了什么样的角色？怎样通过对社会总需求的影响，从而改变社会总供给。

货币供应量变动通过对社会总需求产生影响，由两个途径传导到社会的总供给：一是货币供应量增加，社会总需求相应增加。这时，如果社会有闲置的生产要素，货币量的增加将促使生产要素结合，社会总供给增加，对货币的需求也相应增加，从而货币市场和商品市场恢复均衡。二是货币供应增加，社会总需求增加，但由于种种原因的存在，没有引起生产的发展，而是引起物价的上涨，从而引起总供给价格总额增加，而对货币的实际需求并没有增加，货币市场和商品市场只是由于物价的上涨处于一种强制的均衡状态。这两条途径中，显然前者是最佳的，是社会最愿意接受的，而后者则是不可取的，社会只能被迫接受。

既然前一条途径是最佳的、社会最愿意接受的，那么，怎样才能实现呢？其基本的前提条件就是社会潜在生产要素的开发和利用，这也是社会总供求平衡的重要条件。我们认为，现实的总需求大于现实的总供给，必须与一定时期内现实的潜在生产要素相适应。潜在生产要素指的是与现有生产力水平、生产结构和社会经济制度等因素相适应的、短期内可利用的能源、矿藏以及劳动力资源等。这些潜在的生产要素通过货币的作用，就能很快地转化为现实的生产要素，形成生产能力，生产出产品，即商品的短期供应弹性很大，但是那些由于与现有生产力水平、产业及技术结构以及社会经济制度等不相适应而闲置的生产要素，应被排除在潜在的生产要素之外。

货币供应量变动以后，通过对社会总需求的作用，怎样影响到总供给呢？如果接近现实地分析，货币供应量增加引起社会总需求增加，通过两条途径对总供给产生影响，可能有以下几种情况。

（1）直接引起商品供给增加。在货币量适度增加所引起的社会总需求增加与潜在生产要素完全相适应的情况下，社会总需求的增加就会导致社会生产的发展和市场商品供给量的增加，因而不会对物价水平产生大的影响。在生产力水平没有较大提高的条件下，生产的发展和实际产出的增加，会导致产品的边际成本上升，从而引起物价的上涨。但是，其上涨的幅度一般很小，属于正常的物价波动。在这种情况下，实际产出对货币的弹性很大，而价格对货币的弹性很小，这说明，货币量的增加所引起商品供给的增加，这样标志着市场货币量适度增加和社会经济效益趋好。

（2）过度需求会导致物价上升。在货币量增加引起社会总需求增加，从而超过了潜在生产要素量的情况下，一方面会促使生产的发展，实际产出增加；另一方面则会引起物价水平的上涨。因为，那些适量的货币已经将那些潜在生产要素动员了起来，转化为现实的生产要素，投入到现实的生产过程之中，促使生产规模扩大和实际产出增加，而多余的部分货币形成了过度需求。这部分过多的需求必然会冲击社会再生产过程，从而导致一般物价水平的上升。也就是说，在这种情况之下，实际产出和价格对货币的弹性都比较大。货币量的增加所引起的总有效需求量的增加，一方面在短期内能引起市场商品供给的增加，另一方面也会导致物价水平的迅速上涨。

（3）潜在生产要素利用不平衡，物价会上涨。在货币量增加所引起的社会总需求增加与潜在生产要素在量上是相适应的，而在比例和结构上不相适应的情况下，社会总需求增加以后，一方面，只能部分地把潜在生产要素动员起来，投入到现实的生产过程中去，扩大生产规模，增加实际产出；另一方面，有一部分潜在生产要素则不能被充分动员起来，以转化为现实的生产要素。这部分增加的总需求就会由于结构和比例的不合理，形成货币过多，从而引起物价的上涨。也就是说，由于货币量的增加所形成的社会总需求的比例与潜在生产要素的比例不相适应，潜在生产要素并没有得到很好利用，物价就开始上升，首先是紧缺商品或资源的价格上涨，然后，由于上述两个原因，而引起一般物价水平的上涨。

正如货币均衡部分中所讲，货币供求的均衡是整个宏观经济平衡的关键。现代信用经济就是货币经济，货币均衡与经济均衡密切相关。从形式上看，货币均衡不过是货币供求相互平衡的一种货币流通状态，但从实质上说，则是社会总供求平衡的一种反映。货币均衡反映的是货币供求关系，经济均衡反映社会总供求的关系，因此货币供求与社会总供求之间存在相互影响与制约的关系。

在现实经济生活中，货币均衡与经济均衡不是经济运行的常态，失衡主要表现为通货膨胀与通货紧缩。

二、不同经济体制下货币供求失衡问题的差异表现

概括起来，不同经济体制下货币供求失衡问题的差异性主要表现在以下三个方面。

（一）问题的主要矛盾不同

在集中计划经济体制下，货币失衡问题的主要矛盾往往是货币供给偏多，而且供给过多的失衡态势可以长期保持在较严重的水平上；而在市场经济体制下，货币失衡问题的主要矛盾或症结可能是供给过多，也可能是供给不足，两者总是经常交替出现的。

（二）表现形式不同

在集中计划经济体制下，一方面，由于对价格的计划管理，货币供给过多并不直接表现为价格上涨，而是表现为商品供给短缺、普遍的票证配给制、排队购买及国家牌价与黑市价之间悬殊的价差等；另一方面，由于利率由国家统一制定，而且缺乏一种对企业热衷于借入资金自动约束的有效机制，因此，无论货币如何扩张，相对于企业投资饥饿症而言也不会显得过多，从而也不直接表现为利率的下跌。而在市场经济体制下，若货币供求增速过快，则在商品市场上必然引起物价上涨，在货币资金市场上必然引起利率下跌。

（三）调控机制不同

在集中计划经济体制下，对货币供求失衡的调节主要依赖直接的计划手段和行政手段，同时辅以调整计划价格和利率等措施。而在市场经济体制下，价格、利率杠杆不仅是货币供求均衡与否的信号，而且在货币供求由失衡趋向均衡的调整过程中，还具有自动调节功能。其中，商品价格水平的变化会导致收益预期的变化，从而引起经营规模及货币资金需求的变化，最终调节货币供求。货币资金市场上的利率机制则更具有自动调节功能，高利率促使货币供给增加而抑制对货币的需求；低利率则促使货币需求增加而抑制对货币的供给（如本章第二节中所讲的货币均衡的调节）。

资料链接 11 - 3

威克塞尔的"理论拼盘"及其影响

重返货币经济学的"威克塞尔传统"固然重要，但是，就货币金融理论的"宏微观整合"（由原来的两个理论变成一个理论）特别是金融分析制度范式的构建而言，威克塞尔构筑的理论基础尚属初步。他曾历史性地凸显了银行体系（以及货币利率）的位置，但因一时难以割舍"货币中性"传统，而未能使其成为弥合宏微观金融学"裂痕"的真正基础。可以说，他仅仅开辟了某一段道路或者提示了某种方向而已。由此前行，货币金融理论的范式重建注定一路荆棘。威克塞尔传统需要进一步面对的挑战是，基于"双利率"调节的货币均衡何以实现？是依靠市场机制还是借助非市场力量（如政府因素）？如果需要两种力量的组合，那么，在不同的经济金融制度背景下，货币均衡的实现逻辑及其效果又将如何？

毋庸讳言，面对上述问题，仅基于威克塞尔传统显然不足以给出合理答案。饶有意味的是，一方面，威克塞尔主张"政府应该推行周期中性政策，保持货币利率和自然利率的均衡"，这其实是委婉地提醒政府应当"无为而治"；另一方面，威克塞尔又"赞成政府在许多情况下的干预"，比如"暗示边际成本而不是全部成本决定公益设施和公共运输的价格"，这种思想倾向于"支持对某些行业可以进行有选择的国有化"。不难看出，威克塞尔似乎深陷一种"理论困境"而难以自拔。有意无意的，他的思绪总是在政府与市场之间来回摆动，他的追随者中既有自由市场理念的超级信奉者（如哈耶克），又有政府干预政策的竭力推动者（如凯恩斯）。在 20 世纪 30 年代有关货币与经济波动问题的大论战中，哈耶克与凯恩斯几乎对每一个问题的看法都针锋相对，这让不少人大为不解，因为，二人都奉威克塞尔理论为圭臬（niè）。殊不知，问题竟然出在威克塞尔理论本身；面对威克塞尔不经意间调制的"理论拼盘"，他们只是"各取所需"而已。对此，希克斯曾经评论，"威克塞尔加凯恩斯说的是一回事，威克塞尔加哈耶克说的则完全是另一回事"。因此，我们不能过高估价重返威克塞尔传统的实际价值。

换一角度看，威克塞尔传统在自由市场与政府控制之间留下了一道巨大的缝隙。如果不特别留意，这道缝隙在威克塞尔本人的著作中几乎了无痕迹，但随后在其追随者的争执和论战过程中则迅速凸显和扩大，乃至难以弥合，最后终成理论困境。

其实，在威克塞尔那里，政府与市场之间实际存在着的内在冲突以及它们之间可能达成的制度均衡并未进入他的理论视野。威克塞尔传统的"硬伤"肯定不在理论逻辑，而在历史逻辑。任何一个理论传统若要在理论史长河的大浪淘沙中"安身立命"，除了拥有缜密的理论逻辑，还需要宏大的分析背景、深邃的历史视角以及据此确立的合理历史逻辑。既有的经济学发展史一再表明，一个好的理论框架需要建立在理论逻辑与历史逻辑达成一致的分析范式之上。无独有偶，威克塞尔本人恰好在构建历史逻辑方面存在先天的知识缺陷，斯皮格尔认为，他"受过数学方面的彻底教育，但缺乏马克思那种对现实的敏感，也没有关于历史条件的内心深处的知识"。不过，这绝非是发生在威克塞尔身上的个别现象。从总体上看，缺乏与其精致的理论逻辑（静态的和短期的）相匹配的历史逻辑（动态的和长期的），当属整个主流经济学的致命缺陷。

毋庸讳言，威克塞尔一方面曾经成功弥合了货币理论和价值理论之间长期存在的裂痕，但另一方面却制造了更大的理论分裂，或者至少为经济理论史上更加难以跨越的"理论鸿沟"埋下了伏笔。这样的情形后来曾在矢志弥合货币理论宏微观鸿沟的帕廷金和米塞斯那里得到极富戏剧色彩和悲剧意义的重演。

长期横亘于政府与市场之间的理论鸿沟，一开始并不被人注意；随后，当市场的完全性和有效性受到现实经济运行的挑战，需要政府等外部因素进入时，更多的经济学家却选择了回避；再往后，如何重建政府与市场之间的逻辑联系进而增加主流经济学日渐衰弱的解释力，则让不少赖此维生的主流经济学家痛苦不堪和束手无策。现在看来，政府与市场之间的关系注定会成为颠覆主流经济学分析范式的"死穴"。

政府与市场之间的理论裂痕为何如此难以弥合？起初，主流经济学家们大都避谈政府与市场的关系，大多是出于捍卫市场机制完全性或纯洁性这一既定信念的考虑。经济理论史上曾经有一个不容挑战的基本共识，即经济资源配置是属于市场机制的"专利"，容不得其他因素"染指"。即便后来其他因素（如政府因素）有所作为，但毕竟是"庶出"，无法与"嫡出"的市场因素平起平坐，遑论二者之间的关系。毋庸讳言，这种"嫡庶戒律"长期禁锢和遮蔽了经济学家的思维和视界，使其无法直面政府因素。更为严重的是，在市场因素和政府因素被后来的制度变迁赋予两种不同经济体制（资本主义与社会主义）之间的对立性质之后，它们之间的理论鸿沟便被迅速放大，以至一度难以逾越。仅从这种意义上看，重建经济（金融）分析的制度范式需要进一步跨越资源配置机制（微观）和经济制度（宏观）选择的双重障碍，最终才能确立更为一般的制度均衡分析框架。

主流经济理论之所以长期"歧视"政府因素的资源配置功能，基本原因是市场制度本身尚未遭遇重大挫折。20世纪30年代的经济大危机虽然给市场经济理论造成不少麻烦和困扰，但从由此引发的有限理论冲突（特别是货币主义和凯恩斯主义的争执）看，市场因素的既有地位并未受到根本挑战。即便是1936年以来被誉为对当时的主流经济学框架动了"大手术"从而将政府因素视为资本主义经济制度"救命稻草"的"凯恩斯革命"，也没有将市场与政府摆到制度选择（或制度组合）的层面进行讨论。

也就是说，政府因素再重要，它体现的毕竟是临时的政策身份，而不是常规制度；市场因素再有问题，它依然是基本制度。前者是从，后者为主，这种"主从关系"不能颠倒。直到 20 世纪 70 年代末期中国政府主导型经济改革的成功推进，经济学家们才开始将市场与政府的关系问题提升到制度选择的高度来重新看待。21 世纪初期席卷全球的"次贷危机"则促使不少主流经济学家将市场因素（从更为严格的意义上讲应当为"私人因素"）与政府因素视作（市场经济体制）"平起平坐"的两种"内生"制度要素。

资料来源：张杰. 重新审视货币的性质、功能与均衡 [J]. 社会科学战线，2018 (8)：59–69.

本章小结

1. 货币均衡，是指货币供给与货币需求基本相适应的货币流通状态。货币均衡是一个动态的、大约的均衡。

2. 货币均衡与社会总供求平衡之间存在着密切的联系。简单来说，社会总供给决定货币需求，货币需求引致货币供给，货币供给又反过来影响社会总供给。

3. 在货币流通过程中，若 $M_d \neq M_s$，则为货币失衡。货币失衡的两种典型情况就是通货膨胀和通货紧缩。

4. 货币失衡可以通过经济体内部变量自动调节，也可以通过政府等部门人为地进行调解，具体可分为供给型调整、需求型调整、混合型调整。

5. 不同经济体制下货币供求失衡问题的差异性主要表现为问题的主要矛盾不同、表现形式不同、调控机制不同。

重要概念

货币均衡　社会总供给　社会总需求　货币失衡　经济失衡　市场自动调节机制

思　考　题

1. 货币失衡的类型及其原因。
2. 若出现货币失衡，应怎样进行调节？
3. 试述货币均衡的基本条件。
4. 试论述货币均衡与社会总供求均衡的关系。
5. 试述从货币失衡到货币均衡的调整对策。
6. 如何判断货币的均衡与失衡？
7. 在市场经济条件下，如何实现货币均衡？
8. 如何运用货币政策和财政政策，调节货币供求，实现总供求的均衡？

第十二章

通货膨胀与通货紧缩

切记，只是为保本，你的投资必须产出相等于通货膨胀的收益率。

——伯顿·马尔基尔（Burton Malkiel）

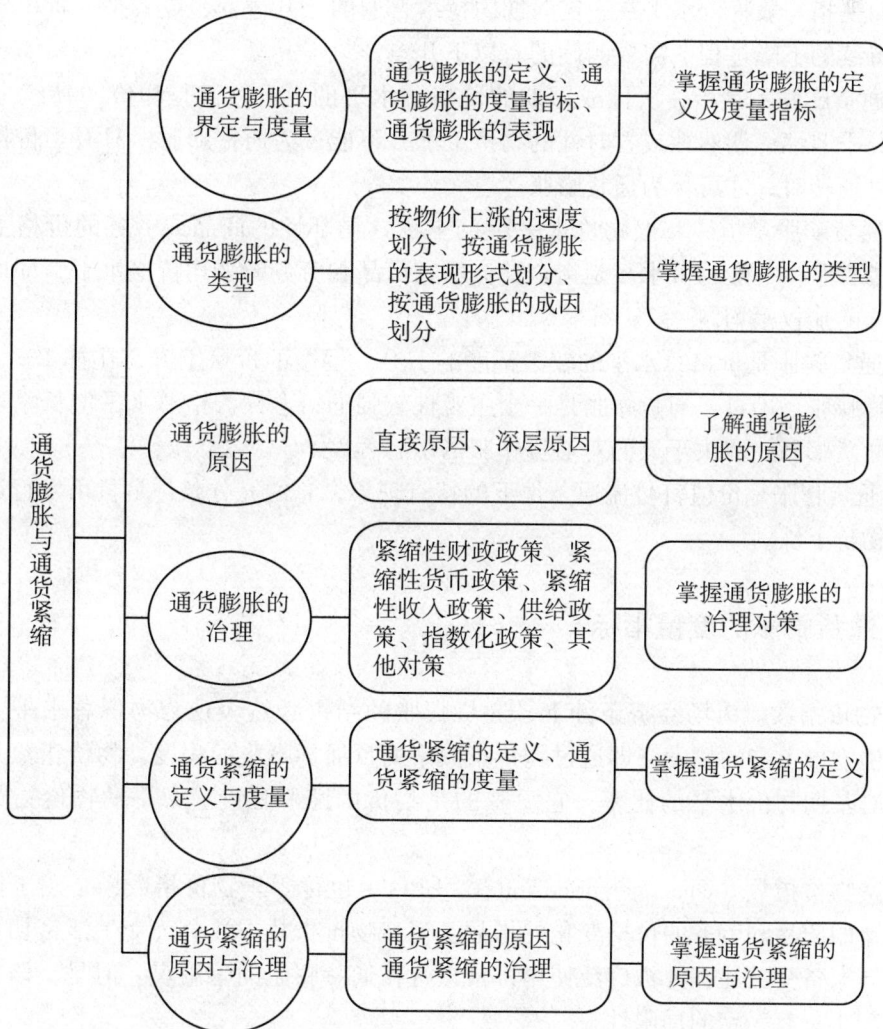

```
通货膨胀与通货紧缩
├─ 通货膨胀的界定与度量 ── 通货膨胀的定义、通货膨胀的度量指标、通货膨胀的表现 ── 掌握通货膨胀的定义及度量指标
├─ 通货膨胀的类型 ── 按物价上涨的速度划分、按通货膨胀的表现形式划分、按通货膨胀的成因划分 ── 掌握通货膨胀的类型
├─ 通货膨胀的原因 ── 直接原因、深层原因 ── 了解通货膨胀的原因
├─ 通货膨胀的治理 ── 紧缩性财政政策、紧缩性货币政策、紧缩性收入政策、供给政策、指数化政策、其他对策 ── 掌握通货膨胀的治理对策
├─ 通货紧缩的定义与度量 ── 通货紧缩的定义、通货紧缩的度量 ── 掌握通货紧缩的定义
└─ 通货紧缩的原因与治理 ── 通货紧缩的原因、通货紧缩的治理 ── 掌握通货紧缩的原因与治理
```

第一节 通货膨胀的界定与度量

一、通货膨胀的定义

经济学界对于通货膨胀的解释并不完全一致，相对比较广泛认可的概念是：在信用货币制度下，流通中的货币数量超过经济实际需要而引起的货币贬值和物价水平全面而持续的上涨。通俗地讲就是纸币的发行量超过流通中所需要的数量，从而引起纸币贬值，物价上涨。如果我们进一步归纳，仅从表现形式定义，所谓通货膨胀（inflation），是指一段时间内物价持续而普遍地上涨的现象。

通货膨胀定义所指的物价上涨不是一种或几种商品的物价上升，也不是物价水平一时的上升，而是指一般物价水平在一定时期内持续普遍的上升过程，或者是说货币价值在一定时期内持续的下降过程。需要明确的有以下几点。

（1）通货膨胀不是指一次性或短期的价格总水平的上升，而是物价"持续上涨"的一个过程。季节性、偶然性或暂时性的物价上涨并不能视为通货膨胀，只有当价格持续上涨成为不可逆转时，才可称为通货膨胀。

（2）通货膨胀是指"一般物价水平"的上涨，局部性的商品或劳务的价格上涨不能被视为通货膨胀。一般物价水平是指全社会所有商品和劳务的平均价格水平，即所有商品和劳务价格的加权平均。

（3）通货膨胀是价格总水平的较大幅度的上升。轻微的价格上升，比如1%，就很难称之为通货膨胀。不过，通货膨胀是一个主观性较强的概念，价格总水平增长率达到多少可以称为通货膨胀，取决于人们对通货膨胀的敏感程度。

（4）通货膨胀是价值符号流通条件下的特有现象，它的充分条件是货币发行过多，必要条件是物价上涨。

二、通货膨胀的度量指标

（1）物价指数。市场经济条件下，通货膨胀的结果必然表现为物价总水平上涨，因此，可以用物价上涨的幅度，即通过物价指数来衡量通货膨胀的程度。物价指数是指本期物价水平对基期物价水平的比率，它反映的是物价的涨跌程度。常用的物价指数有以下几种。

①消费物价指数（consumer price index，CPI），也称零售物价指数，是用于衡量个人和家庭消费的商品和劳务的价格变化的指数。消费物价指数与社会公众生活密切相关，因而在许多国家备受关注，并被广泛使用，常被称作通货膨胀的晴雨表。但是，该指数所包括的范围较小，有一定的局限性。

②批发物价指数（whole – sale price index，WPI），又称生产价格指数，是根据大宗商品，包括最终产品、中间产品及进出口商品的加权平均批发价格编制的物价指数。该指数对商业周期反应敏感，能灵敏反映生产资料价格变动和企业生产成本的变动，缺点是不反映劳务价格的变动，而且它只计算生产环节和批发环节上的价格变动，不包括商品最终销售的价格变动，所以其波动幅度常常小于零售商品价格的波动幅度。因而，在使用该指数判断总供给与总需求的对比关系时，可能会出现信号失真的现象。

③国民生产总值平减指数（GNP deflator），是一个涵盖面最广的价格指数，它反映一国所生产的全部最终产品包括消费品、资本品及劳务的价格变化情况，是按当年价格计算的国民生产总值与按基期价格计算的国民生产总值的比率。这一指数能够更加准确地反映一般物价水平走向，是对价格水平最宽口径的测量。假如，某国 2009 年的 GNP 按当年价格计算为 10000 亿美元，按 1980 年的价格计算为 4000 亿美元，1980 年基期指数为 100，则 2009 年的国民生产总值平减指数为（10000/4000）× 100 = 250，表示 2009 年比 1980 年物价上涨了 250%。平减指数涵盖范围广，缺点是资料的搜集比较困难，公布次数少，不能迅速地反映通货膨胀的程度和趋势。

（2）生活费用指数。生活费用指数是反映一定阶层的居民在吃、住、用、行等方面所购买的消费品和服务价格的变动趋势和程度的相对数。

（3）实际工资指数。实际工资指数是反映职工在不同时期，同样数量货币工资所换得的商品和服务数量变动情况的指数。职工实际工资率的变化，能较好反映职工实际生活水平的变化趋势，反映出通货膨胀的严重程度。

（4）利率。通货膨胀和实际利率之间有着紧密的联系，名义利率与实际利率之间的差额为通货膨胀率，即通货膨胀率 = 名义利率 – 实际利率。

（5）货币购买力指数。货币购买力是指单位货币购买消费品或换取劳动服务的能力，等于物价指数的倒数。货币购买力指数是反映货币购买力变动情况的相对数，是报告期货币购买力与基期货币购买力的比率。

案例 12 – 1

国民党统治时期的恶性通货膨胀

1935 年的法币（法定货币）改革为国民党政府推行通货膨胀政策铺平了道路。由于国民党政府过分依赖增发货币来为巨额的政府预算赤字融资，在从 1935 年法币开始走上中国历史舞台至 1949 年的短短十几年间，法币经历了一个持续而且不断加速的贬值，最后完全形同废纸，且看 100 元法币购买力。

1937 年，可买大牛两头；

1941 年，可买猪一头；

1945 年，可买鱼一条；

1946 年，可买鸡蛋一个；

1947 年，可买油条 1/5 根；

1948 年，可买大米两粒。

其贬值速度简直超乎人们的想象。如此严重的通货膨胀有着深刻的政治和经济背景。首先，连年的战争使得南京政府陷入了严重的财政危机。1945 年以后，国民党政府更是疯狂扩大财政支出以支持急剧增加的内战军费开支，而巨额的财政赤字在当时条件下只能用发行货币来弥补。其次，连年的战争使得本来就匮乏的物资供给更加不足，社会总需求超过了总供给，导致了物价的飞升。再次，国统区在内战的失败中不断缩小，致使法币以及后来的金圆券、银圆券的流通范围不断缩小，这又加快了货币流通速度，加重了日益恶化的通货膨胀。最后，法币从诞生之日起便不断贬值，使得老百姓有很高的通货膨胀预期，1945 年后，国民觉在国内战场上的节节败退更使老百姓丧失了对法币的信任。

1946 年春，由于物价上升加剧，时任行政院院长的宋子文决定采取抛售黄金的办法稳定物价和币值。这一措施曾在抗战时期使用过，并收到了一定效果。但是这一次却不灵了。手上掌握巨额游资的官僚资本家根本不相信物价能够稳定下来，因此他们趁机大做黄金投机生意，在市场上大量买进黄金。这种投机行为导致了黄金价格的急速上升。金价与物价相互刺激，进一步促进了物价的直线上升。当黄金的抛售满足不了投机者的需要时，出现了黄金抢购风潮。到 1947 年 2 月 10 日，中央银行不得不停止黄金的出售。供给的中断造成金价的暴涨，从而带动物价上涨，全国市场一片混乱，社会出现骚乱。南京政府于 2 月 16 日公布了《经济紧急措施方案》，黄金政策由自由买卖转变为绝对冻结。

抛售黄金的改革失败后，南京政府采取了"经济紧急措施"，加强金融管制。但由于军费开支居高不下，物价上涨的浪潮持续不断，法币的印刷成本已经超过其自身所代表的价值，失去了正常货币的一切职能，给人民群众带来的只是恐慌和不满。蒋介石采纳了财政部长王云五的金圆券改革方案，于 1948 年 8 月 19 日发布了《财政经济紧急处分令》，宣布以中央银行所存黄金和证券作保，发行金圆券来代替法币。以 300 万元法币折合金圆券 1 元，金圆券的含金量为纯金 0.22217 克，发行总额以 20 亿元为限，并限期兑换成金圆券，但南京政府既没有规定金圆券兑换金银的办法，也没有规定其兑换外汇的办法，因此金圆券的含金量实际上是一种虚值，没有任何意义。借助于政治高压的强制手段，金圆券得以推行。但财政赤字的进一步扩大使得金圆券的发行额很快突破了 20 亿元的上限，此时美国已经关上援助的大门，蒋介石集团只能把军事开支的来源都压在增发的货币上，国统区很快变成了金圆券的世界。从 1948 年 8 月到 1949 年 5 月，前后不到 9 个月时间，金圆券的发行额就增加了 30 多万倍，金圆券的购买力跌至原来的 500 多万分之一。金圆券改革不到 1 年便以失败告终。

1949 年 7 月 4 日，国民党政府又推出了银圆券的改革，在广州发行所谓可无限制兑现的"银圆券"，银圆券 1 元折合金圆券 5 亿元。但是中国的老百姓此时已经对国民党政府的任何改革都没有兴趣了。

资料来源：石柏林. 关于国民党政府建立初期经济政策评价的几个问题 [J]. 湘潭大学学报（哲学社会科学版），1985（3）：89－94.

三、通货膨胀的表现

（一）通货膨胀与名义利率

由于费雪效应的存在，我们可以预计，当通货膨胀率很高时，名义利率也应该是比较高的。当前许多国家的统计数字也说明了这一点。在现实中，人们之所以观察到高通货膨胀往往伴随着较高的名义利率，仅仅是因为在通货膨胀较高时，人们对未来通货膨胀的预期也较高的缘故。但是，高通货膨胀是否就必然伴随着较高的通货膨胀预期呢？不一定。这取决于通货膨胀是否具有一定的持续性。如果大量经验都告诉我们，通货膨胀具有高度的持续性，那么人们观察到今年的通货膨胀率很高时，就可以合理地预期明年的通货膨胀率也会比较高，从而也愿意接受一个较高的名义利率。这正是大多数国家今天所经历的现实。

当通货膨胀率很高时，实际利率将远远低于名义利率，由于人们往往关心的是实际利率，因此若名义利率不能随通货膨胀率进行相应调整，人们储蓄的积极性就会受到很大打击。比如在 1988 年，中国的通货膨胀率高达 18.5%，而当时银行存款的利率远远低于物价上涨率，所以在 1988 年的前三个季度，居民在银行的储蓄不仅没给存款者带来收入，就连本金实际购买力也在日益下降。老百姓的反应就是银行排队取款，然后抢购，以保护自己的财产，因此就发生了 1988 年夏天银行挤兑和抢购之风，银行存款急剧减少。

表 12-1 　　　　　中国的银行系统对三年定期存款的保值率　　　　单位：%

时间	年利率	通货膨胀补贴率	总名义利率
1988 年第四季度	9.71	7.28	16.99
1989 年第一季度	13.14	12.71	25.85
1989 年第二季度	13.14	12.59	25.73
1989 年第三季度	13.14	13.64	26.78
1989 年第四季度	13.14	8.36	21.50

资料来源：《中国金融年鉴》（1990）。

针对这一现象，中国的银行系统于 1988 年第四季度推出了保值存款，将名义利率大幅度提高，并对通货膨胀所带来损失进行补偿。表 12-1 给出了 1988 年第四季度到 1989 年第四季度中国的银行系统三年保值存款的年利率、保值贴补率和名义利率，其中总名义利率等于利率和通货膨胀补贴之和，保值贴补措施使得存款实际利率重新恢复到正数水平，以 1989 年第四季度到期 3 年定期存款为例，从 1989 年 9 月 10 日（开始实际保值贴补政策的时间）到存款人取款这段时间内的总名义利率为 21.5%，而这段时间内的通货膨胀，如果按照 1989 年的全国商品零售物价上涨率来计算的话，仅为 17.8%，因此实际利率为 3.7%。实际利率的上升使存款人的利益得到了保护，他们又开始把钱存入银行，使存款下滑的局面很快得到了扭转。

（二）通货膨胀与工资

许多人担心，通货膨胀会对他们的生活方式产生影响。他们认为，工资的上涨跟不上价格的上涨，因此难以补偿生活成本的提高，甚至他们的收入可能需要在几年之后，才能调整到新的价格水平上。经济学家已经分析了，价格和工资的滞后关系的确存在，但是他们也很难在二者之间建立计量关系，正如图 12-1 中显示的消费物价指数和每小时工资水平的变化趋势。

年度变动百分比（%）

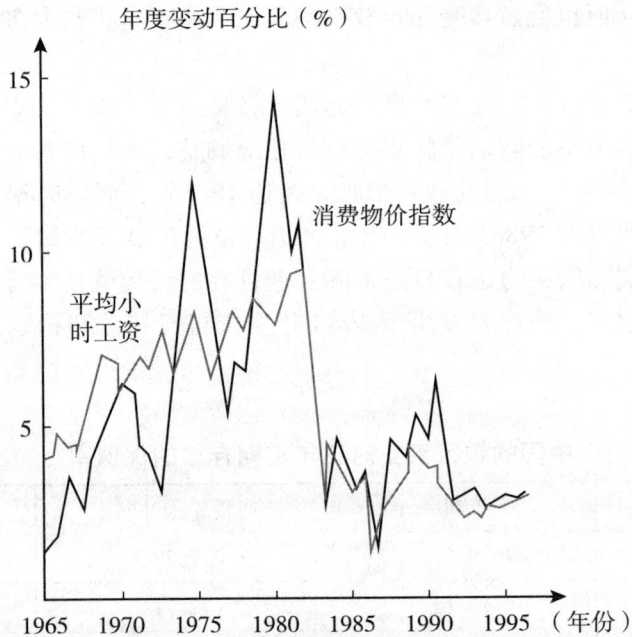

图 12 – 1　美国的消费物价指数和平均小时工资变化趋势

另一普遍赞同的观点是，工人可通过通货膨胀来辨别真实工资是否上升。例如，如果近 3 年平均工资每年上升 3%，货币工资上升了 6%。这也许是好的现象。但是，如果通货膨胀为 8%，这种工资上升实际为工资下降，因为工资的实际价值下降了。

然而，某些经济学家还认为，适度通货膨胀可抵消工人的实际工资的调整，这实际上有助于保持劳动力市场的活跃。而在零通货膨胀情况下，工人工资被迫下调，这是工人所不欢迎的，因为工人们认为这种下降是对他们工作能力的判断。同样在这种情形下，尽管工资下降，而价格水平并不会同步下降。受到打击的工人生产也将必然不积极，这还可能会导致产品价格上涨，失业率提高。

（三）通货膨胀与失业

菲利普斯曲线表明失业与通货膨胀存在一种交替关系的曲线，通货膨胀率高时，失业率低；通货膨胀率低时，失业率高。菲利普斯曲线是用来表示失业与工资变动之间交替关系的曲线，由新西兰经济学家威廉·菲利普斯于 1958 年在《1861～1957 年英国失业和货币工资变动率之间的关系》一文中最先提出。此后，经济学家对此进行了大量的理论解释，尤其是萨缪尔森和索洛将原来表示失业率与货币工资率之间交替关系的菲利普斯曲线发展成为用来表示失业率与通货膨胀率之间交替关系的曲线。

以前政策制定者认为，通货膨胀也许能够换取失业率的下降，即为了降低失业率，而接受更高的通货膨胀，反之亦然。图 12 – 2 显示的两条曲线，代表了两段不同期限内记录的通货膨胀和失业率。在 1949 年到 1952 年期间，在通货膨胀和失业率之间存在负相关关系，这正是菲利普斯曲线所能预测到的。然而，在 1993 年到 1999 年期间，这种关系则发生了根本的变化。如果说美国经济的通货膨胀和失业率曾经出现了相互替代的关系，但现在这种关系却不复存在了。

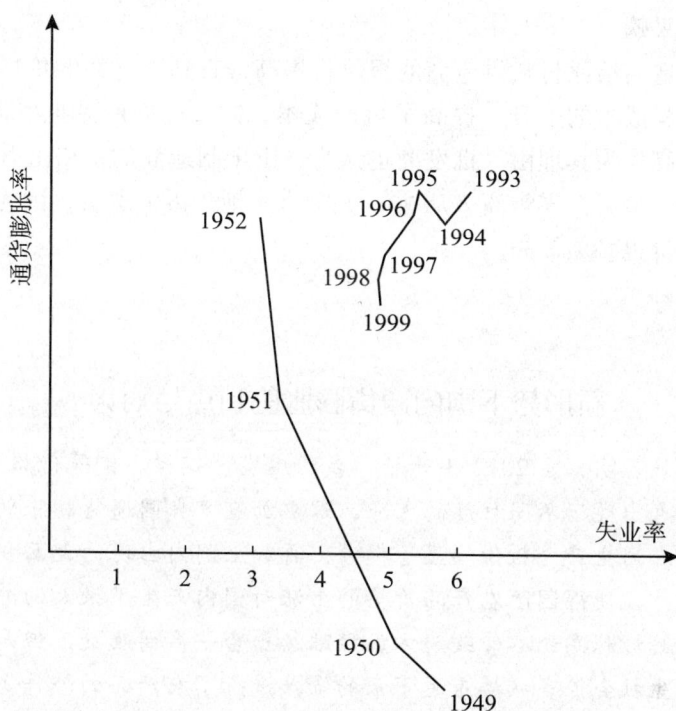

图 12 - 2　1949 ~ 1952 年和 1993 ~ 1999 年的通货膨胀和失业之间的关系

（四）通货膨胀与成本

如果成本推进的确是一个奥秘，那么在商人为了使他们的价格上升更为合理时，为什么消费者总是听到："因为我的成本上升了，所以我不得不提高价格"。这是否是商人的简单搪塞呢？不是，大部分商人（特别是那些经营规模较小的企业）认为，生产成本的提高推动了价格水平的上涨。他们很少认识到其中真正的根源——是货币量的增加导致了总需求的增加。总需求增加在向高价格水平的转变过程中，经常会由于库存的存在而被市场所忽略。因此，形成了"成本推进"这一假象。

任何店主的销售额都不会一成不变。某些时候的销售额会超过正常水平。而其他时候的销售额则低于正常水平。为了避免在销售额较高时期产品缺货，店主通常都会设有库存（或缓冲存货）。如果总需求提高，店主无法立即辨别这一现象，是否只是短期内销售额超过正常水平——他们不能立刻认识到，他们是否可提高价格，以仍然维持正常销售额。

结果，他们将不会立即提高价格，而是从库存中调取存货，以应付诸如此类的情形。如果销售额继续维持高于正常销售额的水平，店主就会从供应商提高采购水平，以维持预期的库存水平。给这些店主供货的企业，也将出现销售额高于正常水平的情形，他们的库存量也将迅速耗尽，这将促使他们提高从供应商的进货水平。

此过程在整个市场网络中持续下去，直到最后到达原材料市场（用于这些商品的要素投入市场）。在原材料市场中，以原来价格水平可获得的原材料数量，并不足以满足持续扩张的需求。由于总需求的增加（不仅是对一个或少量的制造商的需求），所有的制造商都希望增加原材料采购。

因此，所有制造商给原材料供应商的报价将提高，直到原材料的价格上升到足以使市场出清。由于原材料成本的上升，提高了生产成本，制造商向产品批发商的报价将更高，并把原材料成本提高作为其理由。批发商也认为，由于制造商的价格上升，他们不得不提高向零售商的报价。最后，零售商（店主）完全真实地告诉消费者，因为他们的进货成本提高了，他们的报价也必须提高。

资料链接 12 -1

新形势下国内通货膨胀的特点与对策

相关的统计结果表明，自2012年开始，我国煤炭、钢材、铜等价格显著的上升，水、电、天然气的价格也出现了不同程度的上涨，这更加剧了我国通货膨胀的程度。我国的种子、农药、化肥等农用生产资料价格显著提升，再加上国内出现的大面积干旱及洪涝灾害而导致的农作物减产，使得国际农产品价格的上涨对国内产生了很大的冲击；房地产行业中，当下国内房价越炒越高，尽管政府方已经陆续出台一系列政策，但是尚未起到立竿见影的效果，反而发生社会很多从楼市退下来的资产进行了农产品的炒作。流动性较为严重的形势下，资本保值增值投资会引发通货膨胀；材料动力价格上涨会引发物质材料的价格大幅提升，容易引发通货膨胀现象。

通货膨胀能反映价格水平，价格波动一方面受供需关系等实际要素的影响，另一方面还会受到货币供应等名义变量的影响。具体分析，国内当下通货膨胀的主要起因包括下述几点。

第一，全球经济危机的负面影响仍未散去。2008年至今，经济低迷问题仍较为突出，即使美国经济复苏、欧洲经济形势渐缓，但其整个失业率仍维持在较高水平，政府债务已经成为限制经济发展的主要因素，部分国家的经济量化宽松政策逐渐彰显出弊端，全球经济形势无法达到预期标准。这一特点对国内经济建设、通货膨胀水平产生了两方面影响：一是经济低迷引发世界范围内的大众商品多数处于震荡态势、价格回落态势，通货膨胀受到输入性因素的明显影响；二是外需不振，这一特点会对总需求产生影响，一定程度上降低了通货膨胀水平。第二，国内投资、消费需求降低，导致国内经济增长速度大幅下滑。这一现象一方面受国内刺激消费等相关政策影响，消费增幅未发生明显下降的情况下仍会拉动经济增长；另一方面受国内经济结构影响，国内投资增长速度便会受到负面影响。即国内经济增速缓慢、总需不振是通货膨胀的核心起因。第三，当下部分行业的产能过剩问题尚未得到良好解决。如水泥、煤炭等行业具有去产能化过程艰难的特点，上游过度供给、下游需求却未达到均衡需求，引发产品价格长期偏低。若借助价格水平来表达上述现象，为 PPI 持续同比负增长。第四，当下国内劳动力成本逐渐增加，已经逐渐通过了刘易斯拐点。近期国内经济规模持续扩张，同时受人口老龄化趋势逐渐加深影响，已逐渐通过刘易斯拐点，这一现象下最为直接的影响便归结为其劳动力成本大幅增加。这一理论的表现较为丰富，如部分城市最低工资线上涨、农民人均工资上涨及服务类行业的价格发生明显上涨，进而引发商品包含的 CPI 涨幅明显大于不包含服务的 PPI，最终导致上述两大因素呈现出明显的背离现象。第五，国内部分领域存在机制不完善、上下游价格传导不畅的现象。当下部分地区的产能过剩行业仍具有行政力量影响程度过深的状况，从维持税收、提高就业率的角度出发，即使部分商品售价大幅下降，但仍处于生产线上。进而引发市场调节机制逐渐失去原有效用，上游价格不能良好的传导至下游，这也是当下国内 CPI、PPI 背离主要起因。

资料来源：徐颋. 新形势下国内通货膨胀的特点与对策 ［J］. 商场现代化，2018 （14）：176 – 177.

第二节　通货膨胀的类型

一、按物价上涨的速度划分

（1）爬行的通货膨胀，这是一种使通货膨胀率基本保持在 1% ~ 3%，并且始终比较稳定的一种通货膨胀，物价指数以缓慢的趋势上升，而且不会导致预期的通货膨胀。

（2）温和的通货膨胀，指物价上涨率平均保持在 3% 以上，但尚未达到 10% 的通货膨胀。

（3）奔腾的或严重的通货膨胀，这是一种不稳定的、迅速恶化的、加速的通货膨胀，在这种通货膨胀发生时，通货膨胀率较高（一般达到两位数以上）。所以在这种通货膨胀发生时，人们对货币的信心产生动摇，经济社会产生动荡，所以这是一种较危险的通货膨胀。

（4）恶性的通货膨胀，也称为极度的通货膨胀，这种通货膨胀一旦发生，通货膨胀率非常高（一般达到三位数以上），而且完全失去控制。其结果是导致社会物价持续飞速上涨货币大幅贬值，人们对货币彻底失去信心，这时整个社会金融体系处于一片混乱之中。

二、按通货膨胀的表现形式划分

（1）公开型通货膨胀，又称开放性通货膨胀，是指在市场经济体制下，物价水平随货币数量增长而公开、持续上涨，因而物价上涨是公开型通货膨胀的基本标志。

（2）抑制型通货膨胀，又称隐蔽性通货膨胀，是指在计划经济体制下，由于物价受到管制不能随货币数量变动而自发波动，商品供给短缺不能由物价上涨来反映，表现为商品紧缺、排队购买、凭证供应、黑市猖獗，人们普遍持币待购而使货币流通速度减慢，人们实际消费水平下降等。

三、按通货膨胀的成因划分

（1）需求拉动型通货膨胀，是指因社会总需求过度增长，超过了社会总供给的增长幅度，导致商品和劳务供给不足、物价持续上涨现象，具有自发性、诱发性、支持性等特点。

（2）成本推进型通货膨胀，又称为供给型通货膨胀，是指在没有超额需求的情况下由于供给方面成本的提高所引起的一般价格水平持续和显著的上涨现象。

（3）结构型通货膨胀，是指物价上涨在总需求并不过多的情况下，而对某些部门的产品需求过多造成部分产品的价格上涨现象。

（4）输入型通货膨胀，是指由于国外商品或生产要素价格的上涨，引起国内物价的持续上涨现象。

通货膨胀具体的形成原因将在后文详细介绍。

案例 12 – 2

对美国通货膨胀上升的解释

最初几年，年通货膨胀率接近 1%，而 70 年代后期则平均达到 8% 左右。如何解释这种日趋严重的通货膨胀？

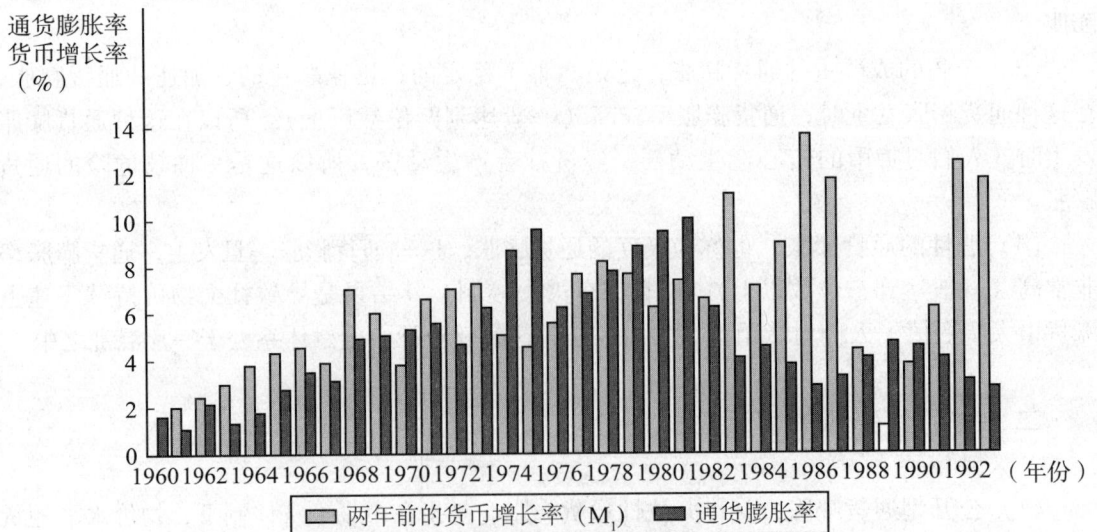

图 12 – 3　通货膨胀率与货币增长率的状况

1960～1980 年这一时期的资料说明，通货膨胀是一种货币现象。图 12－3 表明这期间通货膨胀率和两年前的货币增长率的变动之间具有密切的对应关系（之所以采用两年前的货币增长率，是因为研究表明，货币增长率的变动要在两年之后才能对通货膨胀率产生影响）。该期间通货膨胀率的上升可以归因于同期货币增长率的上升，但如图 12－3 所示，1974～1975 年和 1979～1980 年的通货膨胀率比各自两年前的货币增长率要高得多。这些年通货膨胀率在短期内的突然上升可以归因于在 1973～1975 年和 1978～1980 年间发生的石油和食品价格提高的供应冲击。

但是，1980 年之后货币增长与通货膨胀之间的关系并不十分明显。这是 80 年代货币流通速度的很大变化的结果。80 年代早期是通货紧缩（通货膨胀率大幅度下降）时期，然而货币增长率迄至通货紧缩时期结束之后才有明显的下降。尽管有些经济学家以 80 年代为证否定货币与通货膨胀之间的联系，但另一些经济学家则认为，80 年代是一个不寻常的时期，利率的大幅度波动及迅速的金融创新，使准确地计量货币增长率更为困难。在他们看来，80 年代只是失常时期，因而货币与通货膨胀的密切关联性肯定会重新出现。

引起 1960～1980 年货币增长率上升的根源是什么？我们已经找出膨胀性货币政策两种可能的根源：政府坚持高的就业目标以及预算赤字。图 12－4 中描绘了政府债务对国内生产总值的比率，从这点考察，是否预算赤字能解释政府转向采取膨胀性货币政策。上述比率可以合理地衡量政府预算赤字是否推动利率上扬。只有当这种比率正在上升时，预算赤字才会有提高利率的倾向，因为这种情况下社会公众必须超过自己的购买能力去持有更多的政府债券。令人惊讶的是，在 1960～1980 年的 20 年间，这种比率一直是下降，而不是上升。该时期美国预算赤字没有提高利率，所以也不可能促使联邦储备体系通过购买债券去扩大货币供应。因此，图 12－4 告诉我们，预算赤字不是这一时期中通货膨胀率上升的根源。

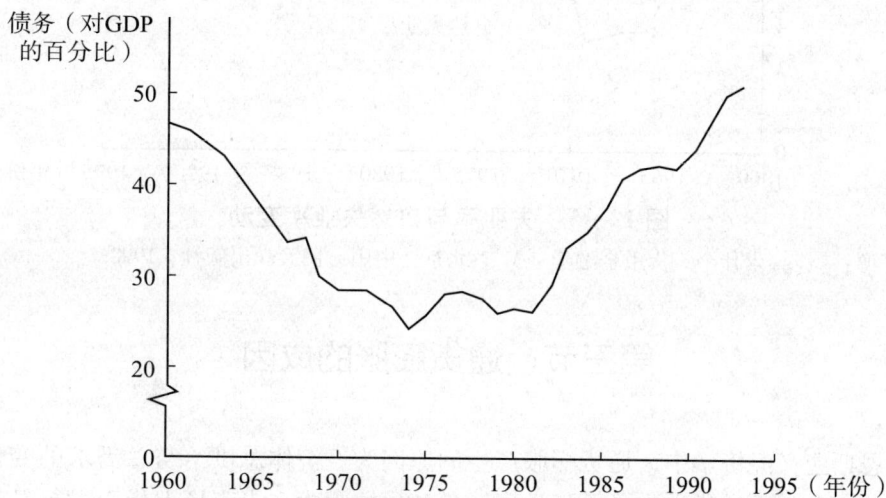

图 12－4　政府债务对国内生产总值的比率

既然政治家们时常对这一时期的预算赤字表示不满，为什么赤字未曾使债务对国内生产总值的比率上升？理由是，该时期美国预算赤字相当小，以至于这 20 年间政府债务量的增长率仍然低于名义国内生产总值的增长率，债务对国内生产总值的比率就下降了。可以看到，对预算赤字数字的解释是很复杂的事情。

既然预算赤字不是罪魁祸首，那么究竟什么是 60 年代和 70 年代高货币增长率以及更为急剧的通货膨胀产生的根源呢？图 12－5 把失业率与自然失业率相比，表明 1965～1973 年间，除 1 年外，失业率一直低于其自然率。这就表明，1965～1973 年的美国经济一直经历着需求拉动的通货膨胀。

很明显，为了追求过高的产出目标，政策制定者采用了使总需求曲线不断右移的政策，于是产生了物价水平的不断上升。之所以会出现这种情况，是因为 60 年代中期，政策制定者、经济学家以及政治家们承诺把 4% 的失业率作为目标，他们当时认为这样的失业水平是与价格稳定相协调的。但事后来看，大多数经济学家今天认为当时的自然失业率要高得多，在 5%～6% 之间（参见图 12 -5）。这不恰当的 4% 的失业率目标，造成了美国历史上持续最久的通货膨胀的开端。

1975 年后，失业率一般都超过自然失业率，然而通货膨胀继续存在，看来，我们有了成本推动的通货膨胀现象（其根源是早期需求拉动的通货膨胀）。通货膨胀的持续发展，理由可能是公众知道政府的政策仍然注重实现高就业。由于起源于需求拉动通货膨胀的预期率上升，总供给曲线将不断左移，引起失业率上升，而政策制定者则试图以总需求曲线右移来应付，结果是 60 年代业已开始的通货膨胀继续发展。

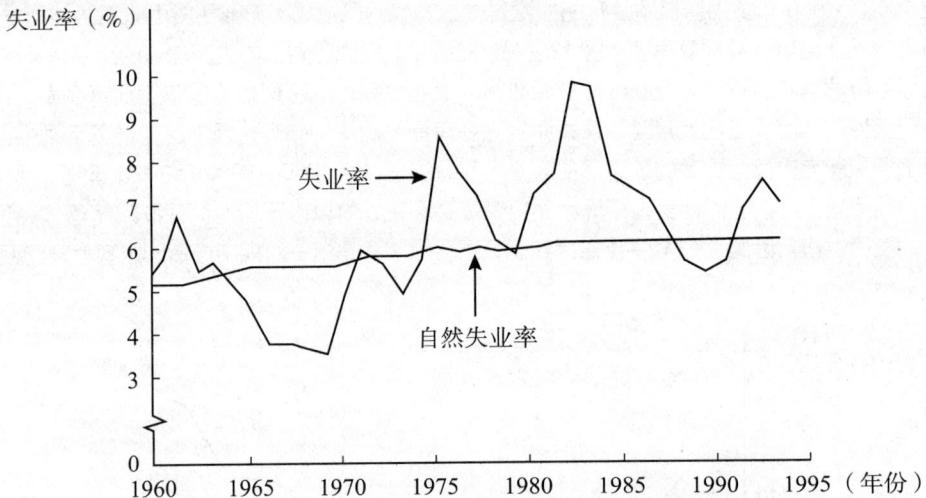

图 12 -5　失业率与自然失业率变动

资料来源：［美］米什金. 货币金融学 ［M］. 北京：中国人民大学出版社，1998.

第三节　通货膨胀的成因

在凯恩斯主义经济学中，通货膨胀产生的原因为经济体总供给与总需求的变化导致了物价水平的移动。而在货币主义经济学中，其产生原因为：当市场上货币发行量超过流通中所需要的货币量，就会出现纸币贬值，物价上涨，导致购买力下降，这就是通货膨胀。该理论被总结为一个非常著名的方程：$MV = PT$。虽然不同学派对通货膨胀成因作出了不同解释，但通常而言，造成通货膨胀的原因可归纳为以下几方面。

一、直接原因

不论何种类型的通货膨胀，其直接原因只有一个，即货币供应过多，用过多的货币供应量与既定的商品和劳务量相对应，必然导致货币贬值、物价上涨，出现通货膨胀。政府通常为了弥补财政赤字，或刺激经济增长，或平衡汇率等原因增发货币。而一旦货币发行过多就会出现通货膨胀现象。

二、深层原因

（一）需求拉动

这种通胀主要是由于需求增加过旺引起，以及由于经济运行中总需求过度增加，超过了既定价格水平下商品和劳务等方面的供给而引发通货膨胀。需求拉动的通货膨胀是指总需求过度增长所引起的通货膨胀，即"太多的货币追逐太少的货物"，按照凯恩斯的解释，如果总需求上升到大于总供给的地步，过度的需求是能引起物价水平的普遍上升，在我国，财政赤字、信用膨胀、投资需求膨胀和消费需求膨胀常常会导致我国需求拉上型通货膨胀的出现，所以，任何总需求增长的任何因素都可以是造成需求拉动的通货膨胀的具体原因。

如图 12-6 所示，需求拉动型通货膨胀可以用 AD—AS 模型来解释。总供给曲线分为古典总供给曲线，一般总供给曲线和凯恩斯总供给曲线，而在非极端情形下，认为 AS 曲线是一般总供给曲线，即 AS 曲线是向右上方倾斜的，当总需求增加，AD 曲线右移，均衡点也向右上方移动，此时价格水平上涨，总产出增加，即为需求拉动型通货膨胀。

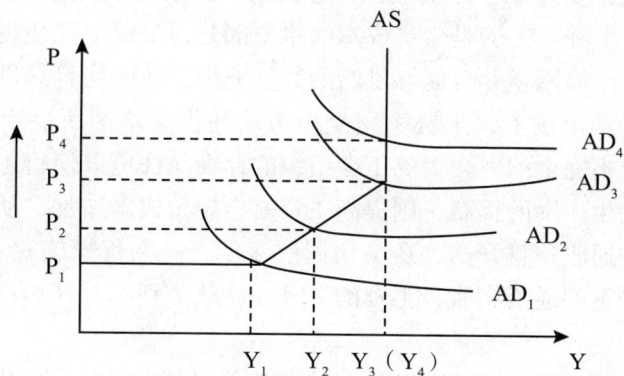

图 12-6　需求拉动型通货膨胀

（二）成本推动

这种通胀主要是由于厂商生产成本上升引起一般价格总水平的上涨。而成本上升往往导致供给减少，因此又称为供给型通货膨胀。造成成本向上移动的原因大致有工资过度上涨、利润过度增加、原材料价格尤其是进口商品价格上涨。

如图 12-7 所示，总需求水平不变时，AS_1、AS_2、AS_3 为总供给曲线，AD 表示总需求曲线（此处假定不移动），AS 为资源充分利用时的产量（最大潜在供给）。最初的状态是，总需求曲线 AD 与总供给曲线 AS_1 相交，对应的价格水平为 P_1。当现实经济运行中出现了货币工资率的增长超过边际劳动生产率的增长，或企业为追逐更大利润而大幅度提高价格时，总供给曲线会从 AS_1 移到 AS_2 或 AS_3，总供给减少。在总需求曲线不动的条件下，随着总供给曲线向左上方的移动，价格水平就从 P_1 不断上升到 P_2 或 P_3，物价出现持续普遍上涨，逐渐形成通胀。

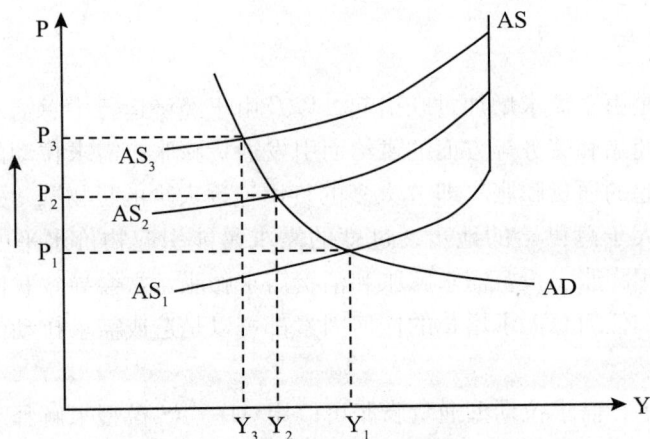

图 12－7　成本推动型通货膨胀

下面对成本形成原因进行具体分析。

（1）工资推进的通货膨胀。工资上涨推进的通货膨胀是工资过度上涨所造成的成本增加而推动价格总水平上涨。工资是生产成本的主要部分，工资上涨使得生产成本增长，在既定的价格水平下，厂商愿意并且能够供给的数量减少，从而使得总供给曲线向左上方移动。在完全竞争的劳动市场上，工资率完全由劳动的供求均衡所决定，但是在现实经济中，劳动市场往往是不完全的，强大的工会组织的存在往往可以使得工资过度增加，如果工资增加超过了劳动生产率的提高，则提高工资就会导致成本增加，从而导致一般价格总水平上涨，而且这种通胀一旦开始，还会引起"工资——物价螺旋式上升"，工资物价互相推动，甚至形成严重的通货膨胀，工资的上升往往从个别部分开始，最后引起其他部分攀比。

（2）利润推进的通货膨胀。利润推进的通货膨胀是指垄断厂商为谋求更大的利润导致一般价格总水平的上涨，与工资推进的通货膨胀一样，具有市场支配力的垄断和寡头厂商也可以通过提高产品的价格而获得更高的利润，与完全竞争市场相比，不完全竞争市场上的厂商可以减少生产数量而提高价格，以便获得更多的利润，为此，厂商都试图成为垄断者，结果导致价格总水平上涨。

（3）原材料成本推进的通货膨胀。造成成本推进的通货膨胀的另一个重要原因是原材料的价格上升，如果一个国家生产所需要的原材料主要依赖于进口，那么，进口商品的价格上升就会造成原材料成本推进的通货膨胀，其形成的过程与工资推进的通货膨胀是一样的。

（三）供求混合导致

在实际中，造成通货膨胀的原因并不是单一的。既有来自需求方面的因素，又有来自供给方面的因素。即由需求拉动和成本推动两方面共同起作用而引发通货膨胀，这就是供求混合型通货膨胀。正所谓的"拉中有推，推中有拉"，描述的就是这种双重因素下的现象。图 12－8 为供求混合型通货膨胀。

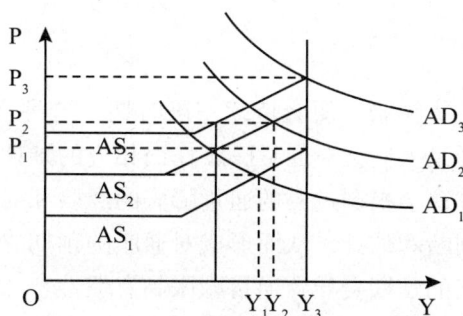

图 12－8 供求混合型通货膨胀

例如，通货膨胀是由需求拉动开始的，即过度的需求增加导致价格总水平上涨。而价格总水平的上涨又成为工资上涨的理由，工资上涨又转化为成本（工资）推动的通货膨胀。通货膨胀也可能从成本方面开始，但如果不存在需求和货币收入的增加，这种通货膨胀过程是不可能持续下去的。因为工资上升最终可能会使失业增加或产出减少，结果将会使成本推动的通货膨胀过程终止。实际上，工资的增加必然会增加对社会产品的需求，在供给不变的情况下，过度的需求将加剧商品短缺和物价上涨，结果在成本推动型通胀和需求拉上型通胀的共同作用下，物价持续上涨。在现实中，经常出现成本推动与需求拉动并存的混合型通胀。

（四）结构失衡

结构型通胀是指由于供需结构的变迁及其相互之间的不适应所导致的一种通货膨胀。结构性因素引起的通货膨胀主要有以下几类。

（1）需求转移型。社会对产品和服务的需求不是一成不变的，会不断从一个部门向另一个部门转移，而劳动力及其他生产要素转移则需要时日，因此原先处于均衡状态的经济结构可能因需求的转移而出现新的失衡。那些需求增加的行业，价格和工资将上升，但是需求减少的行业，由于价格和工资存在刚性，却未必发生价格和工资的下降，其结果是需求的转移导致物价总水平的上升。

（2）瓶颈制约型。在一些市场机制不够发达的国家，由于缺乏有效的资源配置机制，使资源在各经济部门之间的配置存在严重失衡。有些行业生产能力过剩，有些行业则严重滞后，形成经济发展的"瓶颈"，当这些"瓶颈"部门的价格因供不应求而上涨时，便引起了其他部门甚至是生产过剩部门的连锁反应，形成一轮又一轮的价格上涨。

（3）部门差异型。各部门间劳动生产率增长速度的差异会引起整体物价水平的上升。在一个国家的国民经济中，总有些部门的劳动生产率提高较快，而另一些部门的劳动生产率提高较慢。当前者因劳动生产率提高而货币工资上升时，后一类部门的工人往往会要求货币工资向前者看齐而提高，于是就会引起工资推进的通货膨胀。

在我国，结构型通货膨胀主要源于两方面的原因：一是基础工业与加工工业的发展不相适应，基础工业产品价格上涨导致价格总水平上涨；二是农业发展与工业发展不相适应，农产品价格上涨引发价格总水平上涨。

（五）预期和惯性

在实际中，一旦形成通货膨胀，便会持续一段时期。这种现象被称为通货膨胀惯性。对通货膨胀惯性的一种解释是人们会对通货膨胀作出相应的预期。预期是人们对未来经济变量作出一种估计，预期往往会根据过去的通货膨胀的经验和对未来经济形势的判断，作出对未来通货膨胀走势的判断和估计，从而形成对通胀的预期。预期对人们经济行为有重要的影响，人们对通货膨胀的预期会导致通货膨胀具有惯性。

预期心理加快通货膨胀的作用过程可从三方面说明：第一，货币流通速度的加快。当公众有了通货膨胀的预期心理后，他们会尽可能地购买实物资产，而不愿意持有货币。这样货币流通速度加快，单位货币媒介的商品流通次数增加，流通中货币数量相对过多，引发通货膨胀。第二，对于储蓄者来说，更重视实际利率的高低。当他们有了通货膨胀预期时，为了确保实际利率不变，会要求提高名义利率。名义利率提高的幅度就是他们预期通胀上涨的幅度，名义利率的提高更进一步地提高了生产者的生产成本。为转嫁成本或为了维持利润水平，商品价格被提高，从而造成通货膨胀。第三，膨胀预期要求提高货币工资。在通货膨胀预期作用下，工人或企业经营者会要求提高工资和其他福利，如此一来商品价格因生产成本提高而上涨。

除了上述引发通货膨胀的因素外，实际上还有很多其他因素也会引起通胀，如财政赤字的出现、信用膨胀产生、国外输入等。

第四节　通货膨胀的治理

一、紧缩性财政政策

紧缩性财政政策指通过增加财政收入或减少财政支出以抑制社会总需求增长的政策。由于增收减支的结果集中表现为财政结余，因此，紧缩性财政政策也称盈余性财政政策。紧缩性财政政策是国家通过财政分配活动抑制或压缩社会总需求的一种政策行为。它往往是在已经或将要出现社会总需求大大超过社会总供给的趋势下采取的。它的典型形式是通过财政盈余压缩政府支出规模。因为财政收入构成社会总需求的一部分，而财政盈余意味着将一部分社会总需求冻结不用，从而达到压缩社会总需求的目的。实现财政盈余的措施有以下三方面：（1）增加税收；（2）尽量压缩支出。如果增加税收的同时支出也相应地增加，就不可能有财政盈余，增加税收得以压缩社会总需求的效应，就会被增加支出的扩张社会总需求的效应所抵消；（3）发行公债。国家向企业与个人发行公债减少投资，抑制社会总需求。

二、紧缩性货币政策

紧缩性货币政策与采用增税、减少政府支出的紧缩性财政政策共同发挥作用，使经济降温，降低总需求，从而降低通货膨胀率。内容包括以下八点。

（1）控制货币供应量。由于通货膨胀的直接原因是货币供应过多，因此，治理通货膨胀一个最基本的政策就是控制货币发行量，使货币供应量与货币需求量相适应，通过稳定币值来稳定物价。这项措施的作用是钞票可以整齐划一，防止币制混乱；中央银行可以掌握资金来源，作为控制商业银行信贷活动的基础；中央银行可以利用货币发行权调节和控制货币供应量。

（2）控制和调节对政府的贷款。为了防止政府滥用贷款助长通货膨胀，西方各国一般都规定以短期贷款为限，当税款或债款收足时就要还清。

（3）推行公开市场业务。中央银行通过它的公开市场业务，起到调节货币供应量，扩大或紧缩银行信贷，进而起到调节经济的作用。

（4）提高存款准备金率。中央银行通过调整准备金率，据以控制商业银行贷款、影响商业银行的信贷活动。

（5）提高再贴现率。再贴现率是商业银行和中央银行之间的贴现行为。调整再贴现率，可以控制和调节信贷规模，影响货币供应量。

（6）选择性信用管制。它是对特定的对象分别进行专项管理，包括证券交易信用管理、消费信用管理和不动产信用管理。

（7）直接信用管制。它是中央银行采取对商业银行的信贷活动直接进行干预和控制的措施，以控制和引导商业银行的信贷活动。

（8）提高利率。负利率现象不应也不可能维持长久。

三、紧缩性收入政策

紧缩性收入政策是指政府为了降低物价水平上涨的幅度，政府采取强制性或非强制性政策，抑制社会总需求，防止物价过快增长，控制成本推动的通货膨胀，目的在于控制通货膨胀又不致引起失业上升。紧缩性的收入政策措施有以下三方面。（1）工资管制。政府制定法令冻结或管制工资和物价，严禁哄抬物价和乱涨价。（2）确定工资—物价指导线。把工资和物价增长率固定在一定水平上。（3）实行以税收为基础的收入政策。

四、供给政策

重视改革导向的供给政策，加大结构调整力度。供给政策的目标之一，是加快产业结构和企业组织结构调整，提高政府、企业、市场和社会对新增长阶段的适应性，逐步做到在中速增长环境下"企业可赢利、财政可持续、风险可防范、民生可改善、就业可充分"。目标之二是以价格、投资"双放开"为突破口，推动基础产业改革，短期内缓解某些领域的供给不足，增加投资需求，并通过强化竞争、提高效率、降低成本，有效减轻通胀压力；中长期则通过转变发展方式，促进基础产业和其他行业的平衡增长。

五、指数化政策

指数化政策是针对成本推动的通货膨胀而采取的一种治理通货膨胀的方法。指数化政策是指货币支付与某一指数相联系，使货币工资、养老金、储蓄、贷款、所得税等能够随着通货膨胀水平而自动调整。指数化政策是应对通货膨胀的对策，是指以条文规定的形式把工资和某种物价指数联系起来，当物价上升时，工资也随之上升。通常规定，收入的增长率等于通货膨胀率加上经济增长率。在实践中，货币收入增长，特别是在通货膨胀出现之后，要素所有者要求增加收入，会进一步推动通货膨胀。据说收入指数化可以在很大程度上缓解这种压力，但它更大的作用在于降低通货膨胀在收入分配上的影响。

指数化政策的功效：（1）能借此剥夺政府、一些企业和个人从通货膨胀中所获收益，规避其制造通货膨胀的动机；（2）可借此抵消或缓解物价波动对个人收入水平的影响，克服通货膨胀引起的收入分配不公；（3）可影响企业、个人等微观主体的行为，避免出现抢购商品、储物保值等加剧通货膨胀程度的行为。比利时等西方国家广泛采用过此政策。

调节和控制社会总需求对于需求拉上型通货膨胀，调节和控制社会总需求是个关键。各国对社会总需求的调节和控制，通过制定和实施正确的财政政策和货币政策来实现。治理通货膨胀的其他政策除了控制需求、增加供给、调整结构之外，还有一些诸如限价、减税指数化等其他治理通货膨胀的政策。

案例 12 – 3

塞尔维亚的通货膨胀

在南斯拉夫贝尔格莱德的卢纳商店，一个巧克力棒值 600 万第纳尔。短短的一则通告指示："物价提高 90%。"这家店在世界其他地方只能算一个小本经营店，要不是店里的电脑不能处理三位数变动，物价甚至应该上升 100%。

到现在为止这是经理尼克先生 3 天内第二次提高价格。他用拖把挡住门，以防止讨价还价的顾客进来。电脑在标签纸上打印出新价格。经理和两个助手忙着把纸撕下来并粘到货架上。他们以前是把价格直接贴到物品上，但物品上贴了这么多标签，让人很难弄清哪个是新标价。

4 个小时之后，拖把从门口拿走了。顾客进来，擦擦眼睛看着标签，数上面有多少个零。当电脑打印出另一种商品价格时，尼克本人也看着，这是一台录像机。他自言自语："是几十亿吗？"准确地说是20391560223 第纳尔。他指着自己的 T 恤衫，T 恤衫上印着一个词"不可思议"，这句话是对塞尔维亚经济的绝妙写照。"这简直是疯狂"，他说。

除此之外你还能如何描述它呢？自从国际社会实行经济制裁以来，通货膨胀至少每天是 10%。如果把这个数字换算成每年的比率则会有 15 个零——高到没有任何意义了。在塞尔维亚，在凯悦酒店 1 美元换到1000 万第纳尔，在广告上急需用钱的人要换 1200 万第纳尔，而在贝尔格莱德地下社会控制的银行里要1700 万第纳尔换 1 美元。塞尔维亚人抱怨说，第纳尔和卫生纸一样不值钱。但至少在目前，卫生纸还很多。

据说隐蔽在贝尔格莱德一条道路后面公园中的政府印钞厂正在一天 24 小时印制第纳尔，以力图与加速的通货膨胀保持一致，反过来无止境地印第纳尔又加速了通货膨胀。相信只要发钱就能安抚反对者的。政府需要第纳尔来为关门的工厂和机关中不工作的工人发工资。它需要钱购买农民的农产品。它需要钱为走私掠夺和其他避开制裁的方法筹资，以便运进从石油到尼克店里的巧克力棒的每一种东西。它也需要支持兄弟的塞尔维亚人在波黑和克罗地亚打仗。

一位外汇交易者拿着 500 万张价值 8 亿第纳尔的钞票说："这些钞票是刚印出来的。"他说，他从一家私人银行得到这些钞票，私人银行是从中央银行得到的，而中央银行得自于印钞厂——这是把黑市和财政部联系在一起的一条罪恶管道。"这是集体疯狂"，外汇交易者一边说，一边诡异地笑着。

思考题：

1. 根据上面的资料分析，通货膨胀发生后，社会上哪些人是主要的受害者？

2. 作为普通的社会一员，我们该如何应对通货膨胀？

案例分析：

1. 受害者主要有以下几类：（1）债权人。由于大多数贷款没有完全指数化，所以，通货膨胀上升就意味着债权化，而且，通货膨胀经常通过税制来严重地伤害投资者。投资的全部收益都要纳税，包括那些只抵消了通货膨胀的收益。（2）现金持有者。通货膨胀也使人们持有现金代价高昂，因为当他们持有现金时，现金失去了其价值，造成了财富再分配的社会问题。（3）对于有外汇或不动产的人来说，通货膨胀对他们不会有太大的影响，但对于没有不动产的人来说，通货膨胀好比是一笔额外的税项，其实质财富会变得愈来愈少。因此通货膨胀可被看作不平衡地加于社会税项，使贫者愈贫，富者愈富，增加贫富之间的差距。

2. 作为普通居民应对通货膨胀的良策：减少手中的现金资产，持有实物或有价证券。这里的现金资产不包括银行存款，因为在存款利率低于通货膨胀率的情况下，实际利率为负，购买力仍会遭受损失。所以最好是购买不动产（主要是房屋）、贵重金属或有价证券。

第五节　通货紧缩的定义与度量

一、通货紧缩的定义

通货紧缩是与通货膨胀相对应的概念，它们都是说明经济处于非均衡状态中的货币现象，因此，研究通货紧缩问题，应与通货膨胀定义联系起来。

经济学界对于通货膨胀的定义有着不同的说法，但有两点是共同的：一是有效需求大于有效供给，二是物价持续上涨。前者体现着通货膨胀的经济内容，后者则反映了通货膨胀的标志。与之相对应通货紧缩的定义也应该包括两个方面：一是有效需求不足，二是物价总水平持续下跌，前者是通货紧缩的经济内容，后者是通货紧缩的主要标志。

通货紧缩是一种宏观经济现象。在宏观经济方面，总的要求是达到或维持社会总供给与总需求之间的均衡关系。而在当代市场经济条件下，由于信用的发展和金融的深化要保证国民经济在物价稳定的条件下协调发展，就必须使流通中货币数量的增长幅度与国民经济的增长速度相互配合。而在货币供应量与经济增长率和物价上涨率之间的关系方面货币供给是主动方，货币供应量增长水平决定着一定时期内社会的有效需求规模。货币供应量增长过快，社会有效需求偏高，在刺激经济增长的同时推动物价的上涨，出现所谓的通货膨胀现象，此时货币供应量增长率、经济增长率和物价上涨率均处于高位，反映经济的高水平均衡；反之，货币供应量增长偏慢，社会有效需求不足，经济增长速度缓慢、停滞，甚至负增长，物价稳定甚至下跌，出现所谓的经济衰退现象，此时货币供应量增长率、经济增长率和物价上涨率均处于低位，反映经济的低水平均衡。前者与通货膨胀问题有关，后者则与通货紧缩相联系。

通货紧缩意味着有效需求不足。而有效需求本来就是一个相对的概念，是相对于供给状况而言的。因此，作为有效需求不足问题的通货紧缩现象，其数量标志也必然是由一个或一组相对数指标来体现，而不应以某一绝对数指标来简单说明。

在同量的货币供给条件下，若 M_1 增长率高于 M_2 增长率，则所形成的体现现实社会购买力的狭义货币 M_1 的比重增高，短期内总需求大于总供给，经济增长速度加快的同时物价持续上涨，形成通货膨胀压力；反之，若 M_1 增长率低于 M_2 增长率，转化为储蓄性质的准货币的比重增高，现实社会购买力萎缩。短期内有效需求不足，物价持续下跌，经济增长速度减慢，形成通货紧缩现象。因此，M_1 与 M_2 的增长比率，即货币流动的变化情况，也是考核短期有效需求不足问题和通货紧缩现象的重要标志。

从上述分析中，我们可以得出这样的结论：就经济实质而言，通货紧缩是因有效需求明显不足而引致的经济萎缩或衰退，是经济萎缩或衰退的货币现象或金融现象；就表现形式而言，通货紧缩是指货币供应量增长率明显下降，特别是 M_1 增长率明显低于 M_2 增长率，物价总水平持续下跌。

二、通货紧缩的度量

既然通货紧缩是指物价水平的全面持续下降，那么判断通货紧缩的程度，就必须解决两个问题：一是用什么指标来测度物价水平的变化；二是连续下降多长时间才可看作持续下降。反映物价总水平变化的指标，最为常见的不外乎以下三种：国民生产总值物价平减指数、生产者价格指数（即批发物价指数）、消费者物价指数，在前述通货膨胀中我们对其内容做了较为详细的介绍，在此不再赘述。在此要说明的是，依据不同的价格指数来进行判断，会得出不同的结论，因为不同的价格指数在抽样时覆盖的商品范围不同，不同产品的价格变动对货币变动的反应时滞也不同（一般批发价格的反应快于消费价格），而且不同价格指数的测算都会存在各自的误差。应该说，三种价格指数都可作为测度标志，但综合分析为了进行国际比较和考虑对居民的影响程度采用消费者价格指数可能更合适一些。

而消费者价格指数又有两种：一种是同比价格指数，另一种是环比价格指数，这两种价格指数对于判断价格走势，有时是一致的，有时也会出现差异。对于一般的分析判断，可以用同比价格指数，但据此得出的结论，对于轻度的通货紧缩可能不太准确。对于专业分析用环比价格指数来衡量和判断通货紧缩的出现、程度更为合理与准确，但限于统计资料的不足，用环比价格指数时要对统计数据进行专业调整。

经济运行是一个动态的过程，难免会有偶然事件的发生，不能因为突发事件导致物价下降就认定发生了通货紧缩。

第六节 通货紧缩的原因与治理

一、通货紧缩的原因

尽管不同国家在不同时期发生通货紧缩的具体原因各不相同，但从国内外经济学家对通货膨胀的理论分析中仍可概括出引起通货紧缩的一般原因。

（1）紧缩性的货币财政政策。如果一国采取紧缩性的货币财政政策，降低货币供应量，削减公共开支，减少转移支付，就会使商品市场和货币市场出现失衡，出现"过多的商品追求过少的货币"，从而引起政策紧缩性通货紧缩。

（2）经济周期的变化。当经济到达繁荣的高峰阶段，由于生产能力、商品大量过剩，供过于求，出现物价的持续下降，引发周期性通货紧缩。

（3）投资和消费的有效需求不足。当人们预期实际利率进一步下降，经济形势继续不佳时，投资和消费需求都会减少。而总需求的减少会使物价下跌，形成需求下拉性通货紧缩。

（4）新技术的采用和劳动生产率的提高。由于技术进步以及新技术在生产上的广泛应用，会大幅度地提高劳动生产率、降低生产成本，导致商品价格的下降，从而出现成本压低性通货紧缩。

（5）金融体系效率的降低。如果在经济过热时，银行信贷盲目扩张，造成大量坏账，形成大量不良资产，金融机构自然会"惜贷"和"慎贷"，加上企业和居民不良预期形成的不想贷不愿贷行为，必然导致信贷萎缩，同样减少社会总需求，导致通货紧缩。

（6）体制和制度因素。体制变化（企业体制、保障体制等）一般会打乱人们的稳定预期，如果人们预期将来收入会减少，支出将增加，那么人们就会少花钱、多储蓄，引起有效需求不足，物价下降，从而出现体制变化性的通货紧缩。

（7）汇率制度的缺陷。如果一国实行钉住强币的联系汇率制度，本国货币又被高估，那么，会导致出口下降，国内商品过剩，企业经营困难，社会需求减少，则物价就会持续下跌，从而形成外部冲击性的通货紧缩。

二、通货紧缩的治理

处于通货紧缩和衰退威胁的国家一般都采取了许多应对措施。这些措施大致可以归结为几个方面：国内的宏观经济政策，包括财政政策和货币政策；国际经济政策，如汇率政策以及产业结构调整政策等。下面就简要地介绍这些政策措施。

（一）坚持扩张性的宏观经济政策

预期在通货紧缩的形成和发展规律中发挥了重要的作用；相应的，也必须把引导和改变人们的价格预期、投资预期和消费预期作为反通货紧缩的重要手段。为此，政策当局应当公开宣布治理通货紧缩的政策措施，引导消费需求和投资需求的增加。通过公开宣告扩张性的宏观经济政策，在促使经济增长、保持物价稳定、增加就业量和维持国际收支平衡等四大宏观经济目标中，着重强调经济增长和增加就业，并以此来表示政策当局阻止通货紧缩和经济下滑的决心，从而改变人们对通货紧缩预期的悲观状态，创造景气环境，促进经济的快速增长。对于通货紧缩条件下的宏观经济政策，西方经济学家都主张施行膨胀性的经济政策，甚至有些经济学家提出提高人们的通货膨胀预期。他们认为，选择一种积极的具有足够扩张性的宏观经济政策，并且明确宣告未来某个时期内的通货膨胀目标如3%，对经济的恢复是有益的。膨胀性的经济政策本意是使一般物价水平回升到合理的目标水平，而不是提倡施行通货膨胀政策。

（二）加大对总需求不足的调节力度——实施积极的货币政策

通货紧缩与总需求严重不足，在现实经济运行中实际上是一对互为因果关系的关联性范畴。通货紧缩是由于总需求的严重不足而造成的。同时，通货紧缩也导致了总需求严重不足，因而调节通货紧缩，就不能不加大对总需求的刺激力度，来解决总需求严重不足的问题。与其他宏观经济政策相比，灵活迅速、及时调整是货币政策的重要特性。中央银行的责任和目标是保持物价的稳定，即坚持一般物价水平基本稳定的政策。保持物价的基本稳定，就要做到既防止高通货膨胀又要避免通货紧缩，从而使通货膨胀率既不加速又不减速，保持在较低的水平上。

通货紧缩首先表现为货币现象。货币供应过程及货币供给与货币需求的相互关系是通货紧缩形成的最直接原因。因而，解决通货紧缩问题必须首先调整货币政策，实施积极的货币政策。作为反经济周期的政策，中央银行应该在经济过热时反通货膨胀，在经济萧条时反通货紧缩。因此，要走出通货紧缩状态，中央银行首先要加大货币政策的调控力度，增加中央银行资产运用和基础货币投放量，实行扩张性的货币政策，迅速扭转中央银行资产运用规模和基础货币下降的势头，扩大投放，增大货币政策对总需求和经济增长的拉力，使货币政策能够真正调整公众心理预期，促进经济增长和稳定币值。为此应采取一揽子方案，采取相互配套和相互支持的政策措施。

具体来说，实施积极的货币政策主要有：

第一，较大幅度地增加货币供应量，尤其是扩大中央银行基础货币投放。

第二，下调法定存款准备金率和再贴现率。法定存款准备金率和再贴现率的下调，会有助于增加金融机构可运用的资金数量，以支持经济增长。

第三，下调利率与加快利率市场化相结合。为治理通货紧缩，有必要下调利率，调整利率结构但同时更应加快利率体制的改革。中央银行利率政策的作用，也应逐步通过贴现窗口和中央银行的贷款及公开市场操作来发挥。

（三）加大对总需求不足的调节力度——实施积极的财政政策

应该看到，由于在通货紧缩条件下，中央银行的基础货币收缩具有被动性，单纯放松基础货币的政策有可能会失灵。因为通货紧缩条件下国民经济运行低水平循环的一个关键问题，是生产者和消费者的信心不足。因此，为打破国民经济运行低水平循环，恢复生产者和消费者的信心是至关重要的。而要做到这一点，就必须在积极地运用货币政策的同时，加大财政政策对总需求的刺激力度。

刺激总需求包括刺激投资需求与消费需求。由于在这两大需求中，消费需求的增长相对稳定，不易发生急剧的变动，而投资需求则上下摆幅很大，其振动幅度对总需求的影响也较大，因而要在刺激消费的同时，加大对投资需求的刺激。

采取积极的财政政策，供给与需求同时拉动。要治理通货紧缩，必须继续进一步加大财政政策力度，以增加经济运行中的货币需求，增加政府公共支出刺激需求和增加供给。财政政策应该由单纯刺激需求转向刺激需求与增加供给并重。凯恩斯在分析 20 世纪 30 年代大危机时，强调由于流动性陷阱使货币政策失灵，因此在有效需求不足时，要求政府采取增加政府支出的扩张性财政政策来拉动总需求，使经济走出低迷时期。

积极的财政政策的另一工具是减税。如果政府在增加财政支出的同时，想要增加税收，那么扩张性的财政政策效应便可能被中和。我们可以用来乘数理论来分析。假定将国民收入

$$Y = C + I + G + X - M = a + b(1-t)Y + I + G + X - M$$

进行移项后我们即可以得到：

$$Y = (a + I + G + X - M)/[1 - b(1-t)]$$

其中，Y 代表国民收入；C 代表消费需求；I 代表投资需求；G 代表政府支出；X－M 代表净出口需求；a 代表自发性消费需求；b 代表边际消费倾向；t 代表税率。

从等式中我们可以得出，政府支出乘数 $\Delta Y/\Delta G = 1/[1 - b(1-D)]$，税率乘数 $\Delta Y/\Delta t = -b(a + I + G + X - M)/[1 - b(1-t)]^2$，税收与国民收入呈反相关关系，提高税率会抑制总需求，减税会刺激总需求。如果不降低税率，过高的税收会阻碍经济活动的扩张，导致政府管理经济的效率下降。降低税率可以通过乘数效应促使经济增长，而经济活动的恢复有利于扩大税基，最终有利于政府税收的增加。因此，总体而言，减税是对税收的时期进行转化，即通过长期的税收增加来补偿当前的税收减少。

（四）重视收入政策在抑制通货紧缩中的作用

增加收入尤其是增加低收入阶层收入，可以增加社会的有效需求。失业率的上升，明

显降低了居民的收入预期，这种预期大大弱化了市场的消费需求。现在有效增加低收入阶层的实际收入和预期收入，使他们的可支配收入得以有效提高，就可以达到扩大社会有效需求的目的。

短期内，一要提高对贫困阶层的补贴水平，二要通过加强对个人收入税的征管，适当调节居民的收入差距。长期内，应完善收入政策体系，并加强收入方面的立法，保证工资随着劳动生产率的提高而以合理的速度增长。

（五）加快产业结构调整，提高经济增长质量

当一国的经济由普遍短缺进入普遍过剩的运行状态时，传统产业会因市场需求饱和，边际收益递减而衰落。此时，如果不能及时进行大规模技术创新和产业创新，经济增长速度放慢甚至走向衰退就是不可避免的趋势。这就在客观上要求加速产业结构调整，促使产业升级由需求创造供给向供给创造需求转换。经济发展既包含了经济增长的内容，也包含了产业结构调整的内容。而且，产业结构调整与升级是推动经济稳定增长的非常重要的条件。当然，经济结构调整的意义，也不仅仅局限于完善供给方面，它越来越成为影响经济全局的突出问题，因为经济生活中的一些深层次的矛盾都与结构问题有关。落后的产业结构会成为经济进一步发展的障碍，也会引发通货紧缩。经济结构、特别是产业结构调整、优化、升级，能够提高经济增长的质量，也是缓解通货紧缩的对策之一。

（六）改革僵硬的汇率制度

僵硬的固定汇率制度容易使本国货币币值高估，产生输入型的通货紧缩。因此，有必要废弃这种僵硬的固定汇率制度，采取更为灵活的汇率制度。

灵活的汇率制度能有效地联系对外经济关系，从而政策当局可以根据国内经济形势的需要及时调整汇率水平，提高经济对外竞争力。在通货紧缩的条件下，通过改革僵硬的固定汇率制度，可以使国内价格水平上涨，从而降低人们的通货紧缩预期，进而调整人们的消费和投资行为，带动商业活动的恢复，有利于摆脱通货紧缩的陷阱。

在特定条件下，货币贬值对一个国家治理通货紧缩是必需的。当经济面临着对外经济缺乏竞争力、净出口需求下降、价格下跌和经济增长下滑时，往往需要采取货币贬值的政策。适当的货币贬值有助于经济的恢复，因为更弱的货币有利于把国外需求转化为国内需求，从而增加该国的总需求，减缓通货紧缩的压力。

如果出现了全球性的通货紧缩，采取货币贬值政策是于事无补的。因为在全球生产能力都出现过剩的情况下，货币贬值只不过是在进行"零和博弈"，即把需求从一国移向另一国，不会增加世界范围内的总需求。此时，采取以邻为壑的货币贬值政策将引起全球性的经济混乱，最直接的是贸易保护主义的盛行，这在以往经济历史中是可以找到很多例证的。

案例 12 – 4

早在 20 世纪 90 年代初经济泡沫破灭后不久，在日本经济运行与发展中就开始出现一系列通货紧缩性征象。对此，日本政府虽也一再告诫"日本经济正面临着陷入通货紧缩恶性循环的危险"，但始终都

未承认日本经济已经处于通货紧缩状态。直到 2001 年 3 月 16 日的阁僚会议上，前森喜朗政府才公开认定"现在的日本经济正处在缓慢的通货紧缩之中"。

根据日本官方观点，此次日本经济出现的通货紧缩状态在第一次世界大战后还是第一次。以往物价下跌大多具有局部性和短暂性的特点，而这次日本的物价下跌却具有全面性和持续性的特点。即一方面表现为几乎全部或绝大部分商品的价格都同时呈现下跌态势，如在 1999 年和 2000 年，不仅综合批发物价指数分别比上年下跌了 3.3 个和 0.1 个百分点，而且综合消费者物价指数也分别比上年下跌了 0.3 个和 0.7 个百分点；另一方面还表现为物价下跌已成为日本经济运行与发展中的一种长期态势。如在 1991 ~ 2000 年的 10 年间，日本综合批发物价指数有 8 年呈下跌态势。尤其是综合消费者物价指数在 1999 年和 2000 年也出现了从未有过的连续两年下降的情况。进入 2001 年，日本物价总水平的下降趋势更加强烈，前 6 个月无论是批发物价还是消费者物价，月月都是负增长，其中消费者物价在 5 月份还创了单月下跌的最高纪录。

日本通货紧缩的一个突出特点：它是在日本政府长期推行扩张性财政金融政策的背景下形成的；物价总水平的持续下降与巨额财政赤字和超低利率水平等正常情况下不应同时出现的现象目前却纠缠在一起。20 世纪 90 年代初，日本政府为刺激经济回升，连续推出了力度强大、规模空前的扩张性财政货币政策。

一方面，从 1992 年 8 月起连续 10 次推出以减税和增加公共事业投资为主要内容的扩张性财政政策，涉及财政收支规模达 130 万亿日元之巨。其后果是财政赤字和政府债务规模急剧扩大，财政危机空前恶化。另一方面，日本银行也不断推出以降低官定利率为中心的扩张性货币政策。从 1991 年 7 月起连续下调官定利率，到 1995 年 9 月第 9 次下调后已降至 0.50%，并将这一超低利率水平一直维持了 5 年之久。此间日本银行还曾于 1999 年 2 月至 2000 年 8 月实行了"零利率"政策，且到 2001 年 2 月又连续两次下调官定利率，分别下调至 0.35% 和 0.25%。与 1991 年 7 月下调前相比，日本银行的官定利率已经连续下调了 5.75 个百分点。这意味着当时日本的官定利率不仅处于历史上从未有过的超低水平，而且也创了连续下调幅度的历史最高纪录。

愈演愈烈的通货紧缩，已经并仍将对日本经济的运行与发展造成多层面的消极影响。一是恶化了企业经营环境，二是加剧消费需求低迷，三是加重财政赤字危机。1997 ~ 2000 年，日本的国税收入由 539415 亿日元减少为 456780 亿日元，3 年间减少了 15.2%。在导致税收减少的因素中，除政府为刺激经济回升而主动采取的减税政策外，物价下跌导致企业利润和个人收入的减少也是其重要原因。

1997 年 10 月，中国全国零售物价指数首次出现负增长（-0.4%），以后持续 6 个月保持这一趋势。从 1997 年下半年开始到 1999 年 7 月，我国物价已经连续 22 个月下降，物价不振，商品积压严重，而且到 2001 年初这种现象还没完全消失，这在历史中也没有出现过的。按经济学的解释，这是典型的通货紧缩。

资料来源：敖颖全. 货币政策中介×目标的选择——以美国为例的分析［D］. 吉林大学，2004.

思考题：

1. 根据上面的描述，请解释什么是通货紧缩？

2. 试分析我国出现通货紧缩的原因。

案例分析：

1. 所谓通货紧缩，是同通货膨胀相对应的概念，是减少货币发行量以提高购买力或减轻货币贬值，并引起物价普遍下降的过程。通货紧缩通常与经济周期中的萧条阶段相关联，当经济进入萧条阶段时，银行收缩银根、减少信贷，这就引起了通货紧缩，进而引起物价普遍下降与生产衰退。一般来说，通货紧缩有两个特征，一是货币供应量的下降，二是物价持续下跌，再就是它通常伴随着经济衰退的出现。

2. 我国出现通货紧缩有多方面的原因。

一是债务方面的原因。20世纪80年代中期"拨改贷"政策实行后，中国经济增长一直建立在企业对银行负债的基础上，当企业负债达到一定程度，面对"过剩"的市场形势，银行出于风险的意识，将自动收缩信贷。这时企业则因为盈利的大部分被银行利息所占有，利润率下降而出现预期投资意愿下降。

二是投融资体制方面的原因。随着银行体制的改革，银行贷款越来越谨慎，出现了"惜贷"现象。同时非国有银行并没有随着非国有经济的增长，而同步增长，使许多非国有经济得不到贷款，投资乏力。

三是社会缺乏资产重组机制。通货紧缩是同供给过剩直接相关的。供给过剩又是同重复建设密不可分的。重复建设形成的过剩生产能力，在完善的市场机制下本来可以通过企业关闭、资产重组及时加以解决，但在目前中国缺乏破产倒闭等"退出机制"的情形下，必然导致矛盾不断激化。

本 章 小 结

1. 通货膨胀是一种货币现象，也是一种经济现象。通常与物价上涨紧密相关，表现为物价普遍的快速的上涨。

2. 通货膨胀可以通过消费者价格指数（consumer price index，CPI）、生产者价格指数（producer price index，PPI）、国民生产总值平减指数（the implicit GNP deflator）来衡量。

3. 通货膨胀根据其表现形式的不同可分为公开的通货膨胀和隐蔽型的通货膨胀。根据物价上涨速度的不同又可分为温和通货膨胀、奔腾式通货膨胀和恶性通货膨胀。

4. 通货膨胀根据其产生原因的不同可分为需求拉上型通货膨胀、成本推进型通货膨胀、供求混合推进型通货膨胀和结构型通货膨胀。

5. 通货膨胀可以通过紧缩性货币政策、紧缩性财政政策、收入政策和收入指数化政策等进行治理。

6. 通货紧缩是指一般物价的持续下降，及物价出现负增长，通常用CPI作为通货紧缩的度量指标。

7. 通货紧缩的形成原因是多种多样的，有关货币政策、生产能力过剩、有效需求不足、政府支出缩减、金融体系效率等都有可能造成通货紧缩。

8. 通货紧缩可以通过再膨胀政策、积极的财政政策、引导预期、鼓励消费等政策手段进行调解。

重 要 概 念

通货膨胀　需求拉动型通货膨胀　成本推动型通货膨胀　结构型通货膨胀　爬行式通货膨胀　恶性通货膨胀　经济增长效应　菲利普斯曲线　紧缩性货币政策　通货紧缩　积极的财政政策　稳健的货币政策

思 考 题

1. 什么是通货膨胀？为什么不能将它等同于货币发行过多、物价上涨、财政赤字？

2. 试述通货膨胀的类型。

3. 如何度量通货膨胀？

4. 试述通货膨胀对国民经济的影响及对通货膨胀效应的不同评价。

5. 试述西方经济学对通货膨胀成因的解释。

6. 货币主义学派与凯恩斯学派在治理通货膨胀的主张上有何不同？

7. 试述你对我国治理通货膨胀的认知。

8. 什么是通货紧缩？它如何分类？

9. 试述西方的通货紧缩理论。

10. 试述通货紧缩形成的原因。

11. 谈谈你对目前我国可能面临的通货膨胀或通货紧缩形势的看法。

第十三章

货币政策

树立货币均衡作为对货币政策的标准，它的决定性的重要目的，是要求完全消除或者最少是缓和"商业循环"。

——米尔达尔（Myrdal）

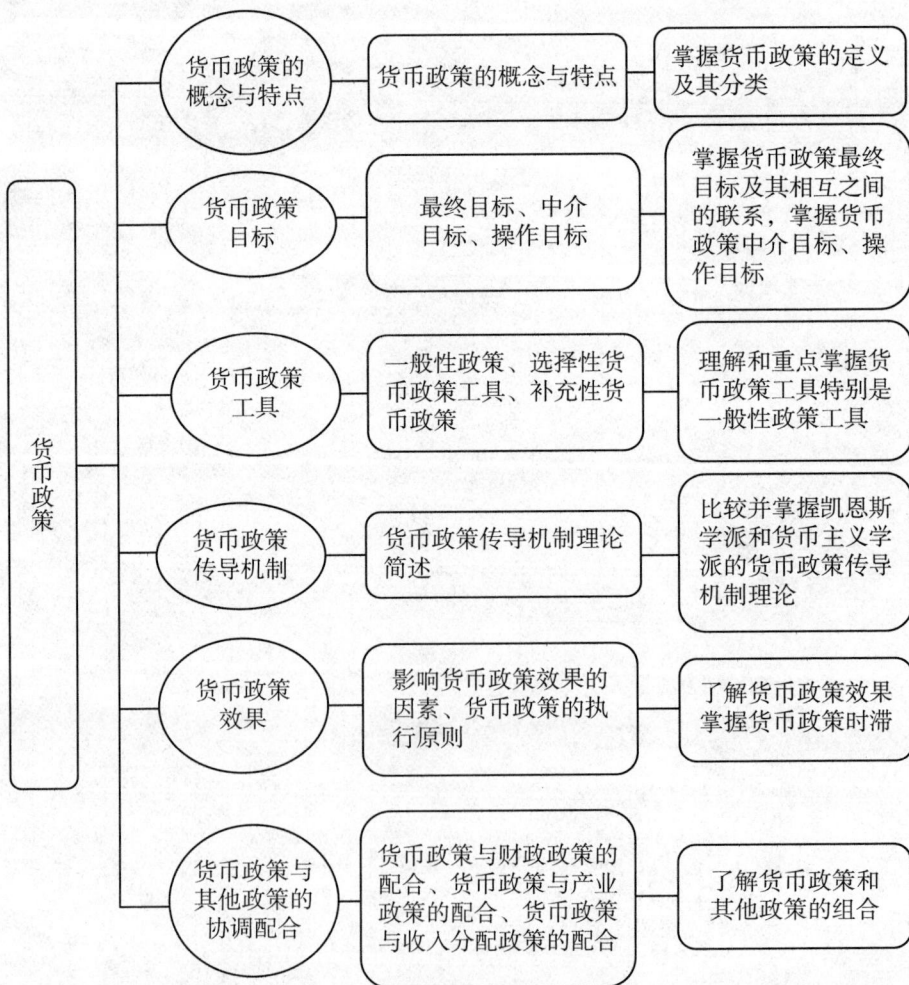

货币政策			
	货币政策的概念与特点	货币政策的概念与特点	掌握货币政策的定义及其分类
	货币政策目标	最终目标、中介目标、操作目标	掌握货币政策最终目标及其相互之间的联系，掌握货币政策中介目标、操作目标
	货币政策工具	一般性政策、选择性货币政策工具、补充性货币政策	理解和重点掌握货币政策工具特别是一般性政策工具
	货币政策传导机制	货币政策传导机制理论简述	比较并掌握凯恩斯学派和货币主义学派的货币政策传导机制理论
	货币政策效果	影响货币政策效果的因素、货币政策的执行原则	了解货币政策效果掌握货币政策时滞
	货币政策与其他政策的协调配合	货币政策与财政政策的配合、货币政策与产业政策的配合、货币政策与收入分配政策的配合	了解货币政策和其他政策的组合

第一节 货币政策的概念与特点

货币政策也就是金融政策，是指货币当局为实现其特定的经济目标而采用的各种控制和调节货币供应量和信用量的方针、政策和措施的总称。货币政策的实质是国家对货币的供应根据不同时期的经济发展情况而采取"紧""松"或"适度"等不同的政策趋向。

运用各种工具调节货币供应量来调节市场利率，通过市场利率的变化来影响民间的资本投资，影响总需求来影响宏观经济运行。调节总需求的货币政策的三大工具为法定准备金率、公开市场业务和贴现政策。

货币政策调节的对象是货币供应量，即全社会总的购买力，具体表现形式为流通中的现金和个人、企事业单位在银行的存款。流通中的现金与消费物价水平变动密切相关，是最活跃的货币，一直是中央银行关注和调节的重要目标。

具体来讲，所谓货币政策是指中央银行为实现一定的经济目标而采取的控制和调节货币供应量的策略和各种金融措施。货币政策通常包括三方面的内容：一是货币政策的目标；二是实现货币政策目标的操作工具和手段，也称为货币政策工具；三是执行货币政策所达到的效果。由于从确定目标到运用工具，并实现最终目标的政策效果，需要经过一些作用环节和时滞，因而货币政策还必须包括货币政策的中介目标、操作目标和传导机制等内容。

一般来说，货币政策具有以下几个特征：（1）货币政策是一种宏观经济政策，而不是微观经济政策。（2）货币政策是一种调整社会总需求的政策，而非调整社会中供给的政策。（3）货币政策是一种间接的控制措施，而非直接的控制措施。（4）货币政策是一种较长期的经济政策，而非短期的经济政策。货币政策作为国家重要的宏观调控工具之一，在促进经济稳定增长、实现充分就业、维护国际收支平衡、保持金融稳定等方面都发挥着重要作用。

资料链接 13 – 1

2019 年第一季度中国货币政策执行报告

2019 年 1 月 4 日，中国人民银行宣布下调金融机构存款准备金率 1 个百分点，其中，1 月 15 日和 1 月 25 日分别下调 0.5 个百分点。同时，第一季度到期的中期借贷便利（MLF）不再续做。

1 月 17 日，在中国人民银行指导下，中国银行间市场交易商协会组织市场成员制定了《境外非金融企业债务融资工具业务指引（试行）》，促进了境外非金融企业债务融资工具规范发展，进一步提升银行间债券市场对外开放水平。

1 月 23 日，中国人民银行向全国人大财经委员会汇报 2018 年货币政策执行情况。1 月 23 日，中国人民银行开展了 2019 年第一季度定向中期借贷便利（TMLF）操作，操作金额为 2575 亿元，以优惠利率为金融机构支持民营企业、小微企业提供长期稳定资金来源。

1 月 24 日，中国人民银行宣布创设央行票据互换工具（CBS），为银行发行无固定期限资本债即永续债提供流动性支持，并将合格的银行永续债纳入央行担保品范围。1 月 25 日，中国银行成功发行 400 亿元国内首单银行永续债，实现 2 倍以上认购，发行利率位于区间下限。2 月 20 日，中国人民银行面向公开市场一级交易商开展了首次 CBS 操作，费率为 0.25%，操作量为 15 亿元，期限 1 年。

1 月 29 日，为切实提升金融服务乡村振兴效率和水平，中国人民银行、银保监会、证监会、财政部、农业农村部联合印发《关于金融服务乡村振兴的指导意见》（银发〔2019〕11 号）。

2 月 11 日，中国人民银行与苏里南中央银行续签规模为 10 亿元人民币/11 亿苏里南元的双边本币互换协议。

2 月 13 日，中国人民银行在香港成功发行 200 亿元人民币央行票据，其中 3 个月期和 1 年期央行票据各 100 亿元，中标利率分别为 2.45% 和 2.80%。

2 月 21 日，发布《2018 年第四季度中国货币政策执行报告》。

央行在发布的 2019 年第一季度货币政策执行报告表示，将继续实施稳健的货币政策，适时适度逆周期调节，疏通货币政策传导，着力解决融资难、融资贵问题。同时，央行强调，稳健的货币政策有助于为结构性去杠杆提供适宜的宏观经济和货币金融环境，对于结构性去杠杆而言保持经济金融稳定既是目的也是前提。

资料来源：2019 年第一季度中国货币政策执行报告。

第二节 货币政策目标

货币政策的目标是指中央银行采取调节货币和信用的措施所要达到的目的。按照中央银行对货币政策的影响力、影响速度及施加影响的方式，货币政策目标可划分为三个层次，即最终目标、中介目标和操作目标。

一、最终目标的含义

最终目标是指货币政策在一段较长的时期内所要达到的目标，目标相对固定，基本上与一个国家的宏观经济目标相一致，因此最终目标也称作货币政策的战略目标或长期目标。

概括地讲，各国货币政策所追求的最终目标主要有四个：稳定物价、充分就业、经济增长及国际收支平衡。

（一）稳定物价

稳定物价通常是指设法促使一般物价水平在短期内不发生显著的波动，以维持国内币值的稳定。鉴于通货膨胀对资源配置效率、财富分配及稳定的预期等方面的负面影响，各国一般都把反通货膨胀、稳定物价作为一项基本的宏观经济政策。在现代信用货币流通条件下，物价波动总体上呈上升趋势，因此，中央银行货币政策的首要目标就是稳定物价，将一般物价水平控制在一定的范围之内，以防止通货膨胀。尽管在物价波动的容许幅度上，不同的经济理论相互之间还存在着争议，但从各国货币政策的实际操作来看，中央银行大多比较保守，一般要求物价上涨率必须控制在 2%～3% 以内。

（二）充分就业

较高的失业率不但造成社会经济资源的极大浪费，而且很容易导致社会危机和政治危机，因此各国政府一般都将充分就业作为优先考虑的政策目标。所谓充分就业即指劳动市场的均衡状态。劳动市场处于均衡状态时的失业率即称自然失业率。当失业率等于自然失业率时即称实现了充分就业。但长期以来人们在对自然失业率的衡量及估计上存在着分歧。从理论上讲，自然失业率应等于事实上的工资膨胀率和预期工资膨胀率相等时的失业率，但是预期通货膨胀率无从测定，因此人们通常用平均失业率来估计自然失业率。从各国实际的执行情况看，对自然失业率的标准也是灵活掌握的，如 1971 年美国国会联合经济委员会在《联合经济报告》中提出美国长远的合理目标应当是使失业率不超过 3%，1978 年《美国就业法案》又规定失业率不超过 4% 即为充分就业。

（三）经济增长

关于经济增长，经济学界至少有两种理解。一种观点认为，经济增长就是指国民生产总值的增加，一国在一定时期内所生产的商品和劳务总量的增加，或者是人均国民生产总值的增加。另一种观点认为，经济增长是指一国生产商品和劳务能力的增长。同前一种观点相比，后一种观点更强调增长的动态效率。

世界各国由于发展阶段及发展条件的不同，在增长率的选择上往往存在差异。大多数发展中国家较发达国家更偏好于高的增长率，对本国的货币政策也会有相应的要求。但长期以来人们对货币政策能在多大程度上影响增长一直存有激烈的争论。目前为多数人所承认的看法是，中央银行的货币政策只能以其所能控制的货币政策工具，通过创造和维持一个适宜于经济增长的货币金融环境，促进经济增长。

（四）国际收支平衡

国际收支平衡是指一国对其他国家的全部货币收入和货币支出持平略有顺差或略有逆差。国际收支平衡又可分为静态平衡和动态平衡。其中静态平衡是指以 1 年周期内的国际收支数额持平为目标的平衡，只要年末的国际收支数额相等，就称为平衡；动态平衡则是指以一定时期（如 3 年、5 年）的国际收支数额持平为目标的平衡。目前在国际收支管理中动态平衡正受到越来越多的重视。由于国际收支状况与国内市场的货币供应量有着密切的关系所以对于开放条件下的宏观经济而言，一国货币政策的独立有效性正面临越来越严峻的挑战。

资料链接 13-2

最终目标选择的历程

回顾一下各国货币政策最终目标选择的历史可能会有助于进一步加深我们对货币政策最终目标的理解。以美国为例，在1913年的《联邦储备法》中，国会对联邦储备系统的货币职能提出了一个原始的、单一的目标，即"提供一种弹性货币"。1946年《就业法》要求政府的经济政策以充分就业、充分产出和充分购买力为宗旨，这种要求也体现在联邦储备系统货币政策的目标当中。1977年《联邦储备系统改革法》专门就联邦储备系统货币政策的最终目标作出了具体规定。有效地促进充分就业维持价格稳定、保持长期利率的适度上升。此后上述目标又经过1978年的《哈姆弗里·霍金斯法》得到进一步的修正和更加明确的规定。至此，经过半个多世纪的发展，联邦储备系统货币政策最终以法律形式确立了以充分就业、价格稳定和合理的长期利率三部分为主要内容的多重目标体系。鉴于最终目标之间存在着冲突，联邦储备系统只能有两种选择：要么统筹兼顾，根据自己的判断进行政策调整，在三者之间达到一个平衡；要么选定一个作为重心的长期政策目标。由于政府经济政策对货币政策的影响，联邦储备系统曾长期实践着第一种选择，试图既达到理想的经济目标，即充分就业、经济增长，又保持低通货膨胀率和较低的利率，但实践的结果却对这一选择本身提出了越来越多的疑问。从理论上讲，第一种选择如果可行须满足以下两个条件：第一，三个目标之间具有可靠的相关性；第二，货币政策能同时对这三个目标的良性发展产生作用。但经济理论和实践都无法证明这两个条件的存在。

所以，联邦储备系统现在倾向于这样的认识：货币政策在短期甚至中期内对经济能够产生影响。但从长期看，货币政策只能影响通货膨胀率。因此联邦储备系统正在探索第二种选择：以控制通货膨胀为重心的长期政策目标。联邦储备系统的经验是：中央银行最重要的工作就是为持续、非通胀的经济发展创造一个稳定的环境。稳定的经济环境有利于社会公众形成稳定的预期，有助于增强企业和消费者对经济发展的信心，从而有利于促进市场价格机制的运行效率。稳定的物价水平不但有利于劳动生产率的提高，而且有利于提高生活水准。相反，通货膨胀对经济产生的害处已经为越来越多的经济所证实。目前世界上许多国家的中央银行正在向美国联邦储备系统的立场靠拢；执行以价格长期稳定为目标的货币政策是中央银行对本国经济发展的最重要的贡献。因此，联邦储备系统在货币政策最终目标的选择上，已将控制通货膨胀、保持价格稳定放在了中心位置上。

资料来源：朱正元. 美国联邦储备体系货币政策最终目标的辩证否定与启示［J］. 南方金融，2001（5）.

二、中介目标

货币政策并不是直接作用于最终目标的，从操作货币政策工具到最终目标的实现是一个相当长的作用过程，目前人们对这一过程还缺少足够精确的了解。货币政策要对最终目标发生作用只能借助于货币政策工具，通过对一系列中间变量的设定、调节和影响来间接作用于最终目标，从而实现最终目标。中介目标是货币政策作用过程中一个十分重要的中间环节，也是判断货币政策力度和效果的重要指示变量；中介目标的选择恰当与否关系到货币政策的调节效果以及最终政策目标的实现，是十分重要的过程控制变量。

（一）中介目标的选择标准

根据通常采用的标准，货币政策中介目标的选取必须符合以下三个方面的要求：可测性、可控性和与最终目标的相关性。

（1）可测性。可测性有两方面的含义：一是中介目标应有比较明确的定义，如 M_0、M_1、M_2、长期利率、短期利率等；二是有关中介目标的准确数据应能为中央银行及时获取，以便于观察分析和预测。

（2）可控性。即中央银行通过运用各种货币政策工具，能够准确、及时地对中介目标变量进行控制和调节，以有效地贯彻其货币政策意图。

（3）相关性。指在中央银行选定的中介目标与货币政策的最终目标之间必须存在密切稳定的相关性，中介目标的变动能显著地影响到最终目标，中央银行通过对中介目标的控制和调节就能促使最终目标的实现。

根据以上三个标准，可选作中介目标的变量通常有两类：总量指标和利率指标。前者包括银行信贷规模、货币供应量等，后者主要指长期利率。

（二）经常采用的中介目标

1. 银行信贷规模

银行信贷规模指银行体系对社会大众及各经济单位的存贷款总额度。就其量的构成而言，包括存、贷款总额两大部分。由于信贷规模与货币供应总量直接相关，改变信贷规模是改变货币供应量的重要途径，会对货币政策的最终目标产生直接的影响。因此，中央银行只要通过观测、调控银行信贷规模的变化就能促使和保证货币政策的实现。就可测性而言，银行信贷规模由存、贷款总额两部分构成，中央银行通过统计银行和非银行金融机构的资产负债表上各个有关项目及其构成就能及时得到银行信用总量和构成数据。

可控性方面，对银行信贷规模的控制可采取两种方式：一种是直接的信贷管制；另一种是间接调控。前一种方式的含义是显然的。对间接调控而言，根据银行系统的多倍存款创造原理，中央银行通过改变准备金率、贴现率及进行公开市场业务就可以扩大或缩小银行准备金，从而控制其信贷规模。另外，中央银行通过变动利率，改变存、贷款人的相对收益，也能间接控制银行信用总量。所以，银行信贷规模满足可控性要求，是适合作为中介目标的。

银行信贷规模与最终目标的相关性类似于货币供应量与最终目标之间的相关性。广义的货币供应量包括现金和存款，它是银行体系（包括中央银行）的负债；贷款是银行体系的资产。如果银行体系其他资产、负债项目的数量不变则贷款增量等于现金增量加存款增量。所以，以货币供应量为中介目标与以贷款规模或其增量为目标，是同一事物的两个方面，它们两者是一致的。从实际情况看，银行信贷规模的收缩与扩张，会直接导致货币供应量的收缩与扩张，从而影响社会总需求的规模。因此，银行信贷规模与最终目标之间存有较强的相关性。从各国的实际情况看，英国、日本、法国、韩国、印度尼西亚和印度等都曾将贷款规模作为中介目标加以管理。美国在 20 世纪 70 年代以前也曾将银行信贷规模作为货币政策的中介目标。

2. 货币供应量

首先就可测性而言，根据货币的流动性差别及货币性的强弱，M_0、M_1、M_2、M_3 等指标均有很明确的定义，分别反映在中央银行、商业银行及其他金融机构的资产负债表内，可以很方便地进行测算和分析，因而可测性较强。其次看可控性，货币供应量是基础货币与货币乘数之积，货币供应量的可控性实际上就是基础货币的可控性及货币乘数的可控性。从逻辑上讲，如果一国的货币体制能够确保中央银行对基础货币的控制，同时货币乘数相对稳定并且中央银行能够准确地加以预测，则中央银行就能够通过控制基础货币间接地控制货币供应量，此时货币供应量就具有很好的可控性，反之，如果中央银行对基础货币的控制能力较弱，货币乘数缺乏稳定性，则货币供应量控制起来就比较困难。由此可见，货币供应量的可控性很大程度上取决于特定的货币制度、金融环境及经济发展阶段。最后看相关性，一定时期的货币供应量代表了当期的社会有效需求总量和整个社会的购买力，对最终目标有着直接影响，因而与最终目标直接相关。然而问题在于指标口径的选择上，以 M_0、M_1、M_2、M_3 四者而言，到底哪个指标更能代表一定时期的社会总需求和购买力，从而表现出与最终目标有着更强的相关性？以货币供应量作为中介目标的实践表明，指标口径的选择可能是货币供应量作为中介目标存在的主要问题，当大规模的金融创新和放松管制导致金融结构发生变化时，这一问题就会更加突出。

3. 长期利率

长期利率主要指中长期债券利率。根据凯恩斯主义者的经由利率的货币政策传导机制理论，长期利率作为货币的中介目标与最终目标有着很强的相关性。中长期利率对投资有着显著的影响，对不动产及机器设备的投资来说尤其如此，因此与整个社会的收入水平直接相关。另外，货币市场与资本市场上的众多利率水平和利率结构易于为中央银行所获取。从可控性方面来说，在间接调控体系下，中央银行借助于公开市场操作就可以影响银行的准备金供求从而改变短期利率，进而引导长期利率的变化，以实现对长期利率的控制。因此，长期利率作为货币政策的中介目标是适宜的。

但选择长期利率作为中介目标无论是在理论上还是在实践上仍然存在一些问题。第一，利率数据虽然很容易获取，但如何从大量利率数据中得出一个代表利率并不容易。第二，名义利率与预期的实际利率之间往往存在着差别，这也是 IS—LM 模型存在的一个严重问题。实际上中央银行只能盯住名义利率而无法确知社会公众的预期实际利率。举例来说，假定名义利率为9%，如果人们认为价格将提高5%，则预期的实际利率为4%；但如果人们认为价格会提高7%，这时的预期实际利率只有2%。可见对预期实际利率的精确估计取决于对公众价格预期的准确估计。第三，长期利率除受货币资金供求的影响外，还受社会公众对通货膨胀的心理预期等多种市场因素的影响。货币政策和市场因素对利率的作用效果是叠加的，当利率发生变动时，中央银行往往很难分辨出货币政策的作用效果。比如在通货膨胀的背景下，中央银行为抑制通货膨胀，决定提高利率，假定由现在的8%提高到10%，但与此同时，由于公众预期等因素的影响，市场利率却升到了11%，这样中央银行就无法准确判断货币政策的效果，对货币政策的松紧也就无从掌握。第四，中央银行对长期利率的影响是通过对短期利率的影响来传递的，而从短期利率到长期利率存在一个时滞，这也是长期利率作为中介目标的局限性。部分地由于上述原因，在20世纪80年代初，美国联邦储备系统曾将中介目标从长期利率转移到货币供应量上。尽管如此，长期利率仍然是货币政策中介目标中一个可供选择的指标变量。

需要特别指出的是，在实际的选择过程中，总量指标和利率指标一般不能同时都选作中介目标，两者之间存在着冲突，具体而言，如果中央银行以稳定利率为中介目标。则必然要容许货币供应量存在波动；反之，如果要稳定货币供应量，则有可能以利率的不稳定作为代价。这一过程只要通过移动货币的供给和需求曲线就可以很容易地得到验证。

三、操作目标

中介目标又被称作远期目标，操作目标有时也称作近期目标，从货币政策作用的全过程看。操作目标距离中央银行的政策工具最近，是中央银行货币政策工具的直接调控对象，可控性极强。中央银行正是借助于货币政策工具作用于操作目标进而影响到中介目标并实现其最终目标的。操作目标的选择同样要符合可测性、可控性及相关性三个标准。除此之外重要的一点是，操作目标的选择在很大程度上还取决于中介目标的选择。具体而言，如果以总量指标作为中介目标，则操作目标应该选取总量指标；如果以利率作为中介目标，则操作目标就应该选择利率指标为宜。从西方各主要工业化国家中央银行的操作实践经验来看，短期货币市场利率、银行准备金及基础货币等经常被选作操作目标。

（一）短期货币市场利率

经常被选作操作目标的短期利率是银行同业拆借利率。银行同业拆借市场作为货币市场的基础，其利率是整个货币市场的基准利率。中央银行通过调控银行同业拆借利率就可以改变货币供应量，以影响长期利率。有关银行同业拆借利率的水平和变动情况，中央银行可以很方便地得到。当央行根据既定的 M_1 目标认为有必要维持或改变现有的利率水平和结构时，就通过相应的公开市场操作及对贴现窗口贴现率的具体规定，调控同业拆借利率，以贯彻其政策意图。举例来说，假如中央银行打算提高同业拆借利率，以缩减货币供应，它就通过公开市场卖出政府债券，以减少银行准备金，增加准备金压力。此时银行为弥补准备金的不足就会增加在同业拆借市场上的融资，从而导致同业拆借利率的上升。同业拆借利率作为货币市场的基准利率又会进一步引起金融市场利率的上升，并最终影响到货币供应量及经济活动。

短期利率作为操作目标存在的最大问题是利率对经济产生作用存有时滞，同时因为是顺商业周期的，容易形成货币供应的周期性膨胀和紧缩。举例来说，假如经济受到一个正向冲击，收入突然增加，从而引起利率的相应上升。中央银行为使利率回落到预定的目标水平，将会增加在公开市场上的购买，以增加银行准备金。这将导致基础货币的增加，从而引起货币供给的增长。当发生相反的情况时又会造成货币供给的下降，不符合货币政策的逆风向调节的原则。此外，利率也容易受通货膨胀、市场供求、心理预期等非货币因素的影响，不利于中央银行做出正确判断并采取正确行动。所以当 1979 年美国恶性通货膨胀率上升、美元大幅度贬值、金融市场信心动摇之际，美国联邦储备系统即将操作目标的重点转移到银行准备金上。

（二）银行准备金

银行准备金是指商业银行和其他存款机构在中央银行的存款余额及其持有的库存现金。银行准备金的主要特点是不生息或只有很低的利息，其用途主要有：（1）用于满足客户的提款要求；（2）用于满足法定存款准备金要求；（3）用于同业银行间的资金清算。准备金又可进一步划分成不同的概念：一方面，从准备金的需求看，总准备金可以划分为法定存款准备金和超额准备金两部分。法定存款准备金是银行按照法律规定所必须持有的那部分准备金，其数量取决于银行吸收的存款数量和法定存款准备金率。超额准备金指银行总准备金余额中超过法定存款准备金的那部分准备金。超额准备金减去贴现贷款量即为自由准备金。另一方面，从准备金的供给看，银行准备金的供给来源主要有两个渠道：借入准备金和非借入准备金。借入准备金是指中央银行通过贴现窗口提供的临时性贷款，其在使用额度频率和使用理由上都有明确的限制。非借入准备金是银行通过贴现窗口之外的其他渠道所获得的准备金。中央银行通过公开市场操作，买进政府债券是非借入准备金供应的一个最主要的渠道。此外，其他一些"技术因素"如财政存款余额、在途资金、流通中现金等也会影响非借入准备金的供给。

中央银行对银行准备金的调控是通过公开市场操作和贴现窗口，即调控非借入准备金和借入准备金来完成的。在实际操作中，中央银行可以进一步选择非借入准备金或借入准备金作为其操作目标。银行准备金作为操作目标常常与银行同业拆借市场利率相联系。其操作原理是通过调节准备金供给以影响银行同业拆借市场利率，从而进一步影响货币总量。我们将在本章的资料链接 13－3 中以美国联邦储备系统的操作实践为例对这一操作机制加以详细的说明。就可测性而言，无论是总准备金、法定准备金、超额准备金、自由准备金、借入准备金还是非借入准备金等都可以很方便地从有关的记录和报表中获得或者通过相应的估测得到。另外，由于中央银行可以通过公开市场业务任意地改变准备金数额，可控性也不存在问题。至于相关性，我们知道，基础货币由流通中现金和银行准备金组成，通过调控银行准备金就可以改变基础货币从而改变货币供应量。

（三） 基础货币

基础货币又称高能货币，是流通中的现金和银行准备金总和。一般认为，基础货币是比较理想的操作目标。就可测性而言，基础货币表现为中央银行的负债，其数额随时反映在中央银行的资产负债表上，很容易为中央银行所掌握。其次，基础货币中的通货可以由中央银行直接控制；银行准备金总量中的非借入准备金中央银行可以通过公开市场操作随意加以控制；借入准备金虽不能完全控制但可以通过贴现窗口进行目标设定，并进行预测，有较强的可控性。再次，根据货币乘数理论，货币供应量等于基础货币与货币乘数之积，只要中央银行能够控制基础货币的投放，也就等于间接地控制住了货币供应量，从而就能够进一步影响到利率、价格及国民收入，以实现其最终目标。

资料链接 13 - 3

美国货币政策中介目标的选择

20 世纪 40 年代至 90 年代中期，美国货币政策中介目标选择可分为以下四个阶段。

1. 1942 ~ 1951 年：利率钉住

美国于 1941 年后期参加第二次世界大战，政府支出随即急剧增加。财政部为筹措军费，发行了巨额债券。美联储同意帮助财政部廉价地筹措战争费用，方法是把利率钉在第二次世界大战前通行的低水平上：国库券利率为 7.5%，长期财政部债券利率为 2.4%。无论什么时候，只要利率上升到高于上述水平，而且债券价格开始下跌时，美联储就进行公开市场购买，从而抬高债券价格，迫使利率下降。这样，美联储实际上放弃了它对货币政策的控制，以迎合政府的筹资需要。其结果是国家债务的大量货币化和基础货币及货币供应的迅速增加。

战争结束时，美联储继续钉住利率。因为当时不存在对利率上升的压力，所以这种政策并没有引起货币供应爆炸性的增长。可是，1950 年朝鲜战争爆发时，利率开始逐步上升，美联储发现它再次被迫以很快的速度扩大基础货币。通货膨胀开始升温（1950 ~ 1951 年，消费价格指数上升 8%）。因此，美联储决定，现在是放弃钉住利率重新对货币政策加以控制的时候了。联邦储备体系和财政部之间发生了激烈的争论，财政部想要压低利息费用，所以要求继续把利率保持在低水平。1951 年 3 月，美联储承诺它将不让利率急剧上升。1952 年艾森豪威尔当选总统以后，美联储被赋予完全的自由来实现它的货币政策目标。

2. 1951 ~ 1960 年：关注货币市场状况

20 世纪五六十年代，在重新获得行动自由的同时，以威廉·麦克切斯尼·马丁为主席的联邦储备体系认为，货币政策应该建立在对货币市场的"触觉"这样直观判断的基础上。即美联储把市场状况作为政策目标，而所谓市场状况是那些被认为能描述货币市场供求情况的几个变量的模糊集合。这些变量包括短期利率和自由储备（FR），其中自由储备是指银行体系的超额储备（ER）减去贴现贷款量（DL），即

$$FR = ER - DL$$

美联储把自由储备看成是货币市场状况的一个特定指标，认为自由储备代表了银行体系滞留资金的数额。美联储认为银行应优先使用它们的超额储备来归还贴现贷款，所以只有那些不是从美联储借入的超额储备才代表自由储备，才可以用来发放贷款和创造存款。美联储把自由储备的增加理解为货币市场状况的宽松，并使用公开市场出售来抽走银行体系的储备；自由储备的下降则意味着货币市场状况的收紧，美联储相应进行公开市场购买。

这个政策程序的一个重要特征：当经济繁荣时，它导致货币供应更为迅速的增长；当经济萧条时，它导致货币增长率的放慢。这就是所谓顺周期的货币政策，货币供应的增长同产业周期正向关联。具体可解释为国民收入增加（$Y\uparrow$）引起市场利率上升（$i\uparrow$），从而提高持有超额储备的机会成本并使超额储备下降（$ER\downarrow$）；利率上升也助长了向贴现窗口借款的动机，因为银行放款较为有利可图，所以贴现贷款的数量将会上升（$DL\uparrow$）；超额储备的下降和贴现贷款量的上升意味着自由储备将下降（$FR\downarrow = ER\downarrow - DL\uparrow$）；当美联储由于自由储备下降进行公开市场购买时，这一行动增加了基础货币（$MB\uparrow$），从而也增加了货币供应（$M\uparrow$）。以上所述可以归结如下：

$$Y\uparrow \rightarrow i\uparrow \rightarrow ER\downarrow, \ DL\uparrow \rightarrow FR\downarrow \rightarrow MB\uparrow \rightarrow M\uparrow$$

所以，当美联储把自由储备作为货币政策中介目标时，其结果是货币供应的变动同国民收入正向关联。可见，这是一种顺周期的货币政策。事实上，在此期间，美联储宣布的方针却是：货币政策应该"逆风向实施"，货币政策应该是反周期的，即在产业周期处于扩张时，货币政策就是紧缩的，在产业周期处于紧缩时，货币政策则应是扩张的。

美联储的另一个主要操作目标是短期利率。作为一个目标变量，使用利率的实际状况并不比自由储备好多少，而且也导致顺周期的货币政策。如果美联储看到利率由于收入增加而上升，它将购买债券以抬高其价格，使利率下降到目标水平。其结果是：基础货币增大导致货币供应上升和产业周期扩张，并伴随更高的货币增长率。概括地说，就是：

$$Y\uparrow \rightarrow i\uparrow \rightarrow MB\uparrow \rightarrow M\uparrow$$

在萧条时期将发生相反的连锁事件，收入下降的同时，货币供应的增长率将会降低（$Y\downarrow \rightarrow M\downarrow$）。

3. 1970~1981年：关注货币总量

1970年，阿瑟·伯恩斯被任命为美联储理事会主席。其后不久，美联储就宣称将以货币总量作为货币政策中介目标。然而，美联储把货币总量作为目标的承诺并不是非常坚定的。

联邦公开市场委员会每六个星期要为各种货币总量的增长率确定目标区间，并决定多高的联邦基金利率（银行同业间隔日拆借利率）是美联储认为同上述目标相一致的。联邦公开市场委员会对货币总量增长率规定的目标区间相当宽——M_1增长率的典型区间可能是3%~6%，M_2的区间是4%~7%，而对联邦基金利率规定的区间却很窄，比如说，7.5%~8.25%。然后，纽约联邦储备银行交易部受命去实现这两套目标。但是，利率目标和货币总量目标可能并不相容。如果两个目标不一致，比如说，当M_1增长过于迅速时，联邦基金利率开始逐渐上升到高出它的目标区间的上限；交易部奉令优先考虑联邦基金利率目标。在上述情况下，这将意味着：虽然 M_1 的增长率已经很高，但交易部仍将进行公开市场购买以使联邦基金利率保持在它的目标区间内。

1974 年底，当经济紧缩的严重程度大大超出任何人的预料时，联邦基金利率从 12% 猛降至 5%，而且不断地冲击其目标区间的下限。交易部运用公开市场出售来防止联邦基金利率下降，货币增长率随即急剧下降，到 1975 年初实际上成为负数。显然，在美国正经受第二次世界大战后最糟糕的经济紧缩时，货币增长率如此急剧下降是一个严重的错误。

尽管美联储口头上说要以货币总量为货币政策中介目标，但使用联邦基金利率作为操作目标仍然造成了顺周期的货币政策。对上述问题的解释是：美联储仍然非常关注实现利率的稳定，在是否取消对利率变动的控制这个问题上犹豫不决。到了 1979 年 10 月，美联储的政策程序同它所宣称的要以货币总量作为目标这两者之间的不一致已经变得非常明显，从而，美联储的政策程序有了重大的修改。

1979 年 10 月，在保罗·沃尔克成为美联储理事会主席之后两个月，美联储终于不再强调把联邦基金利率作为操作目标，并把它的目标区间放宽了 5 倍多（典型的区间是 10% ~ 15%），并以此成功地控制住了 20 世纪 70 年代末至 80 年代初的通货膨胀。

4. 1982 ~ 1994 年：由侧重货币总量向利率回归

1982 年 10 月，随着通货膨胀被抑制，美联储实际上又转向了平衡利率政策。它放松了对货币总量目标的关注而转向借入储备（贴现贷款额）。为了看清借入储备目标是如何实现利率平稳的，让我们考虑一下在经济扩张（$Y\uparrow$）时导致利率上升的情况。利率上升（$i\uparrow$）增强了银行从美联储借更多钱的动机，因此，借入储备上升（$DL\uparrow$）。为了阻止借入储备的上升超过目标水平，美联储必须通过公开市场购买来提高债券价格，以降低利率。那么，以借入储备为目标的结果是美联储防止了利率上升。然而，在这样做的同时，美联储的公开市场购买增加了基础货币（$MB\uparrow$），并引起货币供应增加（$M\uparrow$），这导致货币与国民收入之间的正向关联（$Y\uparrow\rightarrow M\uparrow$）。公式为：

$$Y\uparrow\rightarrow i\uparrow\rightarrow DL\uparrow\rightarrow MB\uparrow\rightarrow M\uparrow$$

萧条则产生相反的连锁事件：借入储备目标阻止了利率下降，并造成基础货币减少，从而导致货币供应下降（$Y\downarrow\rightarrow M\downarrow$）。

最终，在 1987 年 2 月，美联储宣布它不再设定 M_1 目标。M_1 目标的取消，有两项理由：第一，金融管制放松及金融创新快速发展使对货币的定义及计量十分困难。第二，M_1 与经济活动间的稳定关系已经破裂。这两项说明，像 M_1 这样的货币总量可能不再是货币政策的可靠指标。结果是，美联储把个别重点转向更宽泛的货币总量 M_2，它感觉 M_2 与经济活动有更稳定的关系。然而，在 20 世纪 90 年代初期，这一关系也破裂了。

1993 年 7 月 22 日，现任美联储主席格林斯潘在参议院作证时，出人意料地宣布，美联储决定放弃实行了十余年的以调控货币供应量来调控经济运行的货币政策规则，改以调整实际利率作为对经济实施宏观调控的主要手段。格林斯潘用了大量数据说明，货币供应量与经济增长之间的稳定关系在近年来已逐步被打破。其主要原因是，20 世纪 70 年代以来，美国人投资方式的改变，使得社会上充满了大量的流动资金，而这些资金不能、也很难被包括在货币供应量之内，因此，如果继续使用货币供应量作为判断、指导经济增长的准则，就会出现失误。而改用实际利率作为政策工具，则可以将金融市场上的这些资金流动也考虑在内。

1994 年 2 月 22 日，格林斯潘在众议院银行委员会作证时进一步指出，联邦储备委员会将以"中性"的新货币政策来取代前几年的以刺激经济为目标的货币政策。所谓"中性"的货币政策，就是使利率水平保持中性，对经济既不起刺激作用也不起抑制作用，从而使经济以其自身的潜能在低通货膨胀条件下持久稳定地增长。这一讲话表明，美联储将以实际年经济增长率为标准来确定和调整实际利率。他们认为，美国劳动力的年增长率约为 1.5%，生产率年均增长约为 1%，因此，美国潜在的年经济增长率约为 2.5%。美国联邦储备银行的主要任务就是通过调整利率，使年经济增长率基本稳定在 2.5% 左右，这样就可以同时达到稳定物价和保证经济增长的目标。

1993 年美联储的改弦易辙，并非对传统的简单恢复，它是在一系列新的研究基础上做出的慎重选择。其中，在理论上做出主要贡献的是斯坦福大学的 J. 泰勒教授，他所提出的著名规则，现在被美国金融界称为"泰勒规则"。

泰勒通过对美国以及英国、加拿大等国的货币政策实际的细致研究发现，在各种影响物价水平和经济增长率的因素中，真实利率是唯一能够与物价和经济增长保持长期稳定相关关系的变量。因此，他认为，调整真实利率，应当成为货币当局的主要操作方式。

"泰勒规则"可以从一个理想化的状态开始描述。假定经济中存在着一个"真实"的均衡联邦基金利率，在该利率水平上，就业率和物价均可以保持在由其自然法则决定的合理水平上。在这里，均衡利率指的是名义利率减去预期通货膨胀率，而通货膨胀率则指的是由泰勒定义的购买力增长率（不是市场上的物价上涨率）；该购买力增长率不仅与市场物价上涨率有关，而且与社会持有的金融资产的财富效应有关。根据泰勒的研究，在美国，该真实均衡利率为 2%。

如果因为某种原因，上述真实利率、经济增长率和通货膨胀水平（即泰勒定义的购买力增长率）的关系遭到破坏，货币当局就应当采取措施。首先，联邦基金的名义利率要顺应通货膨胀率的变化而调整，以保持真实均衡利率水平。其次，如果产出的增长率超过了其潜在的真实水平，真实利率必须提高；如果通货膨胀率超过了目标通货膨胀率水平，则真实利率也应当提高。根据泰勒的研究，美联储如果遵循这样的规则行事，就会使经济运行保持在一个稳定且持续增长的理想状态上。显而易见，格林斯潘 1993 年和 1994 年两次关于货币政策调整的证词，都是以"泰勒规则"为理论基础的。

资料来源：敖颖全. 货币政策中介目标的选择——以美国为例的分析［D］. 吉林大学，2004.

第三节　货币政策工具

货币政策工具是由中央银行掌控的，用以调节基础货币、银行储备、货币供给量、利率、汇率以及金融机构的信贷活动，以实现其政策目标的各种经济和行政手段。主要措施有七个方面：第一，控制货币发行；第二，控制和调节对政府的贷款；第三，推行公开市场业务；第四，改变存款准备金率；第五，调整再贴现率；第六，选择性信用管制；第七，直接信用管制。

央行运用货币政策工具不是唯一的，而是多种工具综合组成的工具体系，每一种工具各有其优点和局限，央行通过货币政策工具的选择和组合使用来实现其宏观调控的目标。

货币政策工具体系可以分为主要的一般性的工具、选择性的工具和补充性工具等。

一、一般性政策工具

（一）法定存款准备金率政策（reserve requirement ratio）

法定存款准备金率是指商业银行以及其他金融机构缴存中央银行的存款准备金占其吸收存款的比率。法定存款准备金建立的最初目的，是保持银行资产的流动性，提高银行等金融机构的清偿能力，从而保证存款人利益以及银行本身的安全。后来，由于中央银行有权随时调整法定存款准备率，因而调整法定存款准备率就成为中央银行控制货币供给的一项重要工具了。

法定准备金率的变动同货币供给量成反比例关系，同中央银行贷款或贴现利率以及市场利率成正比例关系。法定准备金率最直接的影响对象是货币乘数，法定准备金率提高，货币乘数下降；法定准备金率降低，货币乘数上升。法定准备金率与基础货币的关系比较复杂。如果派生存款的次数是无限的，那么中央银行吸收到的法定存款准备金的数额是一定的；这一数额等于中央银行向社会新增的货币量。因此，在这样的假定前提下，基础货币量是稳定的，与法定准备率的高低无关。但当派生存款次数不是无限时，中央银行吸收到的存款准备金就不是稳定不变的。事实上，当法定存款准备金率提高时，中央银行资产负债表中的法定准备金将增加。因此，货币供给增多就受货币乘数下降和基础货币增加两个相反作用的影响，此时，货币供给量与法定准备金率的关系就变得复杂些。但结论是明确的，法定准备金率提高，货币供给将下降。

中央银行可以针对经济的繁荣与衰退来调整法定准备金率，发挥其金融调节作用。例如，在经济处于需求过度和通货膨胀的情况下，中央银行可以提高法定存款准备金率，借以收缩信用及货币量。如果经济处于衰退状况，中央银行则可以降低存款准备金率，使银行及整个金融体系成倍扩张信用及货币供给量，借以刺激经济增长。法定存款准备金率的高低同存款的种类流动性期限和规模有关。期限短的定期存款和一般活期存款的法定准备金率高，期限长的定期存款的法定准备金率低，储蓄存款的法定准备金率也较高。存款金额大的法定准备金率就高，存款金额小的准备金率就低些。

法定存款准备金率通常被认为是货币政策中作用最猛烈的工具。之所以是最猛烈的，原因在于：（1）通过乘数作用引起货币供给更大幅度的变化。即使是准备金率调整的幅度很小，也会引起货币供给量的巨大波动。（2）即使存款准备金率维持不动，它也在很大程度上限制了商业银行体系的存款派生能力，而且中央银行其他的货币政策工具也都是以存款准备金为基础的。（3）当商业银行由于各种原因持有超额准备金时，如果法定准备金率变动引起超额准备金率相反方向的等幅度变动，法定准备金率调整对货币乘数不产生影响。但商业银行持有超额准备金是有原因的，这些原因不会因法定准备金率调整而消失，因此可以认为超额准备金率在一个阶段内是稳定的，法定准备金率的调整势必引起整个存款准备金率的变动，从而引起货币乘数变动。

法定存款准备金率作为货币政策工具有明显的局限性，主要表现在：第一，由于法定存款准备金率调整对货币供给量的影响较为强烈，因此不宜作为中央银行经常性的货币政策工具，一般只在经济发展阶段转换时才使用，而在一个阶段内要保持稳定。第二，法定存款准备金率的调整会产生心理预期效应，会使得货币金融领域中的其他经济变量产生相应变化，因此，存款准备金率的固定化倾向得到加强。第三，由于不同存款种类有不同的法定存款准备金率，其调整对不同类型的银行和不同种类的存款产生不同影响，这就使得中央银行难以判断存款准备金率调整之后的局面。正由于法定存款准备金率的上述特点，它才成为中央银行手中掌握的一件强有力的但不经常或不轻易使用的武器。

但是，法定存款准备金率政策存在三个缺陷：

一是当中央银行调整法定存款准备金率时，存款货币银行可以变动其在中央银行的超额存款准备金，从反方向抵销法定存款准备金率政策的作用。

二是法定存款准备金率对货币乘数的影响很大，作用力度很强，往往被当作一剂"猛药"。

三是调整法定存款准备金率对货币供应量和信贷量的影响要通过存款货币银行的辗转存、贷，逐级递推而实现，成效较慢、时滞较长。因此，法定存款准备金政策往往是作为货币政策的一种自动稳定机制，而不将其当作适时调整的经常性政策工具来使用。

（二）再贴现政策（rediscount rate）

再贴现是指存款货币银行持客户贴现的商业票据向中央银行请求贴现，以取得中央银行的信用支持。就广义而言，再贴现政策并不单纯指中央银行的再贴现业务，也包括中央银行向存款货币银行提供的其他放款业务。

再贴现政策的基本内容是中央银行根据政策需要调整再贴现率（包括中央银行掌握的其他基准利率，如其对存款货币银行的贷款利率等），当中央银行提高再贴现率时，存款货币银行借入资金的成本上升，基础货币得到收缩，反之则相反。与法定存款准备金率工具相比，再贴现工具的弹性相对要大一些、作用力度相对要缓和一些。但是，再贴现政策的主动权却操纵在存款货币银行手中，因为向中央银行请求贴现票据以取得信用支持，仅是存款货币银行融通资金的途径之一，存款货币银行还有其他的诸如出售证券、发行存单等融资方式。因此，中央银行的再贴现政策是否能够获得预期效果，还取决于存款货币银行是否采取主动配合的态度。

由于商业银行可以凭商业票据对企业进行贴现放款，因而商业银行经常持有大量的商业票据。如果商业银行感到资金短缺，可以用这些票据向中央银行进行再贴现以取得资金。中央银行可以通过调整再贴现率扩大或收缩对商业银行的信用。

中央银行对商业银行进行再融资的方式是多种多样的，除再贴现外，中央银行还可以发放以国库券为抵押的贷款，利用回购协议方式向商业银行购入证券，这实际上是中央银行向商业银行发放的以证券为抵押的贷款。抵押贷款利率与再贴现率一样，可以随时调整，对商业银行的信贷活动具有调节作用。

再贴现率最直接的影响对象是货币需求。如果中央银行提高了再贴现率，就意味着商业银行向中央银行的融资成本提高了，因此，商业银行必然要调高对企业放款的利率，从而引起整个市场利率的上升。利率上升就会增加企业的生产成本，降低其投资边际效益，从而企业的贷款需求受到抑制。当全社会的货币需求下降时，货币供给总量也将下降。在这里，再贴现率调整是通过货币需求间接影响货币供给的。

中央银行的再贴现政策，除了包括调整再贴现率外还包括规定再贴现申请的资格。对再贴现申请资格的规定在不同的经济环境中有所不同。当经济萧条时，中央银行会放宽再贴现的票据范围和申请机构范围；而当经济过热时则收缩票据和申请机构范围。中央银行对再贴现资格的规定会对货币供给总量和货币供给结构都产生影响。当资格要求较严时，中央银行通过再贴现渠道投放的基础货币会减少；而资格要求不严时，通过这一渠道投放的基础货币就会增加。

再贴现政策作为货币政策工具有以下特点：第一，再贴现率调整不能保证中央银行有足够的主动权，甚至市场变化可能违背其政策意愿。商业银行是否愿意到中央银行申请再贴现，或再贴现多少，取决于商业银行。当市场对利率的承受能力提高时，即使中央银行提高了再贴现率，也不能有效抑制商业银行的再贴现需求。与再贴现率调整不同，再贴现资格调整使中央银行的主动性增强，但价格调整过于频繁或幅度过大，会使商业银行无所适从，因为资格调整从严格意义上讲，不属于经济手段。第二，再贴现率高低有限度，而且贴现率的随时调整会引起市场利率的经常波动，经济的正常秩序会被打乱。

（三）公开市场业务（open market operation）

中央银行公开买卖债券等的业务活动即为中央银行的公开市场业务。中央银行在公开市场开展证券交易活动，其目的在于调控基础货币，进而影响货币供应量和市场利率。公开市场业务是比较灵活的金融调控工具。

中央银行买卖的有价证券主要是政府公债、国库券和银行承兑汇票等。中央银行买卖有价证券的直接影响对象是基础货币。当中央银行购买有价证券时，投放了基础货币；当中央银行出售有价证券时，基础货币量减少。公开市场业务的运作过程如下：当货币当局从银行、公司或个人购入债券时，会造成基础货币增加，但由于债券出售者获得支票后的处理方式不同，会形成不同形式的基础货币。尽管在货币供给一章中介绍了基础货币增加的途径，并介绍过中央银行证券买卖，但这里还要对公开市场业务进行更深入的分析。

从上面的分析得知，中央银行购买债券可以增加流通中的现金或银行的准备金，即引起基础货币增加。当然，增加现金、增加准备金或者二者不同比例的增加，会导致不同的乘数效应，因此对货币供给的影响也是不同的。当中央银行出售债券时，基础货币将收缩，货币供给将减少。一般情况下，中央银行公开市场业务要实现两个目的：一是"积极性"的调节目的，即通过公开市场业务来影响基础货币、货币供给和市场利率；二是"防守性"的目的，即利用证券买卖稳定商业银行的准备金数量，从而稳定基础货币，实现稳定货币供给的目的。

公开市场业务有以下优点：（1）公开市场业务是按照中央银行的主观意愿进行的，它不像再贴现政策那样，中央银行只能用贷款条件的调整去影响商业银行的再贴现需求，从而间接影响货币供给。（2）中央银行通过买卖政府债券把商业银行的准备金有效地控制在自己期望的规模内，从而实现基础货币量的稳定。（3）公开市场业务的规模可大可小，交易方法和步骤随意安排，保证了法定准备金调整的准确性。（4）公开市场业务不像法定准备金率及再贴现政策那样，具有灵活性。中央银行根据市场情况认为有必要改变调节方向时，业务逆转极易进行。（5）中央银行可以根据货币政策目标每天在公开市场上买卖证券，对货币量进行微调，不像存款准备率与再贴现政策那样，不会对货币供给产生很大的冲击。（6）公开市场业务每天都在进行，不会导致人们的预期心理，货币政策可以易于达到理想的效应。

公开市场业务虽然具备许多优点，但并不是所有国家的中央银行都可以采用这一货币政策工具的。开展公开市场业务必须具备以下条件：首先，中央银行必须是强大的，具有调控整个金融市场的力量；其次，金融市场发达，证券种类，特别是债券种类齐全并达到一定的规模；最后，必须有其他政策工具配合。

二、选择性货币政策工具

传统的三大货币政策都属于对货币总量的调节，以影响整个宏观经济。在这些一般性政策工具以外，还可以有选择地对某些特殊领域的信用加以调节和影响。其中包括不动产信用控制、消费信用控制、证券投资信用控制、优惠利率、预缴进口保证金等。

（1）不动产信用控制。不动产信用控制是指中央银行对金融机构在房地产方面进行贷款限制，以抑制房地产投机。如对金融机构的房地产贷款规定最高限额最长期限以及首次付款最低额和分期付款的最长期限等。

（2）消费信用控制。消费信用控制是指中央银行对不动产以外的各种耐用消费品的销售融资予以控制。其内容包括：①规定分期付款购买耐用消费品时的首次付款的最低金额；②规定消费信贷的最长期限；③规定可以用消费信贷购买耐用消费品的种类。消费信用的控制，可以抑制消费需求，抑制消费品价格上涨。

（3）证券投资信用控制。证券投资信用控制的主要手段是规定保证金比率。为了防止证券投机，中央银行对各商业银行办理的以证券为担保的贷款，有权随时调整保证金比率。保证金比率越高，信用规模越低。当证券价格上涨，中央银行认为必要时，就提高保证金比率；反之，则降低保证金比率。

三、补充性货币政策工具

（一）直接信用控制

直接信用控制是指中央银行以行政命令或其他方式，从质和量两个方面，直接对金融机构尤其是存款货币银行的信用活动进行控制。其手段包括利率最高和最低限制、信用配额、流动比率和直接干预等。其中，规定存贷款最高和最低利率限制，是最常使用的直接信用管制工具，如 1980 年以前美国的 Q 条例。

1. 信用配额

信用配额是指中央银行根据经济形势，为避免信用过度扩张，对商业银行的资金用途进行合理分配，以限制其信贷活动。在限制信用方面，主要是对商业银行向中央银行提出的贷款申请，以各种理由拒绝，或者给予贷款但规定不得用于某些领域。对信用采取配额限制，一般发生在资金供求不平衡的国家。由于这些国家投资需求超过资金来源，故不得不对信用采取直接分配的办法。例如，制定一国产业政策时，规定优先提供资金的顺序；或按照资金需要的缓急将有限的资金分配到最需要发展的部门；有些国家则采取设立专项信贷基金的办法，保证某种建设的特殊需要。

2. 利率控制

（1）规定存贷款利率的上下限。在发展中国家，利率上下限的规定普遍存在。即使是发达国家，在过去也规定利率的上下限，如美国在 1986 年以前也曾经对利率进行上下限的规定，其目的是防止银行用抬高利率的办法竞相吸收存款和为谋取高额利息而进行风险贷款。

（2）差别利率。差别利率是中央银行对不同部门、不同企业规定不同的贷款利率。例如，中央银行对国家重点发展的经济部门和产业，如出口工业、农业等，采取鼓励措施执行优惠利率政策。

3. 流动比率控制

流动比率是流动资产对存款负债的比率。一般说来，流动比率与收益率成反比。为保持中央银行规定的流动比率，商业银行必须减少长期投资和贷款，扩大短期贷款和增加应付提现的资产等措施。

4. 直接干预

直接干预是指中央银行根据金融情况，在必要时对各金融机构或某一类金融机构规定贷款的最高发放额；直接干涉银行对活期存款的吸收；规定各银行投资与贷款的方针，诸如限制贷款项目，如不允许商业银行从事股票以及不动产投资，也包括对贷款额度的限制，如规定商业银行的中长期贷款的最高额度。中央银行对业务活动不当的商业银行，拒绝向其提供融资，或者提供融资要收取惩罚性的利息。

（二）间接信用指导

间接信用指导是指中央银行通过道义劝告、窗口指导等办法间接影响存款货币银行的信用创造。

1. 道义规劝

中央银行利用自己在金融体系中的特殊地位和威望，通过对银行及其他金融机构和信贷活动采取劝告的方式去影响其贷款数量和投资方向，以达到控制信用的目的。

道义规劝作为一种货币政策，应具备以下三个条件：第一，中央银行具有较高的威望和地位；第二，中央银行拥有控制信用的法律权力和手段；第三，该国具有较高的道德水准和遵纪守法精神。道义规劝被认为有以下政策效果，首先，道义规劝可以避免强制性信用控制所带来的令人不愉快的心理反应，有助于加强中央银行与商业银行及其他金融机构的长期密切合作关系。其次，由于中央银行的利益与一般金融机构的长期利益相一致，因而在某些情况下，道义规劝非常有效。最后，道义规劝在质和量方面均能起作用，比如中央银行可以根据经济发展情况，把自己的货币政策意向及根据向金融机构说明，劝告它们注意限制贷款和投资的数量，进行信用总量控制。中央银行根据自己对信用结构问题的判断，对金融机构的信用结构进行道义规劝，以实现对信用结构的控制。

道义规劝是一种重要的辅助货币政策，在某些情况下可能十分有效，但由于它不具有法律效力，因而只是表现中央银行意向的一种方式。

2. 窗口指导

窗口指导是日本中央银行——日本银行间接控制信用的一种政策工具。主要内容是，日本银行根据市场情况物价变动趋势、金融市场动向、货币政策的要求以及前一年度同期贷款情况等，规定每家金融机构按季度贷款增加的额度，以指导的方式要求各金融机构遵照执行。实行窗口指导的直接目的是保持同业拆借利率的稳定，日本银行利用它在金融体系中的威信和与日本民间金融机构的频繁接触，劝告它们遵守日本银行提出的要求，从而达到控制信用的目的。以限制贷款增加额作为特征的窗口指导，作为一项货币政策工具，虽然仅是一种指导，不具有法律效力，但发展到今天，已经转化为一种强制性的手段。如果商业银行等金融机构不听从日本银行的窗口指导，日本银行可以对商业银行等金融机构进行经济制裁，制裁的办法主要是在再贴现时，对这些金融机构进行限制。

案例 13-1

"9·11" 后美联储的货币政策

2001 年 9 月 11 日，恐怖组织对美国世贸中心大楼的袭击，不但使美国的航空与保险业陷入困境，而且也扰乱了美国支付与金融体系的正常运行，从而对整个国民经济带来严重的后果。一方面，企业与个人对流动性的需求大幅增加；另一方面，不确定性的增加和资产价格的下降也削弱了银行和其他金融机构的贷款意愿，这一切，对已陷入衰退的美国经济来说，无异于雪上加霜。为了最大限度地减少"9·11"事件对经济复苏的不利影响，美联储通过多种渠道，采取了有力的措施以图恢复市场信心和保证金融与支付体系的正常运行。下面是美联储为"9·11"事件所采取的六大措施。

第一，美联储通过其在纽约的交易中心以回购协议的方式为市场注入大笔资金，2001 年 9 月 12 日，美联储持有的有价证券金额高达 610 亿美元，在此之前，美联储日平均证券余额仅为 270 亿美元。

第二，美联储通过再贴现直接将货币注入银行体系。9 月 12 日的再贴现余额高达 450 亿美元，远远超过在此之前的 5900 万美元的日平均余额。

第三，美联储联合通货监理局（OCC）劝说商业银行调整贷款结构，为出现临时性流动性问题的借款人发放专项贷款。并声称，为帮助商业银行实现这一目的，美联储随时准备提供必要的援助。

第四，由于交通运输问题妨碍了票据的及时清算，美联储于 9 月 12 日将支票在途资金扩大到 230 亿美元，几乎是此前日平均金额的 30 倍。

第五，美联储很快与外国中央银行签署了货币互换协议，对已有的货币互换协议，也扩大了其协议的金额。

第六，在 9 月 17 日清晨，联邦公开市场委员会（FOMC）又进一步将联邦基金利率的目标利率定为 3%，下降了 0.5 个百分点。同日晚些时候，纽约股票交易所重新开业。

思考题：

1. 美联储的上述六大政策各有何不同？哪些政策动用了一般性政策工具，哪些政策平常很少使用？

2. 美联储通过哪些手段增加了货币供应量？增加货币供应量对一国经济有何影响？

案例分析：

1. 第一、第二、第六属于一般性货币政策工具主要是调节货币供应总量、信用量和一般利率水平，是数量工具。第三个政策属于窗口指导，第四、第五是直接的信用控制，这三项措施都是央行有选择地对某些特定领域的信用加以直接或间接的调节和影响。尤其是第四项政策很少采用。

2. 美联储通过回购协议和再贴现的方式增加了货币供给量。货币供给量增加，会带来利率的下降，下降的利率刺激投资增加，消费需求也会随之增加，最终会促使总产出增加，刺激经济发展。

第四节　货币政策传导机制

一、货币政策传导机制的内容与特征

中央银行制定货币政策以后，在这一政策正式实施和达到调节目标之间有一个内在机制在起作用，这个机制可以分为两个部分：第一部分是内部传导机制，是从货币政策工具选定、操作到金融体系货币供给收缩或扩张的内部作用过程，是从中央银行到金融体系的货币供给过程，中央银行通过货币政策操作工具调控基础货币，然后通过金融机构的信用派生能力决定社会货币供应量；第二部分是货币政策外部传导机制，是中介目标发挥外部影响即对实体经济产生作用的过程。从货币政策传导机制的含义和传导过程可以看出，货币政策传导机制具有以下特征。

第一，货币政策的传导是一个既有阶段性目标又有连接运行过程的系统。货币政策在传导过程中，是通过实施货币政策工具，调整中间变量与中介目标，从而影响最终目标的有机过程，是一个融货币政策目标和手段为一体的统一过程。从中央银行的角度讲，货币政策的传导过程就是货币供应的实施过程，货币供应离不开货币政策目标的导向，离不开货币政策工具的运用。

第二，货币政策传导过程是一个复杂的过程。这种复杂性体现在以下三个方面。

（1）货币政策传导是一个多渠道的过程，并且不同的传导渠道产生的效应不同，在一个特定的国家里，货币政策传导的一种渠道可能比另一条渠道更有力，这取决于该国的机构安排、具体经济情况以及特定经济环境下的政策目标。

（2）货币政策在传导过程中，启动货币政策工具可以有不同的选择，并且工具的选择与货币政策传导效果有十分密切的关系。换句话说，各种货币政策工具的重要性是不一样的，在某一特定时期操作的时候，必须有所选择。

（3）从一定程度上讲，货币政策的传导应是货币政策效应的传导。但是，从货币政策的启动到发挥作用之间有一个时间过程，而且在不同渠道运用的货币政策会有不同的时滞和效果，这就需要确定分析货币政策效果的衡量标准，显然，这是一件困难的事情，正如有的经济学家所说的那样，要想认识到货币政策的全部传导机制实在是太困难了。

第三，在货币政策传导机制中，各个变量之间的关系不是精确的数量关系。这一特征为我们研究货币政策传导过程的基本方法指明了方向。货币政策传导机制的作用之一，就是揭示政策的"投入"与"产出"之间的关系，反映货币政策的效应，或者说，中央银行总是要通过货币政策的传导，保持适度的货币供应，以求取得保持经济健康增长的效应，货币供应量的增减变化，对经济运行肯定是有影响的，但是货币供应或货币政策变动又必然受经济发展内在过程和机构因素的制约。货币政策或货币量的变化对经济的影响也要受其他经济和政策要素的制约，并且这些制约都需要一定的时间，要找出相应的数量关系是困难的。货币政策传导机制的这一特点说明了货币政策的实施过程具有矛盾性和复杂性。一方面，中央银行必须根据宏观经济发展的内在要求或货币流通规律的客观要求来实施货币政策。另一方面，货币政策工具的实施又必然受经济发展过程及其中包含的结构因素的影响和支配，使货币政策的传导很难得到一种精确的数量关系。正是基于这个原因，传统的分析货币政策传导机制的方法主要以理论分析和推导为主，近几年来才逐渐开始运用数量分析方法对货币政策传导机制进行分析。

二、货币政策传导机制理论

对货币政策传导机制理论的研究是一个由来已久的问题，西方各经济学派都对这一问题进行了研究。

（一）早期货币政策传导机制理论

早期的货币数量论是以欧文·费雪为代表现金交易数量论和以马歇尔、庇古为代表的现金余额数量论，他们虽然没有明确提出货币政策传导机制理论，但其理论中已经包含货币政策传导机制理论的雏形思想，认为货币既不影响就业，也不影响产出，货币流通速度不变，从而货币只是影响名义价格等幅同方向的变化，货币影响的仅仅是价格水平。瑞典经济学家威克塞尔以其著名的"累积过程理论"向传统货币数量论提出了有力的挑战，认为货币"非中性"是经济的常态，货币数量论以货币流通速度不变为前提是错误的。金融运行的重要性是通过货币的均衡来实现的，货币是通过货币利率与自然利率的背离首先影响相对价格体系，继而影响物价水平，引申出银行信贷供给变化对利率进而对投资、收入、物价进行调节的货币政策主张。

（二）货币政策利率传导机制理论

货币政策利率渠道是凯恩斯的观点，也是最为传统的货币政策传导机制观点。在利率渠道中，货币冲力是改变社会总产量或就业量的决定力量，但货币对产量或就业量的影响不是直接的，而是通过引起利率的改变进而引起消费和投资决定的变化来影响实体经济，利率渠道功能的发挥依赖于消费、投资等社会需求对利率的敏感程度。凯恩斯的有关货币政策利率渠道的逻辑思路是这样：货币供应量引起利率的变动，利率的变动引起投资的变动，投资规模变动引起就业、产量和收入的变动。利率又成为决定投资需求的关键因素，通过改变货币的供求关系即可达到调节利率，进而对投资、就业和收入水平产生影响的目的。中央银行利用公开市场交易，不仅可以改变货币数量，而且可以改变对金融当局未来政策的预期，故能双管齐下，影响利率，即传导过程为：$M\uparrow\rightarrow i\downarrow\rightarrow I\uparrow\rightarrow Y\uparrow$。

（三）新古典综合学派货币政策传导机制理论

新古典综合学派作为现代凯恩斯主义的两大支派之一，对凯恩斯的货币政策传导理论进行了扩展和深化，新古典综合学派对货币政策传导研究所作的理论贡献主要体现在两个方面：

1. 托宾 q 效应

托宾的 q 理论认为货币政策可以通过影响企业的权益价格来调节经济，q 在托宾的理论中，被定义为公司的市场价值与其资本的重置价值之比。同时认为如果 q 值高，则公司的市场价值高于其资本的重置成本，因此公司投资新厂房和设备比较便宜，这样，q 值高的公司可以以比购买这些厂房、设备更高的价格发行权益（如股票），因为公司发行的权益价格高，只需发行少量的权益就可以购买大量的投资品，所以投资支出就将上升。反之，如果公司 q 值低，公司的投资支出将较低。托宾 q 理论的关键在于 q 与投资支出的联系。其过程是，中央银行扩张的货币政策使得权益价格上升，托宾的 q 上升，投资支出随之增加，最后社会总产出增加，即传导过程为：$M\uparrow\rightarrow i\downarrow\rightarrow P_e\uparrow\rightarrow q\uparrow\rightarrow I\uparrow\rightarrow Y\uparrow$。

2. 莫迪利亚尼消费财富效应

消费财富效应是莫迪利亚尼大力推崇的传导理论，强调货币政策通过影响个人财富，进而影响个人消费对经济的作用，在货币政策传导中，货币供应量的变动不仅通过利率影响资产结构的调整，而且同时影响价格水平和人们拥有的财富价值，进而影响人们的消费支出。在莫氏生命周期理论中，消费支出决定于消费者一生的资源，这些资源包括人力资本、真实资本和金融财富，其中普通股股票是金融财富的一个主要组成内容，当股票价格下跌时，意味着财富减少，从而导致消费支出及总产出下降。这一传导机制可以概括为：扩张的货币政策使股票价格上涨，消费者金融财富增加，在其他条件不变的情况下，总财富增加，从而消费支出提高，总需求和总产量增加，即传导过程为：$M\uparrow\rightarrow i\downarrow\rightarrow P_e\uparrow\rightarrow$总财富$\uparrow\rightarrow C\uparrow\rightarrow Y\uparrow$。

3. 货币学派货币政策传导机制理论

货币学派与凯恩斯的以利率为核心的货币政策传导机制不同，认为利率在货币政策传导机制中不起重要作用，货币需求函数具有内在稳定性，强调货币供应量在整个货币政策传导机制上的直接作用。货币学派认为，货币供给作为外生变量增大时，公众手持有的货币量超过他们愿意持有的货币量，从而财富所有者原有的资产组合均衡被打破，这样就要重新安排自己的资产组合，货币学派认为这是一个资产结构调整的过程。货币供给的增加首先影响金融市场，继而对各种商品和劳务市场产生影响。导致投资和消费的显著增长即传导过程为：$M\uparrow \rightarrow E\uparrow \rightarrow I\uparrow \rightarrow Y\uparrow$。从长期看，货币增长率的变化只会引起价格水平的变化，不会对实际产量产生影响，相机抉择的货币政策增加了货币供应的不稳定性，加剧了经济波动。货币当局应该按照经济增长的速度，长期稳定地增加货币供应量，实行稳定的货币增长率规则是相当重要的。从货币学派分离出来并逐渐取代货币学派的理性预期学派以卢卡斯为代表，理性预期学派认为由于公众理性预期的作用，使政府宏观经济政策无论在短期还是中长期都是无效的，不仅不能取得预期的效果，还会产生与初始意图相反的结果，因而货币政策是无效的。

4. 新凯恩斯主义货币政策传导机制理论

新凯恩斯主义认为凯恩斯和新古典综合学派的货币政策传导机制理论在解释货币政策变动对经济影响的强度、时间和构成方面存在不足之处，他们提出了信贷传导机制理论来试图弥补这一不足。信贷传导机制理论最早起源于"信用供给可能性理论"，但信用供给可能性理论隐含着"不完全竞争的金融市场"和"信贷配额"两大假设前提，而这两大假设在当时却缺乏令人信服的论证，所以这一理论在当时的理论界与实务界都没有得到广泛支持，这一局面一直维持到20世纪70年代中期出现了转机，信息经济学的发展为信贷配额提供了新的理论支持，新凯恩斯主义经济学家斯蒂格利茨1981年最先指出"信贷配额理论"。在此基础上，伯兰克等人逐渐形成了货币政策的信贷传导机制理论，也称货币政策传导机制理论的"信贷观点"。而与之相对应的凯恩斯及新古典综合学派货币政策传导机制理论称为货币政策传导机制理论的"货币观点"。货币政策传导机制理论的"信贷观点"认为货币政策通过商业银行资产负债表的资产方发生作用，由于信息不对称及金融摩擦的存在使金融市场是不完全的市场，金融市场上存在三种类型的资产，他们是货币、债券和银行贷款，银行贷款对一些企业和消费者来说是不能用其他资产完全替代的。信贷传导机制理论主要包括银行借贷渠道与资产负债表渠道两种具体的传导理论，其传导过程为：$M\uparrow \begin{cases} i\downarrow \rightarrow P_s\uparrow \\ NCF\uparrow \rightarrow 资产状况改善 \end{cases} \rightarrow L\uparrow \rightarrow I\uparrow \rightarrow Y\uparrow$，其中，NCF 为现金流。

资料链接 13 – 4

利率传导渠道

利率传导渠道是货币政策传导机制中最主要的一种货币政策传导机制模式，也是凯恩斯的 IS—LM 模型中的核心内容。IS—LM 模型最初由希克斯（Hicks，1937）提出，描述产品市场和货币市场之间相互关系的理论结构。

假定中央银行通过调节短期名义利率作为主要货币政策工具，根据利率期限结构理论，短期名义利率的改变会影响长期名义利率，而实际利率是长期名义利率经过通货膨胀调整后的利率水平，由于通货膨胀预期是理性的，且这种预期一般具有刚性的特点，从而导致名义利率的变化会引起实际利率的改变（张成思，2011）。

根据 Chatelain 等（2001）和 Kalckreuth（2001）的研究，投资与利率成反比，其关系式为 $I_{j,t} = I_{j,0} - b_j i$。

其中，$I_{j,t}$、$I_{j,0}$ 分别表示行业 j 在第 t 期的总投资额、自主投资额，b_j 表示投资对利率的敏感系数，即行业 j 在利率每上升一单位时，总投资额减少的数值。

假定实际利率上升，企业的融资成本会增加，作为理性人的投资者，在融资成本增加之后会减少投资，结果会导致投资下降，总产出下降，产出下降必然导致失业率增加，这又偏离了我国的货币政策目标。当前我国的货币政策目标为：推动经济平稳增长、维护较低通货膨胀、保持充分就业、维护国际收支平衡等（周小川，2013）。此时，中央银行会再次调整货币政策，如调整为宽松的货币政策。形成了一个循环式的货币政策传导机制。利率传导机制大体可以表示为：

中央银行→利率变动→投资变动→经济产出变动→中央银行

资料来源：石佳. 货币政策传导机制理论探讨 [J]. 现代商贸工业，2019（13）：88–89.

第五节　货币政策效果

一、影响货币政策效果的因素

（一）货币政策的时滞

货币政策从制定到最终目标的实现，必须经过一段时间，这段时间称为货币政策的时滞。时滞是影响货币政策效果的重要因素。通常货币政策的时滞大致有三种：第一种为认识时滞，即从需要采取货币政策行动的经济形势出现到中央银行认识到必须采取行动所需要的时间；第二种为决策时滞，即从央行认识到必须采取行动到实际采取行动所需的时间。上述两种统称为货币政策的内在时滞；第三种为货币政策的外在时滞，即从央行采取货币政策措施到对经济活动发生影响、取得效果的时间。内部时滞的长短取决于货币当局对经济形势发展的预见能力、制定对策的效率和行动的决心等因素，一般比较短促，也易于解决。只要中央银行对经济活动的动态能随时、准确地掌握，并对今后一段时期的发展趋势作出正确的预测，中央银行对经济形势的变化，就能迅速作出反应，并采取相应的措施，从而可以减少内部时滞。而外部时滞所需时间较长，货币当局采取货币政策行动后，不会立即引起最终目标的变化，它需由影响中介目标变量的变化，通过货币政策传导机制，影响到社会各经济单位的行为，从而影响到货币政策的最终目标，这个过程需要时间。但究竟这种时滞有多长时间，以及对货币政策效果的影响力度如何，西方国家的学者有不同看法：一派认为这一时滞相当长，约 2 年左右，而且变幻无常；另一派学者则认为时滞不过为 6~9 个月而已。

（二）合理预期因素的影响

合理预期对货币政策效果的影响，是指社会经济单位和个人根据货币政策工具的变化对未来经济形势进行预测，并对经济形势的变化作出反应。这可能会使货币政策归于无效。例如，政府拟采取长期的扩张政策，只要公众通过各种途径获得一切必要信息，他们将意识到货币供应量会大幅度增加，社会总需求会增加，物价会上涨，公众将认为这是发生通货膨胀的信号。在这种情况下，工人会通过工会与雇主谈判提高工资，企业预期工资成本增大而不愿扩展经营，或人们为了使自己在未来的通货膨胀中免受损失而提前抢购商品。最后的结果是只有物价的上涨而没有产出的增长。显然，公众对金融当局采取政策的预期以及所采取的预防性措施，使货币政策的效果大打折扣。

（三）其他因素的影响

除以上因素外，货币政策的效果也受到其他外来因素或体制因素的影响，例如客观经济条件的变化等。一项既定的货币政策出台后总要持续一段时期。在这一时期内，如果经济条件发生某些始料不及的变化，而货币政策又难以作出相应的调整时，就可能出现货币政策效果下降甚至失效的情况。政治因素对货币政策效果的影响也是巨大的。当政治压力足够大时，就会迫使中央银行对其货币政策进行调整。

二、货币政策的执行原则

货币政策的时滞等因素给政策的实施带来困难，并产生不良后果，这就在如何执行货币政策的问题上引发了争端。货币学派主张，应制定"单一规则"来代替"相机抉择"，即中央银行应长期一贯地维持一个固定的或稳定的货币量增长率，而不应运用各种权力和工具企图操纵或管制各种经济变量。货币主义相信市场机制的稳定力量，认为在经济繁荣、需求过旺时，固定货币增长率低于货币需求增长率，因此，具有自动收缩经济过度膨胀的能力；而在经济不景气、需求不足时，固定货币增长率高于货币需求增长率，因而又具有自动刺激经济恢复的能力。同时，由于时滞的存在和人为判断失误等因素，"相机抉择"的货币政策往往不能稳定经济，反而成为经济不稳定的制造者。

与此相反，凯恩斯学派则赞成中央银行采取"相机抉择"政策，认为市场经济并无自动调节或稳定的趋向，而且货币政策的时滞是短暂的，中央银行应会同财政部门，依照具体经济情况的变动，运用不同工具和采取相应措施来稳定金融和经济。中央银行一旦认定目标，就要迅速采取行动。在情况发生变化或原有预测与所采取的行动有错误时，要及时做出反应，纠正错误，采取新的对策。

第六节 货币政策与其他政策的协调配合

一、货币政策与财政政策的配合

中央银行的货币政策若想获得最大效果，则必须与政府其他部门特别是财政部进行充分合作和协调。货币政策和财政政策的共同点在于通过影响总需求来影响产出。货币政策是通过调节利率或货币供应量来调节货币需求，进而影响总需求；财政政策是政府通过对其支出和税收进行控制而影响总需求。在调控经济活动时，为了避免相互抵销作用，增强调控力度，这就需要货币政策与财政政策相互协调配合。

我国实行财政政策和货币政策的最终目标都是为了促进我国经济的发展，而拥有了相同的目标，两大政策之间的联系就变得密不可分。两项政策主要是针对居民消费的供求关系和资金在企业中的流入和流出来实施的，并为调节市场结构和货币资金的流通提供保障；而两项政策的结果都是保障社会上各企业之间的供求关系能够保持平衡和稳定，从而使市场经济能够持续发展。同时，财政政策和货币政策之间存在一定的互补性，当对我国社会上的各项资金进行调节或使用时，只靠财政政策是无法完全保障资金得到合理利用，所以这个时候就需要通过货币政策来配合财政政策发挥它的作用，这种配合在很多经济理论中已经有所提及。从目前我国各项资金的使用情况来看，财政政策和货币政策对资金的影响分别呈现出不同的形式，但其中也会存在紧密的联系和相互交叉的反应，如果对其中一项政策进行调整，那么势必会影响另一项政策，只有两大政策通过不断的协调配合，才能符合当前经济发展的要求，从而能够最大限度地促进经济的发展。

（一）宽松的财政政策和宽松的货币政策配合

宽松的财政政策要实施减税、扩大支出、增加投资、增加补贴等财政政策工具。宽松的货币政策要实施降低准备金率、降低再贴现率、中央银行大量买进有价证券等货币政策工具，以放松银根、增加货币供应量。

这种配套产生的政策效应是财政和银行都向社会注入货币，使社会的总需求在短时间内迅速得到扩展，对经济活动具有强烈的刺激作用。但是，运用这种政策要在一定条件下才是可取的，即只有在经济中存在大量尚未被利用的资源时才可采用。如果没有足够的闲置资源，那将会导致通货膨胀的后果。

双松型的财政货币政策组合适用于经济增速严重放缓，消费和投资对经济的驱动力严重不足的情况，此时需要对实体经济进行强刺激，从而激发社会的消费和投资需求，带动经济增长。其中，扩张性的财政政策包括增加政府消费性支出和投资性支出、增加转移支付、减税等措施，通过带动私人消费和投资需求及财富转移再分配等方式实现社会总需求的增加。扩张性的货币政策包括降低存贷款利率、降低存款准备金率、公开市场操作等措施来增加市场的流动性，鼓励私人进行消费和投资，鼓励企业进行贷款扩大社会生产和产品供给，避免通货紧缩，而且可以尽可能地减少政府购买对私人消费和投资在特定情况下所产生的"挤出效应"。双松型的财政货币政策组合短期内可以有效地起到刺激经济的作用，但是其对经济造成的影响也较大，实体经济需要较长时间来消化政策影响，因此作为经济的强刺激措施要谨慎使用，避免因过度使用造成严重的经济扭曲。

双松政策可能出现一方面刺激投资、促使经济增长，但另一方面出现财政赤字、信用膨胀的结果。

（二）紧缩的财政政策和紧缩的货币政策配合

紧缩的财政政策要实施增税、削减开支、发行政府债券、减少补贴等财政政策工具；紧缩的货币政策要实施提高准备金率和再贴现率，以及大量卖出有价证券等货币政策工具，以抽紧银根、减少货币供应量。

在这种政策配套下，货币当局加强回收贷款，压缩新贷款，紧缩银根，压缩社会总需求；财政部则压缩财政支出，增加其在中央银行的存款，减少社会货币量。这种双重压缩，会使社会上的货币供应量明显减少，社会总需求得以迅速收缩。这种政策能有效抑制恶性通货膨胀，但要付出经济萎缩的代价。

双紧型的财政货币政策组合的适用情形与双松型政策组合正好相反，其针对经济过热、社会消费和投资需求过于旺盛的情况。由于经济发展过快，货币需求旺盛和物价飞涨导致了严重的通货膨胀，此时极易出现产能过剩和资产泡沫，因此需要采用紧缩性的政策工具组合来快速抑制经济过热的态势。减少政府消费性和投资性支出、提高税收等紧缩性的财政政策可以引导市场中盲目进行的私人消费和投资逐渐退出市场，而提高存贷款利率、公开市场操作等紧缩性的货币政策可以回收流动性，同样起到抑制过热的消费和投资的作用。这一政策组合同样会使人们产生较强的政策预期，在短期内抑制经济过快发展和通货膨胀很有效，但是同样会对经济产生严重的干预，因此需要谨慎使用，不宜长期使用，应避免因错误的经济形势的判断导致经济从过热急转为萧条。

双紧政策可能出现一方面有力地控制总需求，使通货稳定，但另一方面降低经济增长速度的结果。

（三）紧缩的财政政策和宽松的货币政策配合

这种配套中，财政收支严加控制，年度收支保持平衡，甚至有盈余；银行则根据经济发展需要，采取适当放松的货币政策。这种政策配套适合于在财政赤字较大，而经济处于萎缩的状态时采用。

当经济中存在通货膨胀但又不太严重时，可以采用紧缩性的财政政策和扩张性的货币政策的政策组合。当社会总供给小于社会总需求时，物价水平会随之上涨，此时一方面采用扩张性的货币政策，利率水平的下降可以拉动消费和投资，推动经济进一步发展，增加社会总供给和总需求，但同时也会加大通货膨胀风险；另一方面，紧缩性的财政政策可以抑制总需求的增加和物价水平的上涨，从而平衡社会总需求和社会总供给，缓解通货膨胀压力，同时减少政府财政赤字。值得注意的是，该政策组合对实体经济的具体影响取决于两种政策的相对执行力度。

（四）宽松的财政政策和紧缩的货币政策配合

在这种配合中，银行严格控制货币供应量，同时国家可动用历年结余，也可用赤字办法来适当扩大支出。这种配套适合于在经济比较繁荣，而投资支出不足时采用。

西方国家往往将货币政策与财政政策相配合运用，以达到政策的最佳效果。如何配合、采取哪种模式，应视经济情况需要而灵活运用。不管如何，只有通过财政政策与货币政策的合理搭配才能达到最佳的政策效果，这已为许多国家的实践所证实。

当经济出现萧条，消费和投资对经济的拉动力不足，但是社会又存在通货膨胀时，可以采用扩张性的财政政策和紧缩性的货币政策组合。其中，扩张性的财政政策可以拉动消费和投资，增加社会总需求从而带动社会总供给的增加，拉动经济增长。同时，紧缩性的货币政策可以抵销经济刺激政策带来的通货膨胀，减少社会的货币需求，从而起到了防范经济过热的作用。但是其存在的问题在于当扩张性财政政策对私人消费和投资产生"挤出效应"时，紧缩性的货币政策会使利率水平进一步提升，从而加大了"挤出效应"，政策效果会受到影响。

二、货币政策与产业政策的配合

产业政策是政府为了促进国民经济协调发展，对产业结构和产业组织结构进行某种干预的政策，即以政策的形式促进或限制某些产业的发展，通过改变产业组织形式和产业结构来影响生产，进而对供给总量及结构发挥调节作用。

经济决定金融，金融又反作用于经济，所以产业政策决定货币政策，货币政策又反作用于产业政策。在现实生活中具体表现为产业结构，特别是已形成的产业结构需要相应的资金供应，但信贷资金的分配和货币供应并不完全受制于产业结构，对不合理的产业结构要通过货币政策加以矫正。因为货币政策与产业政策存在着这样的关系，所以在实施过程中需要二者的相互配合。

产业政策作为经济发展战略意图的体现，具有相对稳定性，它对货币政策具有导向作用，特别是短期货币政策。产业政策作为供给管理政策，以增加有效供给来引导有效需求；货币政策在一定程度上承担着对货币供应实行结构调整的任务，如对农业、基础产业在货币供应上所进行的适度倾斜。产业政策作为一种结构调节政策，为货币政策实现中长期均衡提供保证，即为经济稳定增长奠定良好的结构基础。也就是说，经济协调发展才能保证货币政策的实现，而币值的稳定又是产业政策预期目标实现的条件。

三、货币政策与收入分配政策的配合

收入分配政策是为影响或控制价格、货币工资和其他收入增长率而采取的货币和财政措施以外的政府政策行为。收入分配与社会总供给和总需求之间有着密切的内在联系，如超分配、消费基金膨胀等都是影响总需求失控、通货膨胀的重要因素，所以货币政策的制定和实施必须与当期国家的收入分配政策配合进行。比如，在通货膨胀出现时，除了实行紧缩的货币政策之外，政府还可以实行工资和价格的强制性管制，以抑制成本推进对物价产生的冲击。而在通货紧缩时期实行扩张的货币政策的情况下，政府可以通过提高工资、设立最低生活保障线、拓宽就业渠道、提供财政补贴等方式，增加居民总体的消费需求，与扩张的货币政策相配合。也就是说，收入政策与货币政策进行同向的运动，共同对经济做出调整。

资料链接 13 – 5

货币政策与宏观审慎政策双支柱调控框架：权衡与融合

过去 30 多年来，物价稳定与金融稳定政策目标的关系及相关制度安排是国际货币金融体系中的一个重大问题。以物价稳定职能与金融稳定职能相分离为支撑的杰克逊霍尔共识在全球金融危机爆发及其前后过程经历了盛行、反思和回归的趋势。杰克逊霍尔共识的回归不是货币政策与金融稳定政策的简单再分离，本质涉及的是金融稳定机制及宏观审慎政策的制度安排或治理体系。

从货币政策自身的目标权衡、职能发挥和工具储备出发，货币政策不是金融稳定的主导性政策，应该通过政策框架拓展建立货币政策与宏观审慎政策相对独立的政策体系。首先，将金融稳定纳入货币政策目标体系之后，货币政策将面临多目标的权衡和丁伯根法则的约束，尤其对于通胀目标制将带来潜在的目标偏离。其次，货币政策不具有金融稳定所要求的逆风而动的政策逻辑，难以有效应对资产泡沫，更难逆风而动应对所有的金融风险问题。再次，货币政策针对系统性风险缺乏充分的政策工具储备，尤其是无法应对空间维度的系统性风险防控。最后，货币政策自身是金融风险的内生因素，货币政策传导机制的异化将会导致显著的风险溢出。相对应的是，金融稳定目标的实现需要进行相应的政策拓展，宏观审慎政策作为金融稳定的主导政策相对更加合理。基于政策职能拓展，宏观审慎政策可缓释货币政策多目标的权衡压力作为结构性政策工具，宏观审慎政策具有一定的逆风而动功能以及更加具有针对性的风险空间传染应对能力；宏观审慎政策可缓释货币政策风险内生及传导异化中的风险溢出，与货币政策具有显著的互补性。

在金融稳定制度安排上，央行的职能定位是一个核心问题，基于央行职能的拓展和多政策链接功能，可构建与货币政策和宏观审慎政策相对分离的双支柱调控框架。第一，区分货币政策职能与中央银行职能是讨论货币政策与宏观审慎政策关系的一个基本前提。央行职能具有较为广泛的范畴，央行承担金融稳定职能不代表由货币政策来承担金融稳定职能，央行在金融稳定中的核心是各种政策的链接功能。第二，在金融稳定治理安排中区别金融管理机构的法定职能和市场职能是重要的任务，这有助于发挥中央银行等机构的政策独立性和政策弹性。第三，货币政策与宏观审慎政策的制度安排不能粗暴割裂，二者具有合作博弈和纳什博弈的双重基础，但从实践角度出发，相对分离的纳什博弈可能是更好的现实选择。第四，中央银行在金融稳定治理框架中的作用是基础性的，其职能大小是一个焦点问题。在实践上，金融稳定涉及多个政策主体，多主体的治理安排在全球具有普遍性，但绝大部分央行都牵涉其中，货币政策与金融稳定政策相融合的双支柱框架是一种重要的政策实践。

在双支柱框架中，中央银行在金融稳定和货币政策方面需要重点发挥链接功能，将物价稳定目标和金融稳定目标、央行法定职能与央行市场职能、双支柱政策的纳什博弈与合作博弈、中央银行政策与其他金融稳定主体政策有效链接，降低多目标矛盾性，提升政策内在融合度，以构建有效应对系统性风险的金融稳定机制。

资料来源：郑联盛. 货币政策与宏观审慎政策双支柱调控框架：权衡与融合 [J]. 金融评论，2018，10（4）：25-40，119.

本章小结

1. 货币政策的基本目标是充分就业、经济增长、物价稳定、国际收支平衡；各个目标之间有着相容或相克的关系。各个国家在不同历史时期选择不同的（或单一或多重的）政策目标。

2. 实现货币政策目标的手段即政策工具：一般性货币政策工具，包括法定存款准备金政策、再贴现政策和公开市场操作，俗称中央银行的"三大法宝"；选择性货币政策工具，包括证券市场信用控制、消费者信用控制、不动产信用控制、优惠利率、特种存款；补充性货币政策工具，包括信用直接控制工具和信用间接控制工具。

3. 货币政策工具直接影响操作目标，而操作目标又影响中介目标，进而影响货币政策目标。基于可测性、可控性和相关性等原则，在长期利率和货币供给量之间选择中介目标。而在短期利率、银行准备金和基础货币之间选择操作目标。

4. 货币政策传导机制理论是探讨货币供求失衡对就业、产量、收入及物价等实际经济因素产生影响的方式、途径或过程的学说。不同学派的传导机制理论不同。

5. 货币政策时滞是指货币政策从研究、制定到实施后发挥实际效果的全部时间过程，分为内部时滞和外部时滞。一般说来，时滞短，则政策见效快，也便于中央银行及时调整货币政策的方向和力度。

6. 目前，中国人民银行货币政策的目标是"保持货币币值稳定，并以此促进经济增长"；采用的货币政策工具有公开市场操作、存款准备金政策、利率政策、再贷款与再贴现政策等；建立了以基础货币为操作目标、以货币供给量为中介目标的货币政策目标体系。

重 要 概 念

货币政策　币值稳定　充分就业　中介指标　法定存款准备金政策　再贴现政策
公开市场业务　货币政策传导机制　流动性陷阱　货币政策时滞　内部时滞　外部时滞
货币政策有效性　货币政策国际协调　稳健的货币政策

思 考 题

1. 请说明货币政策的含义及内容。
2. 中央银行在稳定货币是如何使用法定存款准备金政策的？
3. 如何全面评价公开市场业务？
4. 请简述我国公开市场业务操作的发展与现状。
5. 中央银行在调节货币供求均衡中的作用及其特点是什么？
6. 中央银行货币政策目标的具体含义是什么？它们之间的矛盾何在？
7. 影响货币政策效果的因素有哪些？

第四篇　金融创新与金融监管

第十四章

金 融 创 新

金融创新是指新的生产函数的建立，也就是企业家对企业要素实行新的组合。

——约瑟夫·熊彼特（Joseph Alois Schumpeter）

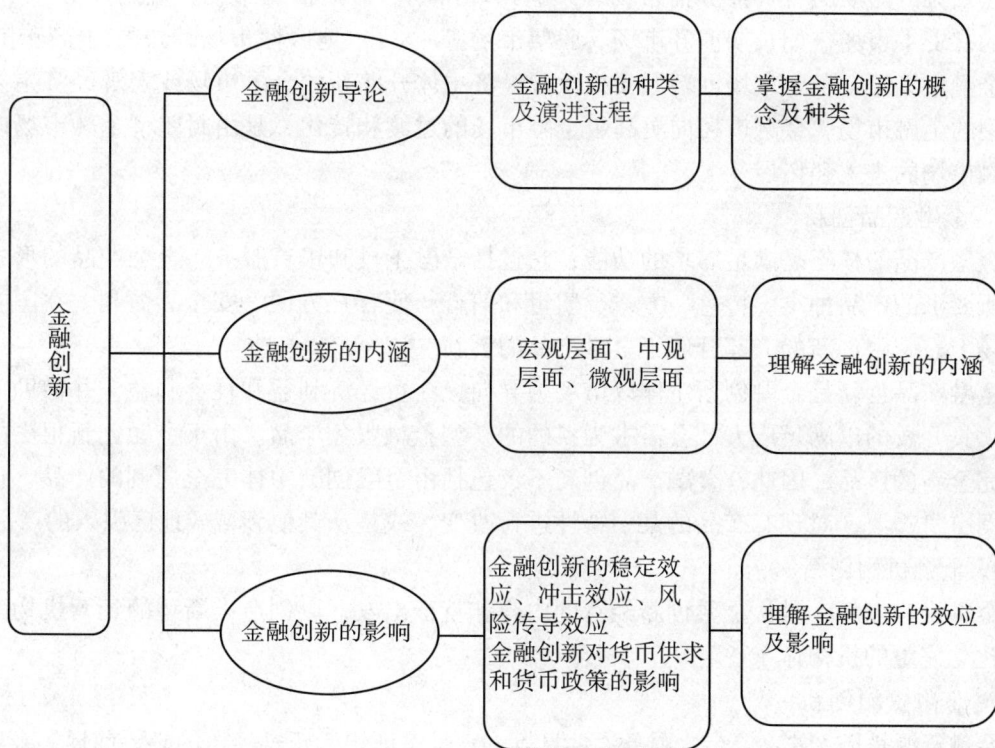

```
                    ┌─────────────┐   ┌─────────────┐
          ┌─金融创新导论─┤ 金融创新的种类 ├─┤ 掌握金融创新的概 │
          │           │ 及演进过程    │ │ 念及种类      │
          │           └─────────────┘   └─────────────┘
          │
 ┌──┐     │           ┌─────────────┐   ┌─────────────┐
 │金│     │           │ 宏观层面、中观 │ │            │
 │融├─────┼─金融创新的内涵─┤ 层面、微观层面 ├─┤ 理解金融创新的内涵 │
 │创│     │           │            │ │            │
 │新│     │           └─────────────┘   └─────────────┘
 └──┘     │
          │           ┌─────────────┐   ┌─────────────┐
          │           │ 金融创新的稳定效 │ │            │
          └─金融创新的影响─┤ 应、冲击效应、风 ├─┤ 理解金融创新的效应 │
                      │ 险传导效应     │ │ 及影响       │
                      │ 金融创新对货币供求 │ │            │
                      │ 和货币政策的影响  │ │            │
                      └─────────────┘   └─────────────┘
```

第一节　金融创新导论

金融创新是指金融创新主体为适应宏观经济金融发展变化需要，而对原有金融要素进行重新组合或创造出新的金融要素的过程，大致可以分为金融产品创新、金融市场创新和金融制度创新。任何一个变革或新事物的产生都会对原有的格局产生影响和冲击，金融创新也不例外，因此，研究金融创新背景下的金融稳定，有必要先从金融创新对金融稳定的直接影响机理分析入手。

金融创新主要包括以下几个种类。

1. 金融制度创新

一国的金融制度总是随着金融环境的变化，如政治、经济、信用制度、金融政策等的变化而逐渐演变的，这种演变不仅是结构性的变化，从某种意义上说，也是一种本质上的变化。金融制度创新包括金融组织体系、调控体系、市场体系的变革及发展。它影响和决定着金融产权、信用制度、各金融主体的行为及金融市场机制等方面的状况和运作质量。

2. 金融市场创新

金融市场创新主要是指银行经营者根据一定时期的经营环境所造成的机会开发出新的市场。现代金融市场大致包括：（1）差异性市场，如按不同的内容划分的货币市场、外汇市场、资本市场、黄金市场、证券市场、抵押市场、保险市场等。（2）时间性市场，按期限长短划分，短期的有资金拆借市场、票据贴现市场、短期借贷市场、短期债券市场等；长期的有资本市场，如长期债券市场、股票市场等。（3）地区性市场，如国内金融市场、国际金融市场等。金融市场创新主要指微观经济主体开辟新的金融市场或宏观经济主体建立新型的金融市场。金融市场向更高级金融市场的过渡和转化，是由封闭型金融市场向开放金融市场的进入和拓展。

3. 金融产品创新

金融产品的核心是满足需求的功能，它包括金融工具和银行服务。金融产品的形式是客户所要求的产品种类、特色、方式、质量和信誉，使客户方便、安全、盈利。在国际金融市场上，金融创新的大部分属于金融产品的创新。

金融产品创新是金融创新主体以市场为导向，注重经济利益和社会利益，并借助一定技术工具开发的以满足广大社会需求为目的的新型金融服务产品。由于金融创新很少能创造出完全新的产品，因此，金融产品创新不仅包括由金融创新主体完全原创的产品，还包括根据自身需要，对现有产品的某一特性进行改变，或是从其他领域或地区引入的产品。

4. 金融机构创新

金融机构创新，是从金融创新经营的内容和特征出发，以创造出新型的经营机构为目的，建立完整的机构体系。

5. 金融资源创新

金融资源是指人才、资金、财务、信息等，它是保证银行正常经营的必要前提，金融资源创新主要包括以下几个方面的内容：（1）金融资源的来源创新。首先，金融业经营的正常进行必须有专门的人才，人才来源包括自己培养、吸收其他机构高级人才和引进国外高级专业人才；其次，必须有资金来源的充分保证，它要求金融机构经营者随时掌握资金供应市场的动态，挖掘和寻求新的资金供应渠道，开辟新的负债业务。（2）金融资源的结构创新。金融资源结构包括及时、准确地掌握各种信息，高级专业人才比重大，负债结构合理，财务管理先进。它能创造出比同行领先的经营效率和方法。（3）金融资源聚集方式创新。对不同的金融资源有不同的吸引和聚集方式，银行经营者要不断创造新的手段，用最经济、最有效的方法去聚集自己所需的金融经营资源，合理地配置这些资源，以求得经营上的最大效益。

6. 金融科技创新

进入 20 世纪 70 年代以来的金融技术革新和金融自由化。主要体现在银行和非银行金融机构，金融服务讲究速度和效率，以及科学技术在金融领域的应用，对金融业务产生了划时代的影响。它一方面使金融市场在时间和空间上的距离缩小；另一方面又使金融服务多元化、国际化。

7. 金融业管理创新

金融业管理创新机制包括两个方面：一方面，国家通过立法间接对金融业进行管理，目标是稳定通货和发展经济；另一方面，金融机构内部的管理，建立完善的内控机制，包括机构管理、信贷资金管理、投资风险管理、财务管理、劳动人事管理等方面。目前，金融机构管理，其着眼点都是通过资金来源制约资金运用，实现银行资产和负债双方总量和结构的动态平衡，不断创造新的管理方法。金融创新是变更现有的金融体制和增加新的金融工具，以获取现有的金融体制和金融工具所无法取得的潜在的利润，这就是金融创新，它是一个为盈利动机推动、缓慢进行、持续不断的发展过程。

从金融创新的演进过程看，大致可以分为三段：一是自货币产生到 20 世纪 30 年代，货币逐渐脱离了实物形态，向信用货币转化。二是从 20 世纪 30 年代到 60 年代，这一时期的创新主要以规避制度性约束为目的，包括欧洲债券、平行贷款、自动转账、短期本票混合账户等。三是从 70 年代后期至今，这一阶段实体经济进入高速发展期，经济一体化、金融全球化迅速发展，金融家为适应这一变化纷纷推出各种新型金融工具，以投资组合代替货币，并为不同类型的经济活动创造投资工具。期货、期权、互换、浮动利率债券等金融衍生产品是这一时期金融产品创新的代表。特别是进入 20 世纪 90 年代末期，随着金融机构综合经营趋势日益明显，金融市场之间的界限越来越不明晰，金融衍生工具规模不断扩大，交易量也大幅增加，金融产品创新经历了一段爆炸式发展时期。不断涌现的金融创新产品已成为全球金融市场发展的重要驱动力。金融产品创新是金融创新主体（主要是金融机构）根据实体经济变化和金融环境的不同而进行的创新，不断涌现的金融创新产品虽然在一定程度上提高了金融活跃程度和金融效率，但它同时也改变了金融机构原有的经营模式，加剧了金融风险在不同市场之间传导的可能性，使原有的金融稳定格局被打破，金融脆弱性增强。

资料链接 14 –1

金融人才创新

什么叫金融创新人才，应该怎么发展？金融是实体经济的一个衍生物。从金融本身来讲，金融本身的增长是很难体现在它和老百姓的福利的增长是相关联的。传统社会一个最大的问题就在于实体经济和虚拟经济是脱节的。本来金融的来源，所有金融的市场，一开始是和实体经济密切相关的，是因为人类在生产当中有生产、有消费，当生产大于消费有积累的时候才产生了金融，它是来自实体经济的。问题是后来由于人类的不断进步，金融市场的不断完善，最后发展出一个新的金融市场，而且这个金融市场发展到比较发达阶段的时候，比如美国，尤其是一些衍生的金融工具出现以后，在某种程度上它就脱离了实体经济。在传统社会中我们面临的金融危机很大程度上也是由于金融市场太脱离实体经济了，最后造成了金融危机。金融领域本来是和实体经济有一个非常密切关系的，这样才能够按照自己的轨道去发展。那么下一步金融企业的人才应该如何去创新，应该如何定义创新型的金融的人才，我有一个想法。今后在金融领域要造就大批的复合型人才。今后的金融人才不仅仅应该懂金融，因为我知道在金融领域，高精尖的金融人才太多了，但是如果只是懂金融，就懂金融衍生工具，就懂在金融市场上怎么赚钱，这不是真正的金融人才。当然我们也需要这样的人才，但是更多地需要的是既懂金融，又懂实体经济的人才。今后在新经济条件下，金融经济或者虚拟经济和实体经济的关联会进一步加剧。如果脱离了实体经济，在新的技术革命下，金融的运营会变得越来越不可能。因为在物质产品生产中都变得服务化了，本来金融就是为实体经济服务的，再割裂二者之间的关系，这不是一个正常的方向。今后金融的创新，它一定是和实体经济密切相关的，这样的金融企业才能做强做大。传统的银行，传统的在资本市场的企业辉煌的时期已经过去了，今后真正的创新型的金融企业一定是复合型的，除了做金融，还有一些实体的基础。只有这样我们的实体经济和虚拟经济之间形成更好的连接的时候，经济增长才会健康，社会进步才会体现到人民群众的福利改善上。

所以，今后创新型金融企业的发展应该弥补实体经济和虚拟经济之间的脱节，把二者有机地联系起来，这样金融人才不但有利于金融本身的发展，而且有利于社会的发展，有利于社会的进步，是真正的社会财富的创造者。

资料来源：张车伟. 今后的金融创新和实体经济密切相关. 新浪财经，http：//finance. sina. com. cn/money/bank/bank_hydt/2019 – 05 – 29/doc – ihvhiqay2264049. shtml.

第二节　金融创新的内涵

金融创新定义虽然大多源于熊彼特经济创新的概念，但各个定义的内涵差异较大，总括起来对于金融创新的理解无外乎有三个层面。

一、宏观层面

宏观层面的金融创新将金融创新与金融史上的重大历史变革等同起来，认为整个金融业的发展史就是一部不断创新的历史，金融业的每项重大发展都离不开金融创新。

从这个层面上理解金融创新有如下特点：金融创新的时间跨度长，将整个货币信用的发展史视为金融创新史，金融发展史上的每一次重大突破都视为金融创新；金融创新涉及的范围相当广泛,不仅包括金融技术的创新,金融市场的创新,金融服务、产品的创新,金融企业组织和管理方式的创新,金融服务业结构上的创新,而且还包括现代银行业产生以来有关银行业务、银行支付和清算体系、银行的资产负债管理乃至金融机构、金融市场、金融体系、国际货币制度等方面的历次变革。如此长的历史跨度和如此广的研究空间使得金融创新研究可望而不可即。

二、中观层面

中观层面的金融创新是指 20 世纪 50 年代末 60 年代初以后,金融机构特别是银行中介功能的变化,它可以分为技术创新、产品创新以及制度创新。技术创新是指制造新产品时,采用新的生产要素或重新组合要素、生产方法、管理系统的过程。产品创新是指产品的供给方生产比传统产品性能更好,质量更优的新产品的过程。制度创新则是指一个系统的形成和功能发生了变化。而使系统效率有所提高的过程。从这个层面上,可将金融创新定义为,是政府或金融当局和金融机构为适应经济环境的变化和在金融过程中的内部矛盾运动,防止或转移经营风险和降低成本,为更好地实现流动性、安全性和营利性目标而逐步改变金融中介功能,创造和组合一个新的高效率的资金营运方式或营运体系的过程。中观层面的金融创新概念不仅把研究的时间限制在 60 年代以后,而且研究对象也有明确的内涵,因此,大多数关于金融创新理论的研究均采用此概念。

三、微观层面

微观层面的金融创新仅指金融工具的创新。大致可分为四种类型:信用创新型,如用短期信用来实现中期信用以及分散投资者独家承担贷款风险的票据发行便利等;风险转移创新型,它包括能在各经济机构之间相互转移金融工具内在风险的各种新工具,如货币互换、利率互换等;增加流动创新型,它包括能使原有的金融工具提高变现能力和可转换性的新金融工具,如长期贷款的证券化等;股权创造创新型,它包括使债权变为股权的各种新金融工具,如附有股权认购书的债券等。

案例 14 -1

金融开放创新案例

1. CEPA 框架下率先放宽金融机构外资持股比例上限

做法:汇丰前海证券有限责任公司、东亚前海证券有限责任公司于 2017 年 12 月 7 日正式开业,港资合并持股比例分别为 51% 和 49%。

成效:加上已开业的广证恒生证券投资咨询公司、前海招联消费金融公司、恒生前海基金管理公司、大西洋银行横琴分行,CEPA 框架下对港澳金融业开放政策在广东全面落地。

2. 发行国内首只支持再生纸项目运营的绿色债券

做法:2018 年 2 月,注册金额 40 亿元人民币的"广州越秀集团有限公司 2018 年度第一期绿色中期票据"成功发行。

成效：绿色债券发行拓宽了自贸区企业直接融资渠道，减低企业融资成本。

3. 全国首创央地合作私募基金信息监管服务平台

做法：深圳证监局和前海管理局共建深圳私募基金信息服务平台探索"大数据＋人工智能"的"监管＋自律＋服务"模式，利用机器学习加入监管经验，破解私募基金"多、杂、乱"监管难题，实现风险及时预警。

成效：2017年4月上线以来，累计接收报送私募基金管理人1974家，私募基金产品6660个（管理规模10962.99亿元），累计报送投资者67704户次。共发现103家疑似异常机构，累计开展80多次核查工作，其中5家违法线索移交公安机关立案。

4. 全国首创全线上、自助式、小额循环贷款产品"微粒贷"

做法：针对小微企业、大众客户贷不到、不及时、不方便的贷款痛点，微众银行开创性地将消费金融与社交大数据相结合，推出标准化手机移动端自助式、小额信用、循环使用贷款产品"微粒贷"。

成效：2015年5月推出以来，成功开通客户已达1302万，已借款客户达357万，覆盖31个省、自治区、直辖市的567座城市；累计发放1423亿元，贷款余额已达422亿元，贷款不良率仅为0.28%；联贷平台上线投产合作机构25家，已实现发放微粒贷870亿元，有效支持了221万大众客户的紧急融资需求。

5. 全国唯一设在总行之外的总行级CIPS清算中心

做法：农业银行作为CIPS系统的架构设计参与者和直参行，将总行CIPS清算中心设立在前海分行。

成效：落地运营以来，清算跨境人民币往来业务共计6.5万余笔，金额总计7300余亿元，日均清算250笔，金额30亿元。

6. 全国首单依托交易平台实现的不良资产跨境转让项目

做法：深圳前海金融资产交易所作为国内唯一一家获批不良资产跨境业务的金融资产交易所，试点开展跨境债权转让业务，2016年完成全国首单依托交易平台实现的不良资产跨境转让项目，交易金额2340万美元。

成效：不良资产跨境转让业务进一步缓解境内各类银行、金融资产管理公司以及其他非银金融机构处置不良资产的压力，盘活信贷存量，释放金融风险。

7. 知识产权运营交易国家平台上线运营

做法：横琴片区搭建全国首个金融创新知识产权运营交易平台"七弦琴国家平台"，初步形成以知识产权跨境交易、质押融资等金融创新为特色的线上交易系统。

成效：平台注册会员8.69万个，开设各类店铺104家，已完成500万元交易额，储备代售专利5000余件，2017年线下完成各类专利交易192件。同时带动珠海市知识产权质押融资业务规模共计9390万元。

8. 全国首创互联网金融仲裁服务平台

做法：设立国内首个专门解决金融纠纷的互联网仲裁平台，由互联网仲裁当事人及仲裁员、互联网仲裁核心业务处理、互联网仲裁委管理三大子系统构成。实现与国内互联网交易金融平台对接，实现在线批量受理、办理来自各平台互联网金融纠纷案件。

成效：改变传统仲裁方式，仲裁效率高，小额互联网金融纠纷案件适用速裁程序从组庭到裁决最快只需6天，适用普通程序案件只需10天。

9. 试点QFGP、QFLP和QDIE跨境业务

做法：在全国先行先试开展合格境内投资者境外投资（QDIE）、合格境外一般合伙人（QFGP）和

合格境外有限合伙人（QFLP）等跨境业务试点。

成效：这些跨境金融创新业务吸引国内外资本支持自贸区实体经济发展，QFGP、QFLP 和 QDIE 制度下的企业和产品自设立以来均运行稳定，投资人反映良好，资管净值稳步升高。

10. 全国首单美元结算的跨境船舶租赁资产交易

做法：2017 年 10 月 30 日，工银租赁香港公司将境外一艘名为"海阔"的香港籍大灵便型散货船在广州航运交易所船舶交易平台以美元标价挂牌出售，最终由福建客户竞得，成交价 840 万美元。

成效：突破从单向跨境资产交易业务（跨境进口）到双向跨境资产交易业务（跨境进、出口）的功能完善；金融机构（工银租赁）作为境外船东，首次在境内第三方资产交易平台处置境外资产。

资料链接 14 – 2

符合中国实情的金融创新

今天的中国需要什么样的金融创新？首先，今天的中国经济体量已经十分巨大。中国发生波动，对世界经济也会带来巨大冲击，中国要想真正迈入世界舞台中心，需要在金融上给自己提出更高要求。同时，中国的地区差异很大，不同的地方处于不同发展阶段，金融需求不同，美国虽然金融体系最为先进，却未必适合我们。总之，中国今天的经济变化，对金融创新已经提出了很高的要求。

如今，中国已经发展出一个非常庞大的这个金融体系，但政府对金融体系、金融市场运作的干预还非常多。简言之，我们的市场体量已经很大，但是市场机制并未完全发挥作用。此外，我国的金融体系主要还是商业银行主导，银行部门提供的融资占非金融企业的总融资达 85%，这也是中国的杠杆率高的重要成因之一。其次，中国的对外开放度较低，资本项目仍处于慢慢开放之中。外资银行在中国银行业的经营受到严厉的管制，外资在债券市场的比例上年仅有 1.6%。因此，当前中国的金融体系要想帮助中国走出中等收入陷阱、进入高收入经济，走进世界舞台中心，亟须金融创新，核心要做的有以下四点：

第一，提高金融资源的配置效率，让市场机制发挥作用。对金融领域来说，让市场机制发挥作用，主要在于两条：能不能由市场定价，以及能不能由市场来决定资源的配置。小微企业的融资难、融资贵，是两个问题，融资贵反映的是市场供需力量所决定的利率水平，融资难恰恰在于人为压低利率使之低于市场出清利率，造成供需缺口，配置效率低下。因此金融创新第一步应是市场化，即让市场来配置资源，非市场化的配置不利于经济增长。

第二，改善现有的金融结构，使之利于支持技术创新与创业。过去，中国 85% 的企业融资来自银行，然而现如今需要创新创业技术进步，而创新创业是高风险活动，银行的资金来自存款，有控制风险的需求，因此金融体系中绝大部分融资仍由银行来主导的金融结构需要改变。党的十八届三中全会中央提出要发展多层次的资本市场，创投基金、私募股权投资、基金等直接融资需要发挥更大作用。除此之外，资本市场普遍缺乏耐心，政府应发挥关键作用，对发展技术的企业提供有耐心的资本给予长期的支持。不仅仅是简单地发展多层次市场，政府还应在培养投资者耐心、提供相关政府支持、率先进行长期投资等方面有所加强。

第三，利用数字技术创新，改善金融尤其是普惠金融服务。十几年来中国政府一直在致力于发展普惠金融，但始终难以有效解决获客成本高和风险难做的问题。而数字技术的运用，特别是有场景的移动终端和大数据分析，为解决这些难题提供了可能的方案。如果在有效控制风险的前提下，大力推进数字金融在各个领域的落地，有可能会推动一些革命性的变化。

第四，金融创新很重要，但是任何时候都不能放弃对金融稳定的追求。在创新的过程中一定要坚守金融风险的底线。过去中国是分业监管，更通俗的说法是谁发牌照谁监管，但随着交叉业务和全能银行模式的普遍，监管部门相互之间分割的局面已经很难持续。更重要的是，很多业务并没有取得牌照，例如P2P平台。因此，监管体系改革要将宏观审慎监管和行为监管分离开来，要从过去的监管机构监管变成未来的功能监管、行为监管、审慎监管。发展和稳定这两个职能并不完全一致，需要政府寻找适当的方式加以协调。

资料来源：黄益平．好的金融创新与坏的金融创新［N］．北京大学国家发展研究院简报，2018－05－28.

第三节　金融创新的影响

一、金融创新的稳定效应

维持金融稳定的最终目的是在维持金融稳定、有序发展的基础上实现对经济的促进作用，即实现金融效率。金融产品具有强大的构造性和无穷的派生能力，在实现风险管理和获取利润的双重驱动下，金融家通过不断创造新的金融产品或是对现有金融产品的重新组合来适应不同阶层、不同投资者的资金需求，不仅可以优化金融结构，实现金融效率，同时多样化的经营模式也有助于化解金融风险，烫平金融动荡，实现金融发展中的动态稳定。

（一）促进了金融产品多样化，提高了金融效率

金融产品创新活动可以改善金融机构的盈利能力，突破资源配置在时空上的限制，提高金融效率，从而使得原本处于稳定状态的金融系统变得更加稳定。首先，随着计算机技术、电子信息网络技术等在金融产品中的广泛应用，以及大量金融衍生产品不断涌现，金融产品的资金集聚功能日益突出，资金供求双方不必再寻求双向耦合，借助债券、股票以及一系列的金融衍生工具，它们可以在极短的时间内完成资金集聚，从而在为金融机构提供了大量可供选择的金融工具的同时也降低了金融交易机会成本。其次，金融产品创新所带来的大量不同类型的金融工具能够在更大程度上满足客户多样化的需求，这不仅扩大了

金融机构的盈利空间，也带动了新型金融市场的产生，打破了不同金融市场间相互分割的状态，有助于实现金融资源在全球范围内实现有效配置，从而提高金融效率。最后，大量新型金融工具产生有助于使得经济人的境况得到帕累托改进，尤其是越来越多跨周期、跨空间和跨币种的金融衍生产品被使用，突破了资源配置在时空上的限制，提高了金融效率，促进了经济发展。

（二）改善了金融机构，提高了金融主体抵御风险的能力

一方面，从金融机构内部来看，金融产品创新不断发展，不仅可以满足用户多样化的需求，也使金融业务不断被细分和同质化。斯密视分工为经济增长的源泉，专业化的生产可以在极大程度上实现报酬递增。同样，在金融产品创新的推动下，金融机构种类不断多样化，金融结构优化，有助于金融机构可以超脱营销领域的低层次竞争，实现金融企业的可持续性发展。另一方面，从不同金融主体的金融创新活动来看，在金融产品创新中有大量的金融工具是出于规避风险目的而产生的，例如各种远期交易、期货、期权以及互换交易等。当面临汇率风险时，相关金融主体可以通过远期外汇交易锁定价格；当面临利率风险时，金融主体也可以利用利率互换这个金融创新工具将浮动利率资产转换为固定利率资产以抵销利率可能下降的风险；同样信用违约互换合约则是将贷款人出现信用违约风险分摊给了保险公司和其他投资主体。显然金融产品创新为金融机构以及其他金融主体分散和转移金融风险提供了可能，从而有助于提高金融主体抵御风险，重新实现金融稳定的能力。

二、金融创新的冲击效应

（一）加大了金融机构自身的脆弱性

金融衍生产品大量涌现在为金融机构提供了更多的获利机会和风险管理手段，同时也加大了它们承担风险的意愿，削弱了金融机构实施内控管理的动机，从而引致金融脆弱性。

在传统的金融业务中，信贷产品占了绝对重要的地位，为了确保资金的流动性和安全性，金融机构有充分的动力进行内控管理，严格地审查借款者的资信，并在贷后实施跟踪监督。而随着金融衍生工具市场日趋完善，大量中间业务和表外业务成为金融机构收入的主要来源。据统计国际上先进银行的中间业务收入占比普遍在50%左右，花旗银行作为典范，其中间业务更是贡献了70%以上的利润。信贷业务核心地位的改变使贷款质量不再是影响金融机构收益的关键因素。这无疑在一定程度上削弱了金融机构实施内控管理特别是贷款管理的意愿，直接导致发放贷款标准的不断降低以及金融衍生品违约率的上升。而与此同时，随着信息网络技术、计算机技术等新科技被广泛运用于金融领域，越来越多的金融产品被创造出来，也极大地提高了金融机构获取信息的能力，使它们在金融交易中处于优势地位，强化了金融机构承担风险的意愿。

随着金融产品创新的迂回过程越来越长，金融产品的虚拟化程度也越来越高。在金融市场上交易标的资产的不再仅仅是一些传统的基础金融产品，还包括各种金融契约。人们不再需要足够的资金就可以从事金融交易。金融衍生产品的这种虚拟化和高杠杆率不仅打破了过去全球金融市场在时空上的分割状态，极大地提高了资金的流动性，其高收益的特点也会吸引更多的金融机构从事这种高风险高收益的业务。然而，高度虚拟化和杠杆化的金融产品能够持续，依赖于信贷环境的宽松和资产价格的不断上涨，一旦这种条件不具备，资金链就可能发生断裂。正如我们在美国次贷危机中所看到的一样。一旦这些资产泡沫破灭，将会引致剧烈的金融动荡，直至金融危机的爆发，即金融产品创新加剧了金融机构自身的脆弱性，使其在面对外部冲击时可能出现金融动荡。

（二）加剧了投资者与金融机构间的信息不对称

一方面，由于大多数金融衍生品所涉及的金融契约的真实交易发生在未来，因此对于它们的定价需要投资者根据市场信息对未来的收益和风险进行预期。另一方面，以市场定价为基础的金融衍生产品增加了金融机构的透明度，也降低了金融机构的获利能力。为了获取更多的利润，金融机构的经营者有了隐藏信息的动机，通过创造更加复杂的产品让投资者无法理性地对风险进行正确的判断；通过将更多的表内资产转移到表外，加大所有者和监管者的监管难度。金融市场在两者的共同作用下，信息不对称问题更加突出。由于远离真实交易，投资者很难对这些衍生产品的质量做出正确判断。投资者的心理会随着资产价格波动的幅度和频率发生变化。而以小博大的特性又常常使衍生产品成为投机的工具，产品与生俱来的高风险成倍放大。当幅度和频率达到一定程度时，投资者的心理变得十分敏感，在市场上表现为群体的一致性，从而加剧了金融市场的波动性和不稳定性。

三、金融创新的风险传导效应

金融产品创新在提高了资金流动性和配置效率的同时，也增强了经济主体之间的反馈效应。以某个衍生产品为例，当其所标的的资产价格发生剧烈波动时，相关投资者会根据情况调整投资头寸，且这一调整行为的结果将被反映在公司的资产负债表中。而如果受到流动性约束或市场信息的影响，该调整行为被迫以折价甚至是平仓的形式出现时，投资者将遭受巨大损失，且这种损失有可能通过信用担保、赊账、相互拆借、证券化等金融产品直接或间接影响另一个企业的资产负债情况。在信息不对称的情况下，金融衍生产品将加剧这一传导过程，不仅会导致其他具有类似性质的产品价格下降，也会将一些没有任何经济联系的企业、市场或国家联系在一起，从而导致金融动荡。

资料链接 14 - 3

金融创新助力煤炭产业升级转型

山西省是我国重要煤炭生产基地，特别是优质的主焦煤，在全球煤炭行业素有"全球主焦看中国、全国主焦看山西"之美誉。长期以来，煤炭产业是山西省经济发展的支柱和龙头。但近年来，传统能源权重逐步降低、新能源逐步兴起，全球能源格局发生深刻改变，煤焦钢价格一直在谷底徘徊。为此，国家启动了供给侧结构性改革，旨在提高供给侧的质量、效率。随着供给侧结构性改革的逐步深入，为了走出昔日单一的资源依赖型经济，补齐产业延伸技术落后、交易结构单一、金融创新配套措施不足等短板，山西必须在煤炭产业升级转型上下功夫。

煤炭产业升级转型才能规避风险。一是煤炭价格波动风险。煤炭价格受市场供需、国家宏观政策等因素影响比较大。前几年，全球能源价格处于低点，山西煤炭企业整体处于生产过剩的局面，产销价格倒挂。近两年，国家供给侧结构性改革发挥了巨大作用，一批落后产能退出市场，煤炭价格大幅提升。无论是基于市场还是基于政策，山西煤炭企业都应具备不断提升防范应对价格波动的能力。

二是煤炭企业信贷风险。在山西，由于煤炭行业属于主导产业之一，对地方经济的贡献巨大，多年来一直是各银行的信贷支持重点，反映在贷款结构上，就是国有煤炭企业的信用贷款占比较大。在当前煤炭市场行情整体看好的情况下，银行资金投向不断向煤炭行业集中，从短期看尽管贷款集中于优质客户，可能提高了银行的信贷资产质量和盈利水平。但当煤炭市场因素发生变化后，信贷风险有可能会逐渐加大。

三是关联交易、关联互保的风险。如前所述，由于山西几大煤炭企业的历史渊源导致业务上产生关联交易，信贷上关联企业进行互保且多发生在子公司、分公司及集团客户成员之间，银行对关联企业资金的监控难度较大，并使风险未能有效地分散到关联企业体系之外，一旦发生现实风险就可能产生连锁反应。而且，关联企业成员之间相互投资、连环投资的行为，会使企业产生资本虚增，容易误导银行扩充信用支持，在一定程度上导致一家集团客户多家银行授信，进而增大了银行信贷风险。

煤炭产业升级转型有赖金融助力。为了有效应对挑战、规避风险，山西金融业应该审慎地研究整个煤炭产业，并切实采取措施助力山西煤炭产业升级转型。

一要着力解决信贷政策与产业政策衔接不够紧密的问题。建立金融机构与地方产业政策制定的工作磋商、沟通交流机制，积极指导信贷资金、财政资金和企业自筹资金进行有效配置，充分发挥货币信贷政策的宏观作用；政府部门要主动地出台相关配套的政策措施，加大地方政府与金融机构的沟通；成立专门机构从事企业经营风险向金融风险转化的分析研判，时刻监控风险、应对风险。

二要着力解决金融机构贷款投向过于集中的问题。山西金融机构贷款高度集中于大企业、大项目，尤其是在贷款余额中中长期贷款主要集中在煤炭、冶金、电力等行业，而服务业以及众多中小企业吸纳贷款的能力不强。其主要的原因是，由于缺乏与金融界的沟通，缺乏针对中小企业的信贷资金配套政策，也影响了金融支持经济建设的效果。

三要创新金融工具，推动期货交易。利用好期货市场的功能作用，支持山西煤炭企业积极开展套期保值业务，提升期货市场的服务能力，缓解资源型企业融资难问题，提升企业抗风险能力；加快中国（太原）煤炭交易中心建设，积极推动煤炭产地现货交易向场外交易、期货交易发展，构建功能齐全、层次分明、方式多样、手段先进的多元化、多层次现代能源商品交易市场体系；在国家指导下开展商品场外衍生品交易试点，以煤炭品种起步，逐步开展焦炭、煤层气、煤化工以及电力等能源商品场外交易。

资料来源：杜江.金融创新助力煤炭产业升级转型［N］.山西日报，2019－04－16（12）.

资料链接 14-4

鼓励金融创新，构建开放银行

开放银行（open banking）是近年来备受关注的金融科技新业态，是面向客户提供"一站式"金融服务的新模式，也是传统商业银行经营理念与战略思维的新飞跃。一方面，开放银行以应用程序编程接口（API）和软件开发工具包（SDK）为主要技术手段，打造"平台＋生态"新模式，与商业合作伙伴共享数据、算法、交易、流程和其他业务功能，聚合更多生态场景，拓宽商业银行的服务边界，与合作方一同推动、令商业银行服务无处不在，为用户提供无缝、无界的金融服务体验。另一方面，开放银行能使包括小微企业在内的客户共享信息，触及商业银行的全方位服务。

2018 年以来，开放银行成为我国银行业和监管部门关注的热点之一，各种类型的商业银行纷纷推出开放银行战略。例如，中信银行在零售业务领域布局开放银行，截至 2018 年末已累计获取个人客户近 1000 万。中国人民银行积极研究制定开放银行标准规范，引导金融科技健康有序发展（范一飞，2019）。

构建开放银行需要强大的经济、金融基础和一流的科技创新能力作为支撑。粤港澳大湾区由香港、澳门以及广州、深圳等珠三角九市共同组成，对外高度开放，创新要素集聚，经济蓬勃发展。改革开放以来，粤港澳三地不断加强交流与合作，大湾区综合竞争力显著增强，已经具备构建开放银行的成熟条件。一方面，金融是湾区经济发展的重要引擎（巴曙松，2018），打造开放银行能够提高金融服务实体经济、服务科技创新的效能。另一方面，大湾区开放融合的发展理念、稳固坚实的金融基础、鼓励创新的金融环境有利于开放银行体系的构建。有鉴于此，本文对粤港澳大湾区率先构建开放银行的必要性和可行性进行分析，并探讨大湾区开放银行的构建模式，以期为促进粤港澳大湾区建设以及我国开放银行发展提供参考。

开放银行是金融科技领域的一个金融服务术语（OBWG，2017）。国际在线支付服务商 PayPal 在 2004 年推出 PayPal API，一些国外学者将其视为开放银行的开端。Gartner（2017）认为，开放银行是一个共享平台，金融科技公司以及其他商业伙伴通过 API 共享商业银行数据，进而提升各方的市场服务能力，重塑商业银行的核心竞争力。陈翀（2017）指出，开放银行是指商业银行借助开放 API 或 SDK 等技术方式，将自身的金融服务开放给合作伙伴以及客户。董希淼（2019）认为，应当从技术、模式、理念三个维度去理解开放银行：第一，开放银行是一种技术，即应用 API 或 SDK，开放技术和标准，使消费者直接接入金融机构数据网络系统；第二，开放银行是一个平台，通过开放连接、整合生态，从而提供更聚焦、更智能、更开放的平台合作模式，一站式为用户提供金融和非金融服务；第三，开放银行是一种开放的经营理念，意味着商业银行突破物理网点的局限为客户提供无处不在的服务。

一个严格意义上的开放银行需要符合三项标准（Brodsky & Oakes, 2017）：第一，以开放 API 为技术支撑。API 可以分为三类，即内部 API、伙伴 API 以及开放 API，每种类型具有不同的特点，适用的范围也不尽相同。开放 API 的特性符合开放银行的要求，因而适合充当传统商业银行"走出去"与第三方机构深度融合的桥梁。开放银行的本质是商业银行数据的共享，而开放 API 则是实现这一目标的前沿技术手段。随着《欧盟支付服务指令修正案》（以下简称 PSD2）于 2018 年 1 月正式生效，API 将在商业银行为客户提供便利服务的过程中发挥引领性作用（Kröner, 2018）。第二，以数据共享为本质。构建开放银行的关键点在于数据的访问、共享、处理和存储（Dimachki, 2019）。近年来，共享经济的理念渗透到许多行业，金融行业也不例外。开放银行可以理解为商业银行领域的共享现象，而共享的内容则是客户数据，这些数据由支付、信贷、储蓄等一系列行为所产生。第三，以平台合作为模式。有别于传统商业银行业务，开放银行采用"银行即平台"（BaaP）的运作模式。商业银行不再如以往那样直接将产品和服务传达给客户，而是将各种不同的商业生态嫁接至平台之上，再通过这些商业生态间接为客户提供各类金融服务，从而形成共享、开放的平台模式。

虽然开放银行是大势所趋，但变革从来都不会一蹴而就。如何共建金融服务生态圈是当前商业银行面临的难题之一。在金融数据共享席卷全球的浪潮之中，商业银行无法置身事外。选择合适的方式、主动拥抱变革、融入金融科技，是商业银行的必然选择。目前，境内外大型商业银行主要采取"研发＋孵化＋并购＋合作"的协同路径及方式，推进开放银行的建设。

一是自主研发。一些商业银行设立内部研发部门和实验室，探索如何利用新技术改造现有的系统、金融产品和服务，对外开放 API，使得有合作意向的外部机构可以根据自身需求搜索、体验相关金融产品和服务。例如，汇丰银行针对商业银行、支付机构以及商户的海外换汇分发需求，通过对支付业务的场景进行归纳，将所有跨境支付中的复杂流程进行封装、隐藏，提炼出易于使用的 API，以供客户进行系统对接。除现有的研发部门外，有些商业银行还设立内部实验室，以更好地促进内部创新。例如，加拿大皇家银行在硅谷成立创新实验室，浦发银行在上海设立创新实验室。对于风险承受能力较强、金融科技人才资源充足的商业银行而言，自主研发无疑是构建开放银行的首选模式。自主研发的优点在于商业银行可以结合自身经营情况有针对性地研发系统，安全性高，缺点则是技术创新容易受到传统商业银行固有的经营理念和模式所限。

二是创新孵化。一些商业银行意识到内部研发和实验室的创新局限性，将目光投向外部，与初创企业开展合作，孵化早期的创新金融科技。商业银行通过孵化器，获取创新想法，吸引创新人才，引导初创公司针对现有的体系进行技术研发和产品升级，从外部推动商业银行的转型与变革，并且获得优秀初创企业的优先投资机会。例如，西班牙对外银行（BBVA）的内部孵化基于集团内部人才培育以及与创业者的合作。2016 年，BBVA 在北美和欧洲地区成功孵化 8 个项目，其中之一即是 2017 年推出的 API 市场。对于综合实力较强的商业银行而言，创新孵化是构建开放银行的重要途径。创新孵化的优势在于灵活、成本低、创新力强，而劣势在于商业银行对项目控制力不足、影响力有限。

三是技术并购。投资并购是获取外部技术以建设开放银行的一种快捷途径。欧美国家的商业银行在投资和并购领域一直较为活跃，尤其是在对银行业有着深远影响的金融科技领域。近年来，一些大型商业银行通过成立专业的风险投资基金，对具备开放银行发展潜力和基因的金融科技公司实施战略投资或并购，以期实现平台开放与资源共享。例如，BBVA 通过风险投资部门投资于互联网银行、数据分析、设计、支付等多个领域的初创企业。花旗银行设立花旗创投，专业从事投资活动，近几年被国际著名创投调研机构 CB Insights 评为全美金融科技投资领域最为活跃的商业银行。对于期望快速打开市场、资金充足的商业银行而言，技术并购的益处显而易见。技术并购的优点在于实现对金融科技公司控制权的掌握，也更有利于银行整合内外部的创新资源，快速提升银行的金融服务能力，但是商业银行往往需要承担较大的投资风险。

四是跨界合作。商业银行与大型金融科技公司开展合作正成为目前的一大趋势，是商业银行突破内部研发固有局限性的有效措施。例如，建设银行与阿里巴巴、蚂蚁金服开展战略合作，交通银行与苏宁云商开展战略合作。跨界合作模式成功的关键点在于选择合适的合作伙伴，即合作伙伴的场景需求要与商业银行所提供的业务功能相契合。跨界合作的效果立竿见影，商业银行可以迅速地借助金融科技公司的现有技术为客户提供全新的服务及体验；不足之处在于商业银行难以确保掌握合作的主动权，同时商业银行内部创新的重要性可能会弱化。

资料来源：谭志清．构建开放银行：粤港澳大湾区金融创新发展的战略举措［J］．南方金融，2019（5）：153－161．

四、金融创新对货币供求和货币政策的影响

（一）金融创新与货币供求

1. 对货币需求的影响

第一，改变了货币结构和内涵，减弱货币需求。在金融创新之后出现了电子化金融和多样化的金融工具，这使得人们对货币的需求降低。货币在金融资产中的比重也下降，同时货币的内涵在金融创新中进行了拓展。电子化金融的出现和支付清算系统的改革，是现金的使用范围缩小了，同时大量的新型金融工具，如货币市场存款账户、货币市场互助基金等具有强大的支付功能和变现功能，足以满足人们在当前的资金流动需要，降低了对货币的需求。而在金融创新过程中，有效地让金融市场向证券化发展，市场发达度更高，这就导致人们在资产组合中增加了非货币性资产，降低了货币的持有量，使货币在总资产中的比重下降。第二，降低货币需求的稳定性。金融创新改变了货币需求构成，个人预期和机会成本等因素决定了金融性货币需求。在金融创新之后，由于多变的市场利率和无理性的人们预期心理，使得金融性货币需求上升，削弱了货币需求的稳定性，而金融创新带来

了更多不稳定和复杂因素造成的货币需求变得不稳定，各方面的影响使得货币需求函数关系稳定性明显改变。举例来讲市场的利率在金融创新后变得复杂多样，货币流通也呈现出变幻莫测的现象，所以宏观和微观货币的可需求的稳定都受到了影响。

2. 对货币供给的影响

第一，在金融创新中货币供应者，除了中央银行和存款货币银行之外还增加了很多非存款货币银行，同时金融创新也缩小了非银行金融机构和商业银行之间的业务界限，让金融机构同质化、金融业务综合化。金融市场在发展过程中，出现了电子资金划拨系统、证券化贷款等业务，这让可以创造存款货币的机构不再限于商业银行，非银行金融机构也出现了该功能。总的来说，当前的货币供应主体主要由中央银行、商业银行、非银行金融机构三类构成。第二，金融机构创造货币的能力增强，货币乘数加大，货币乘数在中央银行提供的货币基础既定中占据了至关重要的因素。银行超额储备、定期存款比率、通货比率、法定存款准备金这四个因素决定了货币乘数。而金融创新让这四个因素发生了变化。金融创新首先使得银行超额准备下降，其次定期存款比例在金融创新中也存在了变化，定期存款比例降低，货币乘数会加大定期存款比率上升，货币乘数则会降低。再次，通货存款比率降低，金融创新让金融制度更加发达，并且提高了持币机会成本，对通货存款比率产生压力，使货币乘数反比例升高。最后法定存款准备金率下降，实际提缴率下降。

（二）金融创新与货币政策

1. 金融创新对货币政策中介目标的影响

金融创新降低了中介指标的可测性，削弱了可控性和相关性。首先，金融创新之后金融变量在中介指标上的定义变得模糊，这为中央银行对货币的观察、监测和分析增添了难度。金融资产在金融创新中流动性越来越大，原有的货币定义界限不再清晰。中央银行也采取大量的措施和手段试图明确货币量的定义，变得清晰严格。但是由于金融创新层出不穷，难以达到理想结果。其次，中介指标的金融变量在金融创新环境下，内生性逐渐增强。同时，货币政策工具与中介目标的关系越来越不稳定。最后，由于金融创新下货币乘数不稳定，所以，即使控制基础货币也不能够有效地对货币总量进行控制。因此，货币中介指标也很难实现稳定币值，中介指标的相关性也逐渐削弱。

2. 金融创新对货币政策工具作用的影响

第一，金融创新减弱了法定存款准备金率的作用力。融资证券在金融创新的环境当中日益强劲，大量的资金流向金融市场和非存款性金融机构，这使得金融机构的负债结构比率发生了巨大的变化，存款在商业银行负债中的比例逐渐下降。银行超额准备金率保持不变是正统理论在阐述法定准备金率作用的前提，而金融创新破坏了这个基本前提，减弱了法定存款准备金率的作用力。第二，再贴现政策的成效在金融创新中逐渐弱化，再贴现条件，在金融创新中向自由化方向发展，中央银行弱化了再贴现条件，规定真实票据说也逐渐在金融创新环境下消失，合格票据贴现的规定也在这样的环境下丧失作用。创新也让中央银行的被动越加明显。第三，是公开市场业务的作用得到了强化，政府债券市场在金融创新过程中拥有了新的活力，既能够满足政府投资需要又为市场操作提供可靠的买卖工具。

3. 金融创新对货币政策传导机制的影响

金融创新改变了商业银行在传统的金融传导机制当中占据的主导角色。商业银行的地位和作用，在金融创新当中逐渐降低，为了谋求生存，迫不得已向非中介化发展，削弱了货币政策导体的功能和作用，增加了表外业务、证券业务和服务性业务的比重。而非银行金融机构所扮演的中介角色越来越显著。同时，金融创新，也让货币政策传导时滞不确定性增加。金融创新在新时期下不断地涌现和发展，金融机构在金融行业的行为和公众的行为都发生了改变，这让资产结构变得复杂。货币需求也呈现出多变的形态，使货币政策难以把握实质时间，加重了传导实质的不确定性。

4. 金融创新对货币政策影响的效果

金融市场的风险在金融创新中降低了出现危机的可能，但是却增加了信用风险，让宏观经济波动和金融体系危机变得频率更高。金融机构也在金融创新中竞争更加激烈，过度竞争致使很多金融机构倒闭或者破产，竞争力也会下降，金融机构内部资产也在创新中增加了不稳定因素，同时金融市场取消了金融管制。监管措施不能够满足当前金融创新的步伐，很容易在管理上出现真空现象，金融体系因此受到了金融活动的影响，其安全性和稳定性受到了严重的影响。

金融创新是当前金融行业中的常见活动，对于金融的发展和市场经济的发展都有重要的影响，所以必须要重视金融创新对货币的供求和相关政策的影响。总之，在当前的金融创新环境中，中央银行应该关注货币的供求情况，作出适当的政策调整。扩大货币政策工具的使用范围，可适当的应用灵活的非常规手段，比如窗口指导、信用控制等方式，应对金融活动创新。金融创新活动也为货币政策的创新提供了契机，同时中央银行也应该抓住金融创新活动的契机，推行新的货币政策，应对新时期的金融活动。

案例 14 – 2

各家银行的金融创新

1. 中国工商银行的经营快贷

经营快贷，是工商银行运用大数据和互联网技术，向客户主动授信，客户可通过网上银行、手机银行自助提款、循环使用。工商银行利用其掌握的客户基本数据，通过构建客户筛选模型、额度测算模型及风险监测模型确定目标客户名单，并向目标客户主动推送贷款额度。客户收到推送信息后即可通过网上银行、手机银行实现一触即贷；在额度有效期内，可随借随还、循环办理。该产品具有小额化、网络化、便利化、24 小时全覆盖的特点，足不出户即可享受跨时空、跨地域的金融服务。

2. 中国银行的智慧医院

随着"互联网＋医疗"快速发展，医疗行业信息化建设进入新的发展阶段。中国银行充分利用自身优势，与医院进行跨业融合，共同研发推出中国银行智慧医院建设方案，解决了患者就诊"三长一短"顽症，破解了医院财务及设备管理难题。中国银行"智慧医院"的平台化建设思维，将为未来分级转诊、区域医疗等提供新的扩展方案，真正做到便民惠民。

3. 光大银行的云缴费平台

便民缴费与大众生活息息相关，但缴费产业存在着缴费项目、渠道、时间碎片化问题。基于此，光大银行以开放、合作、共赢的态度，倾力搭建"云缴费平台"，将缴费项目、缴费渠道、银行系统整合为开放、共享的缴费生态系统。目前已覆盖全国 31 个省级行政区，300 余个城市，服务覆盖超过 10 亿人群，缴费项目高达 3200 余项。2018 年交易已达 7 亿笔，交易金额达 1263 亿元。在河南，云缴费已覆盖河南省移动、联通，河南省 ETC 充值缴费等。

4. 兴业银行的"兴业管家"

"兴业管家"是为小微企业量身定制的专属服务产品。它以手机为主要载体，集账户管理、财务审核、转账汇款、银企对账、支付密码编制、账户查询、移动办公等于一体，能帮企业提升营运效率、降低成本。管钱管事，做小微企业好管家，是"兴业管家"的主要功能，可为小微企业提供 IM 加密通信、待办提醒、员工管理、日常事务等移动办公功能。同时，针对以物流行业与资金和信息割裂的问题提供行业性解决方案，"兴业管家"还可为物流公司提供整套的信息流和资金流，使系统、支付、互联三方联动，实现信息流、资金流和物流的匹配。

5. 平安银行的供应链应收账款服务平台（SAS 平台）

平安银行应用人工智能、区块链、云计算及大数据等技术，以 SAS 平台升级应收账款金融服务模式，联盟各专业领域合作伙伴，共同为核心企业及其上游供应商提供线上应收账款转让、融资、管理、结算等服务，构建开放式、智能化的应收账款交易生态环境。依托该平台，核心企业可利用自身实力协助供应链融资，降低供应链整体成本，还能灵活安排财务付款，优化财务表现。供应商既可乐享线上融资，快捷提款，降低融资成本，也可安心收款，降低应收款占用。机构投资方可穿透式管理资产，利用平台智能风控技术，完成转让通知确权、债权转让登记、贸易背景核查、回款管理等操作，有效控制操作风险。信托、券商、律所、担保等各类服务商在平台上可进行在线资产整理、审查及服务。

6. 焦作中旅银行的"先游后付"产品

作为全国首家旅游特色银行，焦作中旅银行始终以"旅游 + 金融 + 互联网"为发展战略，坚持旅游金融产品创新与业务模式探索，致力于做旅游业的金融专家和金融业的旅游专家。该行与驴妈妈旅游网合作推出"先游后付"旅游金融产品，突破了以往"先付后游"的业务流程和"重头轻尾"的服务现状，为旅游消费市场中相关参与方提供了保障"承诺"与"践约"的解决方案，将极大地满足"供""需"双方的旅游金融服务需求。该产品的出现将倒逼旅游行业改革升级，助推诚信体系建设，必将深刻影响旅游消费市场，为旅游行业换档升级树立新的标杆。

7. 华夏银行的 ETC

华夏银行郑州分行 ETC 业务于 2013 年 4 月领先河南金融市场正式推出上线，以其"绿色出行"的环保理念和高速收费口极速通行的良好体验，备受中原群众青睐，成为该行在中原大地上一张亮丽的名片。2015 年 12 月产品创新升级，在河南地区首推"记账卡"模式，免充值、免圈存、先通行、后付费，极大程度上为 ETC 用户提供了方便。尤其是 2016 年初，信用卡可以作为该行 ETC 业务关联扣款账户以来，为持卡人提供了更方便快捷的贴心服务。

本 章 小 结

1. 金融创新是指金融领域内各种金融要素实行新的组合，其主要包括金融产品创新、金融市场创新和金融制度创新。

2. 金融创新的内涵有三个层面：宏观、中观与微观层面。

3. 金融创新是一把"双刃剑",既改变了金融体系的结构,也加大了金融体系的风险因素。

重 要 概 念

金融创新　金融产品创新　金融制度创新　金融市场创新　风险传导效应

思 考 题

1. 金融创新的影响有哪些?详细阐述金融创新的稳定效应、冲击效应与风险传导效应。
2. 金融创新的主要内容是什么?
3. 促进金融创新的因素是什么?

第十五章

金融风险与金融危机

投资本身没有风险，失控的投资才有风险。

——乔治·索罗斯（George Soros）

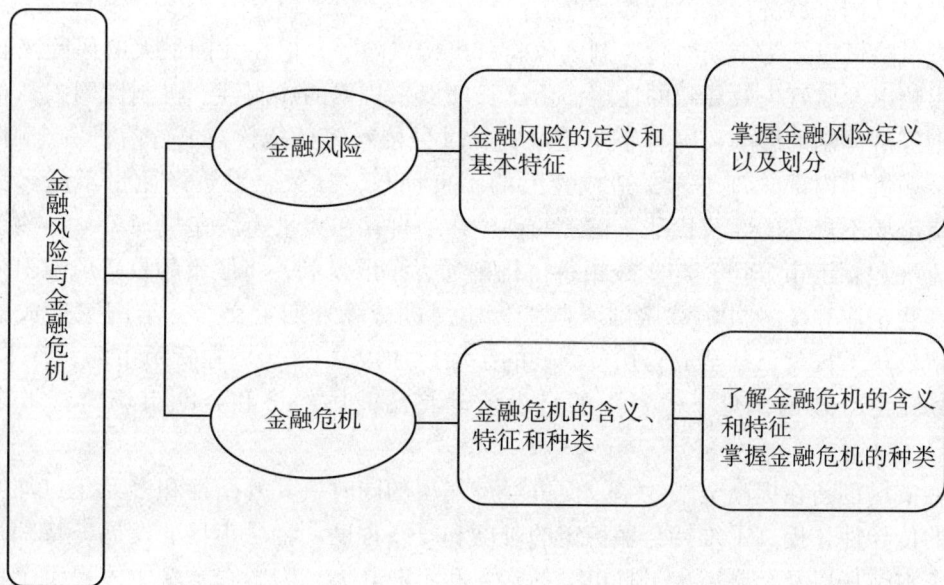

金融风险与金融危机
├─ 金融风险 ── 金融风险的定义和基本特征 ── 掌握金融风险定义以及划分
└─ 金融危机 ── 金融危机的含义、特征和种类 ── 了解金融危机的含义和特征 / 掌握金融危机的种类

第一节 金融风险

何谓金融风险？金融风险是指在金融活动中，由于多种相关因素的不确定变化，导致经济主体蒙受损失的可能性。世界银行在总结发展中国家金融开放的实践经验后得出这样一个结论：对外开放应在内部改革和国内市场复苏之后。只有在宏观经济稳定、国内金融体系已实施自由化之后，才可以放心地对外国金融机构和资金给予更多的自由，从而把国内金融市场与国际金融市场连接起来。

对于金融自由化的最高级形态——资本项目可兑换，各国无一例外地都慎之又慎。正如著名经济学家巴格瓦蒂（Bhagwati）所指出："任何国家如果想开放资本自由流动，必须权衡利弊得失，考虑是否可能爆发危机。即使如某些人假定的那样，资本自由流动不会引发危机，也要将经济效率提高带来的收益与所有的损失相比较，才能做出明智决策。"

在封闭经济条件下，一个国家为了保障金融体系运行稳定，当金融危机即将来临或已经发生时，金融监管当局往往会强化金融风险防范预警机制，实施更加严格的金融监管措施，并由中央银行承担起"最后贷款人"的责任，来规避和化解金融风险的发生。

但是，在开放经济条件下，由于国际资本跨国流动对于一个国家的金融安全带来的潜在冲击越来越大，国内资本市场的开放使得资本市场的不稳定性越来越强，金融与实体经济间的联系变得更为复杂，于是，当人们认识到单个国家很难完全避免国际金融危机的爆发与传染时，自然就会想到能否通过一个或几个超越国家主权的国际经济组织，来组织各个国家金融管理当局共同抵御或防范金融风险的发生，或通过这些国际经济组织来承担对各个国家金融体系的"最后贷款人"责任。得到贷款支持的国家，也只好接受国际经济组织为自己国家提供的关于危机防范和危机管理方面的基本要求和政策建议，以此来化解金融危机对自己国家经济带来的破坏和冲击。

金融风险可以分为市场风险、制度风险、机构风险等，但在我国最大的风险来自传统体制的影响以及监管失效导致的违规。由于长期以来积累的体制性、机制性因素，包括受传统计划经济体制的影响，国有企业建设资金过分依赖银行贷款，银行信贷资金财政化；再加上金融机构内部管理不善，造成庞大的不良债权，导致金融资产质量不高。我国证券、期货市场不规范的经营扰乱了正常的秩序，一直存在大量违法违规现象，一些证券机构和企业（包括上市公司）与少数银行机构串通，牟取暴利，将股市的投机风险引入银行体系；一些企业和金融机构逃避国家监管，违规进行境外期货交易，给国家造成巨额损失；上市公司不规范，甚至成为扶贫圈钱的手段。加入 WTO 后，在货币市场、资本市场、外汇市场完全开放的条件下，资本的自由流动将给我国经济和金融市场监管带来更多难题。

金融市场创新在提高金融效率、促进经济发展的同时，其复杂性和多元化也加大了金融风险的传导性，提高了维持金融稳定的难度和复杂程度。金融市场的发展，特别是货币市场、资本市场以及金融衍生工具市场的产生和不断壮大，为微观金融主体提供了更多的选择空间。而由于这些新兴金融市场往往能够使交易主体以更低的交易成本获取更高的利润，出于利益的驱动，不论是传统的商业银行还是大量非银行金融机构都加大了这些衍生交易的规模。在发达的金融市场，"影子银行"的规模甚至已经超过了传统的商业银行。一个金融机构同时在多个国内外金融市场参与交易活动已经成为一种常态。但多样化的金融市场在提高金融交易的活跃程度并对既有的金融市场的竞争格局造成影响，产生"鲶鱼效应"的同时也使市场与市场之间的差异越来越小，金融活动的高度灵活性、投机性、高杠杆性，使当某个市场发生金融风险时，很容易通过微观金融主体在不同金融市场的活动进行传导，进而加大金融动荡，甚至产生"多米诺骨牌效应"，引发全球性的金融危机。

金融风险的基本特征：（1）不确定性。影响金融风险的因素难以事前完全把握。（2）相关性。金融机构所经营的商品—货币的特殊性决定了金融机构同经济和社会是紧密相关的。（3）高杠杆性。金融企业负债率偏高，财务杠杆大，导致负外部性大，另外金融工具创新，衍生金融工具等也伴随高度金融风险。（4）传染性。金融机构承担着中介机构的职能，割裂了原始借贷的对应关系。处于这一中介网络的任何一方出现风险，都有可能对其他方面产生影响，甚至发生行业的、区域的金融风险，导致金融危机。

资料链接 15 - 1

线上线下协同严控金融风险

受制于资金、人才、市场等多方面因素制约，民营和小微企业信贷风险相对较高。笔者认为，要破除阻碍小微金融发展的瓶颈因素，降低贷款风险，商业银行应立足自身优势，尽快建立适应小微业务发展特点的"线上＋线下"协同作业的风险防控机制。

相对于一般大中型企业，民营和小微企业受产业链影响更大，顺周期特点突出；相对于个人客户而言，民营和小微企业经营风险更高，行为波动更大。另外，民营和小微企业的布局具有区域聚集性，本地化和专业化程度较高，在局部领域已经形成了在某些细分行业的产业集群。

围绕民营和小微企业的金融服务已经有不少鲜活的案例，商业银行也进行了一些探索和尝试，包括增设特色支行，增加小微业务专营中心等措施。总结以往经验发现，传统小微金融模式存在的问题突出表现为区域上的局部性和时间上的短期性，在技术没有突破性进展的情况下，商业银行的服务模式不可避免存在同质化现象。

移动支付、大数据、人工智能、区块链等新技术的发展和应用，加速了商业银行小微业务的线上化和批量化发展，金融服务半径显著扩大。同时，信息化内生的迭代属性将进一步催生技术的迭代更新，从而提升模式的生命力，进一步延续模式的可用性。

当前，不少银行在开展批量化小微业务时，加大了与第三方平台的合作，以获得沉淀在第三平台上有关小微企业的信息流、物流、资金流等核心信息。这一模式扩大了信息来源，但由于核心基础数据不受银行控制，因而无论是在前期的获客阶段、中期的信贷审批阶段，还是后期的贷后管理阶段，高频次的数据质量核对、数据交叉检验都存在一定问题。

相对其他机构而言，商业银行最大的优势就是与客户的关系。在互联网技术快速发展的当下，商业银行应进一步筑牢自身优势，在进一步积累小微客户数据信息的同时，不断强化线下的传统业务优势，特别是客户关系优势，系统性加强小微金融的风险防控机制建设。

一方面，从风险偏好和风险管理策略出发，制定全行统一的小微业务发展策略。风险偏好是银行业务发展的基本引领，应进一步优化细化风险偏好的传导机制，明确基础风控要求，将小微业务的发展真正融入银行发展的大局。同时，进一步细化小微业务的年度业务发展策略，明确行业选择、区域安排、产品组合等维度的服务重点，强化对小微业务在细分领域的针对性扶持。

另一方面，丰富数据挖掘的新视角，实现线下经验和线上推广的积极互动。在小微业务线上化发展过程中，商业银行应更多依靠数据层面的挖掘，分析发现具有相似风险特征和金融需求的聚类客户，从而实现批量开发。商业银行应发挥自身线下机构布局较为充分的优势，尽快将线下经验在线上进一步推广，丰富线上策略的选择。同时，将大数据、人工智能等新技术尽快投入到线下业务经营和管理中，提高线下业务风险决策的科学性。进而，建立"线上＋线下"一体化的业务发展和风险防控体系，协同推进民企和小微金融风险防控工作。

商业银行发展民企和小微业务最大的优势是线下，因而在产品设计和风控方面应留足发展空间，平衡好线上与线下的关系，在服务效果和风险防控上实现双赢。

资料来源：梁绮利．线上线下协同严控金融风险 [N]．中国城乡金融报，2019－04－24（B01）．

第二节　金融危机

金融危机，是指金融资产、金融机构、金融市场的危机，具体表现为金融资产价格大幅下跌或金融机构倒闭或濒临倒闭或某个金融市场如股市或债市暴跌等。金融危机是金融领域的危机。由于金融资产的流动性非常强，因此，金融的国际性非常强。金融危机的导火索可以是任何国家的金融产品、市场和机构等。

金融危机的特征是人们基于经济未来将更加悲观的预期，整个区域内货币币值出现较大幅度的贬值，经济总量与经济规模出现较大幅度的缩减，经济增长受到打击，往往伴随着企业大量倒闭的现象，失业率提高，社会普遍的经济萧条，有时候甚至伴随着社会动荡或国家政治层面的动荡。

金融风险具有客观性，普遍地存在于经济活动之中，并随着国民经济及金融运行在不同时期所呈现的风险不同。轻度的金融风险不足以威胁金融业的整体安全，不一定产生金融危机，但却是金融危机产生的前提，具有引发金融危机的可能性，而不具有必然性。当金融风险积累到一定程度或受到更大的风险事故冲击并以突发性、破坏性方式表现出来，就可能产生如金融机构破产，挤兑银行存款，货币贬值等现象，这实际上已出现了金融危机，威胁到了金融体系得安全。因此，金融危机是金融风险积累爆发的结果，是金融风险的现实化。

金融危机主要有以下几种类型：

一、银行危机

银行危机也称银行业危机，按国际货币基金组织所下的定义是指实际或潜在的银行运行障碍或违约导致银行终止或其负债的内部转换，或迫使政府提供大规模帮助进行干预以阻止这种局势的发生。

二、货币危机

货币危机是指货币的大幅度贬值。因货币价值包括对内价值和对外价值，所以货币危机可分为国内货币危机和国际货币危机，现代意义上的货币危机一般是指国际货币危机。国际货币危机又称汇率危机或国际收支危机，按国际货币基金组织的定义是指对某种货币汇兑价值的投机性冲击导致货币贬值（或币值急剧下降），或迫使当局投放大量国际储备或急剧提高利率来保护本币。

三、债务危机

债务危机一般是指一国不能偿付其债务，包括内债和外债，但通常我们所讲的债务危机实际上是指外债危机，是指一国不能偿付其外债，包括主权债务和私人债务。

四、证券市场危机

证券市场危机通常是指证券尤其是指股票价格大幅下跌的情形。证券市场价格具有很大的波动性，证券市场危机时有发生。

五、保险危机

保险危机是指保险机构的经营危机，保险机构因为经营不善及其他原因，不能正常进行赔付、不能支付到期债务，甚至出现一家或多家保险机构倒闭的情形。

案例 15 −1

1998 年俄罗斯金融危机

现代世界经济发展的一个最重要的趋势，就是各国经济和金融正加速朝着国际化、一体化的方向发展。所谓金融开放就是指在这种历史潮流推动下，各国实施对外开放的金融政策，拆除各种金融壁垒，放松外汇管制，解除对国际资本流动的限制，促使本国金融市场实现国际化。金融开放一方面加速了资本的国际流动，便利了国际贸易和投资活动的开展，为跨国公司的金融活动拓展了天地，促进了投资国和东道国的经济增长，另一方面又加重了经济和金融信息的不完全性和不对称性，削弱了有关国家中央银行货币政策的自主性，降低了金融监管的有效性，增强了短期资本流动的投机性和金融业竞争的激烈性，从而威胁到各国金融体系的安全，并加剧了全球金融体系的脆弱性。20 世纪 90 年代以来，一些国家的金融开放加快了步伐，但国内金融制度和金融监管的完善却未跟上金融开放的步伐。因此，在国内宏观经济失衡和国际投机资本的内外冲击下，接连不断地发生了一系列的金融危机，如 1994 年的墨西哥金融危机、1997 年的亚洲金融危机、1998 年的俄罗斯金融危机、1999 年的巴西金融危机和 2001 年的阿根廷金融危机等。

1998 年 5 ~8 月俄罗斯爆发的金融危机，不仅导致了俄罗斯严重的经济衰退，引起剧烈的政治动荡，还波及了美国、东西欧、独联体甚至拉丁美洲，使这次金融危机具有了全球性的含义。问题的严重性在于，这次金融危机是在俄罗斯经济开始出现复苏的情况下发生的。这就促使人们在全球经济一体化不断加强的时代背景下，不得不更多地思考国家的经济安全和金融安全战略问题。

加入 WTO 已经五年后，中国的金融开放也进入了一个关键的时期。由于中国一直没有完全解除对资本项目的外汇管制，所以此前尽管经历了亚洲金融危机和其他历次国际金融动荡的冲击，中国并没有发生金融危机，经济形势基本保持了健康稳定的发展。但今后中国将履行入世时开放服务贸易的诺言，金融开放就要进入到一个新的阶段，金融市场的大门会进一步打开，资本项目下人民币的自由兑换也将逐步实现，人民币升值和人民币汇率制度改革的压力越来越大。在这种形势下，如何防范和化解金融风险，避免金融危机的发生，保障金融体系的安全，成为中国金融开放亟待解决的重大课题。在这方面，由于俄罗斯与中国同属经济体制转轨的国家，俄罗斯金融危机的教训，很值得中国引以为鉴。研究俄罗斯金融危机发生的经过、原因和俄罗斯政府的对策，对于探讨中国在金融开放的进程中如何采取正确的保护策略保障自身的金融安全，具有重要的理论和现实意义。

1. 俄罗斯金融危机爆发的全过程

自 1997 年亚洲金融危机爆发以后，俄罗斯经济就不断发出告急和求援的信号。1998 年 5 月，由于国家外汇储备短缺，卢布贬值的压力日益增大，俄罗斯金融局势开始发生动荡，突出表现是卢布兑美元的比价由 6∶1 下跌到 6.3∶1 以及短期国债收益率突破 80%。但谁也没料到，俄罗斯的金融体系此时已到了濒危的边缘。1998 年 8 月 17 日，俄罗斯政府由于无法支付巨额到期债务，总理基里延科与俄罗斯中央银行行长杜比宁签署了一项联合声明，宣布提高"外汇走廊"上限，将卢布与美元的比价由原来 5.1 ~7 卢布兑 1 美元的限制，提高到 6 ~9.5 卢布兑 1 美元，卢布实际贬值幅度高达 50%。这一决定无异于打开了"泄洪口"，凶猛的洪水几乎摧毁了俄罗斯的整个金融体系，并在短期内迅速渗透到各个经济领域，从而引发了金融危机。

实际上，俄罗斯金融危机是由从 1997 年 10 月到 1998 年 8 月期间的三次金融大风波构成的。其特点是，金融波动的周期间隔越来越短，规模越来越大，程度越来越深，最终导致了金融危机的大爆发，并波及全球，引起全球的金融动荡。

第一次金融风波发生在 1997 年 10 月 28 日至 11 月中旬之间。俄罗斯自 1992 年初推行"休克疗法"改革后，经济出现连年下降，直到 1997 年才止跌回升，但升幅很小，只有 0.8%。由于 1996 年起实行对外资开放政策，1997 年成为经济转轨以来吸入外资最多的一年，达 100 多亿美元。但是外资总额中直接投资只占 30% 左右，70% 左右是短期资本投资，来得快，走得也快，为金融危机埋下了隐患。1997 年 10 月间，外资已掌握了 60% ~70% 的股市交易量、30% ~40% 的国债交易额。

1997 年 7 月爆发的东南亚金融危机起初对俄罗斯金融市场的影响并不大，但 10 月韩国爆发的金融危机立即在俄罗斯金融市场产生连锁反应，因为在俄罗斯金融市场中韩资占有一定比重。韩国国内发生金融危机，韩资急忙大量撤走，以救其本国之急，其他外国投资者也纷纷跟着撤资。结果，自 1997 年 10 月 28 日到 11 月 10 日间由于大量抛售股票，股价平均下跌 30%，股市殃及债市和汇市，后者也纷纷告急。当时央行拿出 35 亿美元拯救债市，以维持国债的收益率来留住外资。后来虽然国债收益率上升至 45%，但外资依然撤走了 100 亿美元。

第二次金融风波发生在 1998 年 5 ~6 月。这次金融风波的诱因主要是国内的"信任危机"。1997 年 3 月 23 日总统出于政治考虑，突然解散切尔诺梅尔金政府及解除其总理职务，引致政府、总统与杜马在新总理任命问题上的争斗。经过三次杜马表决才勉强通过基里延科总理的任命。在这一个月的政府危机期间，国内经济受到很大影响，政府少收税款 30 多亿美元，使拮据的财政更是雪上加霜。

由于俄罗斯国内经济连续多年下降，财政收入锐减，政府原先一直采取发行国债、举借外债、拖延支付等所谓"软赤字"办法加以弥补，掩盖了财政赤字的严重程度。但 1998 年大笔债务陆续到期，拖欠需要偿还，新政府要承担偿债任务，责任重大，才如实公布了财政债务危机的严重情况。原来到基里延科接任总理时，俄内债已达 700 亿美元（其中国债达 4500 亿卢布），外债达 1300 亿美元。1998 年预算中偿旧债和补赤字加在一起，占国家开支的 58%。以致当时财长不得不承认，1998 年至少需再借 100 亿~150 亿美元才能渡过难关。

而此时议会修改政府的私有化政策，则成为引起这次金融风波的导火线。"俄罗斯统一电力系统股份公司"已有 28% 的股票售予外商，可俄国家杜马又专门通过关于该公司股票处置法，规定外资拥有该公司的股票份额不得超过 25%。这样一来，引起外资对俄罗斯政府的不信任，纷纷抛售股票。这个公司的股票在两周内下跌 40%，别的股票也跟着下跌 25%~40%。受此影响，国债价格急剧下滑，收益率被迫由 50% 上升至 80%，更加重了政府还债的负担。而美元兑卢布的汇率也上升到 1:6.2010~1:6.2030，超过俄罗斯央行规定的最高限额 6.1850。更重要的是，这次私有化政策变动已影响后续私有化的推行。最明显的例子是俄罗斯石油公司拟出售 75% 股份而无人问津，尽管这也与当时世界石油市场价格暴跌、人们不看好石油生产有关。

第三次金融风波的直接诱因则是由于基里延科政府贸然推行三项强硬的稳定金融措施，导致投资者对政府的信心丧失，而叶利钦再次临阵换马，更加剧了危机的严重程度。

1998 年 8 月 1 日基里延科政府推出稳定金融的经济纲领，投资者对其能否产生预期效果，信心不足，在债券市场上反映为外资不愿购买俄罗斯有价证券，相反还抛售手中的证券。俄报称为"黑色星期一"的 8 月 10 日那天，国际证券市场上苏联欠外国商业银行的旧债券的价格跌至面值的 36%，俄罗斯新发行的欧洲债券只值一半。8 月 11 日，俄罗斯国内证券市场的短期国债券收益率激增至 100%。

俄罗斯政府为增强投资者信心，决定对 8 月 12 日到期的国债进行清偿。财政部将 7 月 13 日从 IMF 得到的 48 亿美元贷款中拨出 10 亿美元用于清偿，余下 38 亿美元增加外汇储备。原以为当天付出的 53 亿卢布中会有一部分再购债券而回笼。殊不知，债民不但未购新债券，还将大部分清偿款用于购进美元，其余则或撤出市场，或留在手中以待时机。第二天（8 月 13 日）国际大炒家索罗斯在报刊上公然敦促俄罗斯政府卢布贬值 15%~25%。当天，俄罗斯国际文传电讯社计算的 100 种工业股票价格指数大跌，跌到仅及年初的 26%，跌掉 74%。若干外资银行预期卢布贬值，纷纷要求俄罗斯银行提前还贷。在此期间，美国的标准普尔计算机统计服务公司和穆迪投资服务公司都宣布降低对俄罗斯外债以及俄罗斯主要银行和大工业集团的信誉评估等级。同时，7 月份俄罗斯政府税收只征收到 120 亿卢布，而执行预算每月不能少于 200 亿卢布，缺口很大。

在这些内外压力下，俄罗斯政府惊慌失措，不知如何应对。眼看国债券又将陆续到期，年底前政府需偿还内外债达 240 亿美元，而当时外汇储备仅为 170 亿美元，不够还债，更难以干预外汇市场。政府在此内外交困形势下，贸然做出决定，于 8 月 17 日推出了三项强硬的应急措施：一是扩大卢布汇率浮动区间，将卢布汇率的上限调低到 9.5:1，这实际上是将卢布兑美元的汇率由 6.295 贬至 9.5，贬值 50% 以上；二是延期 90 天偿还到期的 150 亿美元外债；三是转换内债偿还期，将 1999 年 12 月 31 日前到期的价值达 200 亿美元的国债转换成 3、4、5 年期限的中期国债。在转换结束前，国债市场暂停交易。

这三项措施一公布，立即引起舆论大哗，股票大跌而停盘，卢布汇率加速下泻。至 8 月 26 日，汇率已跌至 8.26 卢布兑 1 美元的新低，卢布兑马克的比价也跌至 7.6:1。市场上几乎只有俄罗斯央行一家在卖出外国货币而购入卢布，没有其他人愿意出售美元。俄罗斯央行不得已连续两日暂停外汇交易，以冻结卢布汇价。但此时，卢布的黑市兑换价已停留在 9.5:1 的"外汇走廊"下限上，并且还呈下探趋势。俄罗斯央行无奈地表示，在 7 月和 8 月间，为了支持卢布，央行已经动用了 88 亿美元的外汇储备，但政府不能再让所剩不多的外汇储备流失，因为还要支付进口和其他必要用途。这意味着俄罗斯政府已放弃努力，听任卢布一路下跌。

卢布汇率失守，股市更是一泻千里。27 日收市时下跌 17.13%，下探至 63.2 点的新低，大盘曾两度跌停板。28 日俄罗斯国际文传电讯社综合指数所包括的 100 种股票的市价已跌至 159.2 亿美元，比年初的 1033.56 亿美元，下跌 85%，后来干脆停业，变成一文不值。本来对俄罗斯金融局势动荡已惴惴不安的欧美股市此时受惊吓异常，继而引发一场全球股市大动荡。27 日，纽约道·琼斯 30 种工业股票平均价格指数暴跌 357.36 点，纽约交易所当天的股票交易量高达 20 亿股。当日，欧洲股市全线大幅下挫。法兰克福股市 DAX30 种股票价格指数下跌 170.77 点，巴黎股市 CAC40 种股票指数下挫 167.53 点，跌幅达 4.28%，伦敦股市《金融时报》100 种股票平均价格指数下跌 176.9 点。其他西欧及北欧股市也无一幸免。其中，又以与俄罗斯历史关系密切的东欧股市受害最深：匈牙利股市下跌幅度达 14%，布拉格股市跌 7%，华沙股市下挫 6%。拉美主要股市也全面下跌，创下近几个月来的最大跌幅。与此同时，俄罗斯金融危机在亚洲市场也引起了连锁反应，28 日东京股市又继续下跌，日经指数击穿 14000 点。

这种跌势持续到 8 月 31 日，欧美股市尚未来得及喘息，又传来俄罗斯组建新政府招致国家杜马反对的坏消息，纽约股市当日出现崩盘，道·琼斯指数狂泻 512.61 点，交易量高达 21.78 亿股，同时改写了历史记录，跃升为美国股市第二大跌落点数和第二大交易量。

此时俄罗斯股市再也看不到前两年国外基金趋之若鹜的繁荣景象。就拿"俄罗斯交易系统——国际文传电讯"所提供的指数来说，该指数反映清偿能力最强的 100 种股票的交易情况，并以 1998 年 1 月 5 日第 1 个交易日为基数 100，到 8 月 31 日，这一股指已跌到 20 上下，也就意味着股市在这 8 个月时间内，已下跌 80%。莫斯科证券交易所内，外资基本上已撤光，国内投资者钱包"缩水"后更无力涉足，几乎无人愿意埋单。8 月 23 日，当叶利钦总统解散基里延科政府，重新任命切尔诺梅尔金为代总理时，后者曾任过总裁的天然气公司股票一度暴涨，并且带动大盘略有回升，但之后随着政局不明朗，国家杜马与总统对峙，股市难改颓势，连连下探。

就在股市一泻千里的同时，俄罗斯债市停盘又给国内外投资者以双重打击。8 月 17 日，俄罗斯政府在做出卢布贬值的决定时，宣布关闭债券市场，将 1999 年 12 月 31 日前到期的债券转换成 3~5 年期债券，同时将国外投资者的贷款偿还期冻结 90 天。这项旨在减少国家现金支出的计划，实则被投资者视为变相赖债，严重损害了俄罗斯的形象和投资者的信心。俄罗斯要想吸引国外投资者重新回到市场，至少需要几年的恢复时间。因此代总理切尔诺梅尔金批评前任政府说，让卢布贬值和外债延期偿付同时发生是个错误。

俄罗斯金融危机的爆发，不仅导致新政府迅速垮台的政治后果，而且给俄罗斯的经济发展和人民生活以致命打击。从 1998 年 8 月 17 日到 9 月 4 日，俄罗斯的股市、债市和汇市基本上陷入停盘交易状态，银行已无力应付居民提款兑换美元，整个金融体系和经济运行几乎陷入瘫痪。1998 年 9 月 4 日，俄罗斯政府被迫宣布允许卢布自由浮动，卢布兑美元的比价猛跌至 17∶1（非官方的银行间交易价为 22∶1），并由此引起市民蜂拥至银行挤提卢布以兑换美元，或者抢购消费品。大批俄罗斯企业和银行纷纷倒闭、物价飞涨，经济陷入严重衰退之中。

2. 俄罗斯金融危机爆发的后果

俄罗斯这次金融大风波带来的后果十分严重，不仅使本国已是困难重重的经济雪上加霜，还震撼了全球金融市场。

第一，国内居民存款损失一半。进口商品价格上涨 2~3 倍，国产品也连带成倍上涨。9 月份，消费物价指数上升 40%，超过 1992 年 2 月的上升 36%，成为体制转型以来的最高指数。居民实际工资收入下降 13.8%，近 1/3 的居民处于贫困线以下。整个经济增长率为 -5%，工业生产增长率为 -5.2%，农业生产增长率 -10%，外贸增长率为 -16.1%。

第二，大批国内商业银行，尤其是大银行损失惨重。西方报刊已惊呼"俄罗斯金融寡头们的没落"。它们前期为牟取利差，曾大量借取利率较低的外债，估计共约 300 亿美元，兑为卢布后，购进高回报率的国债券。现在卢布贬值，国债券又要由高利、短期转换为低利、长期，里外损失巨大。仅金融七巨头之一的 SBS－农业银行当时就握有相当于 10 亿美元的国家短期债券，顷刻之间不值几文。据估计，商业银行中有一半濒临破产。俄罗斯的 SBS－农业银行和国际商业银行已被暂时置于中央银行管理之下，其余几家大银行不得不将自己的商业账户转移到俄罗斯储蓄银行。

第三，外国投资者损失惨重。据估计，由于股价暴跌、债券冻结、卢布贬值，国外投资者在俄罗斯市场上的损失超过 1170 亿美元。尽管有人指责国际金融大鳄索罗斯当初建议卢布贬值是别有用心，但事实上，索罗斯旗下的量子基金在这次俄罗斯金融危机中也损失惨重。德国作为俄罗斯最大的贸易伙伴和债权国，所受影响最大，德国马克的汇率甚至一度受卢布拖累，德国东部与俄罗斯有长期合作关系的企业均遭到不同程度的损失。

第四，危机波及欧美、拉美，形成全球效应。本来，俄国经济经过连续 6 年下降，在世界经济中已微不足道，它的 GDP 仅占全球的不到 2%。俄金融市场规模也很小，到 1997 年股市最兴旺的 8 月的日成交额也不过 1 亿美元，这在国际金融市场中也无足轻重。但是，这样一个配角却撼动了全球经济，引发了欧美发达国家的惊慌。其主要原因：一是由于从 1997 年 7 月到 1998 年 8 月新兴市场国家的金融市场几乎都相继出了问题，使国际投资者对新兴市场的可靠性产生怀疑，纷纷撤资避险，形成连锁反应。二是美国对冲基金染指俄罗斯金融市场，并遭到了巨大损失。据悉，外国投机者在俄罗斯金融大风波中约损失 330 亿美元，其中美国长期资本管理公司（即对冲基金）亏损 25 亿美元，索罗斯量子对冲基金亏损 20 亿美元，美国银行家信托公司亏损 4.88 亿美元。由于对冲基金投入巨资进行金融投机，一旦失利，提供贷款的银行即闻讯逼债，甚至惊动政府出面救急（如美政府对长期资本管理公司的救助），使原来的"暗箱"操作暴露在光天化日之下，引起多方面惊恐，从而形成连锁反应。三是由于德国是俄罗斯的最大债权国，俄罗斯出现金融危机引起的信用危机很快波及德国乃至欧洲。俄罗斯当时已欠德国 750 亿马克（约合 444 亿美元），其中主要是政府担保的银行贷款。俄罗斯金融市场一有风吹草动，就影响德国债权人的安危，因此引起震动，其冲击波也进而传到了欧洲金融市场。

案例分析：

1. 俄罗斯金融危机的成因

俄罗斯的金融危机的特点是金融危机与经济危机、财政危机和社会政治危机相互交织，形成愈演愈烈的趋势。从表面上看来，俄罗斯金融危机似乎是亚洲金融危机所引起的，但事实上，俄罗斯本身的经济体制中早已潜伏了各种问题，这些问题才是危机爆发的根本原因。由于政府长期推行货币主义政策，导致生产萎缩，经济虚弱，财政拮据，政府无力改善入不敷出的状况，不得不靠出卖资源、举借内外债支撑。但国内、国外债信的扩张，终究会超过极限，加之俄罗斯政治不稳定、经济地下化以及资金外流等问题引起俄罗斯金融不稳定，最终引发了金融危机的大爆发。具体分析，导致俄罗斯金融危机的因素主要涉及以下几个方面：

（1）财政收支连年赤字，债务负担沉重。1997 年俄罗斯财政预算收支占国内生产总值的比例分别为 10.8% 和 18.3%，这不仅说明俄罗斯财政收不抵支的巨大差异，而且说明其财政收入所占的比例太低。由于经济秩序混乱，偷、漏、抗税的行为盛行，1998 年上半年俄罗斯税收收入比上年同期下降了 12%，月平均税收只有约 30 亿美元。在国家财政入不敷出的条件下，俄罗斯政府不惜血本，以高达 50% 以上的利率发行短期债券和对外大量借款来筹措资金，结果又导致严重的债务危机。截至 1998 年 7 月底，外债为 1300 亿美元，内债为 700 亿美元，内外债总额已高达 2000 亿美元，占国内生产总值的比重达 43.5%。1998 年下半年仅需要支付的债务利息就高达 60 亿~70 亿美元。至 1998 年 8 月底，债券市场上的短期债券收益率已超出 300%，19 个州和共和国的地方政府拒付债券本息，外资也从债券市场上撤资约 100 亿美元，使政府现已无法再从债券市场上筹集资金，用于弥补财政赤字。

（2）金融秩序混乱，本币信誉低下，银行呆账太多。俄罗斯金融业并不发达，但金融机构却林立丛生。商业银行多达 1800 余家，其中半数以上其资产总额在 15 万美元以下。这些商业银行主要从事高息揽存和金融市场的投机活动，其呆账约占其资产总额的 50%。尽管商业银行的资产有保险机制保护，但保险公司的实际保付能力估计也只能达到应付资产的 50% 左右。而俄罗斯中央银行作为唯一货币发行机关，并不具有超然独立地位，不能有效履行货币调控和金融监管的职责。在政府的干预下，中央银行依靠大量增发货币来维持财政开支和救助商业银行。金融秩序的混乱导致俄罗斯企业和居民对本国金融机构和本币不信任。据估计，1994~1997 年俄罗斯吸引外资共计 580 亿美元，但同期企业和居民流出国内的资金却高达 670 亿美元；俄罗斯居民手持外汇资金高达 400 亿~500 亿美元，根本不往本国银行里存。企业相互之间的拖欠款，导致三角债急剧膨胀（1997 年末的三角债总额已达 GDP 的 200%），政府和银行对此束手无策。叶利钦总统在 1998 年"国情咨文"中指出："在俄罗斯形成了一种债务经济。几乎所有的企业情愿举债度日，不履行还债义务。"尤其是企业和银行相互勾结，违法违规操作，形成影子经济和地下经济，使投融资活动的投机性和风险性加大。

（3）资源品出口受阻，粮食产量下降，工业生产萎缩。资源品出口，特别是石油和天然气的出口，是俄罗斯取得外汇的主要手段。受国际石油价格持续下滑和世界性工业品供给过剩的影响，俄罗斯出口贸易受到沉重打击。据估计，1998 年上半年俄罗斯石油外汇收入比上年同期减少了约 60 亿美元，若再加上其他资源品出口的降价损失，实际外汇收入大约减少了 100 亿~120 亿美元；1998 年上半年俄罗斯出口也比上年同期下降 13%，由此造成俄罗斯外汇的短缺和进口商品的全面涨价。1997 年 7 月俄罗斯外汇储备还有 238 亿美元，到 1998 年 5 月已降为 140 亿美元。1998 年上半年，俄罗斯还面临严重干旱的威胁，夏粮产量比上年同期减少了 2000 万吨，引起粮价全面上涨。俄罗斯工业生产也因煤矿工人持续罢工和拖欠工资、养老金的影响而遭受沉重打击，使 1998 年工业生产增长率由 1997 年的 1.9% 变为 -3%。与此同时，1998 年上半年俄罗斯失业率比上年同期增加了 1 个百分点，达到 9%；居民实际收入水平则比上年同期下降了 10%。这些情况综合说明，俄罗斯现实经济已面临衰退与通货膨胀的困扰，必然会导致金融风潮。

（4）政局动荡加速金融危机的爆发。俄罗斯政局动荡由来已久。1998 年 3 月俄罗斯总统提名年仅 35 岁的基里延科为总理，遭到议会下院的强烈反对。虽然总统强制提名和议会下院三次表决勉强通过，但政府与议会之间的政治斗争重新激化。在新一轮政治格斗的时刻，政府提出的经济改革方案和摆脱财政金融困境的大政方针，肯定会遭到议会的强烈反对或拖延表决。后来基里延科下台，也并未根本解决政府与议会之间的政治矛盾。金融危机与政治危机交织在一起，使得本来就不稳定的俄罗斯经济变得更加脆弱。

（5）俄罗斯政府应对措施的失误。在发生了两次金融风波之后，俄罗斯政府没有认识到问题的严重性，没有采取有效的措施对可能发生的更严重的情况加以预防。而在金融危机将临之即，俄罗斯政府又做出了错误的决策，不仅没有采取强制措施稳定货币和汇率、限制资本外逃和外汇流失、整顿金融秩序、打击、非法经营和地下经济，同时对外寻求国际金融组织援助并展开债务谈判，反而贸然宣布降低卢布汇率、单方面推迟偿还内债和外债，从而直接点燃了金融危机的导火索。

2. 俄罗斯金融危机的启示

通过上述对俄罗斯金融危机的成因分析，联系中国经济发展与金融风险的实际，我们可以从中得到一些有益的启示：

（1）国家的经济改革和金融开放要循序渐进，分阶段逐步地完成。独立之后的俄罗斯，在经济改革方面不计后果地推行"休克疗法"及大规模地推进私有化进程，盲目实施金融开放的政策，结果不仅未能治愈严重的经济危机，反而加剧了整个国民经济的混乱和无序，导致国家综合实力全面下降，资本大量逃避，外汇严重流失。而同时期中国根据经济发展的状况，实施渐进式对外开放的战略，金融改革不断深化，对外开放不断扩大，国民经济健康稳定发展，经济实力大幅度提高。事实证明，中国走的是一条成功之路。

（2）要处理好经济改革和开放条件下的经济独立问题。由于在对外开放中过于强调"经济独立"和"避免依赖"，俄罗斯政府在利用外资时更愿意举借外债，而没有将更多的注意力放在为吸引外国直接投资建立完善的法律体系和社会环境上。虽然俄罗斯官方文件也曾多次提到欢迎国外直接投资，但除了政治动荡和社会犯罪化趋势加强等客观因素外，政府实际却没有为此创造良好的法律条件、金融条件和基础设施条件。因此，在 1998 年金融危机爆发前的 5 年多时间内，俄罗斯吸引外国直接投资总额不足 100 亿美元，而外债总额却达到了 1300 多亿美元，占 GDP 的 29.5%，大大超过了经济安全指标规定的 25% 的危险值。与此相反，中国在对外开放中始终以吸引外国直接投资为主，努力创造良好的投资环境和条件，在条件成熟的情况下，逐渐扩大外国直接投资的范围和领域，既提高了就业率，又增加了财税收入和外汇收入。比较起来，中国的做法更为成功。

（3）要理顺投资机制，处理好不良债权，避免陷入债务泥潭。处于经济体制转轨过程中的俄罗斯，其投资体系和企业微观机制都还没有理顺，缺乏投资硬约束机制。政府和商业银行向企业贷款的还贷率很低，大量的三角债和居高不下的银行贷款呆账使国家背上了沉重的债务负担，为金融危机爆发埋下了隐患。中国在 20 世纪 90 年代初期也曾陷入企业三角债和银行贷款呆账率过高的困境，但在政府的高度重视下，国家投入了大量资金清理三角债，并向国有银行注资，增强银行的资本金实力，同时采取有效的措施建立现代企业制度，改革和完善投资机制，严格控制投资增长规模和国家债务规模，坚决废止发行短期高息债券的做法，不断完善税制，强化税收征管，确保国家财政收入长期稳步增长。这些措施是中国经济稳定发展和扩大开放的根本保障。

（4）要有效地增强本币的信誉，提高金融市场化程度，积极推行汇率制度改革。俄罗斯金融危机与其他一些国家的金融危机有一个共同的教训，就是在金融市场化不充分的情况下，过早开放了资本市场，面对国际资本的进入，其汇率、利率无法及时做出适应国际市场变化的浮动，从而引发了金融危机。中国的金融市场同属于新兴市场，在体制和监管方面也存在许多不足，如果在条件不具备的情况下过早融入全球资本市场，不但不能获得益处，反而会遭受国际游资的冲击。而开放资本市场，不仅需要充足的外汇储备作后盾，更需要金融市场的完善、货币价值的稳定和灵活有效的汇率体系。亚洲金融危机以来，我国金融改革不断深入、国际收支连年顺差、外汇储备大幅度增长、人民币汇率保持稳定，为我国金融进一步扩大开放奠定了雄厚的基础。

本 章 小 结

1. 金融风险是指经济主体在金融活动中遭受损失的不确定性或可能性。金融风险包含以下三个要素：第一，金融风险的风险因素是有关主体从事了金融活动，金融活动的每一个参与者都是金融风险的承担者；第二，金融风险的风险事故是某些因素发生意外的变动；第三，金融风险中损失的可能性是经济损失的可能性。

2. 由于角度不同，金融风险类型的划分也存在差别。为国际社会所普遍接受和采用的分类方法是将金融风险划分为信用风险、市场风险、流动性风险、操作风险、法律风险与合规风险、国家风险、声誉风险和系统性风险。

3. 在《新帕尔格雷夫经济学大辞典》中，金融危机被定义为："全部或大部分金融指标——短期利率、资产价格、商业破产数和金融机构倒闭数的急剧、短暂和超周期的恶化。"该定义集中表现为金融系统运行过程中发生的金融资产价格等金融指标在短期内急剧变化的现象，这些金融指标包括货币汇率、短期利率、证券资产价格、房地产的价格、金融机构倒闭数目等。

4. 现代金融危机一般具有马太效应、连锁性和破坏性，可大致分为货币危机、银行危机、证券市场危机、保险危机和债务危机。

重 要 概 念

金融风险　金融危机　金融全球化　市场风险　信用风险　操作风险　债务危机

思 考 题

1. 试述金融风险的内容。
2. 试述在开放经济下，我国如何应对金融风险。
3. 在当今世界，面临全球性金融危机时，各国央行能发挥多大作用？

分析：央行首先应该担负责任，及时反应，在全球化的今天，一国难以独善其身，必须联手干预，发挥央行作为金融管理职能的对外代表作用，代表政府来谈判、来参与全球合作。央行发挥作用的大小取决于其独立性和信誉，以及反应的能力和政策的合理性。

第十六章

金 融 监 管

承担风险、无可指责，但同时记住千万不能孤注一掷。

——乔治·索罗斯（George Soros）

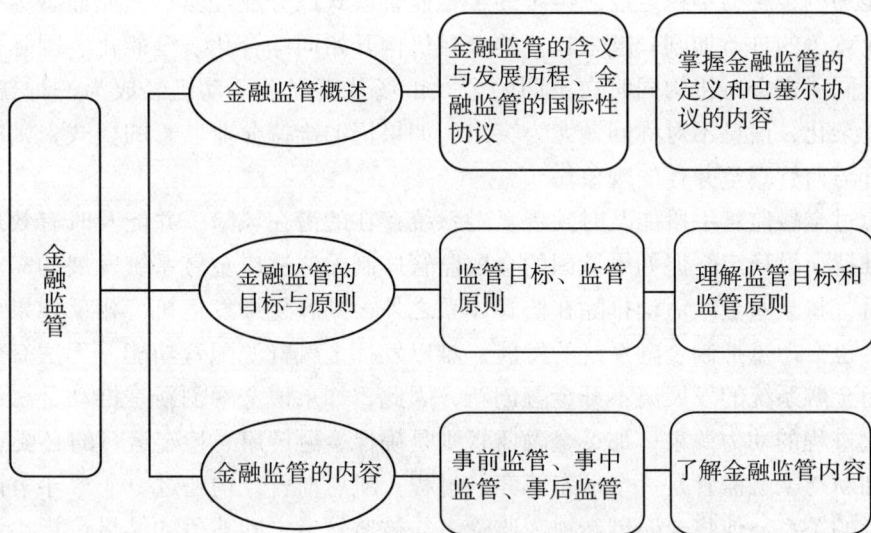

```
                    ┌─────────────┐   ┌──────────────┐   ┌──────────────┐
                    │             │   │ 金融监管的含义 │   │ 掌握金融监管的 │
                    │ 金融监管概述  │───│ 与发展历程、金 │───│ 定义和巴塞尔协 │
                    │             │   │ 融监管的国际性 │   │ 议的内容      │
                    │             │   │ 协议          │   │              │
                    └─────────────┘   └──────────────┘   └──────────────┘
  ┌────┐            ┌─────────────┐   ┌──────────────┐   ┌──────────────┐
  │金  │            │ 金融监管的    │   │ 监管目标、监管 │   │ 理解监管目标和 │
  │融  │────────────│ 目标与原则    │───│ 原则          │───│ 监管原则      │
  │监  │            │             │   │              │   │              │
  │管  │            └─────────────┘   └──────────────┘   └──────────────┘
  └────┘            ┌─────────────┐   ┌──────────────┐   ┌──────────────┐
                    │             │   │ 事前监管、事中 │   │              │
                    │ 金融监管的内容 │───│ 监管、事后监管 │───│ 了解金融监管内容 │
                    │             │   │              │   │              │
                    └─────────────┘   └──────────────┘   └──────────────┘
```

第一节　金融监管概述

一、金融监管的含义与发展历程

（一）金融监管的含义

金融监管是金融监督和金融管理的总称。综观世界各国，凡是实行市场经济体制的国家，无不客观地存在着政府对金融体系的管制。从词义上讲，金融监督是指金融主管当局

337

对金融机构实施的全面性、经常性的检查和督促，并以此促进金融机构依法稳健地经营和发展。金融管理是指金融主管当局依法对金融机构及其经营活动实施的领导、组织、协调和控制等一系列的活动。金融监管有狭义和广义之分。狭义的金融监管是指中央银行或其他金融监管当局依据国家法律规定对整个金融业（包括金融机构和金融业务）实施的监督管理。广义的金融监管在上述含义之外，还包括了金融机构的内部控制和稽核、同业自律性组织的监管、社会中介组织的监管等内容。

控制风险、维持金融稳定是金融监管的首要任务，随着金融市场结构及在开放进程中市场要素的重新组合，金融监管制度也要随之发生变化。一旦两者不相匹配，就可能降低金融效率，甚至导致失衡。首先，金融市场多样化扩大了金融监管的范围。在早期的"银行主导型"的金融市场中，参与金融活动的主体是商业银行，其他金融机构如保险、证券、信托业等并不发达。而进入 20 世纪 70 年代末，随着金融自由化改革的不断推动，这些非银行金融机构逐步成为与银行业并重的金融部门，金融监管的对象也从以银行为主逐步扩大到其他金融机构。其次，金融市场结构复杂化要求金融监管模式发生改变，在这个过程中可能加剧金融的不稳定性。传统的金融监管模式以分业经营、分业监管为主，然而随着金融业竞争的日益加剧，越来越多的金融机构开始向综合化、全能化、国际化的金融超市发展，同一家金融机构同时在不同的金融市场从事经营活动已经成为一种普遍现象，业务日益复杂化，信息不对称问题尤为突出。如果仍旧维持分业监管的模式，则有可能出现多重监管与监管真空并存的现象。

如果通过金融监管手段能及时发现金融系统存在的潜在风险，并能及时有效地采取措施，则能维持金融稳定，但如果该国的金融监管体制无法适应金融系统发展的需求，甚至是严重滞后，将某些金融活动排除在监管体系之外，则容易爆发危机。相反如果金融监管过于严苛，也会严重抑制金融系统的发展，难以发挥金融资源配置功能，无法有效促进经济发展。而金融系统的发展离不开金融创新，因此，如果说金融创新是推动金融结构演进和金融深化进程的动力源泉，那么金融监管则是确保金融健康、稳定运行的必要手段。

金融创新与金融监管是一个动态博弈的过程。凯恩斯曾经构建过一个"斗争模型"用以解释两者的关系，他将金融创新视为监管者与被监管者之间斗争的结果，指出许多金融创新，特别是金融产品的创新是为了逃避金融监管，而新产品、新市场以及新的国际金融环境在推动金融发展、提高金融效率的同时，也打破了原有的金融秩序和格局。这要求有新的金融监管制度与之相匹配以实现维护金融稳定的目标。如此往复金融创新与金融监管之间形成了一个监管—创新—再监管—再创新的过程。同时从风险管理角度讲，金融创新和金融监管都是风险管理的手段之一，即两者之间也是一种互补的关系。众所周知，金融监管是风险管理的重要手段，是金融监管当局从外部对金融市场以及金融机构等实施的管理措施。而随着金融创新的发展，尤其是随着信用衍生工具的出现和不断丰富，风险配置市场逐步形成，金融系统自身也具有了风险配置的功能。投资者不仅可以利用金融市场实现资源配置的目的，还可以利用市场化的手段配置风险，客观上提高了风险管理水平，使市场自身的约束成为风险监管最有利的补充。即金融创新和金融监管是风险管理的两个方面，规范的监管是创新的制度保障。通过前面的分析，不难发现一国金融稳定与其金融监管体制是否完善有着密切的关系。如果通过金融监管手段能及时发现金融系统存在的潜在风险，并能及时有效地采取措施，则能维持金融稳定，但如果该国的金融监管体制无法适应金融系统发展的需求，甚至是严重滞后，将某些金融活动排除在监管体系之外，则容易爆发危机。相反如果金融监管过于严苛，也会严重抑制金融系统的发展，难以发挥金融资源配置功能，无法有效促进经济发展。而金融系统的发展离不开金融创新，因此，如果说金融创新是推动金融结构演进和金融深化进程的动力源泉，那么金融监管则是确保金融健康、稳定运行的必要手段，两者之间存在辩证的关系。

（二）我国金融监管的发展历程

我国金融监管的发展历程自新中国成立以来大致可以分为三个阶段：

第一阶段是新中国成立到实行改革开放前期，该阶段金融监管的格局主要是以中国人民银行为核心的"大一统"历史时期。我国的金融监管体制存在时间比较短，在新中国成立以后很长一段历史时期内计划经济模式居于经济的主导地位，金融体系还未正式形成，市场上只存在着一个金融机构，就是中国人民银行，由其负责全国的金融业务。当时我国的金融业发展极其缓慢，并不存在严格意义上的金融监管体系。但在 20 世纪 60 年代以后，随着经济进一步发展，私营企业的发展加快了脚步，私营企业的金融业慢慢开始向公私合营演变。这个时候，中国人民银行的职能已经从最初的稳定货币体系、办理存贷款业务、管理外汇市场和治理通货膨胀等，慢慢向正式央行的角色靠拢，代理一国的国库和充当金融管理中心的角色。此时，中国人民银行开始正式完全掌握一国货币的发行权并且逐步、全面地代理一国政府负责管理全国的金融行业，同时还兼办商业银行的一些业务，其余的一些业务则开始由专门的商业银行办理。在这一特殊历史时期，金融监管的任务主要是由国务院和财政部等部门发布政令来实施的，形式上更偏重于金融管制。这些都是由于当时特定的历史因素所形成的，历史上也把这一段央行占主导地位的管制时期称为"大一统"时期。

第二阶段是 1978 年改革开放起到 2003 年以"一行三会"为代表的监管格局初步形成，自此"大一统"的监管形式逐步退出历史舞台，金融机构多元化发展趋势加强，分业经营模式开始登上历史舞台。自 1978 年我国实行改革开放以来，以央行为主导的"大一统"式的金融监管格局开始改变，朝着新的方向发展，我国的金融监管体制改革展开初见成效。自 1979 年起，我国开始逐渐恢复建设四大国有商业银行，在全国各地也陆续成立了一些城市信用合作社等机构来发展经济。1982 年金融机构管理司设立，至此中国银行、中国工商银行、中国农业银行等机构相继从中国人民银行和财政部脱离出来，组建成为专业的商业银行，我国的银行业形成了以中央银行和专业银行并存的二级银行体制。在金融监管方面，中国人民银行承担起对于银行业、证券业、保险业的综合监管责任。

随着改革开放不断推进，中国人民银行紧跟时代潮流，不断地改革相应机制，以此来促进金融市场的创新和发展，在货币政策实施方面开始逐步引入利率、存款准备金率等手段。1992 年 8 月，中国证券业监督管理委员会正式成立，自此证券业的监管职能正式从中国人民银行分离出去改由证监会负责。1993 年，我国又出台了《关于金融体制改革的决定》规定，针对不同的金融机构要对其实行分业监管，标志着中国的金融监管体制逐渐开始向分业监管体制过渡。随后《中国人民银行法》出台，成为我国金融监管法律体系的核心。保监会成立后，保险业的监管职能也从中国人民银行分离出来，由保监会专门负责，中国人民银行的监管范围逐步缩小，"大一统"的历史格局逐渐远去，"分业经营，分业监管"的监管格局逐渐增强。

第三阶段是 2003～2018 年，这一期间我国的金融监管体制在中国人民银行指导下，以"分业经营、分业监管"为核心，实质上形成了由央行、证监会、银监会以及保监会构成的"一行三会"（2019 年合并为"一行两会"）为主导的金融监管体制。此外，其他相关部门如财政部、会计师事务所、审计署等加以辅助配合，加之各级地方政府的金融监管机构协调配合从而形成了我国最近阶段的金融监管体制。自 2003 年中国银行业监督管理委员会正式成立以来，我国的金融监管进入了长达 15 年的"分业经营、分业监管"时期。我国的金融监管机构在国务院的统一领导下呈现出"伞状"监管结构，其中中国人民银行作为我国的央行，主要负责制定和实施货币政策，银监会主要负责监督管理银行业以及其他存款性金融公司，证监会主要负责监督证券市场、期货市场，此外还兼顾我国公司股票的上市审批，而保监会则主要负责保险业的监督以及管理。

之所以采用"分业经营，分业监管"的监管格局，主要是考虑到在当时我国的金融市场还不成熟的情况下，金融市场的深度和广度还远远不够，不足以完全独立应对系统性金融危机的发生。为了稳定金融发展，实行分业监督管理是绝对必要的，这是当时我国国情的必然选择。但随着经济开放的脚步进一步加快，混业经营取代分业经营的趋势越来越明显，尤其是对于系统性金融风险的防范上升到了更高的高度。国内外对于金融分业监管体制的改革呼声强烈，自此，我国的金融监管体制进入了新的历史时期。

2018 年召开的两会，通过了国务院提出的关于金融监管体系的改革方案。根据该方案，我国将银监会和保监会合并重组，设立中国银行保险监督管理委员会，并且将该机构作为国务院直属事业单位。与此同时，将原本归属于银监会和保监会的银行业、保险业相关法律法规草案的拟订职责划入中国人民银行。此外，还将宏观审慎监管制度的权力划给中国人民银行。这样一来，宏观审慎政策的权限已经基本划入了人行，以宏观审慎政策和货币政策为核心的双支柱方案更加清晰完备，并且对于微观审慎监管也有涉及。中国银保监会和证监会主要负责开展专项微观监测职能，其中包括对金融机构的微观审慎监管，以及对于消费者权益的保护；而监管部门之间的协调合作，则由国务院金融稳定发展委员会来统一负责，强化了中国人民银行宏观审慎管理和系统性风险防范职责，它们共同构成了"一行一委两会"的新型金融监管体系。

案例 16－1

　　比较巴林银行、法国兴业银行、中航油案例发生时间、主要涉案人、涉及的金融产品、涉案金额及其对我国金融监管方面的启示教训。

发生时间	案例内容	法国兴业银行	英国巴林银行	中航油案
2008 年	主要涉案人	杰洛米·科维尔	尼克·里森	陈久霖
1995 年	涉及金融产品	利用银行漏洞买卖欧洲股指期货	违规进行东京证券交易所日经 225 股票指数期货合约交易	擅自从事石油衍生品期权交易
2004 年	损失金额	71 亿美元	14 亿美元	5.5 亿美元

对我国金融监管方面的启示教训：

金融衍生交易是一种保证金交易，是通过预测金融市场未来的走向，付出少量保证金而从事的一种投机性活动，因此这种交易风险极大，但是利润丰厚。

因此：（1）要严格遵守金融机构内部的交易准则，控制制约交易员权力。从以上案例可以了解到凡是出现严重亏损的，都是由于交易员违反了金融机构内部的交易准则。交易操作人员和交易决策人员的分离，可以适当防范商业银行市场风险和操作风险同时发生的风险。（2）改变金融机构的盈利模式。企业盈利模式与内控机制的冲突。表面上看，目前各金融机构都建立了比较完善的风险管理体制和内部控制体系，制定了严格复杂的金融衍生品交易审批程序。而在实践中如果完全循规蹈矩，严格执行层层审批程序，那么金融衍生品交易将缺乏效率。基于盈利、效率和风控的权衡，现实中大多数金融机构都实行一种"暗箱操作"的授权机制，只要交易员的行为能为金融机构盈利或是很少亏损一般都不会予以追究违规操作责任。因此必须要解决企业盈利模式与内控机制的冲突。（3）控制交易规模。金融衍生品交易的目的是为了对冲和控制风险，因此要与现货的规模、方向、期限相匹配，而不能一味地将其作为获取高额利润的手段。

而对我国监管当局而言，有哪些启示呢？

第一，加强内部监管不容忽视。金融机构要建立健全内部管理制度和有序的监管措施。国内商业银行内控合规部门作为一级职能部门，在管理级别上，与信贷管理部门、金融市场部、公司业务部门、投资银行部门等管理部门和业务部门是平级的，影响了在监督、检查职能的发挥，建议理顺内控合规部门与内部审计部门之间的联动监督检查职能，将内控合规部门直接隶属于董事会下，内控合规部门的负责人由 CFO 兼任，有利于发挥内控合规部门的合规管理职能。

第二，加强金融业监管风险。中国金融行业应进一步加强内部审查程序，使内控部门能够及时并迅速地反馈内控检查中存在的漏洞，以应对可能突发的风险。特别是在市场繁荣之际，更应警惕因盈利而放松正常监管，尤其当整个市场系统性风险加大的情况下，提高风险防范意识。

第三，对我国监管目标的启示。安全优先、兼顾效率作为西方国家监管目标的基本原则，对我国尤其适用。目前，我国经济金融体系还不完善，各种经济金融制度还不健全，在未来较长一段时间来说，我国的金融监管目标仍然应该以维护金融体系的安全和稳定为首要目标。

第四，对我国监管主体的启示。目前，我国金融监管采用分业监管的模式，即银行、证券、保险分别设置银保监会、证监会加以监督治理。从全球看，虽然发达国家具有统一监管的趋势，但多数国家仍然实行银行、证券和保险的分业监管体制，有 72％ 的国家的中心银行仍然负责银行、证券、保险的监管。因此，我国不应该随波逐流，而应根据本国的具体情况选择合适的金融监管体制。

二、金融监管的国际性协议

（一）《巴塞尔协议》及其补充完善

1. 《巴塞尔协议》的诞生及内容

1987 年 12 月，国际清算银行召开中央银行行长会议并通过《巴塞尔提议》，在该提议的基础上，于 1988 年 7 月由巴塞尔银行监管委员会通过的《巴塞尔协议》（全称是《关于统一国际银行的资本计算和资本标准的协议》），就是国际银行监管方面的代表性文件。制定该协议的目的在于：（1）通过制定银行的资本与其资产间的比例，确定出计算方法和标准，以加强国际银行体系的健康发展；（2）制定统一的标准，以消除在国际金融市场上各国银行之间的不平等竞争。

该协议的主要内容有：第一，关于资本的组成，把银行资本划分为核心资本和附属资本两档。第一档是核心资本，包括股本和公开准备金，这部分至少占全部资本的 50%；第二档是附属资本，包括未公开的准备金、资产重估准备金、普通准备金和呆账准备。第二，关于风险加权的计算。协议制定了对资产负债表上各种资产和各项表外科目的风险量度标准，并将资本与加权计算出的风险挂钩，以评估银行资本所应具有的适当规模。第三，关于准备比率的目标。协议要求银行经过五年过渡期，应逐步建立和调整所需的资本基础。到 1992 年底，银行的资本对风险加权化资产的标准比率目标即资本充足率为 8%，其中核心资本至少为 4%。这个协议的影响广泛而深远。该协议自面世以来，不仅跨国银行的资本金监管需按照协议规定的标准进行，就连各国国内的货币当局也要求银行要遵循这一准则，甚至以立法形式明确下来。中国即是如此，并在《中华人民共和国商业银行法》中规定商业银行的资本充足率不得低于 8%。

2. 《巴塞尔协议》的补充完善即《巴塞尔协议 Ⅱ》和《巴塞尔协议 Ⅲ》

随着世界经济金融形势的变化和监管的需要，巴塞尔银行监管委员会对《巴塞尔协议》进行了长时期、大面积的修改与补充，从而出现了《巴塞尔协议》和《巴塞尔协议 Ⅲ》。

1997 年爆发的东南亚金融危机波及全世界，而当时的《巴塞尔协议》机制却没有发挥出应有的作用。在这样的背景下，1999 年 6 月，巴塞尔银行监管委员会决定修订 1988 年协议即《巴塞尔协议》，并于 2001 年 1 月 16 日提出了一个更加全面、具体的新建议，2001 年底出版了新的巴塞尔协议即《巴塞尔协议 Ⅱ》的最终文本，2004 年起正式实施新协议由三大支柱组成：一是最低资本要求；二是监管当局对资本充足率的监督检查；三是信息披露。

2010 年 9 月 12 日，巴塞尔银行监管委员会宣布，各方代表就《巴塞尔协议 Ⅲ》的内容达成一致。根据这项协议，商业银行的核心资本充足率将由之前的 4% 上调到 6%，同时计提 2.5% 的防护缓冲资本和不高于 2.5% 的反周期准备资本，这样核心资本充足率的要求可达到 8.5%～11%。总资本充足率要求仍维持 8% 不变。此外，还引入杠杆比率、流动杠杆比率和净稳定资金来源比率的要求，以降低银行系统的流动性风险，加强抵御金融风险的能力。

（二）银行业有效监管的核心原则

进入 20 世纪 90 年代特别是 90 年代中期以来，许多国家银行系统的弱点逐渐暴露出来，银行系统的呆坏账、银行违规操作造成的损失、银行倒闭乃至连锁的破坏性反应，严重威胁到了各国和全世界的金融稳定。所以，对银行严格监管，强化各国金融体系，成为国际上高度关注的焦点。1997 年 9 月，巴塞尔银行监管委员会正式通过了《银行业有效监管的核心原则》（简称《核心原则》），为规范银行监管提出了国际统一的准则。这个原则涉及面广，确定了一个有效监管系统所必备的 25 项基本原则，共分 7 大类：（1）有效银行监管的先决条件；（2）发照和结构；（3）审慎法规和要求；（4）持续性银行监管手段；（5）信息要求；（6）正式监管权力；（7）跨国银行业。《核心原则》的主要内容概括而言有以下几点。

①必须具备适当的银行监管法律或法规，监管机构要有明确的责任、目标和自主权等。

②必须明确界定金融机构的业务范围，严格执行银行审批程序，对银行股权转让、重大收购及投资等，监管者有权审查、拒绝及订立相关标准。

③重申《巴塞尔协议》关于资本充足率的规定，强调监管者应建立起对银行各种风险进行独立评估、监测和管理等一系列政策和程序，并要求银行必须建立起风险防范及全面风险管理体系与程序，以及要求银行规范内部控制等。

④必须建立和完善持续监管手段，监管者有权在银行未能满足审慎要求或当存款安全受到威胁时采取及时的纠正措施，直至撤销银行执照。

⑤对跨国银行业的监管，母国监管当局与东道国监管当局必须建立联系，交换信息密切配合；东道国监管者应确保外国银行按其国内机构一样，遵循同样的高标准来从事当地业务。

与 1988 年制定的《巴塞尔协议》不同，《核心原则》的监管内容和范围极为广泛，从制定银行开业标准、审批开业申请、确定机构设置和业务范围，到审慎监管以确保银行制定并执行合理的发展方针，以及建立管理信息系统和风险防范系统等，几乎涉及银行运行的全过程。

第二节　金融监管的目标与原则

一、监管目标

金融监管的目标是指金融监管所要达到的最终目的。它决定着金融监管的原则和方法

343

等。纵观金融监管的历史，在"宽松—严格"监管循环中不难发现，金融发展中出现的问题是促使监管变化的直接因素。解决这些问题形成了监管的一个个目标，而这些目标的抽象和累积渐渐形成了金融监管的目标集合：（1）维持金融业健康运行；（2）确保公平而有效地发放贷款的需要，由此避免资金的乱拨乱划，防止欺诈活动或者不恰当的风险转嫁；（3）金融监管还可以在一定程度上避免贷款发放过度集中于某一行业；（4）银行倒闭不仅需要付出巨大代价，而且会波及国民经济的其他领域。金融监管可以确保金融服务达到一定水平从而提高社会福利；（5）中央银行通过货币储备和资产分配来向国民经济的其他领域传递货币政策。金融监管可以保证实现银行在执行货币政策时的传导机制；（6）金融监管可以提供交易账户，向金融市场传递违约风险信息。

二、监管原则

所谓金融监管原则，即在政府金融监管机构以及金融机构内部监管机构的金融监管活动中，始终应当遵循的价值追求和最低行为准则。金融监管应坚持以下基本原则：

（一）依法原则

依法监管原则又称合法性原则，是指金融监管必须依据法律、法规进行。监管的主体、监管的职责权限、监管措施等均由金融监管法规法和相关行政法律、法规规定，监管活动均应依法进行。

（二）公开、公正原则

监管活动应最大限度地提高透明度。同时，监管当局应公正执法、平等对待所有金融市场参与者，做到实体公正和程序公正。

（三）效率原则

效率原则是指金融监管应当提高金融体系的整体效率，不得压制金融创新与金融竞争。同时，金融监管当局合理配置和利用监管资源以降低成本，减少社会支出，从而节约社会公共资源。

（四）独立性原则

银行业监督管理机构及其从事管理监督管理工作的人员依法履行监督管理职责，受法律保护，地方政府、各级政府部门、社会团体和个人不得干涉。

监管主体之间职责分明、分工合理、相互配合。这样可以节约监管成本，提高监管的效率。

第三节　金融监管的内容

从金融监管的内容来看，金融监管主要分为事前监管、事中监管和事后监管三个方面。

一、事前监管

事前监管即预防性管理，是指金融监管当局在金融机构成立前，对其设立条件、经营范围、营业规模、资本要求等加以规定和审查的管理活动。事前监管是金融监管的第一道安全线。

二、事中监管

事中监管的具体内容主要包括对金融机构的业务活动范围管理与风险管理两大方面。

（一）业务活动范围管理

在 20 世纪 30 年代以后的大多数时间里，世界各国流行分业经营、分业管理，对金融机构业务活动范围的管理大体上涉及长期金融业务与短期金融业务的选择限制、直接金融业务与间接金融业务的选择限制等方面。20 世纪末期，随着世界混业经营格局的形成，西方主要发达国家又开始放松对金融机构业务活动范围的限制允许金融机构之间混业经营。

（二）风险管理

对金融机构的风险管理主要包括贷款集中风险管理、国家风险管理和外汇风险管理。贷款集中风险管理的目的主要是对银行大额贷款实施监控，以控制单个客户的贷款集中风险和特定部门或行业的贷款集中风险。国家风险主要是由三种原因造成的：因政府借款人不能或不愿履行偿债义务而给贷款人带来的风险；由政府担保的私人或公共部门实体因政府不愿或不能履行担保而违约拖欠，由此给贷款人带来的风险；因借款人无法将本国货币兑换为外汇而给贷款人带来的风险。外汇风险管理是对银行外币资产与外币负债有关的各种风险进行监督和控制。

三、事后监管

事后监管的主要内容包括对金融机构的检查稽核和保护性措施。

（一）检查稽核

金融监管当局对金融机构的检查稽核分为非现场检查稽核和现场检查稽核。

1. 非现场检查

稽核的主要手段是对金融机构定期报送的财务报表进行分析，以判断金融机构的经营和财务状况是否正常。分析的主要内容包括自有资本是否充足、资产质量、收益水平及资产流动性等。

2. 现场检查

稽核作为对金融机构实施监管的主要手段，检查的重点一般包括资本充足率、流动性、盈利能力、资产质量、管理水平及遵纪守法情况等。

（二）保护性措施

对金融机构的保护性措施包括存款保险制度和最后援助。

（1）存款保险制度起源于1933年大萧条后的美国，当时美国《紧急银行法》决定建立联邦存款保险公司和联邦储蓄贷款保险公司，并于1934年正式确立存款保险制度，从而开创了银行存款保险制度的历史。直到20世纪60~80年代之间，市场经济国家才相继建立了存款保险制度，另有一些国家则成立了存款保险基金，而大多数发展中国家目前尚未建立存款保险制度。

（2）最后援助只是在金融机构发生清偿困难时，由金融监管当局提供紧急援助。这是金融体系安全的最后一道防线。其主要措施包括直接贷款（当金融机构出现流动性困难时，通常是由金融监管当局和存款保险机构以票据贴现、抵押或非抵押贷款等方式提供支持）、组织大金融机构救助小金融机构、由政府出面援助（一般适用于大型金融机构）等。

本 章 小 结

1. 金融监管是金融监督与金融管理的复合称谓。金融监管有狭义和广义之分。狭义的金融监管是指金融监管当局依据国家法律法规的授权对整个金融业（包括金融机构以及金融机构在金融市场上的所有业务活动）实施的监督管理。广义的金融监管是在上述监管之外，还包括了金融机构内部控制和稽核的自律性监管、同业组织的互律性监管、社会中介组织和舆论的社会性监管等。

2. 金融监管的国际合作起源于金融的全球化。要控制金融全球化给各国带来的风险，各国监管当局迫切需要加强合作与交流。各种国际组织纷纷建立并行使职能，如国际清算银行、国际货币基金组织、世界银行、巴塞尔银行监管委员会、世界贸易组织等；制定了一系列国际协议和文件，如《巴塞尔协议》《银行业有效监管的核心原则》等。

3. 金融监管的目标决定着金融监管的原则，监管原则包括依法原则、公开、公正原则、效率原则和独立性原则。

4. 金融监管的内容分为事前监管、事中监管和事后监管三个方面。

重 要 概 念

金融监管　预防性管理　存款保险制度　巴塞尔协议　金融监管机构　监管原则　监管内容

思　考　题

1. 简述金融监管的目标及原则。
2. 简述金融监管的内容。
3. 试述我国金融监管的发展历程。
4. 试述对商业银行的监管内容及国际性协议。
5. 金融机构存在"大而不倒"（too big to fail）的现象，从社会成本和社会稳定等角度进行讨论。

参 考 文 献

[1] 黄达. 金融学 ［M］. 北京：高等教育出版社，2003.

[2] 黄达，张杰. 金融学 ［M］. 北京：中国人民大学出版社，2017.

[3] 胡庆康. 现代货币银行学教程 ［M］. 上海：复旦大学出版社，2006.

[4] 弗雷德里克·S. 米什金. 货币金融学（第九版）［M］. 北京：中国人民大学出版社，2011.

[5] 姜波克. 国际金融学 ［M］. 北京：高等教育出版社，2001.

[6] 王爱俭. 国际金融概论 ［M］. 北京：中国金融出版社，2002.

[7] 刘忠燕. 商业银行经营学（第二版）［M］. 北京：中国金融出版社，2014.

[8] 戴国强. 货币银行学 ［M］. 北京：高等教育出版社，2000.

[9] 萨缪尔森，诺德豪斯. 经济学 ［M］. 北京：华夏出版社，1999.

[10] 曹龙骐. 金融学 ［M］. 北京：高等教育出版社，2003.

[11] 陈雪飞. 农村信用社制度：理论与实践 ［M］. 北京：中国经济出版社，2005.

[12] 王淑敏，陆世敏. 金融信托与租赁 ［M］. 北京：中国金融出版社，2002.

[13] 杜金富. 金融市场学 ［M］. 大连：东北财经大学出版社，2001.

[14] 威廉·F. 夏普. 投资学（第五版）［M］. 北京：中国人民大学出版社，1998.

[15] 兹维·博迪，罗伯特·C. 莫顿. 金融学 ［M］. 北京：中国人民大学出版社，2000.

[16] 兹维·博迪. 投资学 ［M］. 北京：机械工业出版社，2005.

[17] 郑振龙. 金融工程学 ［M］. 北京：高等教育出版社，2003.

[18] 曾康霖. 金融学教程 ［M］. 北京：中国金融出版社，2006.

[19] 许瑾良，周江雄. 风险管理 ［M］. 武汉：武汉大学出版社，1999.

[20] 丁邦开，周仲飞. 金融监管学原理 ［M］. 北京：北京大学出版社，2004.

[21] 朱孟楠. 金融监管的国际协调与合作 ［M］. 北京：中国金融出版社，2003.

[22] 高鸿业. 西方经济学（宏观部分）（第七版）［M］. 北京：中国人民大学出版社，2018.

[23] 陈学彬. 中央银行概论（第二版）［M］. 北京：高等教育出版社，2007.

[24] 蒋先玲. 货币银行学 ［M］. 北京：对外经贸大学出版社，2004.

[25] 钱小安. 货币政策规则 ［M］. 北京：商务印书馆，2002.

[26] 艾洪德，范立夫. 货币银行学（第二版）［M］. 大连：东北财经大学出版社，2017.

［27］张强，陈新国．中央银行学［M］．北京：首都经济贸易大学出版社，2003.

［28］徐则荣．金融创新大师熊彼特经济思想研究［M］．北京：首都经济贸易大学出版社，2006.

［29］钱水土．货币银行学（第2版）［M］．北京：机械工业出版社，2013.